中國歷史地理

第一輯

辛德勇

主编

九州出版社

JIUZHOUPRESS

图书在版编目（CIP）数据

中国历史地理. 第一辑 / 辛德勇主编. -- 北京：
九州出版社，2023.7
ISBN 978-7-5225-1968-5

Ⅰ. ①中… Ⅱ. ①辛… Ⅲ. ①历史地理－中国－文集
Ⅳ. ①K928.6-53

中国国家版本馆CIP数据核字(2023)第123690号

中国历史地理·第一辑

作　　者	辛德勇　主编
责任编辑	李黎明
出版发行	九州出版社
地　　址	北京市西城区阜外大街甲 35 号 (100037)
发行电话	(010)68992190/3/5/6
网　　址	www.jiuzhoupress.com
印　　刷	鑫艺佳利（天津）印刷有限公司
开　　本	710 毫米 ×1000 毫米　16 开
印　　张	23
字　　数	360 千字
版　　次	2024 年 6 月第 1 版
印　　次	2024 年 6 月第 1 次印刷
书　　号	ISBN 978-7-5225-1968-5
定　　价	88.00 元

《中国历史地理》编委会

目　录

顾颉刚先生的古史地域观念与中国
历史地理的一个重要原点

辛德勇 *

今天，是一代史学大师顾颉刚先生诞辰 130 周年纪念日。顾颉刚先生对当代中国历史学的发展，做出了诸多创造性的贡献，其中贡献最为卓著的学术领域，首先是中国上古史研究。

在这一方面，顾颉刚先生创立了著名的"古史辨学派"。他大胆地推倒了传统的三皇五帝谱系，努力使中华文明的早期历史建立在一个科学、可靠的基础之上，堪比开天辟地，居功甚伟。

谈到"古史辨学派"，今年还是这一学派发轫一百周年。在一百年前的两天之前——1923 年 5 月 6 日，顾颉刚先生在《努力周报》的副刊《读书杂志》上发表了《与钱玄同先生论古史书》一文，提出了"古史辨学派"的核心观点——即"层累地造成的古史观"。

除此之外，顾颉刚先生还是中国民俗学的创建者和中国历史地理学的奠基人。

作为一个从历史地理学"起家"并一直主要从事中国历史地理学研究的学人，在今天这个日子里，缅怀顾颉刚先生的学术业绩，真是感慨良多。

让我深有感慨的是，很长一段时间以来，不知出于什么原因，先生的上古史观点，在很大范围内遭到了很大的误解，甚至是曲解。

顾颉刚先生的上古史观，最核心的内容，是先生认为，传统中国史书上的古史系统，有一个层累构建的过程，即越早的上古帝王，产生的年代

* 辛德勇，1959 年生，北京大学历史系教授，博士生导师。

愈晚。——这也就是所谓"层累地造成的古史观"。这一观念告诉我们，在研究中国早期历史时，需要以一种科学的态度来重新审视中国传世文献中的古史体系。这样的观念和态度本来是非常合理的，直到今天，仍然无可指责。

然而在时下，这一学术观点却受到很多人无端的攻击；特别是有些人将其歪曲为"东周以上无史论"，肆意贬低古史辨学派，曲意诋毁古史辨学派的重大成就。这在相当层面上，俨然成为一种流行的"时尚"。

今天我们缅怀顾颉刚先生，纪念顾颉刚先生，我认为首先就是要坚守先生创立的这一科学的古史观，绝不能开历史的倒车走回头路。

顾颉刚先生正是在创建"古史辨"学派、建立"层累地造成的古史观"的过程中，为中国历史地理学的建立，奠定了重要的基础，而之所以会出现这一情况，是由于顾颉刚先生在这一过程中还提出了著名的"古史中地域的扩张"学说。

1934 年，顾颉刚先生在《禹贡半月刊》上发表《古史中地域的扩张》一文，明确阐述了这一学说。这种"古史中地域的扩张"学说，一方面它本身乃是"层累地造成的古史观"的核心构成部分；另一方面，也是我们今天从事中国历史地理研究的一个重要的"原点"——也就是最基本的出发点。

具体地讲，顾颉刚先生的古史地域扩张学说，可以概括为如下两个方面的内容。第一个方面，是他认为在我们今天可以确认的古代历史发展过程中，秦汉以前各个中原政权实际控制的地域，即从所谓夏朝时期开始，一直延续到秦代，是一个由小到大逐渐递增拓展的过程，而不是自古以来就控制着像秦汉时期那样的广袤地域。第二个方面，是他认为传世古史体系当中中原政权所控制的地域呈现出背离实际地理状况的虚幻"扩张"。

为阐述上述观念，无可避免地展开了对上古地理状况的探讨。以此为契机，顾颉刚先生发起组建了禹贡学会，创办了学会学术刊物《禹贡半月刊》。禹贡学会和《禹贡半月刊》的研究工作，虽然在研究方法上还是沿承着中国传统的沿革地理学的轨辙，但禹贡学会和《禹贡半月刊》所聚集的一批研究中国疆域沿革的青年学者，却为在中国建立具有现代学科意义的历史地理学积蓄人才，奠定了出发的基础——后来创立中国历史地理学科的几位代表性学者，如侯仁之、史念海、谭其骧诸位先生，都是在这一时期从顾颉刚先生的门下聚集到禹贡学会中来的。

由侯仁之先生、史念海先生和谭其骧先生等学者在二十世纪五十年代逐渐建立起来的中国历史地理学，在研究对象的区域性上，同现代地理的研究并无二致。不过二者相较历史地理学也自有其特别之处，这个特别之处就是它所研究的时段是人类历史时期；更确切地说，是人对于自然环境有了较强利用、改变乃至再造的能力之后的地理问题。这样一来，一个显而易见的问题，就展现在我们的面前。

在这里需要先稍加说明的是，"中国历史地理学"一语在不同的语言环境下，可以有两重不同的解读：一重是在中国进行研究的历史地理学，另一重是研究中国这个特定区域的历史地理学。我们现在谈的，是后一重涵义，而中国作为一个地理区域，在人类活动因素这一方面，并不是自古以来就一成不变的；这样的人类活动的区域，是随着历史的发展而逐渐演化的，其中绝大多数地理要素在其形成和演化的过程中，往往都会涉及它的生成地点和传播扩散的路径、范围以及边缘界限等问题。这样我们就会看到，中国上古历史的核心地域，自然也成了中国历史地理研究出发的"原点"。

顾颉刚先生古史地域扩张学说的第一方面内容告诉我们，既然从所谓夏朝开始一直延续到秦朝中原政权实际控制的地域是由小到大逐渐扩展而成的，那么，所谓夏王朝起源和早期发展阶段所居处的地域，也就成了我们认识上古地理问题的基本出发点。

疆域和政区沿革，是传统沿革地理研究的基本内容，也是当代中国历史地理学研究最重要的基础。

关于夏王朝的核心区域到底在哪里，当前很多考古学者会指认某一种考古文化类型为夏朝的疆域范围或主体地域。譬如二里头文化；更具体地说，是把晋南襄汾陶寺的龙山文化遗址指认为尧都所在的地点，把河南偃师的二里头遗址指认为夏都所在。但是这样的认识，未必就很合理。因为所谓夏，主要是《史记》等传世文献所记载那一个政权，而寻找以所谓尧都为标志的夏王朝核心地域，还是首先要依托《史记·五帝本纪》和《史记·夏本纪》等基本传世文献的记载。因为与之相符的，就是所谓夏；不符的，则是其他早期文化，不管你看到的考古发现的物质文化遗存有多么辉煌，那也与史上的夏无关。

尧舜禹的尧，又称帝尧；尧舜禹的禹，则是所谓夏朝的开国之君。禹的帝位承自尧舜禹的舜，也就是所谓帝舜，而舜的帝位承之于尧。

关于帝尧，现在我们能够看到的在传世文献中最显切实、也最为原始的记载，就是司马迁的《史记·五帝本纪》，这也是我们所能了解到的对帝尧生平事迹最全面、最系统、也最权威的记载，而《史记·五帝本纪》的史料来源则是《尚书》和《宰予问五帝德》、《帝系姓》等早期文献。

在历史上真实存在的帝尧，或者说这一史书中的帝君其实际原型到底是怎样一种情况，现在已经很难说清。我们能够努力阐明的，只是尧在古史传说中的基本情况。因为这种基本情况可以反映中华先民早期的历史记忆。

不管帝尧其人以及所谓尧都是不是历史上存在过的真实情况，古今学者在论述尧的活动地域和尧都问题时，都理应以《史记·五帝本纪》等传世史料作为基本依据——窃以为这应当是我们讨论这一问题的根本原则。因为古代学者心目中的尧和尧都就是这样，而这样的认识乃是古人很多空间观念展开的基础。在我看来，在这一点上考古学家们也不应例外。不然的话，关于尧和夏的讨论就无从谈起了。

史籍中保存下来的关于尧都和帝尧葬地的可靠记载，最早见于东汉时期，而在所有这些东汉文献中，碑刻铭文的记载最具有原始性。因为这些碑石上的文字就是在东汉人按照当时的稿子直接镌刻出来的，而且是在当时就公之于世的。碑文说尧都在哪儿，尧陵在哪儿，天下人都看得见，当地人更看得见。要是人们都不认可，恐怕不行，即撰写碑文的人不能瞪着眼睛说瞎话。

汉桓帝永康元年上石的《济阴太守孟郁修尧庙碑》，是目前所知年代最早的一通述及帝尧居地的碑铭——碑文记载尧庙位于汉济阴郡成阳县（见宋洪适《隶释》卷一）。这里距离今山东定陶不远。东汉朝廷在这里设立尧庙，是因为当时人以为所谓尧陵就在这里，这通《济阴太守孟郁修尧庙碑》的碑文即谓济阴太守孟郁"闻帝尧陵在成阳"。此外，《续汉书·郡国志》在济阴郡成阳县下也记有"尧冢"，这"尧冢"当然就是所谓尧陵。

帝尧的陵墓和祠庙是在这里，那么他活在人世时所居处的地点，也应当在这附近。《续汉书·郡国志》记载济阴郡定陶县"本曹国，古陶。尧所居"；又东汉人许慎在《说文》中解释"陶"字的语义时也谈到"陶在济阴……有尧城，尧尝所居，故尧号陶唐氏"。济阴郡下这定陶、成阳两县是相互毗邻的，从而可见在东汉人眼里，帝尧的都邑就应当在汉济阴郡下的定陶，而死后则葬定陶县旁的成阳县。

按照《水经·瓠子河注》的记载，汉代以后，直至西晋永嘉年间，官府对成阳尧陵尧庙的祭祀始终持续未断；也就是说，直到西晋时期，古人一直把今山东定陶一带看作是尧都的所在地，并一直在这里设有尧庙，用以祭祀帝尧。

另一方面，在东汉时期以前，有一个重要事项，也和帝尧的都邑有关——这就是刘邦即位于泛水之阳的缘由。

在同项羽举行"陈下决战"（即史籍中舛误的"垓下之战"）并大获全胜之后，刘邦率军由陈邑北返洛阳。就在这北行的路上，刘邦好像很随便地就在路边的"泛水之阳"举行了登基做皇帝的"开国大典"。

这样的举动实在是太过于奇怪了——平民百姓忽地跻升于"九五"尊位，成了统治万民的"天子"，怎么把事儿办得这么随随便便、漫不经心呢？

实际情况绝非如此。正因为刘邦是中国历史上第一位平民天子，他才更需要为自己的上位寻找天命的依据。因而他举行登基典礼的地点，一定要经过精心选择。其实我们只要看一下这个"泛水之阳"是在哪里，就很容易理解刘邦的心思了——"泛水之阳"就在定陶，这里古称陶邑。刘邦特意选择在陶这个地方上位做皇帝，就是因为这里曾是尧都的所在。刘邦是想通过此举来彰显其身登帝位是由于刘氏为帝尧之后，在这里陟升帝位，可以彰显其血统的神圣性和统治天下子民的必然性。

我们看到刘邦如此这般地处理这一登基大事，就会很容易理解，在秦朝应当广泛流行有陶为尧都的说法，不然他就没理由这样做。因为不仅"汉承秦制"，汉初人自然也承袭着秦人的历史观念和地域观念。若是更进一步向前推溯，由于在当时的社会条件下，这样一种观念的普遍流行，需要较长一段时间，而秦祚短促，人们心目中这样的观念，至少可以再向前追溯到战国时代。

谈到这一点，须知传世古代典籍都是从战国时期才开始流行的，因而这样的意识也可以说是一种"自古以来"的通说。

与此相关的另一项早期地理观念，是四岳至五岳的变迁。有关这一问题，顾颉刚先生也很早就写过一篇题作《四岳与五岳》的文章（见顾氏《史林杂识初编》）。在这篇文章中，顾颉刚先生通过对四岳与五岳演变过程的研究，为古史地域扩张学说提供了一项具体的例证。

学术认识总是在一代代学者的努力下不断向前发展的。对于我来说，在今天看来，顾颉刚先生在这篇文章中所说的由"四岳"到"五岳"的具体演变过程，有很多细节，似乎还需要再事斟酌；至少还可以在相当程度上予以深化。不过若是抛开这些细节不谈，单纯就山岳本身的意义而言，如果遵循顾颉刚先生开拓的认识路径，把这些岳山一一落实到具体的地点，我们就可以看出，由"四岳"向"五岳"的演变，正很好地体现了古史地域扩张的演进过程，也与上述帝尧的都邑问题恰相契合。

传世文献中关于所谓"四岳"最早的记载，见于战国时期写定文本的《尚书·尧典》。《尧典》乃谓继尧之后承袭帝位的舜，每隔五岁，便在春、夏、秋、冬四时，依次巡狩东、南、西、北四岳。

为什么只有四岳而不是五岳？这是基于天文历法的原理。古人把天上"太阳视运动"的轨迹（实际上也就是地球的公转轨道）等距离分作四个段落，这就是春、夏、秋、冬四时。同时，古人又分别以青龙、朱雀、白虎、黄鹿（后改成玄武）四神分别作为上述春、夏、秋、冬四时的标志。在这四个段落当中，又各有一个标志性的点，这就是春分、夏至、秋分和冬至。帝舜巡狩四岳，分别是在二月、五月、八月和十一月。不过这个月份同现在我们一般理解的农历或阴历不同，而是一种阳历亦即"太阳历"的月份。所谓二月、五月、八月和十一月，比较"专业性"的叫法，分别为仲春之月、仲夏之月、仲秋之月和仲冬之月。这四仲之月，就分别处在春分、夏至、秋分和冬至的前后。

那么，这意味着什么呢？意味着地下的四岳，首先是天上"四神"的对应物——这是一种天地合一的观念。按照后世经学家的解释，这东、南、西、北四岳的具体名称，一直是泰山、华山、衡山和恒山。

在这泰山、华山、衡山和恒山四岳当中，北岳恒山和东岳泰山的位置，从古至今，一直没有变化，只是历代王朝祭祀北岳的地点，前后有过挪移，即由今河北曲阳向今山西浑源迁改的变化，而这个具体祭祀地点的挪移，空间范围并不很大；相对于此，西岳华山和南岳衡山，则位置变化很大，而它的变化过程，就很好地体现了古时地域扩张的问题。

由于原本并没有中岳，早期的西岳，就是现在河南嵩山的中岳。《国语·郑语》尝有语云郑国的地理位置，是"前华后河、右洛左济"——面对华山，背对黄河，右侧是洛水，左侧是济水。这样一卡，所谓"华山"不正处在现在嵩山的位置上么？这也就是古人所谓"太室"或者"嵩高"。

所谓帝舜时代的西岳华山是在后世中岳嵩山的位置上，那么，南岳衡山呢？根据《史记·封禅书》等文献记载，西汉庐江郡潜县境内的霍山就是当时的南岳衡山，这里应是"自古以来"就"号曰南岳"。同样也是根据《史记·封禅书》的记载，我们可以知道，汉武帝曾来到这座山峰，亲自登临祭祀；或者更准确地说，是唯有这座山峰才真正是早期的南岳衡山。

如果把上面所说的东、南、西、北四岳标记在现代地形图上，其基本分布形式，将如下图所示：

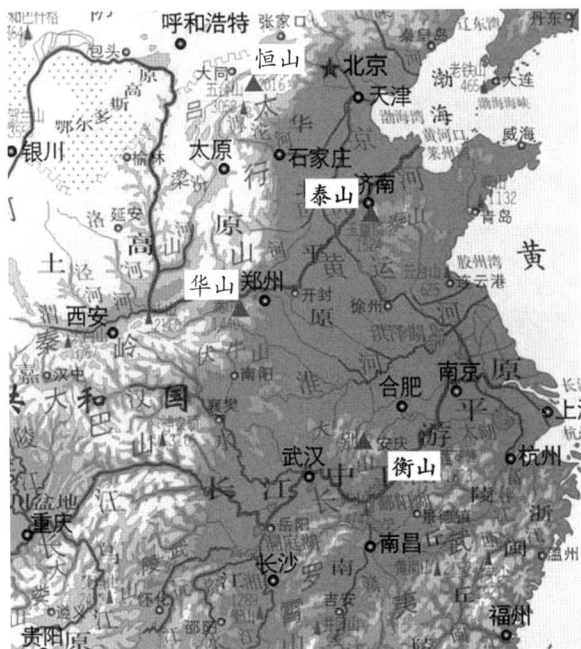

现代地形图上的上古四岳图①

---

① 底图据《中华人民共和国地图集》，地图出版社，1984 年。

　　这样的分布形势，充分体现了东、南、西、北四座岳山所处位置的合理性：即这首先体现为这四座山峰正好分布在黄淮平原的四方边缘。这体现出产生四岳观念的早期先民，应该是分布在这四岳环绕的大平原中，而以四岳为标志的丘陵山地则是这些平原居民所处世界的边地，于是先民们便在东、南、西、北四方分别选择一座高峰作为边地的标识。

　　值得注意的是，如前所述，舜的帝位就是从尧那里继承来的，帝舜巡狩四岳，就是在他继尧之后承续帝位之时，因而《尚书·尧典》所谓四岳，理应以所谓尧都为中心而配置于其东、南、西、北四方：

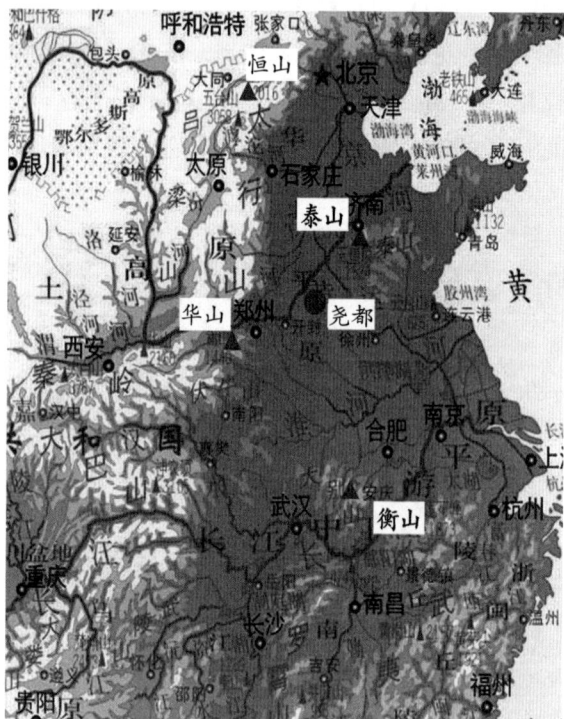

现代地形图上的四岳与尧都 ①

　　透过上图可以看出，尧都的位置恰好处于东西两岳和南北两岳的中间地带，也就是四岳之间的中点位置上，显示出四岳乃环绕尧都而设。这样，

---

　　① 底图据《中华人民共和国地图集》，地图出版社，1984 年。

与前述尧都的位置两相结合，就更好地印证了华夏先民早期的地域观念是以黄淮下游平原地带为核心的。

由此出发，再思考所谓大禹治水的观念，便很容易理解，也只有在这样开阔的地带，才能形成"汤汤洪水滔天，浩浩怀山襄陵"的大水有待治理（《史记·五帝本纪》），即夏禹治水的传说，只能产生于这一区域，晋南的襄汾陶寺遗址处不行，豫中的偃师二里头遗址处也不行。

在我看来，上述四岳之间这一区域，就应该是我们今天研究中国历代地理问题出发的"原点"，虽然不能说它可以涵盖所有的中国历史地理问题，但却应该包括很大很大一大部分中国历史地理问题。

今天，我们在这里纪念顾颉刚先生一百三十周年诞辰，作为一名历史地理学工作者，溯本求源，不能不对顾颉刚先生为我们定立的这个研究的"原点"表达崇高的敬意和深切的谢意。

进一步探究四岳神山中西岳和南岳的挪移以及中岳的产生过程，可以让我们更加形象地理解顾颉刚先生的古史地域扩张学说。

大致在春秋时期，随着周室东迁于洛阳，与周人新都近在咫尺的西岳华山实在不宜再保持旧有的岳山地位，因而西岳便被西挪到现在的陕西华山那里。其后，大致在汉武帝时期，嵩山已改称中岳。于是，我们在司马迁的《史记·封禅书》里，就看到一套五岳体系——即东岳泰山（岱宗）、南岳衡山（潜县霍山）、西岳华山（华阴太华山）、北岳恒山和中岳嵩高山（嵩山）。这种情况，体现出尧舜时期以今山东定陶一带为中心的地域观念，已经转化成嵩山、洛阳为天下之中——这当然华夏先民生活的核心地带向西扩张的结果。

在这之后很久，至"隋文帝开皇九年，以南衡山为南岳，废霍山为名山"（《唐六典》卷三"户部郎中员外郎"条），于是，南岳衡山由潜县霍山移往湘南岣嵝山、亦即今湘南境内的衡山，也就是所谓"南衡山"。

朝廷做出这一改变的政治背景，是隋军在这一年正月攻入江南的建邺，灭掉了南朝的陈国。这样，隋文帝杨坚便如同当年的秦始皇一样，结束分裂局面，一统天下。南岳岳山的挪移，是伴随着隋文帝杨坚把隋朝的统治地域由江北推向江南这一进程而发生的，这也愈加清楚地显现出中原政权控制地域的扩展，是四岳、五岳演变的核心动力，而上述四岳、五岳的演变过程，可以从一个侧面印证顾颉刚倡导的"古史中地域的扩张"学说符合历史演变的规律。

谢谢大家。最后请允许我在这里再一次向一代宗师顾颉刚先生致以崇高的敬意。

2023 年 4 月 10 日晚草稿
2023 年 4 月 25 日晚改定

【附案】

本文是 2023 年 5 月 8 日应中国社会科学院近代史研究所"近代以来中国历史学知识体系研究中心"之邀，为纪念顾颉刚先生诞辰 130 周年而做专题演讲的讲稿。

史念海先生历史地理讲义手稿的文献学考察

付玉肖 *

2022 年 8 月，陕西师范大学出版总社出版了《史念海遗稿·讲义（影印本）》①，内中收录了史念海先生在二十世纪五六十年代撰写的 4 种讲义，除了作为附录的《清代政治制度概述》外，其余 3 种均为历史地理类（含 5 种目录），为考察史先生建构中国历史地理学理论体系的过程提供了细致的观察材料。

一、手稿的文献学特征

本批手稿② 由史念海先生指导的 1994 级博士王双怀教授收藏并整理，包括 5 种目录、3 种正文，正文均为残稿，目录与正文存在一定对应关系，可分为 2 种书稿系统。在考察本批手稿时，通过目录可较为清晰地看出手稿归属的完整讲义的整体架构，通过正文可以看到手稿撰写和修改时的若干细节，两者互相补充。

鉴于原稿散乱无序且颇有残损，整理者考订编次，并撰写了导读，阐明手稿情况和学术价值。笔者就本批手稿的基本情况再提出自己的看法，冀为判断本批手稿的学术史价值提供更为准确的文献学依据。

---

* 付玉肖，历史学硕士，陕西师范大学出版总社编辑。

① 史念海著，王双怀编：《史念海遗稿·讲义（影印本）》，陕西师范大学出版总社，2022 年。

② 本文中，如无特别说明，"本批手稿"特指 3 种均为历史地理类的讲义手稿，不包括《清代政治制度概述》。

（一）5种目录手稿的形态、分类与撰写时间

1. 目录手稿形态

手稿现存5种目录手稿，整理者未定名，为便于叙述，按照《史念海遗稿·讲义（影印本）》中的前后顺序，笔者将其分别命名为a、b、c、d、e。

a目录完整，竖写于竖栏方格稿纸上，首行有"中国历史地理教学大纲"字样，为修订稿，修订底稿上列十八章（第十八章章序误为"第十七章"），章下无小标题。修订中，史先生删8章、修改6章章名，留下包含绪论的9章，另为前3章题写了小标题。

表1：a目录修订底稿与a目录对照表

a目录修订底稿	a目录
第一章 绪论	第一章 绪论
第二章 古代人类居住的区域及中原的地理情况	第二章 古代人民的居住区域及中原的地理情况
第三章 华族与非华族的分布及诸夏国家的兼并	第三章 由诸侯分立的局面到中央集权统一国家的发展
第四章 "天下之中"的陶地及其附近经济区域的发展	
第五章 统一帝国的建立及国内外的各部族	第四章 统一帝国的建立及其时地理情况的变迁
第六章 州郡县制度的确立及其演变	
第七章 关东关西的差别及其他经济地区	
第八章 统一帝国瓦解后的分裂与各部族的迁徙	第五章 统一帝国瓦解后的分裂与各部族的迁徙
第九章 统一帝国的再建立及其疆域的盈缩	第六章 统一帝国的再建立及其疆域的盈缩
第十章 通济渠（汴河）的开凿与其阻塞	
第十一章 南北的差异与平衡	

第十二章 东北及北方诸侯的兴起及其向南发展	第七章 宋代和契丹、女真诸族的斗争及其所引起的地理情况的变化
第十三章 长江三角洲的富庶繁荣与大运河的开凿	第八章 行省制度的建立与元明清三朝的版图
第十四章 由道到省的演变	
第十五章 鸦片战后帝国主义对我国的压迫与国土的丧失	第九章 鸦片战后帝国主义对我国的压迫及新民主主义革命时期的变化
第十六章 沿海都会的兴起及内地经济的凋枯	
第十七章 东北问题与国际争执	
第十七（八）章 中华人民共和国成立后关于地理建设的新（贡）献	

　　b 目录残，竖写于竖栏方格稿纸上，存 5 章，首行有"中国历史地理教学大［纲］"字样，间有修改，章下有若干小标题。章题与 a 目录修订底稿第 1、3—6 章同。

　　c 目录完整，横写于横栏方格稿纸上，首行有"中国历史地理教学大纲"字样，为誊录稿，无修改，章下设节，章节之下有章节说明，其中 4 节标识有作业内容。存目如下：

第一章 绪论	
第二章 历史自然地理	第一节 水文的变化
	第二节 地形的侵蚀和沿海陆地的成长
	第三节 土壤与森林
	第四节 古今气候的同异
第三章 历史人口地理	第一节 石器时代的居人
	第二节 先秦时期华族和非华族的杂居
	第三节 中原人口稠密的地区和南方人口的增长
	第四节 人口中心区域的变迁
	第五节 西南少数民族杂居的地区
	第六节 东北的开发
	第七节 游牧地区居民的变化

d 目录完整，竖写于白纸上，首行无题，为修订稿，共 9 章，章下有小标题，第 6—9 章缺失章题。修订的主要内容为章下小标题及顺序，并调整部分章名用字。其中，第 1—5 章章题与 a 目录修订后的章题及章序一致，第 6—9 章虽缺失标题，但就小标题内容反映的情况来看，亦与 a 目录修订后的章题及章序一致。

e 目录完整，竖写于竖栏方格稿纸上，首行有"中国历史地理目录"字样，为誊录稿，几无修改，共 9 章，章下有小标题。章题、小标题与 d 目录修订后的基本一致，略有调整。

2. 目录手稿分类、撰写时间

虽然 a、b、c 与 e 首行所标书名不一致，但从目录内容来看，a、b、d、e 目录属同一体系，存在前后修订关系。其中，b 目录残存 5 章与 a 目录修订底稿中的第 1、3—6 章章名同，a 目录修订底稿中增设的"第二章 古代人类居住的区域及中原的地理情况"一直出现在 d、e 目录中；d 目录与 a 目录修订后的章题及章序一致；e 目录章题、小标题与 d 目录修订后的基本一致。根据修改情况，可排其修改顺序为 b → a → d → e。鉴于 e 目录为最晚修订本，特称 a、b、d、e 这 4 种目录为 e 目录系统。

从 b → a → d → e 的修改意图看，尤其是比对 a 与 e 目录，可知承续 a 目录的 d、e 目录的 9 章主要是自 a 目录修订底稿原有章节合并而来，部分章节，如"第七章 宋代和契丹、女真诸族的斗争及其所引起的地理情况的变化""第八章 行省制度的建立与元明清三朝的版图"系自原有章扩充而来。比较来看，a 目录修订底稿虽有明显的由前往后的大时段断代时间线，但章题的设置则偏重于专题式，典型的有第 4 章、第 7 章、第 10 章，而 e 目录则基本为大时段断代，原有专题式章题并入大时段之中。

关于 e 目录系统反映出的时间属性，a 目录修订底稿章题为"第十七（八）章 中华人民共和国成立后关于地理建设的新（贡）献"，e 目录第九章最后一节为"解放区的扩大增多与解放战争的胜利"，加之 a、b、e 用纸相同，知其撰写大纲及修改不晚于 1949 年 10 月。除此之外，再无其他直接证据。

从内容看，c 目录不属于 e 目录系统，用纸、用笔、横竖写方式亦有不同。c 目录没有可以反映出时间属性的证据。

（二）3 种讲义正文手稿之形态、撰写时间及与目录手稿之对应关系

讲义正文手稿共有 3 种，笔者暂将其分别命名为手稿 1、手稿 2、手稿 3①。笔者认为手稿 1、手稿 2 与 e 目录系统对应，手稿 3 与 c 目录对应。

1. 手稿 1、手稿 2 之手稿形态、撰写时间及与 e 目录系统之对应关系

（1）手稿 1 之手稿形态、撰写时间

手稿 1 竖写于竖栏稿纸（配补少量竖栏方格稿纸），书写格式为旧式书稿样式，与本批手稿其他部分迥异，无书名标识，小字双行注，有眉批，修改处极少，现存标识有节题的小节内容完整。包括《第六章 行省制度与中央集权制的封建国家》3 节、《第七章 鸦片战后半封建半殖民地国家的地理与疆域》5 节。根据用纸、用笔、文本格式，②三部分应为同一时间撰写的同一部书稿的若干部分。

关于手稿 1 的撰写时间，笔者与整理者看法相同，手稿中出现的行政区划包括了察哈尔、热河、松江、西康等省级行政区，明显具有 1949 至 1952 年间的特征。《史念海遗稿·讲义（影印本）》第 202 页③还专辟一小节讨论新中国成立后的省级政区变革，也未出现 1952 年后的变化。而且，在"东北问题与国际影响"一节末，史先生提到："卢沟桥事变后，由于全国人民的抗战，故土重归。但美国的帝国主义者却走上日本的旧途，仍然想以朝鲜为跳板侵略东北，侵略全中国。美国由日本旧路而来，无疑要循着日本失败的旧途而归于失败的。"④所以，可定书稿撰写时间为 1950 年 6 月朝鲜战争爆发之后、1952 年 11 月中原省被撤销之前。

（2）手稿 2 之手稿形态、撰写时间

手稿 2 竖写于竖栏方格稿纸上，尾注，标注页码（页码顺序有修改），修改处极多，包括《天下之中的陶地及其他经济都会的兴起》《战国时期

---

① 整理者将三种手稿分别命名为《〈中国历史地理教学大纲〉一稿》（见第一册）、《〈中国历史地理〉第一册》（见第二册）、《〈中国历史地理〉修改稿》（见第三册），笔者认为定名有误。为不引起误解，本文不采用整理者之定名。

② 用于判定手稿归属关系的证据还有原手稿的叠放或装订关系，但因《史念海遗稿·讲义（影印本）》并未对原手稿的叠放或装订关系加以说明，本文不再述及，但不影响根据手稿形态、内容做出的判断。

③ 下文如无特殊说明，仅列页码。

④《史念海遗稿·讲义（影印本）》，第 90—91 页。

各国疆土的轮廓》《九州问题》三部分。根据用纸、用笔、文本格式、页码顺序，三部分应为同一时间撰写的同一部书稿的若干部分。

关于手稿2的撰写时间，第223页有"今河南旧考城县"语，考城县于1954年1月与兰封县合并，称"兰考县"，作者用一"旧"字，可定书稿撰写时间上限在1954年1月。[①]第327页"和热河承德朝阳以北"，史先生修改为"经过河北的承德、辽宁的朝阳以北"。由此可知，书稿应该写于热河省被撤销的1955年7月之前。第225页有"今鱼台县"语，鱼台县于1956年3月被撤，1964年复置。并且，第225页有"今河南长垣、东明两县"语，其中，东明县自1963年4月即改属山东菏泽，以上两个地名无修改，可定书稿修订时间下限在1956年3月。

（3）手稿1、手稿2与e目录系统之对应关系

首先，手稿2与e目录系统之b、a、e用纸、用笔一致，且《天下之中的陶地及其他经济都会的兴起》《战国时期各国疆土的轮廓》与e目录第三章《由诸侯分立的局面到中央集权统一国家的发展》第9、10、11、12四个小标题，即"天下之中的陶地""富庶的经济区域""陶地以外的其他商业都会的发展""战国时代各国疆土的轮廓及其国都的变迁"接近。[②]

其次，手稿1虽然在用纸、用笔、文本格式上相较手稿2与e目录差距较大，但从内容看，现存部分手稿之章名与e目录较为接近，与a目录修订底稿差别较大。下移录手稿1现存章节名并与e目录对应章节比较：

表2：手稿1章节题与e目录章节题对照表

手稿1章节	e目录章节中较为接近者
第六章 行省制度与中央集权制的封建国家	第八章 行省制度的建立与元明清三朝的版图

①史先生的著作对地名变化有比较准确的记录，使用旧地名并加一"旧"字属史先生惯例，参考《河山集》第一集收录的《石器时代人们的居地及其聚落分布》与《人文杂志》1959年第三期刊登的同篇文章中关于地名表述的不同。

②现存e目录系统皆无"九州问题"小标题，但手稿中《九州问题》与《战国时期各国疆土的轮廓》连续编号，可知二者归属同一部书稿。

第 节 行省制度的成立与演变	行省制度的建立及其区划的变迁
第 节 元明清三代的运河及国家的财富区域	大运河的开凿
第 节 西南少数民族区域的地理及明清的土司制度	西南少数民族杂居的地区
第七章 鸦片战后半封建半殖民地国家的地理与疆域	第九章 鸦片战后帝国主义对我国的压迫及新民主主义革命时期的变化
第一节 鸦片战后列强的压迫和国土的丧失	鸦片战后帝国主义者对我国的压迫及国土的丧失
第二节 沿海经济都会的兴起及内地经济的凋枯	沿海都会的兴起与内地经济的凋枯
第 节 构成近代国家疆域的经过及疆域变迁的诸形态	（未见）
"第四节 东北的发达""第 节 东北问题与国际影响"	东北问题与国际争执

通过比较，我们看出，手稿1与e目录第八、九章主题基本一致，而且，"第 节 构成近代国家疆域的经过及疆域变迁的诸形态"最后一小节为"人民政府成立以后的设施"，内容为新中国成立后对省级行政区划的调整，可补a目录"第十七（八）章 中华人民共和国成立后关于地理建设的新（贡）献"在e目录中未见的问题。

同时应该指出，手稿1—手稿2与现存的e目录系统的4个目录不存在逐一的对应关系。1953年西北大学人事部门填写的《教师工作情况调查表》（正本4类1号第1页）在叙述到史先生的教学情况时记载：

（史念海）业务水平较高，教书时间较长，有一定的教学经验和教学方法，特别在近几学期来更加努力，每学期都由提纲完成讲稿，由讲稿又调整提纲，这样反复的结果使学科熟练，授于同学高效。

由此可知，现存的e目录系统和手稿1、手稿2是史先生在撰写该系统书稿时不同时期形成的，但根据目前手稿的形态、内容，无法推测其前后关系。①

2. 手稿 3 之手稿形态、撰写时间及与 c 目录系统的对应关系

（1）手稿 3 之手稿形态、撰写时间

手稿 3 原稿最为散乱。首先，根据残存标识为"第一章 绪论"、"第二章 历史的自然地理"及其相关小节，"第三节 中原人口稠密的地区和南方人口的增长"，可以判定手稿 3 与 c 目录有较强的关联关系。然后根据 c 目录及主题、用纸、用笔、修订情况、叠放关系，可将相关手稿归为包括第一章《绪论》、第二章《历史的自然地理》部分、第三章《历史的人口地理》部分、第五章《历史的政治地理》部分等在内的成体系稿件。② 但其内部手稿形态较为复杂，可分为 7 份。

表 3：手稿 3 分类表

序号	页码	包含内容	手稿形态	所见书名信息
3-1	501—549	第一章 绪论 第二章 历史的自然地理 / 第一节 水文的变迁	横写于横栏方格稿纸，部分内容配补第 1 类蜡版刻印本，或在第 1 类蜡版刻印本上修改	中国历史地理讲义【封面】、中国历史地理（史四）【页眉】、中国历史地理纲要【首页首行书名】
3-2	661—677	第三节 土壤与植被	在第 1 类蜡版刻印本上修改	中国历史地理讲义（第三次）【封面】、中国历史地理（史四）【页眉】
3-3	550—660	第三节 高原丘陵地区的变迁 第四节 沿海陆地的成长和海岸的变迁 第六节 古今气候的异同	横写于横栏方格稿纸，部分内容配补第 1 类铅印本	中国历史地理稿【封面】

---

① 虽然手稿 1 从形态上看撰写时间早于 4 种目录，但从内容上看，其章题设置与 e 目录关系较近而与 a 目录较远，撰写时间又晚于 4 种目录，存在矛盾无法解释之处。

② 整理者在整理手稿 3 的目录时打破了手稿原有的层级关系，以节题为一级标题。

3-4	678—695	第二节　先秦时期华族和非华族的杂居（仅半页）第三节　中原人口稠密的地区和南方人口的增长	在第 2 类蜡版刻印本上修改	中国历史地理（史四）【页眉】
3-5	696—723	第五章　历史的政治地理 / 第一节　古代的部落和王朝	在第 3 类蜡版刻印本上修改	中国历史地理（史三、史四）【封面】、中国历史地理（史四）【封面、页眉】
		第二节　封建王朝统一时期版图的规模	在第 4 类蜡版刻印本上修改，部分为横栏方格稿纸配补第 2、3 类铅印本。手稿手写序号与"第一节 古代的部落和王朝"连续	中国历史地理（史四）【页眉】
3-6	724—745	第四节　分裂局面的演变	在第 4 类铅印本上修改	中国历史地理稿（第四次）【封面】、中国历史地理纲要【页眉】
3-7	746—762	第五节　统一时期内部行政区域的划分	在第 4 类蜡版刻印本上修改	中国历史地理（史四）【页眉】
3-8	763—867	先秦时期的农业区域第二节　秦汉至南北朝黄河流域人口的变化	横写于横栏方格稿纸，有修改	

注：表中页码为《史念海遗稿·讲义（影印本）》中的页码。

　　关于本部分手稿的撰写时间，考虑其大部分在蜡版油印本或铅印本的基础上修改，故区分蜡版油印本或铅印本的撰写时间和修订时间。其中，除 3-1、3-8 以外的手稿修改前后的地名呈现出 1957 年至 1958 年撤县并区的特征，其中蜡版油印本或铅印本反映出 1957 年至 1958 年撤县并区前的特征，修改则反映出撤县并区后至 1961 年恢复前的特征。如第 510 页"今河北临漳县西南"修改为"今河北磁县"（临漳县 1958 年 11 月并入磁县，1961 年复置）、第 667 页"今河北平乡"修改为"今河北旧平乡"（平乡县 1958 年 4 月并入巨鹿县，1962 年复置）、第 698 页"现在河南陈留县"修改为"现在河南开封县"（陈留县 1957 年 7 月并入开封县，未再复置），如此等等，不烦赘举。加之未出现平原省（1952 年 11 月撤）、热河省（1955 年 7 月撤）并出现了辽宁省（1954 年 8 月置），由此可定蜡版油印本或铅印本的撰写时间为 1955 年 7 月至 1957 年 7 月。

3-3 手稿使用的铅印本的撰写时间也在撤县并区前，但其修改内容中最晚引用了《河北日报》1962 年 4 月 3 日刊登的李世瑜《天津一带古代海岸线遗迹的调查》一文（第 583 页），可知本份手稿的修订时间在 1962 年 4 月稍后，而手稿修订后交付打印的联系单（第 500 页）显示，某批稿件的提交时间明确为 1962 年 6 月 19 日，亦可参照。

3-8 手稿使用的稿纸标有"陕西师大稿纸"，而陕西师范大学是 1960 年 5 月西安师范学院与陕西师范学院合并而成，加之史先生将第 859 页的"今山东旧定陶县"的"旧"字圈掉（定陶县于 1961 年 6 月复置），可知该书稿的撰写时间为 1960 年 5 月至 1961 年 6 月间，修改为 1961 年 6 月后。

（2）手稿 3 与 c 目录系统之对应关系

关于手稿 3 与 c 目录之关系，虽然内文手稿的前三章与 c 目录直接对应，c 目录为手稿 3 属同一系统应无问题。然而，c 目录为手稿 3 亦不直接对应，手稿 3 内的手稿亦不属于同一时期，章节关系存在冲突。其中，在手稿 3 中，历史的自然地理部分有两个第三节，"土壤与植被"的蜡版刻印本底本与"第一节 水文的变迁"相同，可视为同一批，但第 3 份手稿又出现了"第三节 高原丘陵地区的变迁"，且第 3 份手稿包含了第三节、第四节、第六节内容，这与 c 目录有较大区别。考虑到第 3 份稿件的修改时间较晚，应当是史先生重新做了修订，所以出现了与 c 目录不同的情况。

（三）e 目录系统书稿与 c 目录系统书稿性质之别

侯仁之先生在 1950 年发表的《"中国沿革地理"课程商榷》[①]中指出，沿革地理"主要是讨论中国历代疆域的消长和地方行政区划的演变"，除

---

① 侯仁之：《"中国沿革地理"课程商榷》，《新建设》1950 年第 11 期。

此之外，沿革地理还关注都会兴衰、河渠水利、人口、民族等问题。e目录系统书稿的目录和正文的讨论内容都在此范畴内。

而在手稿3"第一章 绪论"中，史念海先生指出，历史地理这门学科"用来说明历史发展过程中与地理有关的各种自然现象和政治经济现象演变的科学"，同时指出："历史地理学注意到各种地理情况的演变，虽然它在一定程度上可以作为历史学的辅助学科，但它的本身应该有它自己的科学体系的。"仅从内容框架看，手稿3第二章《历史的自然地理》、第三章《历史的人口地理》、第五章《历史的政治地理》的划分属于典型的现代历史地理的框架，尤其是对历史自然地理，如气候、土壤等的关注，这一点无须多言。

（四）手稿3底稿为《中国历史地理纲要》的修订底本

1991—1992年，史念海先生出版了他生前唯一一部现代历史地理架构式的著作——《中国历史地理纲要》[①]。在序言中，史先生说他开始撰写这部书稿是在1953年，当时是为了讲授课程而写作，内容包括历史自然地理、历史人口地理、历史经济地理、历史政治地理，并沿用至1964年。从撰写和使用时间、书稿性质、整体框架看，c目录系统书稿与之接近，且3-1、3-6手稿前有"中国历史地理纲要"书名字样，e目录系统书稿与之相差较大。

与此同时，史先生在序中还说，他在20世纪80年代末重新撰写《中国历史地理纲要》时，"手边还留下一些打印的本子，不同的纸张和格式，显示出是好几次打印过的，很有些文句和段落，前后不相一致"。那么，史先生在重新撰写《中国历史地理纲要》时是否参考这些早期的"本子"？他具体参考的是哪个版本？他参考和修订的程度如何？手稿3可以提供一定的线索。

1. 整体框架设置

史念海先生在《中国历史地理纲要·序》中说，在1953年开始撰写本书时，除了历史自然地理外，历史人文地理包括历史人口地理、历史经

---

① 史念海：《中国历史地理纲要（上、下）》，太原：山西人民出版社，1991年、1992年。

济地理和历史政治地理①，现存的手稿 3 除第一章《绪论》外即包含第二章
《历史的自然地理》、第三章《历史的人口地理》、第五章《历史的政治地
理》，缺失的第四章应该就是"历史的经济地理"，两者对应。

　　相较手稿 3，《中国历史地理纲要》多出了"历史民族地理"和"历史
军事地理"二章。其中，历史民族地理的部分内容与手稿 3 中历史人口地
理的部分内容较为接近，如手稿 3 第三章第二节"先秦时期华族和非华族
的杂居"及第五节、第六节对东北、西南地区少数民族的关注。将历史民
族地理的内容从历史人口地理中分出来，并且放在历史人口地理之前讲解，
正如史先生在《中国历史地理纲要·序》中所说，这是在撰写、讲授《中
国历史地理纲要》后"较长时期的探索"才认识到的。历史军事地理部分
在手稿 3 没有体现，这是因为该领域是史先生在 20 世纪 70 年代编撰陕西
历史地理军事地理后才开辟、建立起来的。

　　总的来说，从总体框架上看，手稿 3 体现出史念海先生在《中国历史
地理纲要·序》中说的早期框架。

　　2. 节的设置

　　以历史自然地理一章为例，目录 c、手稿 3 与《中国历史地理纲要》
设置的节比较如下：

表 4：目录 c、手稿 3、《中国历史地理纲要》第一章节题对照表

目录 c	手稿 3	《中国历史地理纲要》
第一节 水文的变迁	第一节 水文的变迁（3-1）	第一节 水文的变迁
第二节 地形的侵蚀和沿海陆地的成长		第二节 地形的侵蚀和沿海陆地的成长
第三节 土壤与森林	第三节 土壤与植被（3-2）	第三节 土壤与沙漠
第四节 古今气候的同异	第三节 高原丘陵地区的变迁（3-3）	第四节 古今气候的同异

① 辛德勇认为 1953 年史先生开始撰写的《中国历史地理纲要》包括历史经济地理、历史
人口地理、历史政治地理而无历史自然地理，这是对史先生原意的误解，见辛德勇《历史地理
学在中国的创立与发展》（《历史地理研究》2021 年第 3 期）。

	第四节　沿海陆地的成长和海岸的变迁（3-3）	第五节　植被的分布地区及其变迁
	第六节　古今气候的异同（3-3）	

由上表可以看出，《中国历史地理纲要》的内容与目录 c、手稿 3 大部分一致，这种情况在目录 c、手稿 3 的第三章"历史的人口地理"（历史民族地理除外）及手稿 3 的第五章"历史的政治地理"中亦同。

其中，手稿 3 第三节"土壤与植被"中亦有"沙漠的影响"一小节，未体现在节题中。《中国历史地理纲要》将"植被/森林"单设节，史先生可能因此修改了手稿中的节题。①

3. 小节的设置与正文文字的异同

以"水文的变化"为例，手稿 3 在节题下标小标题，共 8 个子目，未标序号，正文叙述顺次而下，未分小节；手稿 3 分内容为 9 小节。比较如下：

表 5：手稿 3、《中国历史地理纲要》"水文的变化"小标题对照表

手稿 3	《中国历史地理纲要》
黄河下游的改道	一、古代中原地区的湖泊
九河和漯水	二、黄河下游的改道
济水的阻塞	三、济水的阻塞
古代中原地区的湖泊	四、淮水下游的湖泊和淮水下游的变迁
淮水流域的湖泊和淮水下游的变化	五、云梦泽、彭蠡泽和三江、九江
云梦泽和九江、三江	六、海河水系和珠江、辽河
珠江三角洲河道的变迁*	七、重要运河的开凿
内陆河流的变迁*	八、内陆水文的变迁
重要运河的开凿	

注：手稿 3 子目中加*号者为史先生在修改时所加，但用笔与正文修改不同。

① 此外，通过比较《中国历史地理纲要》在该章的节题设置与目录 c、手稿 3 的相似程度看，《中国历史地理纲要》与目录 c 更为接近，可作为目录 c 与手稿 3 前后关系推测的一个线索。

　　两者相同的子目有 7 个，重合度很高，但顺序有所调整，并删去了"珠江三角洲河道的变迁"一小节。需要注意的是，在手稿中，9 个小节仅"珠江三角洲河道的变迁"全部为修改后的手写稿，其他小节或多或少有配补的蓝色蜡版刻印本的内容，且该小节亦为史先生在修改时在铅印本的基础上手写增补而成。

　　就具体内容看，以"古代中原地区的湖泊"为例，兹录手稿 3 部分内容于下，其中第 1、3 段为蓝色蜡版刻印本内容，第 2 段为修改后的内容，此处将《中国历史地理纲要》与之重合的部分加粗引用如下：

　　说起黄河中下及其附近的湖泊，这里难于备举，仅**就大的来说，已经是可观的了。在现在山东省境内，古代就有猆养、大野、雷夏、菏泽等四个。猆养泽在东部，其余三个偏在西南部。在现在河南省境内，古代也有荥（滎）泽、圃田、孟诸等三个，大致是在荥阳和商丘之间。太行山东河北南部，古代还有一个大陆泽。另外在今山西中部，古代有一个昭余祁薮。今陕西中部又有弦蒲、扬纡**①**、焦获等泽薮。猆养泽所在地据说是在现在山东莱阳县东，这里本是一个丘陵地带，情形另当别论。当然这些地方除过这几个大的湖泊以外，其余小的就已不少。至于泰山以西，嵩山、太行以东广漠无垠的大平原，湖泊更多，当然不限于大野、大陆等较大的几个了。**

　　这些湖泊在悠长的岁月是不断有所变化的。不过在郦道元作《水经注》的时候，黄河附近的湖泊还有相当数目的。汾水流域就有五六个，涑水很短，沿流也有四个。渭水和洛水流域各有十余个，太行山东不下四五十个，黄河以南，嵩山、汝颖以东，泗水以西，直至长淮以北，较大的湖泊就有一百四十个。像古代哪些大泽当然还都是存在的。

　　根据流传到现在的记载，可以知道这些大的湖泊确实是相当巨大的，这里仅就大野和圃田、大陆三泽加以说明，就可见到一斑。大野泽在古代的情况已经更不能详知，不过知道唐朝，它的湖面南北还有三百里，东西也有百余里。古人以大野和洞庭并称，不是没有原因的。

---

　　①《中国历史地理纲要（上）》作"阳纡"，误。另《中国历史地理纲要（上）》第 24 页"（济）本来是称为沉水的"，颇难理解，查手稿 3，"沉水"为"沇水"之误。

我们可以很明显地看到，在第 1、3 段，《中国历史地理纲要》与手稿 3 的段落设置、文字内容、语言风格都有较高相似性，而第 2 段内容两者则完全不一样。核查手稿 3 全稿，两者之间的异同在大部分内容中情况一致；反过来看，与手稿 3 修改内容较为一致而与刻印本或铅印本不一致的情况并不存在。综合正反两方面的情况，同时考虑到"珠江三角洲河道的变迁"一小节在《中国历史地理纲要》中未体现的现象，可较为明确地看出《中国历史地理纲要》参考的是手稿 3 的底稿而非修订稿，或者说，《中国历史地理纲要》并未吸收手稿 3 修改后的成果。史先生也提到他在 20 世纪80 年代末手边有的早期的本子仅仅是"打印的本子"，没有手写稿或在刻印本 / 铅印本基础上修改的本子。

（五）手稿定名

通过对手稿中的 3 种正文、5 种目录的文献特征及与《中国历史地理纲要》的关系的考察，笔者认为手稿定名可调整如下。

其一，据 e 目录系统中体现的书名信息及正文文献特征的前后关系，手稿 1、手稿 2 可分别定名为《〈中国历史地理〉讲义（一）》《〈中国历史地理〉讲义（二）》；

其二，根据 c 目录体现出的署名信息及与《中国历史地理纲要》的关系，可定名为《〈中国历史地理纲要〉稿》。

二、史念海先生撰写历史地理讲义之过程蠡测

史念海先生作为禹贡学派主要参与人，一开始走的是沿革地理路子，早期的代表作是 1938 年出版的《中国疆域沿革史》（侯仁之先生称之为"旧中国最后也是最重要的一部关于这一性质的专著"[1]），无论是 1946 年在复旦大学还是 1947 年在兰州大学，先生讲授的课程名称还是中国沿革地理（这一时期是否撰写相关讲义不得而知[2]）。虽然在 1950 年夏，史先

①侯仁之：《历史地理学概述》，载《历史地理学四论》，中国科学技术出版社，2005 年，第 127 页。

②目前相对明确属于这一时期的著作或讲义有《秦汉史讨论》（《史念海遗稿·论著（影印本）》，第 216—432 页）、《清代政治制度概述》（《史念海遗稿·讲义（影印本）》，第 386—496 页）两种。

生应侯外庐先生之邀前往北京师范大学讲授的课程名称即已为"中国历史地理"，此后先生教授的课程一直沿用此名，但根据手稿1、手稿2可知，史先生在1950至1956年编写、使用的讲义仍然在沿革地理范畴内。（1956年曾就学于史先生的陈昌远收藏的"中国历史地理"讲义铅印本即包括绪论、古代人民的活动区域及中原的地理情况、由诸侯分立的局面到中央集权的统一帝国发展三章①，与e目录体系直接对应，亦可说明e目录系统讲义的使用时间。）

这种以历史地理之名进行沿革地理研究、教学的情况在民国时期比较常见。侯仁之先生在《"中国沿革地理"课程商榷》中即指出："'历史地理'在我国学术界也并不是一个新名词，不过在以往大家把它一直和'沿革地理'这个名词互相混用了……"如1931年东北大学史学系开设的"历史地理学"课程即以地名的演变为主、1936年厦门大学史学专业开设的"中国历史地理"重疆域即属此类②。

在治沿革地理的同时，无论是顾颉刚先生对其兼治地理之学的引导，还是禹贡学会改革传统沿革地理学的一些思潮的感染③，还是史父史汝镕在西北、西南等地的考察的影响④，加之国家情形和学者的自觉，先生认识到

①　该讲义现由陈昌远之子陈隆文收藏，相关情况由王双怀教授提供。

②　关于民国时期历史地理学课程的研究，详见毛曦、董振华《名称、内容与意义：民国时期的历史地理学课程》（《天津师范大学学报（社会科学版）》2020年第5期）一文。

③　对于禹贡学会及其《禹贡半月刊》在推动沿革地理向历史地理转变的过程中直接发挥的作用，不能做过高评价，但也确实启蒙了历史学背景出身的学者思考传统治学路径的转型。侯甬坚在《"历史地理"学科名称由日本传入中国考——附论我国沿革地理向历史地理学的转换》（《中国科技史料》2000年第4期）一文中对《禹贡半月刊》中"历史地理"一词的出现场景进行了细致梳理，得出的结论是观念的转变和实践的缺失并存的情况，就史先生本人来说，其在回顾自己走上历史地理之路时，说起点是在禹贡学会，而影响也是学会的"主张"（见《中国历史地理学的渊源和发展》，《中国历史地理论丛》1985年第2期；《我与中国历史地理学的不解之缘（上）》，《中国历史地理论丛》1998年第2期）。

④　史先生父亲名汝镕，字觉民，曾于1936年前后几年在青海、西康等地考察。1938年7月5日，史念海致信顾颉刚，内云："日前家严由康定来函，犹嘱海如有余时，最好能亲游各县，对于西北作较深切之认识。盖与吾师之意相同。家严半年来客居康定，曾遍游西康各县，且只身亲入俄洛野番居所考察，故深知此种工作重要而且富有兴趣也。家严函中又谓半年来身所经历闻见所及，皆记下册……"12月14日致信又云："家大人前年绕行青海西康时，曾就沿途所见所闻，逐日记录，已成五册（即《西陲纪行》，笔者注），约二三十万字……"（上二信由王双怀教授提供）至1939年，史汝镕还曾有《西宁塔尔寺参观记》（《康导月刊》1939年第1卷第8期）等文章见刊。

了他的研究应该有用于世和实地考察的重要性[①]，写出了《中国的运河》[②]这样研究方法依旧但研究主旨已经有了变化的著作。

到了新中国成立后，这种改革的需求又更迫切。史先生自己认为："由于社会主义建设事业的需要，新时代对于中国历史地理学也有了更多的期望，期望它能够解决更多的问题，做出较大的贡献。这就推动了中国历史地理学的发展，使它由古老变为年轻，以崭新的姿态，成为一门现代的科学，使它不再以沿革地理一学为限，而涉及历史时期地理学的各个方面。"[③]所以，在仍然使用沿革地理范畴的讲义授课的同时，史先生开始着手撰写《中国历史地理纲要》，据《中国历史地理纲要·序》，写作开始时间在1953年，即比 c 目录系统讲义更早期的书稿。[④]

改革传统的沿革地理学应该朝着什么方向走？是民国时期影响较大的人文地理色彩浓厚的"史地学派"式的[⑤]，是侯仁之先生在《"中国沿革地理"课程刍议》一文提到的涵盖所有地理要素式的，还是同年译成中文的B.K.雅尊斯基《马克思主义历史地理的目的和任务》[⑥]一文中指出的苏联式的？

实际上，在当时，承续民国历史地理传统已经不太现实。从1948年地理学座谈会开始，尤其是新中国成立以来，人文地理学被认为是唯心主

---

①1938年，史先生还曾欲在西北地区考察，因故未能成行，见1938年11月6日致顾颉刚信，内云："前师临行之时，生拟往河西各处略事游历，借以领略西北风光……近日读史之暇，辄翻阅斯文赫定、斯坦因诸人探险之著作，见其毅力超人，往来于穷山大漠之中，历尽千辛万苦，而所得之成绩遂能震动一时。今生拟作短时游历，而乃见绌于资力，汗颜奚似？"（上信由王双怀教授提供）

②史念海：《中国的运河》，史学书馆，1944年。《青山踏遍绘新图》（北京图书馆《文献》丛刊编辑部、吉林省图书馆学会会刊编辑部：《中国当代社会科学家》第3辑，书目文献出版社，1983年，第23—29页）一文亦有相关观点。

③史念海：《中国历史地理学的渊源和发展》，《中国历史地理论丛》1985年第2辑。

④关于《中国历史地理纲要》的写作时间，目前仅有史先生在该书序中的回忆，无论是手稿、史料、档案均不能提出反证，故仍按1953年论。

⑤关于"史地学派"，参看范今朝《"史地学派"在中国近现代历史地理学发展中的地位与影响》，《中国历史地理论丛》2016年第1辑。另可参张其昀《近二十年来中国地理学之进步（四）》（《地理学报》1936年第3卷第2期）、韩光辉《中国历史地理学发展特点及其贡献》（《江汉论坛》2004年第4期）

⑥B.K.雅尊斯基：《马克思主义历史地理的目的和任务》，徐士珍译，《地理知识》1951年第2卷第10期。此文系自B.K.雅尊斯基《作为一门科学学科的历史地理学》（《地理学问题》1950年第20卷）摘译。

义而广受批判。①在全面学习苏联的大背景下，苏联式的历史地理学成为标准模板，B.K.雅尊斯基的《马克思主义历史地理的目的和任务》就是主要参考。

西鸿在1956年采访史先生后写道：

> 直到全国解放学习了苏联一些有关历史地理学的著作以后，他才恍然大悟过去自己不过是在这门科学全部领域中的一个小角落里打圈子，还有海阔天空的新天地压根儿没有接触到呢。像历史自然地理、历史人口地理、历史经济地理和历史政治地理（他过去所研究的只是历史政治地理的一小部分）是历史地理学的不可缺少的组成部分。从此他便坚决地丢掉了过去十几年研究的那套抱残守缺的体系，重新安排了自己的研究工作，并特别注意使新的研究工作能够为今天伟大的社会主义建设服务。②

虽然史先生在目录c和手稿3，包括《中国历史地理纲要》中没有提到有关苏联式历史地理学的内容，但目录c和手稿3明显受到苏联历史地理学理论的深刻影响。

从整体框架看，该系统书稿包括历史自然地理、历史人口地理、历史经济地理、历史政治地理四个部分，这与B.K.雅尊斯基的四分法完全一致；从内容看，其在注意自然环境的变迁及其对人类生活的影响外，格外强调人类对自然的改造（目录c中较为明显），这与B.K.雅尊斯基的提法一致，即历史唯物主义的，而与《"中国沿革地理"课程刍议》及《中国历史地理纲要》对全部地理要素的关注和人地的相互影响不同。

作为第一部现代历史地理学的通论性著作，《中国历史地理纲要》的早期版本的意义显然不能低估。一方面，它实现了中国沿革学向现代历史地理学的转变——不论对史先生本人还是这门学科；另一方面，它又与民国时期人文地理色彩浓厚的历史地理学不同，实质上重新创建了中国历史

---

① 参考胡志良：《20世纪50年代中国人文地理学批判研究》，《自然辩证法研究》2015年第2期。

② 西鸿：《辛勤的园丁——先进生产者史念海教授二三事》，《人民教育》1956年第6期，第38页。

地理学的理论体系[①]。史先生自己也持有这样的看法：

> 解放初，我担任西北大学史地系教授兼主任，以后从西北大学分出西安师范学院，又扩大为今天的陕西师范大学，我又到该校继续担任历史系教授兼主任。在此期间，我多次给学生开设"中国历史地理"课程，并撰写《中国历史地理纲要》，试图建立起现代历史地理的理论体系。[②]

这种理论体系的重建不是一朝一夕的事。到 1955 年 4 月，西安师范学院人事部门在《史念海材料（李院长改后抄）》（正本 5 料 8 号 2 页）中写道："史念海……现结合教授《历史地理》课程正编著《历史地理》一书，计划四十万字，现已成十五万字。"虽然 1956 年 4 月史先生曾呈送谭其骧先生所撰讲义，但在 6 月发表的《辛勤的园丁——先进生产者史念海教授二三事》一文中还提到"史念海同志关于'中国历史地理'"的著述，预计 1959 年全部完成初稿，1960 年最后完稿"。虽然 e 目录系统讲义和 c 目录系统讲义都冠以"中国历史地理"之名，但考虑到两种类型讲义开始撰写的时间，以上材料，尤其是后 2 条材料指向的应该是 c 目录系统讲义。

在稿件形成过程中，史先生不断修订。史先生在《中国历史地理纲要·序》中较为详细地记录了这种情形："写成了初稿，打印出来，分发给听课的同学，也分别寄给师友和同行的先生们，希望他们能够多提出些意见，以便逐步修改。由于不是每年都必须开设的课程，只是在再一次讲授之前，作些必要的整理，并没有多费工夫。当时每讲授一次，即打印一次，现在手边还留下一些打印的本子，不同的纸张和格式，显示出是好几次打印过的，很有些文句和段落，前后不相一致，但并没有把某些章节从头到尾都重新改写过。"

目前，残存的手稿 3 即是在 4 种蜡版刻印本、4 种铅印本基础上修改的，而且 3-3、3-8 的修改时间又与其他手稿不一致，印证了史先生的上述

---

① 辛德勇：《史念海先生和中国历史地理学》，史念海：《历史地理学十讲》，长江文艺出版社，2020 年，前言。

② 史念海：《青山踏遍绘新图》，北京图书馆《文献》丛刊编辑部、吉林省图书馆学会会刊编辑部：《中国当代社会科学家》第三辑，书目文献出版社，1983 年，第 26 页。

回忆。而且，除目前未见的第四章"历史的经济地理"外，手稿 3 的底稿已经出现了第五章"历史的政治地理"第一、二、四、五节的内容，推测至迟在 1957 年 7 月前，c 目录手稿很可能已经完成所有章节的写作，已经印发学生使用，蜡版刻印本（绪论及第一章第一节部分）上就标注有"史四"字样——即历史学四年级学生使用。此后不断修订，直至 1964 年史先生终止教学。

从 1953 年至 1957 年，史先生在较短的时间内完成了中国现代历史地理理论体系的构建，产生了广泛的影响。这种讲义当时流传范围很广，除了分发自己的学生使用外，相当一部分学校也在使用，"尽人皆知"[①]，并且成为标准讲法。

据手稿 3 的文献学特征，该稿至少使用至 1962 年 6 月，据《中国历史地理纲要·序》，《中国历史地理纲要》的早期版本一直使用至 1964年[②]，随后"搁置桌角，不复问闻"。20 世纪 80 年代初，史先生开始整理旧稿，准备出版，1980 年 5 月，史先生在给吴松弟的回信中说："目前还没有一本全面论述历史地理的著作。我正在整理旧稿，预计写一本《中国历史地理纲要》，印出时恐要在明年了。"在差不多同时撰写的自述中，史先生说"这本书是写成了"[③]，但不知何故没有出版。直到 20 世纪 80 年代末，中央广播电视大学请史先生讲中国历史地理，并要求撰写一本教材，史先生方根据旧稿修改和增补，正式出版，这部书稿前后跨越了近 40 年方才面世。

① 辛德勇：《史念海先生和中国历史地理学》，史念海：《历史地理学十讲·前言》，武汉：长江文艺出版社，2020 年，第 11 页。

② 根据网络信息，《中国历史地理纲要》曾有 1957 年、1963 年、1964 年油印本，未见，暂置不论。

③ 史念海：《史念海自述》，高增德、丁东编：《世纪学人自述（第四卷）》，北京：北京十月文艺出版社，2000 年，第 298 页。

《嘉庆重修大清一统志》整理序言

王文楚[*]

  《嘉庆重修大清一统志》是清代嘉庆朝编纂的一部著名的地理总志，也是我国传统社会的最后一部地理总志。

  清初缘因社会政治的日益稳定和经济的不断发展，于康熙二十五年开始编修《大清一统志》。但因编修工作的艰巨和繁重，历久未成，经雍正和乾隆之初，仍继续进行，直至乾隆八年，全书方才告竣。"圣祖仁皇帝特命纂辑全书，以昭大一统之盛，卷帙繁重，久而未成。世宗宪皇帝御极之初，重加编纂，阅今十有余载，次第告竣。自京畿达于四裔，为省十有八，统府州县千六百有奇，外藩属国五十有七，朝贡之国三十有一"[①]。总计三百五十六卷。

  乾隆二十年至二十二年，相继平定准噶尔部，收复天山北路，二十三年至二十四年平定回部，收复天山南路，这是自汉、唐、元以来，中国政府对西域的重新统一。乾隆四十年讨定大、小金川，西南土司归附，幅员益广，疆土辽阔，政治统一，将西域新疆增入，重编《大清一统志》被排上议事日程。再者《一统志》自纂成以来二十多年，各地"户口日蕃，田赋日殷"，经济日趋繁荣，行政区划之变更，职官之增减与移驻，多与旧制不同，前志内容已显陈旧，"其他考稽失实，与凡挂漏冗复者，谅均在所不免，亟应重加纂修，以成全书"[②]。纂修工作始于乾隆二十九年，和珅

---

  * 王文楚，男，1933年生，1956年毕业于复旦大学历史系，复旦大学中国历史地理研究所教授。
  ① 乾隆八年《大清一统志·序》。
  ② 《乾隆钦定大清一统志·序》。

出任总裁。《一统志》稿陆续撰成后，遵循乾隆帝"随缮随进，候朕裁定"的谕旨①，由他亲自审定。最终于乾隆四十九年成书，所录"各项册档以四十九年送核者为断"②。书凡四百二十四卷，加上子卷为五百卷，被收入《四库全书》史部地理类。《四库全书总目》评曰迄乾隆二十年，"平定伊犁，拓地二万余里，为自古舆图所未纪。而府州县之分并改隶，与职官之增减移驻，亦多与旧制异同，乃特诏重修，定为此本……乾隆四十年，又讨定两金川，开屯列戍，益广幅员，因并载入简编，以昭大同之盛轨。盖版图廓于前，而搜罗弥博；门目仍其旧，而体例加详。一展卷而九州之砥属、八极之会同，皆可得诸指掌间矣"。

《乾隆钦定大清一统志》成书后，移交武英殿刊刻，直至嘉庆十五年完工，时去乾隆四十九年已经二十六年，"其间鲁鱼亥豕，间有不免"，"有一切必应载入之处，未臻齐备"，"其最大者卷首未经恭载裕陵，又五十年建造辟雍，亦未详记本末。又恭查祠祀类中，如近年来添设文昌庙，崇祀兴安大岭暨太白山、湖海诸神，并加封号，尚未列入。隆规巨典，开卷阙如。此外如外域门内，缅甸、越南、巴勒布、廓尔喀等处，投顺锡封，又如台湾、蛤仔烂归入版图，亦皆属事之大者。至如各直省添设文武官职，以及郡县厅营裁置归并，城池、学校增设迁移，或地名与今不符，或事实与前互异，若不添补改葺完善，碍难请旨颁行"③。《乾隆钦定大清一统志》的纂修工作匆忙仓促，门类不齐，漏载亦多，体例未协。故此，嘉庆十六年正月，方略馆奏请补修《钦定大清一统志》，"自乾隆五十年以后，至嘉庆十五年以前，凡应补载者，一并依类敬谨列入，并将全书通行详校，以免疏漏脱误"④，使《一统志》成为完本，这就成为《嘉庆重修一统志》编纂的起始。

《嘉庆重修一统志》由国史馆承办，潘锡恩任提调总纂官，廖鸿荃任总纂修官。但因工作繁重和艰巨，终嘉庆一朝而未能完成。道光十六年，

①《乾隆钦定大清一统志·序》。
②《乾隆钦定大清一统志·凡例》。
③《嘉庆道光两朝上谕档》第16册，"嘉庆十六年正月二十五日"，中国第一历史档案馆编：《嘉庆道光两朝上谕档》，桂林：广西师范大学出版社，2000年，第38—39页。
④《嘉庆道光两朝上谕档》第16册，第39页。

又敕修《大清一统志》，由国史馆总裁、大学士穆彰阿主持重修，"督饬在馆各员，将全书纂辑"①。历时三十一年，至道光二十二年十二月，全书告竣，以嘉庆二十五年为断②。总凡五百六十卷。

《嘉庆重修一统志》继承了唐宋以来历代地理总志的体裁，记录了清代兴盛时期的全部疆域，包括清王朝全盛时期的统辖范围：西北达巴尔喀什湖北岸及其西南地区，北至萨彦岭、额尔古纳河和外兴安岭，西抵帕米尔高原，东至鄂霍次克海、库页岛，南及南海诸岛。

嘉庆志记录了嘉庆二十五年全国范围的各级行政区域，首叙京师，次直隶、盛京、江苏、安徽、山西、山东、河南、陕西、甘肃、浙江、江西、湖北、湖南、四川、福建、广东、广西、云南、贵州、新疆、乌里雅苏台、蒙古、青海、西藏等，最后附以"朝贡各国"。

清代对辽阔疆土的治理，采取了两种不同的方式，一是内地十八省的郡县制，一是边疆地区的特殊政区制度。汉族聚居区十八省的最高一级行政长官是总督、巡抚，共设八督：直隶、两江（清初为江南、江西，后江南分为江苏、安徽）、闽浙（福建、浙江）、陕甘（陕西、甘肃）、湖广（湖北、湖南）、两广（广东、广西）、四川、云贵（云南、贵州）。八督并不包容十八省，又设十五巡抚：江苏、安徽、江西、山东、山西、河南、陕西、浙江、福建、湖北、湖南、广东、广西、云南、贵州。甘肃不设巡抚，而由陕甘总督兼管，直隶、四川只设总督，不设巡抚。总督、巡抚驻所，即为该省省会。省以下是府（直隶州、直隶厅）、县（散州、散厅），形成三级地方行政体系。在省和府州厅之间设置道，属监察性质，亦有治所和辖区。

边疆少数民族聚居区根据地域辽阔、民族复杂的特点，因地制宜，因俗设治，实施特殊管辖措施。清代定都京师顺天府（治今北京市），以前旧都盛京为留都（治今沈阳市），将东北满洲皇兴之地设盛京（奉天）、吉林、黑龙江三将军，分别统领三辖区。奉天将军驻盛京，设三副都统驻防。盛京附近设奉天府，统辖州县，位同京师顺天府。其西设锦州府，位同内地之府，统属于奉天府。吉林将军驻吉林（今吉林市），设五副都统驻防。

---

① 《嘉庆重修一统志》卷首"道光二十二年十二月国史馆总裁、大学士穆彰阿奏"条。

② 《嘉庆重修一统志·凡例》。

黑龙江将军驻齐齐哈尔（今齐齐哈尔市），设三副都统及总管驻防。副都统下设城守尉、防守尉驻防。[①]

内外蒙古和青海大部分地区，为蒙古民族游牧地，推行盟旗制度。内蒙古二十四部四十九旗，统于哲里木、卓索图、昭乌达、锡林郭勒、乌兰察布和伊克昭六盟，套西二旗，不设盟，直属中央理藩院。归化城、土默特二旗，属山西绥远将军管辖。察哈尔八旗，由察哈尔都统管辖。[②]

外蒙古设定边左副将军（即乌里雅苏台将军），统辖喀尔喀四部及科布多、唐努乌梁海地方，驻乌里雅苏台城（今蒙古国扎布汗省会扎布哈朗特）。喀尔喀四部八十六旗：土谢图汗部二十旗，车臣汗部二十三旗，扎萨克图汗部十九旗，赛因诺颜部二十四旗。科布多设参赞大臣，驻科布多（今蒙古国科布多省会），管辖杜尔伯特十四旗、扎哈沁一旗、新土尔扈特一旗、新和硕特一旗、明阿特一旗、厄鲁特一旗、阿勒坦乌梁海七旗、阿勒坦淖尔乌梁海二旗，共八部二十九旗。唐努乌梁海部五旗。又设库伦办事大臣，驻库伦（今蒙古国首都乌兰巴托），专理对俄罗斯通商事务，并监理车臣汗、土谢图汗二部。[③]

青海设西宁办事大臣，驻西宁（今西宁市），统辖青海北部和硕特、绰罗斯、辉特、土尔扈特、喀尔喀五部二十九旗。南部为玉树等四十藏族土司。[④]

西藏设办事大臣、帮办大臣，分驻拉萨、日喀则，统辖全藏，分卫、藏、喀木、阿里四区。[⑤]

新疆实施军民分治制度。军治设伊犁将军，驻惠远城（今霍城县南），统辖天山南北准噶尔部、回部的军政。在伊犁、塔尔巴哈台、喀什噶尔设参赞大臣，乌鲁木齐设都统，哈密、喀喇沙尔、库车、阿克苏、乌什、叶尔羌、和阗设办事大臣，库尔喀喇乌苏、古城、巴里坤、吐鲁番、英吉沙

---

① 《嘉庆重修一统志》卷五七一—七一。
② 《嘉庆重修一统志》卷五三四—五四三，并参考《清史稿》卷七七《地理志二四》。
③ 《嘉庆重修一统志》卷五三二—五三三、五四四，并参考《清史稿》卷七八《地理志二五》。
④ 《嘉庆重修一统志》卷五四六，并参考《清史稿》卷七九《地理志二六》。
⑤ 《嘉庆重修一统志》卷五四七，并参考曾国庆：《清代藏史研究》，拉萨：西藏人民出版社、济南：齐鲁书社，1999年。

尔设领队大臣，皆统于伊犁将军。民治在天山北路设镇西府于巴里坤，设迪化州于乌鲁木齐，隶属于甘肃省。天山南路则依据维吾尔族原有行政制度，实行伯克制。①

　　嘉庆志卷首列有《皇舆全图》一幅，是嘉庆二十五年全国疆域总图的简缩版图。各省和府、直隶州厅，边区军政区域和属部，皆设舆图 (亦有属部无图者)，是各省、边区军政区域范围和所辖各级政区位置与山川湖泽自然地理要素互相联系的政区简图，政区区域和建置大体明了，颇便直观。

　　嘉庆志记载各省和府、直隶州厅，边区统部和属部及青海、西藏政区沿革有二：一载于沿革表，以表格形式谱列，以嘉庆末政区为准，此下大致分成秦、两汉至宋、元、明共十一格，简注各代政区设置、并废、更易变迁，提纲挈领，简明扼要。二载于"建置沿革"，详载省、府、直隶州厅和散州厅县及边区各级政区自周、秦、两汉至唐、宋、元、明、清政区设置、并废、改易的沿革变迁。二者各有侧重，表以简要，文以详悉，前后参照，相得益彰。

　　如上所述，志书所载疆域政区取材于嘉庆二十五年，为康熙志、乾隆志二书不及载，是考察和研究这一时代疆域发展和范围及政区建置最完整、坚实的宝贵资料。谭其骧先生主编的《中国历史地图集》第八册清嘉庆图组就主要是根据此书的记载编绘而成。所载政区沿革，上溯周、秦、两汉，下迄明、清，比之他书，内容更翔实，脉络更贯通，迄今凡需要查证各地历代政区建置沿革，依然要依据它。

　　此外，各省统部列叙"分野""形势""文职官""武职官""户口""田赋""税课""名宦"等项；府、直隶州厅分卷列叙"分野""形势""风俗""城池""学校""户口""田赋""山川""古迹""关隘""津梁""堤堰""陵墓""祠庙""寺观""名宦""人物""流寓""列女""仙释""土产"等项；京师及盛京列叙"城池""坛庙""山陵""宫殿""苑囿"等项；边区叙及内容有所不同，增叙"属部""旗分""封爵""驿站"等不一，其属部亦各略异，别叙"晷度""属境""台站""卡伦""营塘"不一。

_____

① 《嘉庆重修一统志》卷五一六、二五一。

其中"山川"记载清代各地区的山岭、岩峰、峡谷、原坡、嶂洞和江河、湖泽、港溪、渠池、井泉及沿海岛山、礁屿等，是与政区相互联系的自然地理分布要素，其范围之广泛，内容之丰富，是任何其他专书和地志无可比拟的。记录河流名称、分布、源流，系统详细，又详于历史变迁，论述深湛，对研究各历史时期河流改道迁移，具有重要参考价值。

"古迹"记载故城、废县、镇村、宅庄、宫殿、楼台、亭阁、苑囿、馆园、卫所等，绝大多数是历代建置的。志书以今州县（嘉庆末的州县）记载其方位和里数，再叙何代建置、改易、废弃及其迁移。汇集大量清代以前历史文献，上自《春秋左传》，旁及《水经注》、历代正史地理志、历代地理总志、名人文集、笔记，各地府志、州志、县志和旧志，采撷宏富。遇有建废年代及地址阙疑者，广征资料，详加考证，甚而结合实地考察，力求祛疑存真。今天能得以了解历史上各个时代城址所在，主要依赖于此书的记载，可以说本书古迹部分是研究历史时期各级政区治所和其他城址所在及其迁徙的最为全面而完整的珍贵资料。《中国历史地图集》是我国现代历史地理学最重大的一项科研成果，这部空前巨著共八册图集，三百零四幅地图，收录了清嘉庆末以前各代见诸历史文献可考的政区和其他地名，计以数万的今地位置，大多依据此书的记载，再参考其他相关资料，又将嘉庆末的州县治所转换成今地而考定其确实地点。可见"古迹"部分具有极其重要的史料价值。

各省府州厅"关隘"记载关口、巡司、镇堡、寨戍等，其中所载驿站，盛京奉天府、锦州府、吉林、黑龙江驿站，蒙古和喀尔喀四部度漠驿站，新疆各属的台站、卡伦、营塘，都是研究清代交通地理的重要资料。

"户口"统计较为完备，记录各省及各府州厅"原额"和"今滋生"（嘉庆时）户口数，可研究前后不同时期各地户口数的增长数及人口分布密度。新疆记录伊犁、哈密、吐鲁番、喀喇沙尔、库车、阿克苏、乌什、喀什噶尔、叶尔羌、和阗等回民户口数，喀喇沙尔又记录蒙古户口数，塔尔巴哈台记录额鲁特、土尔扈特部自伊犁迁移于此的户口数，可研究新疆人口构成和迁移。志书所载"风俗""税课""名宦""人物"等，对研究人文地理都有参考价值。

我国地理总志兴起于六朝，盛行于唐宋，元明不辍，清朝三修，始修于康熙，续修于乾隆，重修于嘉庆，嘉庆志是清朝纂修的最后一部地理总志，总结了历代地理总志的优异和弊端，在康熙志、乾隆志二书的基础上，予以扩充、增补、修订、正讹，"确稽部、院、寺、监并各省来册详载"，"采用群书，自国史外，如《日下旧闻考》《热河志》《盛京通志》《平定准噶尔方略》《西域同文志》《西域图志》《平定金川方略》《天下舆地全图》等书，旁搜博采，确切参稽"①，因而内容丰富，卷帙浩繁，门类齐全，记录详赡，考订精审，脉络贯通，凝聚了嘉庆朝纂修学者的劳绩和心血，质量上大大超越了前志，成为记述嘉庆末以前清代舆地资料齐全完备、研究价值较高的一部地理总志。故嘉庆志问世后，就取代了乾隆志，张元济跋曰："居今日而治舆地之学，欲求一官本且后出而可信者，宜莫如此书。"诚哉斯言。

嘉庆志成书后，尚未刊行，即有散佚，进呈本及副本皆缺十数卷，后来国史馆将正副本合勘，有所校补。民间抄本，极少流传。一九一四年至一九二七年，北洋政府修《清史稿》，搜集清代史料，发现了全本《嘉庆重修一统志》，上海商务印书馆于一九三四年收入《四部丛刊续编》刊行，张元济题写了跋语。②

本次整理以《四部丛刊续编》本为底本，广泛参校相关文献。古籍整理，涉及面广，欲成佳品，良非易事。整理中纰漏之处，尚祈学界同好指正。

---

① 《嘉庆重修一统志·凡例》。
② 牛润珍、张慧：《〈大清一统志〉纂修考述》，朱诚如、王天有主编：《明清论丛》第九辑，北京：紫禁城出版社，2009年，第428—446页。

乾隆皇帝与北京城的"正午经涂"

唐晓峰 *

清朝乾隆皇帝在位 60 年，在北京地区"敕建"过不少项目，对帝都地区的景观大有贡献，它们不少都保留到今天，是我们珍视的历史文化遗产。一般以为，清代在北京的建设功夫主要用在郊区，在城区则没有什么有整体影响的东西。这是相对明朝而言。而细致考察，至少乾隆皇帝在京城中心部位所做的几件事情还是具有整体意义的，这个整体意义是从城市景观的角度来讲的。传统北京城的景观是一个整体系统，这个系统由引领核心、结构关系、解读思想构成。乾隆帝所为，就是在引领核心这一项上采取了精致的措施，而这些措施又都是依托结构关系和解读思想的。这几项措施是：重建寿皇殿、建景山五亭、城南疏渠、天桥立碑。以下从城市历史地理学的角度做一些讨论。

一、重建寿皇殿，制广向正

明代太监刘若愚《酌中志》卷十七《大内规制纪略》记载："北中门之南曰寿皇殿，右曰育秀亭，左曰毓秀馆，后曰万福阁，俱万历三十年春添盖，曰北果园……殿之南则万岁山，俗所谓'煤山'者，此也。"[①] 万岁山即今景山。早期寿皇殿只是皇帝休憩游兴之所，至清代，则作为怀念逝去先帝的场所。

---

* 唐晓峰，北京大学城市与环境学院历史地理研究中心教授，博士生导师。
① 《酌中志》，《北京古籍集成》第 66 册，北京：北京出版社，2015 年，第 138 页。

"游兴之地"变为"神宫"

《日下旧闻考》所录乾隆《御制重建寿皇殿碑文》:"盖寿皇在景山东北,本明季游幸之地,皇祖常视射较士于此。我皇考因以奉神御。"[①] 这里说的寿皇殿是明朝留下的旧寿皇殿,皇祖指康熙帝,皇考指雍正帝。这段话不长,却讲了四个意思:旧寿皇殿的位置在景山院内东北;明朝末年是游兴的地方;康熙帝时在这里举办射箭活动;雍正帝在这里供奉先帝画像(称御容、神御)。这说明从雍正帝开始,寿皇殿的性质变了,从游兴的地方变为严肃神圣的场所。按康熙帝曾在这里停放顺治帝的灵柩,也很严肃,但只是一时,事后仍然在这里举办射箭活动。雍正帝在这里供奉先帝御容,具有永久性,所以是寿皇殿功能变化的转折点。

寿皇殿的新功能,被乾隆帝沿用,接续供奉了雍正帝的御容。乾隆《御制安佑宫碑文》:"既就寿皇殿东室虔奉皇考御容以配皇祖。"[②] 乾隆帝把父亲雍正帝的御容供奉在寿皇殿的东侧,以配居中位的祖父康熙帝的御容,这就进一步巩固了寿皇殿的"神圣"功能,也启动了御容排列的顺序。(后来嘉庆皇帝把乾隆帝的御容供奉在了西侧。)

安佑视寿皇之义

乾隆五年(1740),开始在圆明园西北角修筑安佑宫,乾隆八年(1743)全部竣工。这座安佑宫是模仿皇城内的寿皇殿的功能,也是用来供奉先皇御容的,称"安佑视寿皇之义",即"敬循寿皇殿之例,建安佑宫于圆明园,以奉皇祖、皇考神御。"[③] 不过,这座从头进行整体规划的安佑宫,凭藉圆明园宽阔的场地(爽垲之地),设计得十分规整气派,建成后成为圆明园内最宏大的建筑。说明乾隆皇帝对于皇祖、皇考是相当的怀念和敬重。安佑宫为圆明园四十景之一,称鸿慈永祜。

乾隆帝在《御制安佑宫碑文》中表达了自己的心情,是从寿皇殿说起

---

① (清)于敏中等编:《日下旧闻考》卷十九《国朝宫室》,北京:北京古籍出版社,1981年,第260页。

② (清)于敏中等编:《日下旧闻考》卷八十一《国朝苑囿》,第1352—1353页。

③ (清)于敏中等编:《日下旧闻考》卷十九《国朝宫室》,第260—261页。

的："予小子嬛嬛在疚，顾諟皇考之陟降，敕明旦凛绍庭，良法美政布在方册者，谨守而弗敢失。既就寿皇殿东室虔奉皇考御容，以配皇祖。念兹圆明园，我皇考向日游观在圃、在沼之地也，其何忍恝视？爰择爽垲之地，具殿庑之规，为室九，敬奉皇祖御容于中，奉皇考配东一室。匪惟予小子罔极之思，羹墙之慕，藉以稍抒，亦欲使后世子孙凛覲扬之志，勤堂构之基，所谓礼以义起，有其举之莫敢废也。"雍正帝胤禛与圆明园有着特殊的关系，当年是康熙帝把圆明园赐给四子胤禛，胤禛有印"圆明主人"。乾隆在这里供奉雍正的御容，确是在情。

《日下旧闻考》卷八十一《国朝苑囿》中详细描述了安佑宫建筑群的建筑布局："安佑宫前琉璃坊座南面额也。左右石华表各一，坊南及东西复有三坊环列。其南为月河桥。又东南为致孚殿，三楹西向。宫门五楹南向为安佑门，门前白玉石桥三座，左右井亭各一，朝房各五楹，门内重檐，正殿九楹，为安佑宫。殿内中龛敬奉圣祖仁皇帝圣容，左龛敬奉世宗宪皇帝圣容。"① 琉璃坊、华表、石桥、九楹正殿，显示出规整、高尚的气派。不过，文中称"左右石华表各一"，则表达不清，实际看，共有石华表四，分为两对。② 仅从四座石华表来看，这个场面就相当豪华庄重。

寿皇视安佑之制

安佑宫的建成自然令乾隆帝满意，但他回过头来再看城里的寿皇殿，却又发现了寿皇殿不尽如人意的地方。寿皇殿令乾隆帝不满意的地方有两处：一是方位不正，二是规格不整，用乾隆帝自己的话说，就是"未择山向之正偏，合閟宫之法度"。③ 这显然是在对比新落成的安佑宫之后才发现的。安佑宫的建成，推出了一个供奉先帝御容场所的建筑样板，或称标准、制度。乾隆帝感到寿皇殿的问题亟待解决，于是提出推倒旧殿，"寿皇视安佑之制"，④ 重新修建。

---

① （清）于敏中等编：《日下旧闻考》，第 1351 页。

② 这四座石华表，今二在北京大学，二在北京文津街旧北京图书馆院内。但细看华表底部，两处所放，实为错对。

③ 乾隆《御制重建寿皇殿碑文》，（清）于敏中等编：《日下旧闻考》，第 260 页。

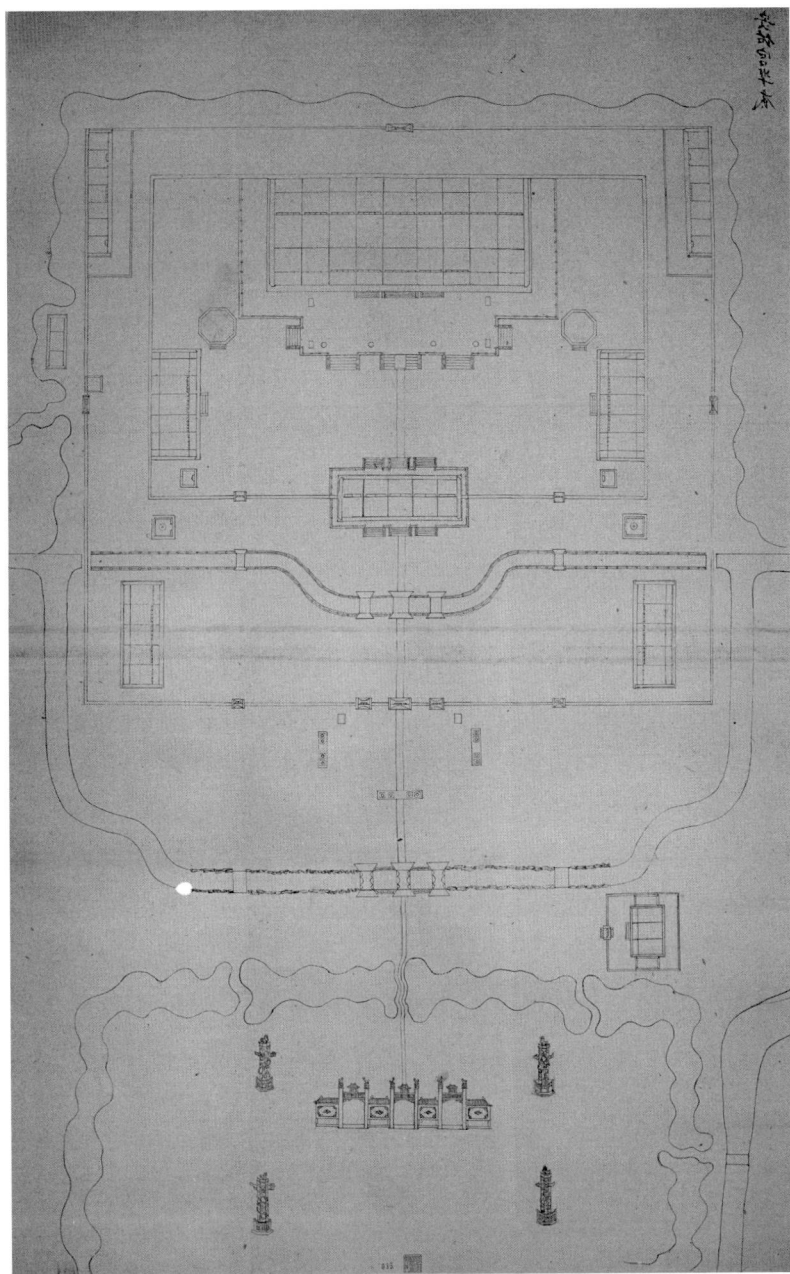

样式雷图《安佑宫准底》，引自国家图书馆编:《国家图书馆藏样式雷图档·
圆明园卷初编》，北京:国家图书馆出版社，2016年，第七函第二五。

"寿皇殿旧在景山东北，乾隆十四年上命移建。南临景山中峰。"[①] 关于重建工程，乾隆帝是这样说的："乃命奉宸发内帑，鸠工庀材，中峰正午，砖城戟门，明堂九室，一仿太庙而约之……制广向正，爰经爰营，工弗亟之。"[②] 乾隆帝强调新寿皇殿要满足两项重要的标准，一是"中峰正午"，二是"合阊宫法度"。所谓中峰正午，是说新寿皇殿要对准景山的中峰，而且要端正南向。旧寿皇殿的位置，按明朝刘若愚《酌中志》所说："北中门之南曰寿皇殿，右曰育秀亭，左曰毓秀馆，后曰万福阁……殿之南则万岁山。"这里提到了寿皇殿与"北中门"的相对位置，以下讨论一下这个问题。

北中门与寿皇殿

根据《大明会典》和清人撰写的《明会要》记载，在"皇城内、宫城外"，有环绕紫禁城的内皇城门十二座，分别为紫禁城东面的东上门、东上北门、东上南门、东中门，西面的西上门、西上北门、西上南门、西中门，北面的北上门、北上东门、北上西门、北中门。每门均有禁军值守。[③]

在日本东北大学保存的明《北京城宫殿之图》中，对内皇城门标出了8个：东北门（应为东上北门）、东上中门（与东安门对正）、东上南门；西上北门、西上中门（与西安门对正）、西上南门；北上西门、东上东门（应为北上东门）。此外，图中在北京大城内画有三道城墙，虽然并不准确，但对内皇城墙存在的示意是很明白的。大概因图面有限，未能标出东中门、西中门、北上门、北中门。

单士元先生在《故宫史话》中写道："皇城城墙在明清两代都是两重，所谓外皇城和内皇城……内皇城在筒子河外围，一方面在紫禁城和各离宫间起隔离作用，另一方面又使紫禁城和皇城之间增加一道防线。内皇城南起太庙和社稷坛墙，东、西、北三面各辟三门，即北上门、北上东门、北上西门；东上门、东上北门、东上南门；西上门、西上北门、西上南门。

---

① （清）于敏中等编：《日下旧闻考》卷十九《国朝宫室》，第260页。

② 乾隆《御制重建寿皇殿碑文》，（清）于敏中等编：《日下旧闻考》，第260—261页。

③ 参见（明）李东阳等撰、（明）申时行等重修：《大明会典》卷一百八十一《工部一》，扬州：广陵书社，2007年，第2480页。（清）龙文彬：《明会要》卷七十二《方域二》，北京：中华书局，1998年，第1390页。

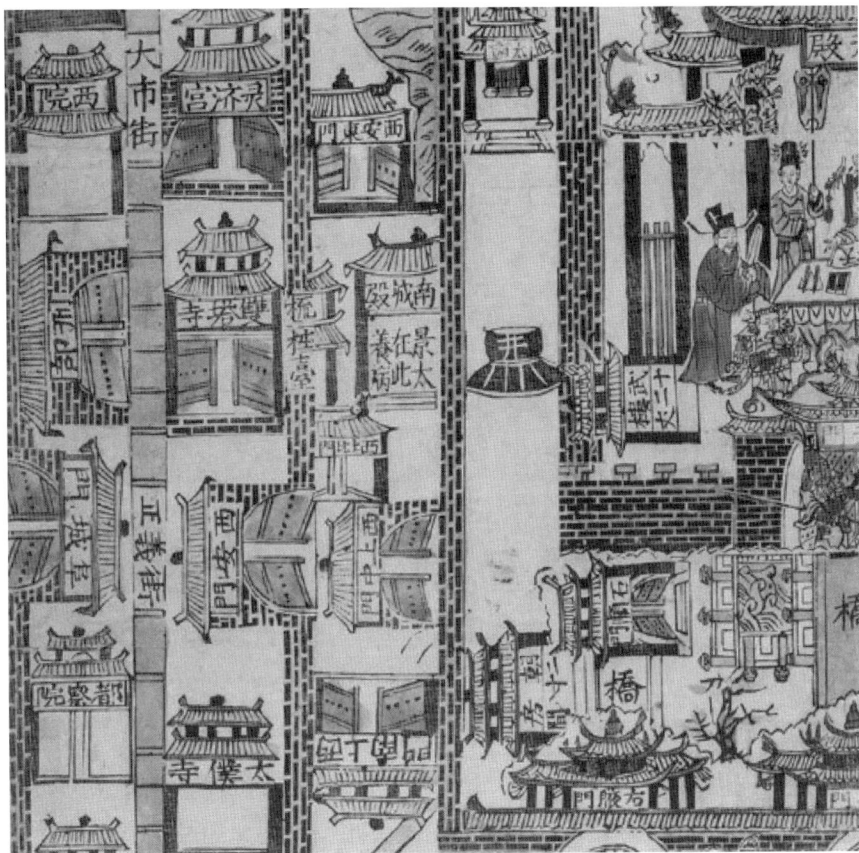

《北京城宫殿之图》（局部）中的西安门、西上中门、西上北门、西上南门。

除此之外，在内外皇城的相对城门之间，再增筑一个城门。如东上门和东安门之间，有一个东中门；西安门和西上门之间有一个西中门。由于北门和北上门之间相隔一个景山，所以北中门设在景山之后，在今地安门大街南端的丁字路口处。”①

　　关于内皇城墙体的情况，李宝臣先生有较具体的描述：“皇城之内，还存在着两道常常被今人忽略的护卫宫城的高墙。史籍虽然没有明确介绍，但据门阙定制依然清晰可见，并在明刊《北京城宫殿之图》中得到印证。自皇城北门北安门里东西两道各向南延伸扩展紧紧包在宫城两侧。东南沿

_____

① 单士元：《故宫史话》，北京：新世界出版社，2004 年，第 47—48 页。

景山东侧内皇城墙遗存照片（唐晓峰摄）

今天地安门内大街、景山东街、南北池子大街的东侧形成一道壁垒……西南沿今天的地安门内大街、景山西街、南北长街大街的西侧形成一道壁垒。"① 这两道护墙，在对应外皇城城门处（西安门、东安门），各开四个门，加上北部的景山周围另有四个门，共十二门，它们均在"皇城内、宫城外"，形成内皇城体系。这两道内皇城护墙，"可能在清代逐渐毁坏的。但个别墙段今天仍存，如地安门内两侧，景山东侧的外侧，尚有遗存。"② 景山东侧的遗存，仍见红墙黄色琉璃瓦。

　　所谓内皇城的这十二座门，并不是均匀分布，而是四个一组，分别集中分布在外皇城的东、西、北入口附近，显然有加强皇城防卫的目的。只有北中门的位置特殊，如单士元先生所说，因为有一座景山，而被放在了山的北面，因此与山南面的北上门、北上东门、北上西门脱离。

---

① 李宝臣：《北京城市发展史·明代卷》，北京：北京燕山出版社，2008 年，第 82 页。
② 李宝臣：《北京城市发展史·明代卷》，第 83 页。

　　不过，与本文内容有直接关系的正是这个北中门，它在景山正北方，与地安门相对，也应该在中轴线上。有的明皇城复原图，将此门标在景山北墙的中央，过于偏南。单士元先生所说的"今地安门大街南端的丁字路口处"较接近事实。《酌中志》记载：自北而南，"过北中门迤西，则白石桥、万法殿等处。至大高玄殿，则习学道经内官之所居也。"①据此，北中门当在白石桥迤东偏北。此白石桥为自北海东侧南流至西板桥明渠上的石桥，原址位于今景山后街的西端，自东而来的行人过桥后，便可左转进入景山西街。所以，北中门应位于今景山后街与地安门内大街交汇点（丁字路口）稍北，即地安门内大街的北头。

　　从"北中门之南曰寿皇殿"的语气来看，旧寿皇殿是在景山北部大抵居中的位置，考虑到其右、左、后三面还有三座配殿环列，应该说，这一组建筑格局并不混乱，明朝在建设的时候，也是用心的。但乾隆帝细察，看出旧寿皇殿并没有对正景山的中峰，不算是真正的居中。乾隆帝要纠正这个错位，即使它偏得不是很多。乾隆时期成书的《日下旧闻考》纠正明代《酌中志》的口气，用词较重，称"寿皇殿旧在景山东北，乾隆十四年上命移建。南临景山中峰。""在景山东北"，若只读了这句话，忽略"北中门之南曰寿皇殿"之说，又不看《康熙皇城宫殿衙署图》，会以为寿皇殿在景山东北角一带，有的明皇城示意图就是这样标的。《康熙皇城宫殿衙署图》现存台湾，其绘制精细，图上显示旧寿皇殿只是在景山北部稍微偏东的位置，②尽管偏得不多，但确实没有对正景山中峰。乾隆帝将寿皇殿位置稍微西移，才将其精准正对景山中峰。这在乾隆十五年绘制完成的《京城全图》上表现得十分清楚。将《康熙皇城宫殿衙署图》与《乾隆京城全图》一并展开对比，寿皇殿位置的前后变化一目了然。

　　在新寿皇殿竣工的时候，也是《乾隆京城全图》绘制完成的同一年，乾隆写了《重修寿皇殿竣是日奉安神御礼成述事六韵》，里面同样强调了新殿的两项特点："子午向山期必正，规模合度量为增。"③这里用"子午向山"，代替"中峰正午"，明确说明"正"乃是子午之正。这一点很重要，本文后面会专门讨论它的意义。

---

　　①（明）刘若愚：《酌中志》，第 138 页。

　　②《北京历史地图集》中的《明皇城图》，将寿皇殿画在景山正北部，是依据《酌中志》的大致画法，只是不够精确。

　　③（清）于敏中等编：《日下旧闻考》卷十九《国朝宫室》，第 261 页。

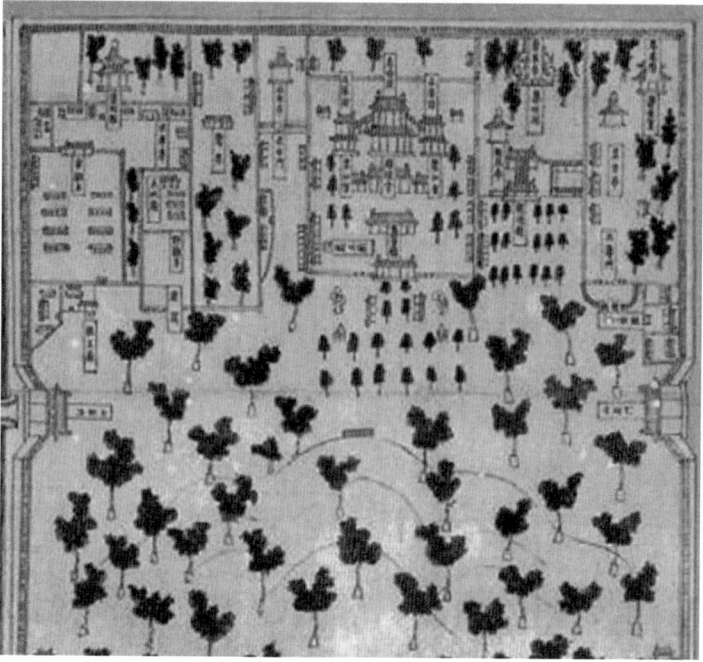

《康熙皇城宫殿衙署图》（局部）

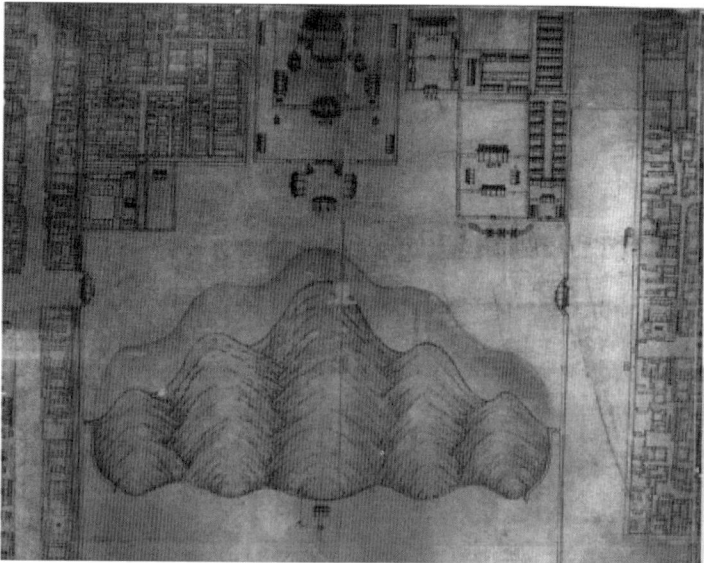

《乾隆京城全图》（局部）

　　重建寿皇殿的另一个要点是建筑制度，这个制度很清楚，按乾隆帝所说，就是仿照安佑宫的做法。新寿皇殿的建筑格局在《御制重建寿皇殿碑文》中有简明的表述，即：“砖城戟门，明堂九室”，这是讲其核心部分。《日下旧闻考》的记载比较详细：“殿门外正中南向宝坊一……左右宝坊各一……北为砖城门三，门前石狮二，门内戟门五楹。大殿九室，规制仿太庙，左右山殿各三楹，东西配殿各五楹，碑亭、井亭各二，神厨、神库各五。殿内敬奉圣祖仁皇帝、世宗宪皇帝御容，皇上岁时瞻礼于此。”[①]

　　在砖墙门前，有琉璃坊三座，呈南、东、西，合围出一个空间，该空间没有琉璃坊的北面，是砖城门，此门内还有戟门，过戟门则为寿皇殿主殿，主殿两侧，有碑亭和配殿。就这个部分来说，基本与安佑宫同。不过也有重要差别，安佑宫的主殿为歇山顶，而新寿皇殿主殿优于安佑宫，为庑殿顶。安佑宫建筑中轴线的最南部，复有琉璃坊和四座石华表，以及月牙河与石桥，这些东西在新寿皇殿都没有。景山北部空间有限，气氛也不同，琉璃“宝坊”已经接近景山山体，所余空间不容在其前面设计其他东西。

　　中峰正午：位置的意义

　　在乾隆五至十五年这十年间，乾隆皇帝在怀敬祖考这个方面，花费了不少心思，做了一连串事情。在这些事情中，体现出他的两点重要思想。首先当然是敬祖，特别是对曾与他一同生活过的祖父与父亲，这是人之常情。但后来，他将供奉祖考的事情与京城礼制结合在了一起，其意义则被扩展。在重建寿皇殿工程中，所谓“合閟宫之法度”，是指建筑礼制，这在王朝建筑中是常制，并不罕见。乾隆帝的另一个思想，讲方位上的“中峰正午”“子午向山”，体现了乾隆帝关于北京城市中心线的自觉意识，是本文讨论的重点。

　　乾隆帝本人，用当时的语言，表述了北京城（或至少是皇城宫殿区）的一个重要的空间特征，这个特征被今天的建筑学家称为“中轴线”。乾隆以及其他记述者在对新寿皇殿方位的描述语言中，有这样几个关键词：

---

　　① （清）于敏中等编：《日下旧闻考》，第 260 页。

子午向山、中峰正午、景山中峰。这些词语中含有两类概念，一类是实物概念，即景山、中峰；另一类是抽象概念，即子午、正午。这两类概念是合一的，即子午方位意识与建筑实体秩序的合一。

子午、正午表达的是京师核心部位的一条正南北向的思想性的子午连线，这条抽象的线没有形体，在古代中国却有着极高意义。按北京子午方位线意识在明代已经被表述，《日下旧闻考》卷五十五《城市》引《桂文襄集》记载了明代的一项可方便"公私大船"的计划："正阳门外东偏有古三里河……见今天坛北芦苇园草场九条巷，其地下者俱河身也，高者即旧马头，明白易见，不假经画，稍加修治，即可复也。但附近势家庄园，故成化六年杨茂虽尝建议而不敢尽言，但请置坝而已。后亦竟沮不行。成化十二年亦踏勘，而势家贿通钦天监，以为地居京师子午方位为说。不知三里河乃在都城巽巳，实非子午也。今诚按此修浚，则公私大船俱可直抵三里河，不但便船剥而已。"① 这个计划表面的争论焦点竟然涉及子午方位，即"以为地居京师子午方位为说"。明成化年间，外城未建，这里的子午方位意识依据的当是正阳门。三里河地区虽接近子午方位，但实为巽巳方位，即正阳门的东南方。此事中的方位之辨，说明在人们的思想中，子午方位非比寻常，不可冒犯。又，这条子午方位线是以正阳门为实体坐标的。

在传统干支五行方位模式中（一个特定的空间单元范围内），子午方位线具有确定性。② 一个合乎情形的推断是，对于明清北京城来说，明成化年间所讲的子午方位线与清乾隆间所讲的子午方位线应是同一的。当时人们所取用的实体标志，即正阳门、景山中峰，在空间上的位置关系也符合这一特点。

明成化事件与乾隆重建寿皇殿，都含有"子午"之辨的味道。所要分辨的距离差异都不大，特别是旧寿皇殿与新寿皇殿之间，但定性很不一样。

---

① （清）于敏中等编：《日下旧闻考》，第 888—889 页。
② 《淮南子·天文训》有"子午、卯酉为二绳"之语，李零先生的看法是：先秦两汉时期，有"盖天说"，"观察者把天穹看作覆碗状，而把大地看作沿'二绳四维'向四面八方延伸的平面。"在式图中，"四方"，"是用两条直线十字交叉构成的方位坐标，子位代表北方，午位代表南方，卯位代表东方，酉位代表西方。在《淮南子·天文》中，纵轴子午和横轴卯酉是叫'二绳'"。见李零：《中国方术正考》，北京：中华书局，2006 年，第 101—102 页。

关于寿皇殿位置的变化，可套用一句俗话：向西移动一小步，礼制前进一大步。

关于北京子午方位线，另有一件事情，在此提一下。20 世纪 30 年代，徐国枢所做《燕都续咏》中有这样一段："子午线，俗传正阳门城西埋有石兽，地安门桥下埋有石猪。即为北平之正子午线。"随后是一首与此相关的诗："谶录吉凶能预定，宫廷营造几低徊。安排石兽定经纬，始信当阳有自来。"① 巧的是，20 世纪 50 年代初，清理万宁桥（即地安门桥，又称后门桥）下淤泥，曾发现一根石柱。

靳麟在《北京钟鼓楼风物杂记》一文的《北京在后门桥底下》一节中写道：

从前北京人常说："北京在后门桥底下"，但人云亦云，谁也说不出个究竟。1950 年，清挖什刹海疏通河道时，在后门桥下的淤泥中，挖出一根方体石桩子来，石桩长约 1 丈，宽有七八寸见方，上面镌刻有老鼠一只，鼠像下边，刻有楷体"北京"两个字，每个字的大小约四五寸见方。我看见这个石桩子之后，才若有所悟，所谓"北京在后门桥底下"，多半指的是石桩子上"北京"这两个字。

据说，这根石桩是明朝永乐年间修建北京城时立在那里的，它是北京城子午线（中轴线）的一个标志。因为十二地支中，子是鼠，所以刻上个老鼠。后来在那里修建了石桥，石桩子上"北京"两个字还露在外面，遂有"北京在后门桥底下"的传说。日久年深，石桩子便下沉在泥土之中了。挖出的石桩子当时放置路旁，河流疏浚完毕后，就不知其下落了。有可能仍被埋在地下。

我想，既有标志"子"端（北）的石桩，也必应有标志"午"端（南）的石桩，子午线那一端上的石桩是不是在午门下边呢？后来，朱海北先生告诉我，他听他的父亲朱启钤老先生讲，子午线上的另一个石桩是在天桥底下。

---

① 徐国枢：《燕都续咏》，雷梦水辑：《北京风俗杂咏续编》，北京：北京古籍出版社，1987年。徐自署日期：甲戌佛腊前三日。甲戌年即 1934 年。

可是天桥早已拆除，已无遗迹可寻了。"①

从上述言论看，万宁桥下发现石鼠是确实的事，南部有没有另外一个石柱，尚无确切证据。也有传说，在正阳门一带曾挖出刻马的石件，②此午马与后门桥的子鼠呼应，象征着子午方位在这两个点位的南北呼应。虽然南部石兽的事有待确认，但传说本身则说明子午方位概念在社会中存在的广泛性。

景山中峰是子午方位线上最接近寿皇殿的实体点位，对正中峰，就是对正子午方位。而另一方面，寿皇殿是一个群体建筑，有较大规模，那么怎样才体现与景山中峰对正，以什么部位做标准呢？当然是由宝坊、戟门、大殿构成的建筑中线，需要的是将这个中心线对正景山中峰，而不是寿皇殿建筑群的其他部位。如果不讲求这条建筑中线与景山中峰的对正，则老寿皇殿也不是全然没有对正景山。所以，乾隆帝所要的对正，一方面着眼于景山中峰，另一方面还要着眼于寿皇殿建筑中心线，且二者之的连线要取正南北方向。

经过一番整顿，寿皇殿的地位获得提升，"乾隆十五年五月初十日，内阁奉谕旨：寿皇殿恭奉皇祖圣祖仁皇帝、皇考世宗宪皇帝圣容。朕以时躬诣行礼。"③除圣祖康熙和世宗雍正外，乾隆帝也想到了其他列祖列后。"粤稽前代安奉神御，或于宫中别殿，或于寺观净宇，本无定所。"④到了清代初期，"仰惟太祖、太宗、世祖圣容，列后圣容，向于体仁阁函奉尊藏。"⑤体仁阁在太和殿东南，后为储存物品之所。新寿皇殿落成，"应即于寿皇殿增修丹腆，恭迎列祖列后圣容，敬谨奉安，于岁朝合请悬供，肃将祼献，以昭诚悫。"⑥这样，列祖列后御容集于寿皇殿，寿皇殿制度至此圆满。

---

① 靳麟：《北京钟鼓楼风物杂记》，载中国人民政治协商会议北京市东城区文史资料委员会编：《北京市东城区文史资料选编》（第五辑），1994年，第209—221页。北京大学图书馆索书号：K291.3/7a(5)。

② 参见李零：《北京中轴线：万宁寺、中心阁与中心台》，《读书》2022年第5期。

③（清）庆桂等纂：《国朝宫史续编》卷六十一，北京：北京古籍出版社，1994年，第512页。

④（清）庆桂等纂：《国朝宫史续编》，第512页。

⑤（清）庆桂等纂：《国朝宫史续编》，第512页。

⑥（清）庆桂等纂：《国朝宫史续编》，第512页。

乾隆帝去世后，"嘉庆四年九月，皇上恭奉高宗纯皇帝御容敬安殿内。"① 由此接续，直到清亡。最后的大名单是：努尔哈赤、皇太极、顺治、康熙、雍正、乾隆、嘉庆、道光、咸丰、同治、光绪。在太庙之外的几个敬奉祖先的宫殿（如奉先殿、体仁阁、安佑宫、寿皇殿）中，新寿皇殿地位最为崇高，它不仅是庑殿九室，地近朝宫，乾隆《御制重建寿皇殿碑文》："则寿皇实近法宫，律安佑为尤重。"② 而且坐落于北京中轴线上，加入了大内前、后三殿的中线系列。

二、宫殿屏宸，五峰五亭

寿皇殿的重建，连带出另一项工程，即景山五亭的修建。

关于明清之际的景山，《酌中志》是这样说的："山上树木葱郁，神庙时鹤鹿成群，而呦呦之鸣与在阴之和，互相响答，闻于霄汉矣。"③ 这段话讲的都是林木鸟兽等自然物。其实景山里面也有不少亭、楼、阁。与《酌中志》大抵同时的《春明梦余录》对景山之内的描述是：寿皇殿"南则万岁山，山高一十四丈，树木翁郁，有毓秀、寿春、长春、甝景、集芳、会景诸亭。山下一洞曰寿明，殿曰观花，曰永寿，楼曰甝春，阁曰万福、永康、延宁。山前门曰万岁。再南曰北上门，左曰北上东门，右曰北上西门。再南过北上门则玄武门。"④ 作为御园，景山之内建有多座亭楼是无可怀疑的，但它们都不在峰顶。《康熙皇城宫殿衙署图》在中峰的位置仅标有观景平台。《乾隆京城全图》所绘的景山山体则不见任何建筑，建筑物都在御园北部，五峰之上则空空荡荡。

由于寿皇殿工程的实施，提起了对景山中峰的关注，在此情形下，产生一些关于建设景山的想法，是顺理成章的。乾隆帝把景山比喻为宫殿区

---

① （清）庆桂等纂：《国朝宫史续编》，第512页。

② 《汉书·晁错传》："臣闻五帝神圣，其臣莫能及，故自亲事，处于法宫之中，明堂之上。"颜师古注引如淳曰："法宫，路寝正殿也。"

③ （明）刘若愚：《酌中志》，第138—139页。

④ （清）孙承泽：《春明梦余录》卷之六《宫阙》，《北京古籍集成》第59册，北京：北京出版社，2015年，第51页。

的"屏扆"，①有屏风的味道，但如果这个"屏风"只是一座没有什么人工装饰的土山当然味道不够。在寿皇殿重建之后，乾隆立刻着手对这个"屏扆"进行增饰。"景山五峰上各有亭，中峰亭曰万春，左曰观妙，又左曰周赏，右曰辑芳，又右曰富览，俱乾隆十六年建。"②乾隆十四年移建寿皇殿，十五年完工，十六年就修筑景山五亭，两项工程前后衔接，应该有连带关系。

景山是明清皇帝登高眺望京师景观的场所，"山之上，土成磴道，每重阳日，圣驾至山顶坐，眺望颇远。"③这是明朝的情况。到了清朝，从《康熙皇城宫殿衙署图》上所标的平台可以看出，对登山眺望是有所安排的。凡是在景山登顶做眺望的人，无不对北至鼓楼的贯通视野与南方紫禁城宫殿中央那一系列整齐排列的金顶产生强烈感受。这一南北对应的线性景观系列是京城一大特色。对于刚刚完成寿皇殿"中峰正午"改造的乾隆帝以及左右臣僚们来讲，这一景观概念会更加鲜明。乾隆帝的计划是要寿皇殿对正景山中峰，现在站到景山中峰，从相反的方向再看寿皇殿，它又是精确对准北方鼓楼的，可以说，寿皇殿的重建改善了自景山向北方的视野。在这一南北合成的景观系统中，景山的地位是独特的，改造景山山峰之举，势在必然。

万春亭的出现，恰似点睛之笔，使景山中峰的概念在景观中得到了进一步确定，这也是对景山整体地位的提升。五峰中的中峰，位在正中，向为正午，上面的万春亭形体最大，规格最高，突显了中峰至尊的地位。高空中的万春亭犹如一份景观宣言（landscape as text），向四面八方显示中的存在。而从刚刚落成的寿皇殿南眺，恰与高处的万春亭直对，彼此呼应，相得益彰。

三、外城疏渠，天桥双碑

如果说以上两项，即重建寿皇殿和修建景山五亭，还是局限在皇城之

---

①（清）于敏中等编：《日下旧闻考》卷二十六《国朝宫室·西苑六》，第 364 页《乾隆御制白塔山总记》："宫殿屏扆则曰景山，西苑作镇则曰白塔山。"

②（清）于敏中等编：《日下旧闻考》卷十九《国朝宫室》，第 259 页。

③（明）刘若愚：《酌中志》，第 139 页。

内，而正阳桥疏渠与天桥立碑亭之事，则施于外城。外城本是被八旗人低看的城区，但乾隆帝表达了对外城中央道路的重视（当然与天坛、先农坛有关），在天桥至永定门一带进行大规模整改，大幅度改善景观，且撰写碑文，御告天下。

在御制《正阳桥疏渠记》碑文中，[①]乾隆帝像一个规划师一般，详细叙述了疏渠工程的整体与细节，同时又以皇帝的尊严阐释了该工程的高尚意义。以下分段讨论。

正阳门外之石衢抵正阳桥，桥之左右市鄽栉比，允帝王都会万方辐辏之薮也。桥之南为天桥，其南石衢直达永定门，则答阳黄道荡荡平平，会极归极之宗也。衢之左为圜丘祈年殿之西外围垣，右为太岁坛先农坛之东外围垣，各有石衢二，横接围垣之南北门，为诣坛辇路。

开头一段讲正阳门外中央道路环境，对道路环境进行了要素择要与定性。正阳桥，是正阳门箭楼外的大桥，桥之南的牌楼上也写有"正阳桥"三字。桥的两边多建商铺，乾隆帝对此给予肯定，称其为"帝王都会万方辐辏之薮"。自正阳桥，过天桥，达永定门的直线正南大道，坦坦荡荡。"答阳"，有南向，朝阳之意。"会极归极之宗"，应是借陆九渊"会其有极，归其有极"的概念对大道中正聚集性的夸耀。最后，讲到天坛与先农坛之间的道路，这个地带正是此番改造的对象。

下一段讲问题。

盖地势东高而西低，故石衢之西恒积水，而东之沙土常因西北风吹壅西垣之半，每诣斋宫，怃弗惬观。

接下来具体地讲改造方案：

今年上辛祭毕，爰命司工于天桥南、石衢之左右，自北而南各疏渠

---

① 原碑今可见，详见下文。

三。第一渠长各一百六十余丈，宽北各三十余丈，南各二十丈；第二渠长各一百三十丈，宽各二十丈；第三渠长各五十五丈，宽各二十丈；深各三尺。其四达坛之横衢，命各辟土道宽二丈，以为往来车路，并各去其向禁人行之木栅。（东西诣坛之横衢四，旧设木栅，以禁行人往来。盖地近坛垣，理宜严肃而重，车皆由正石衢以行，易致石弊。今石衢左右既开广渠，且各留土路，是四横衢之南北皆有界限，木栅亦可以不设矣。）疏渠之土即篑为渠岸之山，周植以树，兼培行车之土路，于是渠有水而山有林，且以御风沙，弗致湮坛垣，一举而无不便。向来南城井多苦水，兹胥得饮渠之清水为利亦溥。

在改造方案中，最可观的是天桥之南石衢两侧"各疏渠三"。就是大道每一边自北而南开挖3个水渠，一共6个水渠。从尺度看，这些水渠都很大，北头的两个（一东一西）都是160丈长，20—30丈宽，按1尺为32cm折算，也就是长512米，宽64—96米；中部的两个都是130丈长，20丈宽，折算为416米长，64米宽；南头的两个，各长55丈，各宽20丈，折算为176米长，64米宽。这些"渠"的尺度如此之大，已经有了巨大水池的样子。南头最小的水池也比现在的足球场（105米×68米）大。除6大水池外，还有用挖池之土堆成的"渠岸之山"，并植树。虽然对这一带的道路也做了修整，但最夺目的景观是"渠有水而山有林"，于是，在天坛、先农坛之间，出现一块面积不小的"佳景"。如果想到它们的规模，其景确实令人震撼。

但是乾隆帝担心人们被佳景误导，下面特别强调了这件工程真正的"大义"：

而都人士之游涉者咸谓京城南惬观瞻，增佳景，然予之意原不在此也。洁坛垣而钦禋祀，培九轨而萃万方，协坎离以亨既济，（都城南为离位，今开浚水渠六，坎为水卦，是为水火既济之象，亨之道也。）莫经涂以巩皇图，其在斯乎，其在斯乎！故不得考工之请而为之记，亦合向之知过论，所谓不可已者，仍斟酌为之之义。

乾隆帝以十足的口气告诉人们，此项工作不是为了观瞻，而是为了"亨之道""巩皇图"。值得注意的是，在他的论证中，除了坎离既济这些风水观念外，还使用了这样一些词汇：九轨、经涂，联系到碑文开篇中的"答阳""会极"，这里又显示了乾隆帝自觉的关于城市中线的意识，答阳会极，就是正午居中，经涂九轨，乃《考工记》匠人营国的礼制要领。这意味着此工程在京城中的位置不比寻常，它在中心南北大道，属于帝都的中心"经涂"，因而可以演升出巩固皇图的意义。

最后，乾隆帝掩饰不住自得的心情：

> 值此耄龄，复得蒇一大工作，孰莫非昊苍鸿钦承开国家万年有道之长也哉？
> 乾隆五十有六年岁次辛亥仲夏月御笔

在"耄龄"完成了这样一件意义非凡的"大工作"，自然要立碑。碑的位置选在了天桥南侧，只是立单碑不免有失衡之感，于是将不远处永定门外燕墩上的《帝都篇》《皇都篇》碑复制一通，并仿照该碑的样式，制作了《正阳桥疏渠记》碑，双碑一左一右，并立天桥南侧。御制碑往往有碑亭，于是两座碑亭随之建立。两通石碑本来形体不小，外面再加盖碑亭，则更加高大。碑亭覆盖黄色琉璃瓦，[1] 皇气十足。

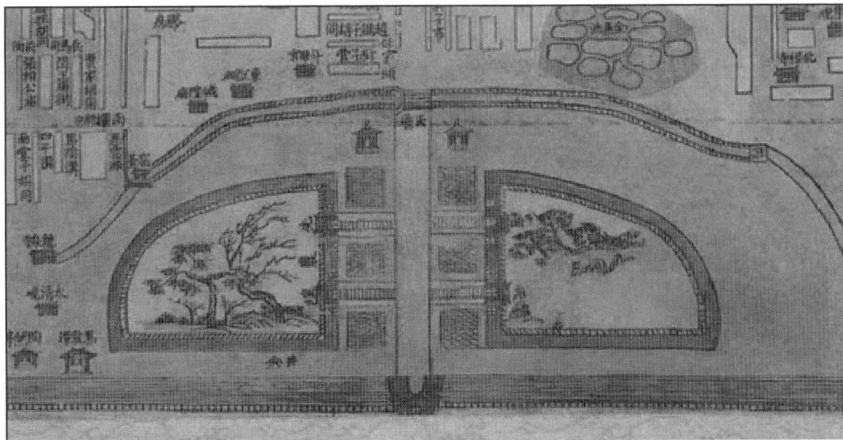

日本龙谷大学图书馆所藏《京城全图》（请求记号 021.1-114-1）（局部），
较准确地画出了天坛与先农坛之间中心御道两侧的六大水池、四条横衢、两座碑亭。

---

① 参考清人所绘《首善全图》，此图现藏中国国家图书馆，索图号 20.1/1820。

中国国家图书馆所藏的《首善全图》虽然也画出了六大水池、
四条横衢、两座碑亭，但水池与横衢的位置关系有误。

《日下旧闻考》卷九十《郊坰南》载："燕墩在永定门外半里许，官道
西，恭立御碑台。恭勒御制《帝都篇》《皇都篇》。其制，甃砖为方台，高
二丈许……碑立正中，形方而长，下刻诸神像，顶刻龙纹，面北恭镌御
制《帝都篇》，面南恭镌御制《皇都篇》，均清、汉书。"[①] 这两篇诗文均为
颂扬帝都、皇都的文字。《皇都篇》从远古讲起："惟彼陶唐此冀方，上应
帝车曰开阳。""列国据此士马强，可以雄视诸南邦。辽金以来始称京，阅
今千年峨天阊。"《帝都篇》讲到地理之优越："右拥太行左沧海，南襟河
济北居庸。会通带内辽海外，云帆可转东吴粳。""金汤百二要在德，兢兢
永勖其钦承。"碑文落款为"大清乾隆十八年夏四月之吉御笔勒石永定门
南皋"。

《帝都篇》《皇都篇》的内容与正阳桥疏渠一事存在相关性，二碑并立
不仅是形式上的，在内容上也是互通的。一方面，正阳桥疏渠的意义，按

---

① （清）于敏中等编：《日下旧闻考》，第 1520—1521 页。《帝都篇》《皇都篇》全文见第
1521—1522 页。

照乾隆帝的阐释，是遵照帝都礼制的经义，这便与二篇的精神相同。另一方面，《皇都篇》在称颂都城的大义时，并不忽略细节，如“天衢十二九轨容，八旗居处按界疆。”这便与《疏渠记》中“培九轨”“奠经涂”的表达互通。二碑的制作前后相距 32 年，但在乾隆帝的思想逻辑上是一致的。乾隆帝对北京这座帝都的理解，是具体的，也是理念的。

御路、水池、碑亭的规划实施，是北京外城景观发展的一件大事。在许多京师规划事务中，外城本是被忽略的。而乾隆帝的这一番作为，无疑在一定程度上改善了外城的概念。由天桥、永定门、天坛垣墙、先农坛垣墙所勾勒出的这个区域，面貌焕然一新。高大御碑亭的出现，以《考工记》词汇所做的阐述，使北京外城不再是皇都的“另类”区域。而城市中轴线南段的地位也获得了进一步确认。

乾隆帝“正阳桥疏渠”规划所创建的景观，自嘉庆年间开始，由于突发政治事件的影响以及其他事务的推行，被逐步拆解，水池被填平，双碑被移走，实为一大遗憾。[1] 不过，幸好双碑原物犹在，[2] 历史记忆犹在，为另一种传承方式。

简短的结语

重修寿皇殿、建景山五亭、正阳桥疏渠，这几项由乾隆皇帝本人推动的事情，是北京城中轴线上最后的大型皇家工程，在北京城的规划建设史上，具有重要意义。乾隆帝在城市线性中心的建设上是主动的，对其意义的理解是自觉的。今天所称的北京城市中轴线，乃是虚实合一的产物，子午方位是思想性的、观念性的，而建筑系列则是这种思想在实物景观中的体现。

---

① 详情可参考陈倩《〈正阳桥疏渠记〉碑与天桥地区的环境变迁》一文。载陈倩：《北京历史地理与古代都城文献研究》，北京：北京燕山出版社，2010 年。

② 《正阳桥疏渠记》碑在北京东城区天坛北侧红庙街 78 号院内，《帝都篇》《皇都篇》碑在首都博物馆门外广场。

汉碑的产生与地域分布研究

周　雯*

一、汉碑和汉碑地域分布研究的意义

本文论述的主旨，是阐释东汉时期石碑的产生与地域分布问题。这一时期，中国石刻文化虽初兴未久，但刻记铭文于石，已有多种不同的形式。

研究汉代的石碑，也就是所谓"汉碑"，首先需要厘清的概念，就是什么是石碑。东汉人许慎所作《说文解字》，云：

> 碑，竖石也。从石卑声。[①]

这是一个非常宽泛的定义，基本上包含了所有种类的刻石。然而，东汉时期另一小学书籍刘熙所作《释名》，则云：

> 碑，被也，此本葬时所设也。施鹿卢，以绳被其上，引以下棺也。臣子追述君父之功美，以书其上，后人因焉，无故建于道陌之头，显见之处，名其文就，谓之碑也。[②]

---

* 周雯，北京大学历史学博士。

① （汉）许慎：《说文解字》卷九下，北京：中国书店，1989年，影印藤花榭本，第4页b。

② （汉）刘熙：《释名·释典艺》，据毕沅：《释名疏证补》卷六，上海：上海古籍出版社，1984年，影印清光绪丙申刻本，第319—320页。

刘熙所定义的"碑"，则追溯其古义，云："本葬时所设也。施鹿卢，以绳被其上，引以下棺也。"这种说法，是源自《礼记》，云：

　　季康子之母死，公输若方小。敛，般请以机封，将从之，公肩假曰："不可，夫鲁有初，公室视丰碑，三家视桓楹。般，尔以人之母尝巧，则岂不得以？其毋以尝巧者乎，则病者乎？噫！"弗果从。①

《礼记》中另外还提到："君葬用辁，四綍，二碑，御棺用羽葆。大夫葬用辁，二綍，二碑，御棺用茅。士葬用国车，二綍，无碑，比出宫，御棺用功步。"以及"凡封，用綍去碑负引。君封以衡，大夫、士以咸。君，命毋哗，以鼓封；大夫，命毋哭；士，哭者相止也。"②对此，东汉时人郑玄认为下葬用碑为匠师的职能，故郑玄注《周礼》"及窆，执斧以莅匠师"句曰："匠师主丰碑之事，执斧以莅之，使戒其事。"③

　　关于下棺的碑的形制和作用，郑玄在其《礼记注》中云："丰碑，斫大木为之，形如石碑，于椁前后四角树之，穿中于间，为鹿卢，下棺以绋绕。天子六绋四碑，前后各重鹿卢也。"④"公室"下棺用的"丰碑"，形如石碑。因为郑玄为东汉时期人，他所说的石碑，应该就是指东汉时期所习见的碑的样子，即为一长方体。郑玄指出了下棺之碑与宗庙之碑的区别，但是这个区别仅仅在于其材质，即"其材，宫庙以石，窆用木。"⑤

　　近几十年的考古发掘成果，为我们更好地理解《礼记》中所记载的"碑"提供了新的线索。1977年至1980年，以及1985年至1986年，考古工作人员在陕西凤翔对战国时期秦公陵园进行了钻探。其中，在秦公一号大墓中发现，于"主椁室的南北两壁外侧，斜插着两根直径约30厘米

---

　　①《礼记·檀弓》，据《附释音礼记注疏》卷一〇，台北：艺文印书馆，2007年，影印嘉庆二十年江西南昌府学刊《十三经注疏》本，第188页。

　　②《礼记·丧服大记》，据《附释音礼记注疏》卷四五，第789—790页。

　　③《周礼·地官·小司徒》郑玄注，据《附释音周礼注疏》卷一一，台北：艺文印书馆，2007年，影印嘉庆二十年江西南昌府学刊《十三经注疏》本，第175页。

　　④《礼记·檀弓》郑玄注，据《附释音礼记注疏》卷一〇，第188页。

　　⑤《仪礼·聘礼》郑玄注，据《仪礼疏》卷二一，台北：艺文印书馆，2007年，影印嘉庆二十年江西南昌府学刊《十三经注疏》本，第255页。

的原木"，参加了钻探工作的考古学者王学理推测这个"原木"即为"史书所说的'四绋、二碑'"①。马振智也认为秦公一号大墓发现这两根"原木"是碑，云："一号大墓主椁室南北两侧的三层台上，各发现一木碑，这是迄今为止所发现的最早的下棺碑。"又具体解释道："一号大墓的二个木碑分别植于主椁室南北两侧的三层台上，都是残留有树皮的原木。残高1.7—2米、直径0.4米。下端埋入土内，上端倾斜伸向椁室，其用途为下棺是显而易见的，亦合诸侯二碑之礼。"同时，他也提出以疑问："但其位置并未如郑玄所说'树碑于圹之前后'，是郑注之误？还是秦人与周礼有异？根据主椁室东西狭长，南北窄短的形状来推测，如果植碑于主椁室前后（东西），则由东墓道（主墓道）下棺的运送随葬品时，必然受阻而不便。所以，植碑于左右两侧应是合理的。"②

如果秦公大墓所发现的真的是《礼记》中记载的下棺用的"碑"，这样的"碑"竖立在主椁室南北两侧的三层台上，在下棺完毕之后，回填泥土，"碑"也就被一并埋入地下。那么，下棺所用的"碑"怎么会发展成后来刘熙所说"臣子追述君父之功美，以书其上，后人因焉，无故建于道陌之头，显见之处，名其文就"，用于向公众宣告功绩的碑呢？

《礼记》中，还记载有另一种"碑"，即祭祀时所用的碑。《礼记》云：

祭之日，君牵牲，穆荅君，卿大夫序从。既入庙门，丽于碑。卿大夫祖，而毛牛尚耳，鸾刀以刲，取膟膋，乃退。燔祭祭腥，而退，敬之至也。③

《仪礼》在记述祭祀时，亦提到了碑，云：

饪一牢，鼎九设于西阶前，陪鼎当内廉，东面，北上，上当碑，南陈，牛、羊、豕、鱼、腊、肠胃同鼎、肤、鲜鱼、鲜腊。设扃鼎，鼏、膷、臐、膮，盖陪牛、羊、豕。④

①　王学理：《秦物质文化史》，西安：三秦出版社，1994年，第271页。
②　马振智：《试探秦公一号大墓的椁制》，《考古与文物》2002年第5期，第58页。
③　《礼记·祭义》，据《附释音礼记注疏》卷四七，第812页。
④　《仪礼·聘礼》，据《仪礼疏》卷二一，第255页。

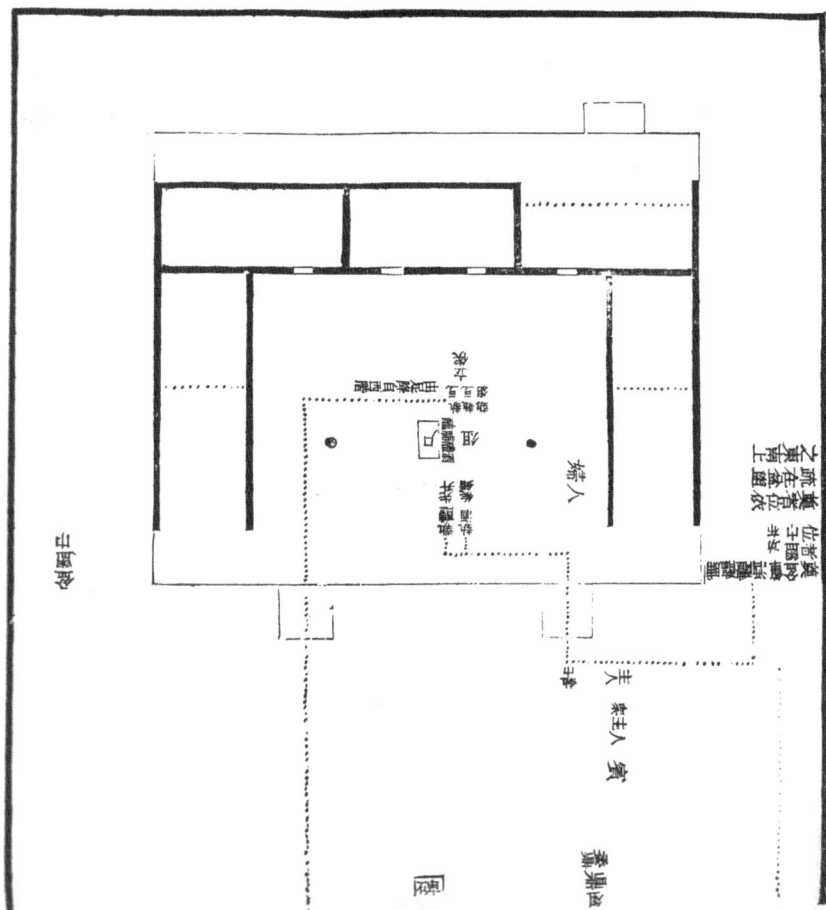

碑在庙的正前方（采自张惠言《仪礼图》）

对于祭祀所需要的碑，东汉郑玄《仪礼注》解释道："宫必有碑，所以识日景，引阴阳也。凡碑引物者，宗庙则丽牲焉，以取毛血。"[1]郑玄认为入庙揖拜应该当碑，故《仪礼》"至于庙门，揖，入，三揖，至于阶，三让"句，郑玄注云："入门将右曲，揖。将北曲，揖。当碑，揖。"[2]清人张惠言

---

[1]《仪礼·聘礼》郑玄注，据《仪礼疏》卷二一，第 255 页。
[2]《仪礼·士冠礼》郑玄注，据《仪礼疏》卷二，第 19 页。

所作《仪礼图》，碑的位置，正在庙的正前方[①]。

除前述许慎《说文解字》、刘熙《释名》中对"碑"的解释以外，南唐时人徐锴所著《说文解字系传》，则对"碑"的形制有更进一步的说明，云："竖石纪功德，从石卑声。臣锴按：古宗庙立碑以系牲耳，非石也。后人因于其上纪功德，则此从石。"但是，与此同时，徐锴又认为不同性质的石碑有不同的起源，针对刘熙《释名》中碑"起于引棺之碑"的说法，徐锴说："起于县棺者，盖之神道碑，而铭勒功德当始于宗庙丽牲之碑也。"[②]所谓神道碑，一般而言就是指墓碑。徐锴认为碑分两种，一种"铭勒功德"，另一种是"神道碑"；前者源于宗庙丽牲之碑，后者则源于下棺之碑。后代学者也多秉持徐锴所说，如日本学者关野贞的《支那碑碣形式的变迁》中就谈到石碑是起源由祭祀系牲和下棺这两个系统发展而来的[③]。

然而，在《仪礼》和《礼记》中，都没有碑上刻有文字的记载，而碑也只是用于下棺和丽牲，徒具"碑"之名，却没有东汉以后刻石纪功碑之实。故马衡云："碑之名始于周代，为致用而设，非刻辞之具。"[④]从牺牲下棺的碑到后代刻石纪功的碑之间，还有很大的空间需要填补。前人之所以有神道碑或墓碑是从"引棺之碑"发展而来的这种想法，是因为他们并没有看到先秦时期引棺之碑的实物。看到前述在陕西凤翔发现的秦公大墓"引棺之碑"，即可明了，那样形制和那个位置的原木是不大可能发展成后来习见"建于道陌之头，显见之处"的碑的，碑更有可能是从"丽牲"之碑演化而来。

再看许慎《说文解字》中对"碑"的解释，可谓非常之宽泛，"碑，竖石也"，并不需要石头上面有刻字。甚至按照我们前面讨论的《礼记》《仪礼》中对"碑"的记载，以及《说文解字系传》的解释，"碑"早期也不一定是石质的。这样上面没有刻字、竖立的木质或石质的物体，在漫长的历史发展过程中，演变成了现在我们常见的石碑。

———————

①（清）张惠言：《仪礼图》卷五，杭州：浙江古籍出版社，2016年，影印本，第356页。

②（南唐）徐锴：《说文解字系传》卷一八，上海：上海书店，1989年，重印《四部丛刊初编》合印述古堂景宋写本宋刊本，第9页 b。

③［日］關野貞：《支那碑碣形式の變遷》，东京：座右宝刊行会，1935年，第5—13页。

④ 马衡：《中国金石学概要》，《凡将斋金石丛稿》，北京：中华书局，1977年，第65页。

马衡云："今人谓文之载于石者皆曰碑，其实不然。"[1] 当代学者赵超则把石刻按其形制划分为：刻石（包括摩崖与碣）、碑、墓志、塔铭（附带舍利函等佛塔的附属石刻）、经幢、造像题记、画像石、经版、地券，以及建筑物附属的零散刻铭等十类[2]。在现在的语境中，"碑"确实可以泛指以上所举述的"刻石"，但是"刻石"并非天然就是石碑，"刻石"的产生应该远远早于"石碑"。

从其形制上而言，石碑是一种经过人工加工过的石块，一般呈长方体形，唐人李贤为《后汉书》作注，即云："方者谓之碑，员（圆）者谓之碣。"[3] 碑的正面，经过打磨光滑，刻有碑文，称为"碑阳"。碑的背面，或空白，或刻有正文以外的文字，多为出钱立碑的门生故吏的姓名等内容。碑两侧，或空白，或刻文字，有时还刻有纹饰。碑阳上方，有时还有"碑额"，也称"碑头"，题刻"某某某某之碑"。石碑下或有趺座。汉代的石碑有时在碑身上凿有圆孔，称为"碑穿"。以上皆为通例，历史上时有变例，就不一一细说了。

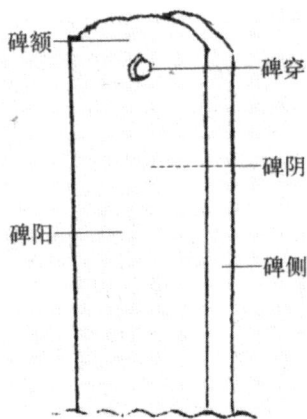

石碑形制示意图 [4]

---

① 马衡：《中国金石学概要》，《凡将斋金石丛稿》，第 65 页。
② 赵超：《中国古代石刻概论》，北京：文物出版社，1997 年，第 17—32 页。
③ 《后汉书》卷二三《窦宪传》附李贤注，北京：中华书局，1965 年，第 817 页。
④ 黄永年：《碑刻学》，上海：中西书局，2014 年，黄氏《古文献学讲义》收录本，第 192—193 页。

古时并没有碑，只称刻石，其中所谓特立之石，后来又被称之为"碣"。司马迁作《史记》，记述秦始皇巡行，刻石颂德，只云"立石"、"刻石"或"刻所立石"①。到汉代，始产生碑。

在这个过程中，东汉时期，是一个重要的具有决定意义的历史时期。正是在东汉时期，出现了我们现在所习见的石碑的形制及其功用。汉代同时也是其他形式的刻石开始广为流行的时期。除石碑之外，其他形式的刻石，诸如在天然的山崖上刻铭，谓之摩崖；墓室或者祠堂中的刻画，称为画像石；墓园、殿堂入口的门阙、石表上的刻字，等等，也蔚为大观。可以说，汉代是中国石刻文化滥觞之时期。

之所以在前文引述东汉时期人许慎《说文解字》以及刘熙《释名》这两部作品，是想说明在东汉的时候，"碑"即可以指广义上的刻石，也可以指狭义的"碑"，或谓之曰"石碑"。而东汉时期，正是这种狭义石碑正式产生和石碑形制确立的时期。本文所要研究的对象，就是在东汉时期才产生的这种狭义的石碑。正因为西汉时期并不具有这种严格意义上的石碑，本文才以"汉碑"这一简便的形式，来表示东汉时期的石碑。实际上这也符合人们在研究东汉石碑时长久以来形成的习惯用法。

石刻文化，特别是竖立石碑的风气，并未像汉画像石那样，随着汉代的覆灭而随之式微，反而伴随着后来历史的发展愈发兴盛起来。虽然中间也经历反复，但是一直在中国历史文化生活中占据重要的位置，甚至直到今天也是同样，每逢遇到重大活动的场合，总要立碑，纪颂功德，以传后世。石碑的形制定型之后，可以用于各种用途。赵超从内容上把石碑分为如下几类：墓碑、功德碑、记事碑、经典及其他书籍刻碑、造像碑、题名碑、宗教碑、地图天文图礼图碑、书画碑等②。这些石碑，都是中国历史文化的重要组成部分，其中有很多一直存留至今，成为清晰可见的历史景观；甚至可以说石碑是中国古代留存数量最多、同时也相当显著的一种历史文化景观。

这些矗立在全国各地的石碑，承载着诸多历史信息，是一种形式独特、存在方式也很独特的历史文献。早在秦始皇初兴刻石铭文以颂扬嬴秦

---

① 《史记》卷六《秦始皇本纪》，北京：中华书局，1982年，第223—293页。
② 赵超：《中国古代石刻概论》，第17—31页。

功德时起，这些石刻铭文就被作为一种特殊形式的文献而在社会上流传，如《汉书·艺文志》即著录收载"秦时大臣奏事及刻石名山文"的《奏事》二十篇①，《隋书·经籍志》也著录有"《秦皇东巡会稽刻石文》一卷"，又谓梁有"秦帝刻石文一卷"，事与封禅相关，应当包括秦泰山刻石在内②。东汉以后，随着石碑的定型和广泛应用，类似的情况，更为普遍。这些情况，已经充分体现出石刻铭文与其他形式历史文献的融通关系，只不过与普通纸本文献相比，碑刻铭文的社会影响，要更为鲜明，更为直接，往往也会更为强烈一些。

搜集和利用碑刻以及其他石刻文献来研究相关历史问题，自从宋代金石学研究兴起以来，经历清代乾嘉考据学的大力阐扬，直至近现代学者不遗余力地挖掘考释，可以说早已成为众所关注的热点。

在这持续不断而且日盛一日的石碑以及其他石刻文献研究的热潮当中，人们对其作为一种历史文化景观所具备的地理属性，虽然很早就有所关注，也从很早就有特别的著录，可是却缺乏深入系统的研究。

作为一种历史文化景观，不管是曾经见诸文献记载而现在已经佚失的那些石碑，还是那些迄今依然如故地陈列在我们面前的那些石碑，都是中国历史文化地理的重要构成要素，值得我们从历史文化地理角度对其加以总结和研究。

在历史地理学各个部门当中，历史文化地理的研究，难度最大。这在很大程度上是由于所谓"文化"的构成要素，大多不同程度地具有一定的游移性，或者说是所附着的地点具有很强的浮泛性或不确定性。譬如以"文字著述"而论，其撰著地点，就有很多书籍的写作地点很不容易确定。相比较而言，在众多文化构成要素中，石碑的存在地点，是非常明确的，通常也是难以移易的。这就给我们研究历史文化地理问题，提供了一个比较好的切入点。

东汉是石碑形成的时期，同时也是其繁荣发展的重要时期，作为东汉文化的重要组成部分，有鲜明的特点，也受到后世持续、广泛的关注。汉

---

① 《汉书》卷三〇《艺文志》，北京：中华书局，1962 年，第 1714 页。

② 《隋书》卷三二《经籍志》一，北京：中华书局，1973 年，第 945 页；又卷三五《经籍志》四，第 1083 页。

碑集中了当时文化的很多成分，因此，通过汉碑，可以很好地体现这些东汉文化的地理面貌及其渊源，丰富我们对东汉乃至整个秦汉时期文化地理状况的认识。

本文试图通过统计史籍中记载过的汉碑，加上近些年考古发现的石碑，尽量还原、确定其立碑时间及立碑地点。除了近年来考古发现的石碑，主要利用了历代记载石碑的各类史籍，比如《后汉书》《魏书·地理志》《水经注》，以及宋代、清代各类金石学书录，尽可能爬梳文献，网罗足够多的汉碑记载，考辨其所在地点。现在能够确定立碑时间以及立碑地点的汉碑有二百四十余通。另外有两百余通石碑，只能了解到立碑地点，但是不知道立碑的时间。

当然，这样的统计，肯定不可能是当时汉碑的全貌，但是在漫长的历史长河中，这些石碑，可以看作是随机筛选的结果，利用这个结果，可以大致复原出汉代石碑发展的时间脉络和空间走向。

虽然前辈学者对石碑的研究有很多关于石碑起源的论述，然则都未能跳脱经书的记载，对石碑地域的分析也仅限于记录其现在的所在地。我们希望从历史文化地理的角度来看待石碑，把石碑作为一个文化地理现象，则需要厘清历史时期存在过的石碑，以分析它们的起源、传播以及分布。在汉代，这个石碑产生并发展的时代，石碑产生的地点在哪，通过何种路径传播，石碑发展的核心地区在哪，边缘地区又在哪。这些以往的研究无法回答的问题，正是本文所要解决的。

二、封禅刻石与汉碑的发展

虽然一直到东汉时期，才出现真正意义上的石碑，但是在石上刻字，并非一件很难想到的事情。先秦时期，留存到现在的石刻材料非常少，但是石刻出现的地点，集中在秦、赵两国，说明两地有悠久的石刻传统。

秦代最为重要的石刻，就是所谓"秦始皇刻石"。《史记·秦始皇本纪》记载秦始皇灭东方六国，统一全国之后，巡行郡县，一共进行过五次，"以示强，威服海内"。在巡行郡县期间，每每"刻石颂秦德"。这些刻石的地点，分别是在峄山、泰山、琅邪、之罘、碣石和会稽六地，其中之罘有刻石两通，其余峄山、泰山等地每处各自留下一通刻石，即总共有刻石七通。对此数字需要稍加说明的是，《史记》卷六《秦始皇本纪》记二十八年秦始皇"登之罘，立石颂秦德焉而去"，二十九年复"登之罘，刻石"，或据之以为始皇帝先后两次刻石于之罘，实则始皇二十八年应只是立石于之罘，至二十九年二度来此，始在前一年的"立石"上刻制铭文①，并继之另刻了一处铭文。

上述秦始皇东巡刻石，根据所存在的形式，实际上可分为两类。一类是刻制于自然的崖壁或城市建筑的石质构件上。其刻制于自然石壁者，为碣石刻石，即《史记·秦始皇本纪》所说的"碣石门"。这应该是在近岸海水中特立如门的石柱上镌刻铭文。考古工作者在辽宁绥中渤海海滨曾发掘到战国以迄秦汉时期的碣石宫遗存，该遗址平面布局坐北面南，在它所面对辽东湾水面上，可见一高达24米的海蚀柱，即呈所谓特立孤耸的"碣石"状，在这个"碣石"的西侧，曾另有一同样的"碣石"，今已崩塌于海水之中，在海平面上仅存一小段残基。这两个碣石东西相对，构成一座天然门阙，应当就是古人所说的"碣石门"②，秦始皇的刻石，应当就在其中一个石柱之上。不过水侵风蚀，即使是刻制在剩存的那座海蚀柱上，铭文也早已毁失不存。这类刻石中刻制于城市建筑石质构件上的铭文，为之罘"东观"上镌刻的铭文，可以将其视作后世同类建筑设施上附刻铭文的鼻祖。

不过与这两种刻石所代表的这一类石刻铭文相比，其他五通秦始皇刻石的形制，对东汉时期汉碑的形成，具有更大、也更直接的影响。这五通刻石的共同特点，是将铭文镌刻在秦始皇在高处特地竖立起来的"立石"上。

---

① 《史记》卷六《秦始皇本纪》，第244—250页。说详顾炎武：《山东考古录》之"辨无字碑为汉立"条，清光绪吴县朱记荣蓬瀛阁刊《亭林遗书补遗》本，第6页a—第6页b。案此说又见顾炎武：《日知录》卷三一"泰山刻石"条，上海：上海古籍出版社，2006年，《日知录集释》本，第2353—2355页。

② 辽宁省文物考古研究所：《辽宁绥中县"姜女坟"秦汉建筑遗址发掘简报》，《文物》1986年第8期，第25—40页。辽宁省文物考古研究所姜女石工作站：《辽宁绥中县"姜女石"秦汉建筑遗址石碑地遗址的勘探与试掘》《辽宁绥中县石碑地秦汉宫城遗址1993—995年发掘简报》《辽宁绥中县"姜女石"秦汉建筑群址瓦子地遗址一号窑址》，《考古》1997年第10期，第36—60页。辽宁省文物考古研究所姜女石工作站：《辽宁绥中县石碑地遗址1996年度的发掘》，《考古》2001年第8期，第45—58页。

关于这五种刻石的形制，前人记载不够清晰，马衡曾将其与秦国所谓"石鼓"归为一类，也就是说它的形状"在方圆之间"，非圆非方而又若圆若方①。这种说法，在当今金石学界有很大影响，在很大程度上已经成为一种通行的说法，但实际上却很不准确。

在马衡之前，宋人刘跂论秦始皇泰山刻石的形制，即曾谈到过与马氏相近的认识。刘氏述云："余以大观二年春，从二三乡人登泰山，宿绝顶，首访秦篆，徘徊碑下。其石埋植土中，高不过四五尺，形制似方而非方，四面广狭皆不等，因其自然，不加磨砻。"②这种说法，可能对马衡等现代学者的认识，有很大影响。另外，像陈梦家说"《泰山》《琅邪》皆不规则之自然石故与后世之碑不同，《说文》'碑，竖石也'，其义与'石'同而经磨平者。《说文》'石，山石也'，故称始皇刻为刻石是也"。也就是他认为像泰山、琅邪刻石等秦始皇刻石，都是利用形状不规则且未经凿磨平整的自然石块来刻制铭文，这一点与后世的石碑有很大不同③。这样的认识，同样很不准确。

泰山、琅邪等秦始皇刻石的形制，与东汉以后的石碑，确实存在比较明显的区别，但既不能说它是简单地沿袭石鼓这种所谓"碣"的形状，更不能说这些刻石只是利用自然的石块，外形随其自然，表面任其粗粝。

后人看秦始皇刻石的表面不如后世石碑平整，应是当时的冶铁技术还不够完善，以致雕琢石材的铁制工具还不易达到理想的效果，而不会是未对石面做过加工。至于这些秦始皇"立石"的具体形状，不仅一定是加工而成，而且还可以从中看出战国以来秦人刻石观念的演变。

审视相关情况，可知泰山刻石和琅邪刻石等秦始皇所刻的"立石"，形制都很规整，其形制不仅不会是自然形成，而且一定是出自刻意的设计。在目前条件下，根据上文引述的相关史料，再结合其他记载，可以将能够确认形制的刻石，分为两大类型。

第一种类型，可称之为"俯视梯形刻石"。这一类型，文献记载清楚

---

① 马衡：《中国金石学概要》，《凡将斋金石丛稿》，第37—38页。

② （宋）吕祖谦编：《皇朝文鉴》卷九二刘跂《泰山秦篆谱序》，上海：商务印书馆，民国《四部丛刊初编缩本》影印常熟瞿氏藏宋本，第969页。

③ 陈梦家：《秦刻石杂考》，《文史》2015年第1期，第8页。

的，有泰山刻石和会稽刻石。会稽刻石的形制，为"石长丈四尺，南北面广六尺，东面广四尺，西面广尺六寸"①，已见《越绝书》的记载，其俯视图形，可示意如下：

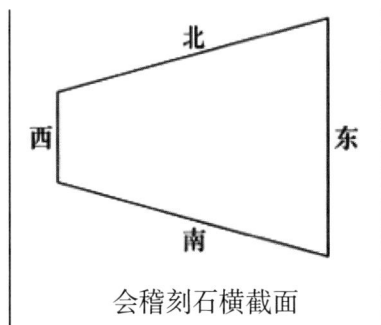

会稽刻石横截面

泰山刻石的具体形态，缺乏像会稽刻石这样明确的记载，但宋人刘跂所说"似方而非方，四面广狭皆不等"，也可以用于这种形制的石体，而陈梦家依据每一面所刻文字行数推定的刻石俯视图形状况，乃绘制如下（图中每一面的数字，为该面镌字行数）②：

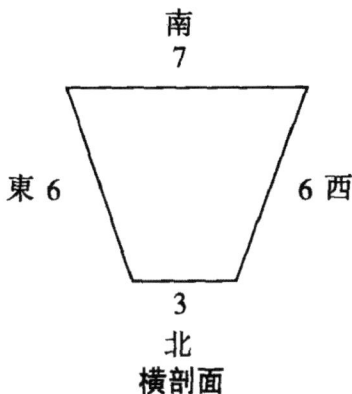

陈梦家所绘泰山刻石方位示意图

---

①（汉）袁康、吴平：《越绝书》卷八，北京：中华书局，2013年，《越绝书校释》本，第230页。

②陈梦家：《秦刻石杂考》，《文史》2015年第1期，第6页、第9—13页。

不过陈氏所定刻石四面所对应的方向，颇有差误，实际上这与秦始皇初立之时正好相反，由于此石曾仆倒在地，"后人起立植之，以其一面稍完，故立之南乡（向）"[①]，即原来是南面窄而北面宽。对此，容庚曾经曾经做过辨析[②]。

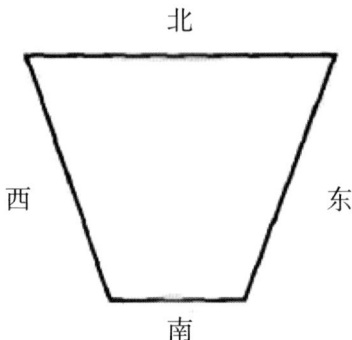

北

西　　　　　东

南

泰山刻石实际方位示意图

两相比较可知，除了梯形宽展的底部，一在东方，一在南方之外，二者完全相同。尽管这背后蕴藏的理念还需要进一步研究，但不会是偶然的巧合，应当是一种刻意的设计和安排（秦始皇的铭文，是由东而南而西，二世附刻的诏书在宽展的梯形底部，亦即北面。琅邪刻石的秦始皇铭文，也是由东而南，二世诏书接着刻在西面，二者方位观念一致[③]。又会稽刻石的铭文布局形式虽然没有见到文献记载，但结合泰山刻石的朝向，可以揣测会稽刻石的方位应是以西为正，亦即朝向秦廷所在的西方）。

第二种类型，可称之为"正视梯形刻石"。文献记载中有清楚记述，可以断定属于这一类型的刻石，是琅邪刻石。清人阮元所记琅邪刻石的规制为"石高丈五尺，下宽六尺，中宽五尺，上半宽三尺，顶宽二尺三寸，

---

① （宋）董逌：《广川书跋》卷四"泰山篆"条，明末毛晋汲古阁刻《津逮秘书》本，第17页a—第19页a。

②③ 容庚：《秦始皇刻石考》，《容庚文集》，广州：中山大学出版社，2004年，第181—183页。

南北厚二尺五寸"①，即视其刻石正面，呈上锐下丰之状，或谓之曰"上锐下宽"②。据此，可绘制正视图示意如下：

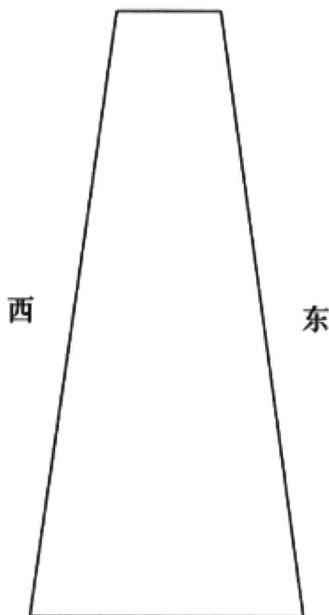

琅邪刻石正视图

若是像前一类型刻石一样俯视，其图形则为：

琅邪刻石俯视图

显而易见，这样的形制，是绝不可能为天然石块的，必定出自特定的设计。

琅邪刻石形制是出自特定的设计，还可以从泰山上的所谓"无字碑"中得到印证。泰山顶上有一方著名的"无字碑"，其制作年代，相当久远，

① （清）毕沅：《山左金石志》卷七，清嘉庆刻本，第 3 页 b。
② 陈梦家：《秦刻石杂考》，《文史》2015 年第 1 期，第 8 页。

"世传为秦始皇立",清初顾炎武则以为秦始皇泰山封禅在"立石"上刻有文字而汉武帝封禅泰山未尝刻石,故认定其石为汉武帝所置①。但清人姜宸英批驳顾氏此说,指出汉武帝泰山封禅本留有刻石铭文,从而否定了他的说法②。

清人阮元曾亲见秦始皇琅邪刻石及此泰山"无字碑",记述说"(无字碑)碑之高、广、厚,尺度一如琅邪台碑,所差不过分寸间",以为"由此可决无字为秦石之立而未刻者"③。《史记正义》转述《太康地记》的记载,称秦始皇"树石太山之上,高三丈一尺,广三尺"④,所说刻石高度容有舛讹,但肯定不会是指"高不过四五尺"的秦始皇二十八年封禅刻石,而应当是在讲这座"无字碑"的规格。阮元既然记述说这座秦"无字碑"的"尺度一如琅邪台碑",那么,并观二者,更容易明白,这种"正视梯形刻石"应是秦人在泰山刻石之后,创制的一种新型石刻形制。

不管是泰山、会稽的"俯视梯形刻石",还是琅邪的"正视梯形刻石",如果我们把它放到战国以来以至东汉时期石刻文化发展的序列中去观察,就会看到,其形制正处于由石鼓文的"碣"式石刻到东汉以后狭义石碑之间的过渡形态。

首先在整体形制上,这些刻石既不像所谓"石鼓"那样若方若圆而有非方非圆,同时也不像东汉以后严格意义上的石碑那样,碑身呈扁立方体状,而是或为横截面为梯形的四边形石柱,或为正视面为梯形的长方石台(亦可称其形状近似截顶方锥)。这些秦始皇刻石所体现的变化趋势,是非方非圆的外形向棱角分明的立方体方向演进。

① (清)顾炎武:《山东考古录》之"辨无字碑为汉立"条,第6页a—第6页b。又顾炎武:《日知录》卷三一"泰山刻石"条,第2353—2355页。

② (明)姜宸英:《湛园日札》卷三,台北:商务印书馆,1986年,影印文渊阁《四库全书》本,第610—611页。

③ (清)阮元:《揅经室三集》卷三《秦琅邪台石刻十三行拓本跋》,北京:中华书局,1993年,《揅经室集》本,第642—643页。

④ 《史记》卷六《秦始皇本纪》唐张守节《正义》,第242页。

战国时期秦国的石鼓

逐一审视这些秦始皇刻石，还可以看出，从先到后，其形制也发生了很大变化。这主要体现为刻石的形体，在明显增大。最初刊刻的峄山刻石，规格虽没有记载，但应与随后刊刻的泰山刻石大致相近，即"高不过四五尺"而已，这与所谓"石鼓"不到三尺的身量相比，虽然已有增加，但增高的幅度还相当有限，明显带有初脱其胎的痕迹。

紧继其后的琅邪刻石，体量迅速增大，竟一跃达到"石高丈五尺"的程度，反映出经过泰山封禅刻石的尝试之后，秦始皇对泰山"立石"高度所呈现的效果很不满意。不难想象，在巍巍泰山顶上立四五尺高那么一小块石头，实在很不显眼，与始皇帝的盖世功德很不相称，因而也就不足以在世人面前彰显这一功德。秦始皇首次开创这种传布形式，继承的是秦石鼓文的做法，自然会有一个探索实践的过程。由泰山刻石，到琅邪刻石，很快就根据实际效果，做出了改进，这也体现出东汉石碑早期源头的生长过程；联系后来的发展变化，可以更清楚地由此看出东汉石碑的地域来源和传播路线。

有人可能会以为琅邪刻石在秦始皇东巡刻石中字数最多，因为除了颂扬秦德的铭词本文之外，还附刻有王离等从臣奏请刻石的缘起和议论，若不增大石体，就刻不下这些文字。但在高大的琅邪刻石以及会稽刻石上，镌刻的铭文，并不像东汉以后的石碑那样，基本铺满石面，而是只分布在石面上的很小一部分地方，如琅邪刻石每行只有 8 个字，仅占有石刻中部的一小段 ①，而且所有的刻石，还都是环绕"立石"，四面刻字，这与后世的石碑也有很大不同（东汉的石碑，即使碑阴有字，碑阳、碑阴的区分也十分明显，仍与秦始皇刻石有很大不同）。其石刻体量的增大，更主要的意图，是加大其庄重威敬的视觉效果。

后来的会稽刻石，虽然又恢复了秦始皇二十八年泰山刻石的基本外形，但高度却与琅邪刻石基本相当。秦始皇显然已经看到，非如此庄严高大，便不足以弘布"秦德"，慑服百姓。

联系后来的发展可以看出，秦统一全国后，通过始皇帝东巡刻石，将秦地的石刻文化，向关东各地特别是东部濒海地域和儒学中心鲁国故地传播。秦始皇制作这些刻石，总的来说，是颂秦功德以威服关东百姓，但是其思想观念的来源和具体实施过程，涉及儒家和濒海地带的方士这两个方面。

这里首先值得注意的是，是在其刻石于峄山以及泰山封禅刻石之时，秦始皇与儒生的关系还相当融洽。例如，最初在峄山刻石，秦始皇即"与鲁诸儒生议，刻石颂秦德，议封禅望祭山川之事"，后来实际"征从齐鲁之儒生博士七十人，至乎泰山下"，为封禅活动献计献策，而如公子扶苏所说此等"诸生皆诵法孔子"②，像封禅这样的活动，即本属源自儒家经典的事情，非儒生协助筹划不可。合理地认识这一一般历史背景非常重要，在这一背景之下，我们才能清楚地理解秦始皇在峄山等地刻石特别是泰山刻石，对西汉武帝和东汉光武帝封禅刻石活动的影响，把握东汉石刻的历史渊源和地域起源问题。

其次是濒海地带方士的活动和秦始皇的求仙愿望。巡狩封禅，这是儒家的观念，但秦始皇刻石，除了最初峄山和泰山这两处刻石之外，其余琅邪、之罘、碣石和会稽几处的刻石，都是濒临大海，这显然与秦始皇海外

①陈梦家：《秦刻石杂考》，《文史》2015 年第 1 辑，第 14—17 页。
②《史记》卷六《秦始皇本纪》，第 242 页、第 258 页；卷二八《封禅书》，第 1366 页。

求仙的愿望具有直接关系，亦即通过在海滨宣扬嬴秦的功德，既可以威服关东的百姓，同时又能够通过这些刻石向海外仙人表曝始皇帝的圣明，以明其足以得道成仙。秦汉时人以为"上封则能仙登天"[①]，故秦始皇封禅本身在儒家观念的外表之下就暗藏着求仙的祈愿，东部濒海地带是各种神仙方术的繁盛之地，当时笃信仙人的居地在东方海中，所以秦始皇在派遣徐市等人出海求仙的同时，还不停地到东海之滨巡视，希冀感召仙人，西来秦土，与其相会。前人在研究秦始皇刻石时，往往都会忽略另一处很特别的刻石铭文，这就是分别矗立于朐县和赣榆县海边的一组所谓"秦东门"石阙，上有十二字铭文。这一处刻石铭文，即明显带有迎候海外仙人的意图[②]。两相参证，可以更加清楚地认识上述秦始皇濒海刻石的用意。在后来的历史发展中，我们可以看到，秦始皇这一观念对东汉石碑的产生及其地理分布状况，并没有发生太大影响，至少远不能与这些刻石背后的儒家观念相比。

　　与求仙思想相比，泰山等秦始皇刻石更主要也更直接的功用是纪功颂德，不过与秦始皇巡行各地相伴的，还有相关的祭祀活动，刻石与这些祭祀活动往往也具有密切关联，如前面已经谈到，泰山刻石，就是秦始皇泰山封禅活动的一个重要组成部分，其他刻石，也多与祭祀活动相伴随[③]。秦始皇刻石纪功颂德的功用，流传后世，为东汉及其以后的石碑以各种不同的形式继承下来，其与祭祀活动的联系，在东汉以后的石碑中也有相应的体现。

　　秦始皇通过自己的巡视和封禅活动，把秦地的石刻文化传播到了东部地区，后来更直接影响到西汉武帝巡狩封禅刻石以及东汉光武帝祭祀泰山刻石，而东汉光武帝的泰山刻石，则对东汉石碑以及其他很多石刻铭文的产生和发展，具有直接的影响，其影响的范围，也涉及东汉石碑的地域起源和分布状况。

---

　　① 《史记》卷二八《封禅书》，第 1393 页。
　　② 《汉书》卷二八上《地理志》上，第 1588 页。（北魏）郦道元：《水经·淮水注》，据（清）王先谦：《合校水经注》卷三〇，北京：中华书局，2009 年，第 455 页。别详辛德勇：《越王勾践徙都琅邪事析义》，《旧史舆地文录》，北京：中华书局，2013 年，第 34—56 页。
　　③ 案陈梦家《秦刻石杂考》（见《文史》2015 年第 1 期，第 7—8 页）对此曾有所论列，可参看，惟陈氏云"始皇立石并非为刻辞颂功，乃引祠祀而设"，所说似乎并不准确。

据文献记载，西汉时期汉武帝在巡行封禅过程中，应该也留下过刻石。《史记·封禅书》，云：

> 自古受命帝王，曷尝不封禅？盖有无其应而用事者矣，未有睹符瑞见而不臻乎泰山者也。虽受命而功不至，至梁父矣而德不洽，洽矣而日有不暇给，是以即事用希。传曰："三年不为礼，礼必废；三年不为乐，乐必坏。"每世之隆，则封禅答焉，及衰而息。厥旷远者千有余载，近者数百载，故其仪阙然堙灭，其详不可得而记闻云。①

在这样的观念支配下，汉武帝刘彻当然不甘落于人后，亦效法秦始皇进行巡狩、封禅，可惜的是《史记·孝武本纪》早已佚失，不然可能留下更为细致的记录②。现在只能从片段的记叙，来尽量探寻历史的真实面貌。

与秦始皇相似，汉武帝也多次出巡。汉武帝在位期间，据《史记》《汉书》的记载，出巡的次数多达三十余次。其中，汉武帝于元封元年、元封二年、元封五年、太初元年、太初三年、天汉三年、太始四年、征和四年，先后八次行幸泰山，《史》《汉》记载其于元封五年、太初三年、天汉三年、太始四年以及征和四年，五次封禅泰山③。

《史记·封禅书》记载元封元年三月汉武帝封禅泰山的过程，云：

> 其来年冬，上议曰："古者先振兵泽旅，然后封禅。"乃遂北巡朔方，勒兵十余万，还祭黄帝冢桥山，释兵须如。上曰："吾闻黄帝不死，今有冢，何也？"或对曰："黄帝已仙上天，群臣葬其衣冠。"既至甘泉，为且用事泰山，先类祠太一。
>
> 自得宝鼎，上与公卿诸生议封禅。封禅用希旷绝，莫知其仪礼，而群儒采封禅《尚书》《周官》《王制》之望祀射牛事。齐人丁公年九十余，曰："封

---

① 《史记》卷二八《封禅书》，第1355页。

② 案《史记》缺失篇目，可参考余嘉锡：《太史公书亡篇考》，《余嘉锡论学杂著》，北京：中华书局，1963年，第1—65页；又吕思勉：《〈太史公书〉亡篇》，《吕思勉读史札记》，上海：上海古籍出版社，2005年，第806—808页。

③ 汉武帝具体巡行、祭祀的过程，可参看田天：《秦汉国家祭祀史稿》，北京：三联书店，2015年。

者，合不死之名也。秦皇帝不得上封。陛下必欲上，稍上即无风雨，遂上封矣。"上于是乃令诸儒习射牛，草封禅仪。数年，至且行。天子既闻公孙卿及方士之言，黄帝以上封禅，皆致怪物与神通，欲放黄帝以上接神仙人蓬莱士，高世比德于九皇，而颇采儒术以文之。群儒既已不能辨明封禅事，又牵拘于《诗》《书》古文而不敢骋。上为封禅祠器示群儒，群儒或曰"不与古同"，徐偃又曰"太常诸生行礼不如鲁善"，周霸属图封事，于是上绌偃、霸，而尽罢诸儒不用。

三月，遂东幸缑氏，礼登中岳太室。从官在山下闻若有言"万岁"云。问上，上不言；问下，下不言。于是以三百户封太室奉祠，命曰崇高邑。东上泰山，泰山之草木叶未生，乃令人上石立之泰山巅。①

知汉武帝亦效法秦始皇，曾立石于泰山之巅，可惜《封禅书》并未明确记载汉武帝立石上是否刻字。观《封禅书》于"秦始皇刻石"也一笔带过，仅书"立石颂秦始皇帝德"而已，可知《封禅书》行文的通例，是对刻石的内容并不过多着墨。倘若《史记·孝武本纪》能够流传下来，也许可以一窥究竟。清代学者顾炎武乃由此做出推论，谓《史记·封禅书》"不言刻石，是汉石无文字之证"，即断定汉武帝在泰山上所立之石并未刻字，即后世所说"岳顶无字碑"②。

南朝萧梁时人刘昭注补西晋司马彪《续汉书》时，引应劭《汉官》所载马第伯《封禅仪记》，述汉武帝封禅泰山事，亦记有汉武帝立石，在记述立石的具体地点时，谓"得封所，始皇立石及阙在南方，汉武在其北"③，可知汉武帝的泰山立石，在秦始皇与秦二世刻石的北边。马第伯作为东汉光武帝封禅时的随从官员，曾亲自参加封禅的整个过程，并作《封禅仪》，汉武帝刻石应为其所亲见，所以他的说法自可信从。《白虎通义·封禅》论述封禅的内容及其涵义，云"因高告高，顺其类也。故升封者，增高也。下禅梁甫之基，广厚也。皆刻石纪号者，著己之功迹以自效也"④。这也从

---

① 《史记》卷二八《封禅书》，第1397—1398页。
② （清）顾炎武：《山东考古录》之"辨无字碑为汉立"条，第5页b—第6页a。
③ （西晋）司马彪：《续汉书·祭祀志》上，据《后汉书》，第3166—3167页。
④ （汉）班固：《白虎通义》卷六《封禅》，北京：中华书局，1994年，《白虎通疏证》本，第278—279页。

一个侧面反映出汉武帝封禅泰山，也应有刻石纪功的举措。

至于刻石上的文字为何，《续汉书·祭祀志》回顾汉武帝封禅泰山的做法时述云："初，孝武帝欲求神仙，以扶方者言黄帝由封禅而后仙，于是欲封禅。封禅不常，时人莫知。元封元年，上以方士言作封禅器，以示群儒，多言不合古，于是罢诸儒不用。三月，上东上泰山，乃上石立之泰山颠。"梁刘昭注引东汉应劭《风俗通义》的记载，云：

> 石高二丈一尺，刻之曰："事天以礼，立身以义，事父以孝，成民以仁。四海之内，莫不为郡县，四夷八蛮，咸来贡职。与天无极，人民蕃息，天禄永得。"①

据刘昭所引应劭《风俗通义》的记载，汉武帝刻石"石高二丈一尺"。《汉书·武帝纪》唐颜师古注亦引应劭此语，书作"立石三丈一尺"②。数字字形相近，传抄容易产生讹误，这两种记载必有差误。今王利器整理本《风俗通义》，则作："封者，立石高一丈二赤（按赤、尺相通）。"③日本室町时期僧侣月舟寿桂抄录《史记》古注，留存不少张守节《史记正义》佚文，其中引应劭《风俗通义》，亦书作"封者，立石一丈二尺"④，与《风俗通义》今传本适可互相参证，推断汉武帝泰山立石的高度应为一丈二尺。

应劭所记汉武帝泰山立石上所刻铭文，仅 44 字，审其文义，似有未尽之处。也许应劭并未抄录完全。其内容要旨，仍是歌颂汉武帝功绩，与秦始皇刻石纪功的目的完全一样。

汉武帝泰山刻石的形制，仅仅根据《风俗通义》所记"一丈二尺"的高度，目前还很难做出清晰的复原。但若考虑到秦始皇在泰山等地刻石所用的两种形制，汉武帝的泰山刻石应是或沿承秦时旧制，制成所谓"俯视梯形刻石"或"正视梯形刻石"；或在此基础上有所发展，制成与后世石碑相似的扁立方体。

---

① 《续汉书·祭祀志》并梁刘昭注引应劭《风俗通义》，据《后汉书》，第 3163 页。
② 《汉书》卷六《武帝纪》附唐颜师古注引应劭语，第 191 页。
③ 王利器：《风俗通义校注》卷二，北京：中华书局，2010 年，第 68 页。
④ 参见张衍田：《史记正义佚文辑校》，北京：北京大学出版社，1985 年，第 64 页。

巡行泰山过后,《史记·封禅书》继续叙述汉武帝东巡海上,曰:

上遂东巡海上,行礼祠八神。齐人之上疏言神怪奇方者以万数,然无验者。乃益发船,令言海中神山者数千人求蓬莱神人。公孙卿持节常先行候名山,至东莱,言夜见大人,长数丈,就之则不见,见其迹甚大,类禽兽云。群臣有言见一老父牵狗,言"吾欲见臣公",已忽不见。上即见大迹,未信,及群臣有言老父,则大以为仙人也。宿留海上,予方士传车及闲使求仙人以千数。①

又云:

天子既已封泰山,无风雨灾,而方士更言蓬莱诸神若将可得,于是上欣然庶几遇之,乃复东至海上望,冀遇蓬莱焉。奉车子侯暴病,一日死。上乃遂去,并海上,北至碣石,巡自辽西,历北边至九原。五月,反至甘泉。有司言宝鼎出为元鼎,以今年为元封元年。②

元封元年,汉武帝在封泰山之后,东巡海上,与秦始皇一样,一直抵达碣石。《水经注》记载碣石,云:"汉武帝亦尝登之以望巨海,而勒其石于此。"③可知,汉武帝亦效法秦始皇,在碣石竖立了刻石,然而刻石上的内容则不能知晓。

《汉书》记载汉武帝太始三年"二月,令天下大酺五日。行幸东海,获赤雁,作朱雁之歌。幸琅邪,礼日成山。登之罘,浮大海。山称万岁。冬,赐行所过户五千钱,鳏寡孤独帛人一匹。"注引晋灼曰:"《地理志》东莱腄县有之罘山祠。"④而梁刘昭为《续汉书·郡国志》做注,于"东莱郡 黄县"条下引《地道记》云:"县东二百三十里至海中,连岑有土道,秦始皇登此山,列二碑。东二百三十里有始皇、汉武帝二碑。"⑤可以推测,

---

① 《史记》卷二八,第1397—1398页。
② 《史记》卷二八,第1398—1399页。
③ (北魏)郦道元:《水经·濡水注》,据(清)王先谦《合校水经注》卷一四,第274页。
④ 《汉书》卷六《武帝纪》并唐颜师古注引晋灼语,第207页。
⑤ (西晋)司马彪:《续汉书·郡国志》梁刘昭注引,据《后汉书》,第3475页。

汉武帝在之罘山祭祀，可能也效法秦始皇，有立石的做法。

据前述所引文献的叙述，汉武帝泰山立石，有"一丈二尺"，比秦始皇刻石的形制，已有所增大，而且依据《续汉书·礼仪志》引《风俗通》的记载，汉武帝也在泰山立石上刻字，在碣石竖石也勒铭石上。但是，汉武帝巡行过程中，除泰山、碣石、之罘之外，是否留有其他刻石，也因年长日久，则无所查访。

但这些汉武帝刻石仍不是所谓的石碑。马衡论石碑之起源，谓："碑为庙门墓所所用……然则用以刻辞，果始自何时？曰，始于东汉之初，而盛于桓灵之际。"① 而所谓"始于东汉之初"，其时限大致为何时，却一直乏人辨析。遍考现存文献记载以及出土的石碑实物，最早应为东汉光武帝封禅泰山时所立，后人将其称作《汉光武帝祭祀泰山碑》。

封禅在于报天地之功，封礼为筑坛以祭天，禅礼为除墠以祭地。封礼必行于泰山，禅礼则行于泰山下之小山如梁父、杜首。封禅实际上以祭天为主。前述秦始皇封禅，于封禅具体所需要之仪注仪具，并不知晓，《史记·封禅书》记载始皇意欲封禅，找儒生询问封禅事，云："即帝位三年，东巡郡县，祠驺峄山，颂秦功业。于是征从齐鲁之儒生博士七十人，至乎泰山下。诸儒生或议曰：'古者封禅为蒲车，恶伤山之土石草木；埽地而祭，席用菹秸，言其易遵也。'始皇闻此议各乖异，难施用，由此绌儒生。"②

至汉武帝，封禅也只能遵循祠太一、后土之礼，《史记·封禅书》记载："封禅用希旷绝，莫知其礼仪，而群儒采封禅《尚书》《周官》《王制》之望祀射牛事。"③《续汉书·祭祀志》也说："封禅不常，时人莫知。元封元年，上以方士言作封禅器，以示群儒，多言不合古，于是罢诸儒不用。"④ 后王莽也屡次试图封禅泰山，未果，然而其为封禅所准备之玉牒在西汉长安城桂宫遗址中发现⑤。

---

① 马衡：《中国金石学概要》，《凡将斋金石丛稿》，第 69 页。

② 《史记》卷二八《封禅书》，第 1366 页。

③ 《史记》卷二八《封禅书》，第 1397 页。

④ （西晋）司马彪：《续汉书·祭祀志》上，据《后汉书》，第 3163 页。

⑤ 参见冯时：《新莽封禅玉牒研究》，《考古学报》2006 年第 1 期，第 31—58 页。

　　光武帝建武三十二年封禅泰山事，乃效法汉武帝元封年间封禅故事，见于《续汉书·祭祀志》，记载云："上许梁松等奏，乃求元封时封禅故事，议封禅所施用。"光武帝要求群臣上奏具体封禅的做法，其中，"有司"提到封禅泰山"又用石碑，高九尺，广三尺五寸，厚尺二寸，立坛丙地，去坛三丈以上，以刻书。"这里提到的石碑，其形制和摆放位置，就与现在所习见之石碑比较接近了。

　　同年二月，光武帝抵达奉高，"遣侍御史与兰台令史，将工先上山刻石"。《续汉书·祭祀志》还记录下刻在石碑上的铭文全文，其文曰：

　　维建武三十有二年二月，皇帝东巡狩，至于岱宗，柴，望秩于山川，班于群神，遂觐东后。从臣太尉憙、行司徒事特进高密侯禹等。汉宾二王之后在位。孔子之后褒成侯，序在东后，蕃王十二，咸来助祭。《河图赤伏符》曰："刘秀发兵捕不道，四夷云集龙斗野，四七之际火为主。"《河图会昌符》曰："赤帝九世，巡省得中，治平则封，诚合帝道孔矩，则天文灵出，地祇瑞兴。帝刘之九，会命岱宗，诚善用之，奸伪不萌。赤汉德兴，九世会昌，巡岱皆当。天地扶九，崇经之常。汉大兴之，道在九世之王。封于泰山，刻石著纪，禅于梁父，退省考五。"《河图合古篇》曰："帝刘之秀，九名之世，帝行德，封刻政。"《河图提刘予》曰："九世之帝，方明圣，持衡拒，九州平，天下予。"《雒书甄曜度》曰："赤三德，昌九世，会修符，合帝际，勉刻封。"《孝经钩命决》曰："予谁行，赤刘用帝，三建孝，九会修，专兹竭行封岱青。"河雒命后，经谶所传。昔在帝尧，聪明密微，让与舜庶，后裔握机。王莽以舅后之家，三司鼎足冢宰之权势，依托周公、霍光辅幼归政之义，遂以篡叛，僭号自立。宗庙堕坏，社稷丧亡，不得血食，十有八年。杨、徐、青三州首乱，兵革横行，延及荆州，豪杰并兼，百里屯聚，往往僭号。北夷作寇，千里无烟，无鸡鸣狗吠之声。皇天眷顾皇帝，以匹庶受命中兴，年二十八载兴兵，起是以中次诛讨，十有余年，罪人则斯得。黎庶得居尔田，安尔宅。书同文，车同轨，人同伦。舟舆所通，人迹所至，靡不贡职。建明堂，立辟雍，起灵台，设庠序。同律、度、量、衡……吏各修职，复于旧典。在位三十有二年，年六十二。干干日昃，不敢荒宁，涉危历险，亲巡黎元，恭肃神祇，惠恤耆老，理庶遵古，聪允明恕。皇帝唯慎《河图》《雒书》正文，是月辛卯，柴，登封泰山。甲午，禅于梁阴。以承灵瑞，以为兆民，永兹一宇，垂于后昆。百寮从臣，郡守师尹，咸蒙祉福，永永无极。秦相李斯燔诗书，乐崩礼坏。建武元年已前，文书散亡，旧典不具，不能明经文，以章句细微相况八十一卷，明者为验，又其十卷，皆不昭晰。子贡欲去告朔之饩羊，子曰："赐也，尔爱其羊，我爱其礼。"后有圣人，正失误，刻石记。[①]

光武帝于二月二十二日"燎祭天于泰山下南方"，"事毕，皇帝再拜，群臣称万岁。命人立所刻石碑，乃复道下。"[②]《文心雕龙》评价光武帝封禅刻石的文章，云："秦皇铭岱，文自李斯，法家辞气，体乏弘润；然疏而能壮，亦彼时之绝采也。铺观两汉隆盛，孝武禅号于肃然，光武巡封于梁父，诵德铭勋，乃鸿笔耳。"[③]与秦始皇刻石上的铭文相并而论。

《续汉书·祭祀志》所记东汉光武帝建武三十二年封禅刻石，其做法效仿西汉武帝时刻石，但其样式又与西汉武帝封禅泰山刻石不同，开创了石碑新的形制，蹈为立碑风气之先。建武三十二年，则改元为建武中元。

《光武帝封禅泰山碑》非常重要。前述《秦始皇刻石》，把秦地的石刻文化通过国家的手段，传播到东部地区。后来汉武帝封禅泰山，也同样刻石纪功。从汉武帝刻石到东汉时期，中间尚有巨大的时间空白，由于技术和社会文化条件都还不成熟，并未产生石碑。汉武帝泰山刻石，仅留有铭文44字。可知体量并不大。而光武帝所刻之石，"高九尺，广三尺五寸，厚尺二寸"，并刻有长篇铭文，其形态与今天所常见之石碑基本一致。东汉光武帝封禅泰山，立碑山上，书刻铭文。其时，石刻文化较汉武帝时期，已经更为普及。皇帝刻石纪功的示范作用，可以直接辐射到临近的地区。

---

① （西晋）司马彪：《续汉书·祭祀志》上，据《后汉书》，第3165—3166页。
② （西晋）司马彪：《续汉书·祭祀志》上，据《后汉书》，第3169页。
③ （梁）刘勰：《文心雕龙》卷五《封禅》，据《增订文心雕龙校注》，北京：中华书局，2012年，第291页。

三、墓前石质建筑与墓碑的产生

东汉时期，石碑除了纪功、颂德的目的，更为重要的是出现了在墓前竖立的墓碑。

西汉时期的刻石，墓前石质建筑已有不少，逮至东汉，墓前建筑进一步发展。发现有纪年的石阙、石表、石祠等。这些地上石刻墓前建筑，和墓碑的产生及其分布地域，有着密切的关系。

东汉时期，已知的最早的石刻，是《三老讳字忌日刻石》。清人俞樾云："咸丰二年，余姚客星山新出一汉碑，碑文首有'三老'二字，故即名曰《三老碑》。"又云："余既得《三老碑》拓本，未数月，即有以周君清泉释文题跋见示……其题跋曰：'先君子解组后，卜居邑之客星山下严陵坞，即汉征士严先生故里也。'咸丰壬子夏五月，村人入山取土，得此石平正，欲以甃墓，见石上有字，归以告余。余往视，碑额断缺，无从辨其姓氏，幸正文完好，共得二百十七字，因卜日设祭移置山馆，建竹亭覆之。按东汉光武、晋惠帝、东晋元帝、后赵石虎、西燕慕容忠、齐明帝、魏北海王，皆纪元建武，惟光武有廿八年，且值壬子，碑纪其母忌日，即未必刻于是岁。字法由篆入隶，与永平、建初诸石相类，定出东汉初无疑……汉碑盛桓、灵朝，当建武时碑制未备，额右七形，颇类碑字末笔……又云碑出咸丰壬子，上溯建武壬子，正得一千八百一年。"[1] 可知，所谓"三老碑"，又称《三老讳字忌日刻石》，于咸丰二年发现于今浙江省余姚。

另有说于道光年间发现，见于吴恒旧藏《三老碑》早期拓本一种，藏于浙江省博物馆。拓本上方有何绍基隶书"东汉第一碑"五字，旁有吴恒题识："同治癸酉春仲自杭至苏兴，何子贞品碑题此，恒。"拓本两侧有释文题跋多处，其中尤值得注意的是，碑面左侧边缘，墨拓后形成的内凹留白处有吴恒题识一则，云："道光二十九年冬十月朔，六舟自余姚归拓赠，仲英记。"[2] 可知，在通常认为咸丰二年周世熊得碑之前，此石刻应已有拓本流传。

其石竖立的时间应该在建武二十八年以后，现存石块高八十九厘米、宽四八厘米。内容记录祖父母、父母以及子女的讳、字和死者忌日，让子

---

[1]（清）俞樾：《春在堂随笔》卷二，沈阳：辽宁教育出版社，2001年，第21—23页。
[2] 施长海：《汉三老碑"出土之谜》，《寻根》2015年第5期，第105—110页。

孙传之后代，万勿相忘。石上画有行格，具有早期石刻的特征。但是因为发现的过程语焉不详，而且此石刻的边缘并不平整，很像是从什么地方割下来的。也许是石质祠堂的一部分，并不能判断一定就是石碑。马衡在《中国金石学概要》中，即把《三老讳字忌日刻石》算作"食堂神位"类，云："古之墓所，有建筑石堂中设神主，以为岁时享祀之所者。今所传此等刻石，多为汉刻，且多有图像。"①

西汉末年到新莽时期，就出现了墓前的石祠建筑，由"路公食堂画像题记"可知当时称之为"食堂"。而从文献记载来看，从西汉中期开始，就已经兴起了在官僚墓前兴建祠堂的风气，《盐铁论》中桑弘羊与贤良文学辩论，贤良曰："古者，不封不树，反虞祭于寝，无坛宇之居、庙堂之位。及其后，则封之，庶人之坟半仞，其高可隐。今富者积土成山，列树成林，台榭连阁，集观增楼。中者祠堂屏阁，垣阙罘罳。"②其中，"祠堂屏阁"、"垣阙罘罳"即为墓前的石祠、门阙及其附属建筑。《汉书·张安世传》，记载张安世死后："天子赠印绶，送以轻车介士，谥曰敬侯。赐茔杜东，将作穿复土，起冢祠堂。子延寿嗣。"③霍光死后，霍光妻子在霍光生前为自己修筑的墓前"盛饰祠室"。可见到西汉中期，墓前起祠堂，已经是十分普遍的做法。有自己为自己营建祠堂的，如《汉书·张禹传》记载，张禹年老，"自治冢茔，起祠室"④。也有同僚帮助修建的，如桓谭《新论》，云："（雄）居长安，素贫，比岁亡其两男，哀痛之，皆持归葬于蜀。"⑤据《扬雄家牒》记载，扬雄以"天凤五年卒，葬安陵阪上。所厚沛郡桓君山、平陵如子礼、弟子钜鹿侯芭共为治丧，诸公遣世子朝臣郎吏行事者会送。桓君山为敛赗，起祠茔，侯芭负土作坟，号曰'玄冢'"⑥。这里即明确记述是桓谭为扬雄"起祠茔"。又有受民众爱戴而为之立祠的，《汉书·循吏传》

① 马衡：《中国金石学概要》，《凡将斋金石丛稿》，第 97 页。
② （汉）桓宽：《盐铁论》卷六《散不足》，北京：中华书局，1992 年，第 353 页。
③ 《汉书》卷五九《张汤传》，第 2653 页。
④ 《汉书》卷八一《张禹传》，第 3350 页。
⑤ （汉）桓谭：《新论》卷一〇《识通篇》，据《新辑本桓谭新论》，北京：中华书局，2009 年，第 44 页。
⑥ 《艺文类聚》卷四〇《冢墓》引《扬雄家牒》，上海：上海古籍出版社，2013 年，影印宋刻本，第 1123 页。此文又见于《太平御览》卷五五八《冢墓》，北京：中华书局，2000 年，影印宋刻本，第 2524—2525 页。

记载朱邑曾为庐江郡舒县桐乡之啬夫，"所不民爱敬焉"，云："初邑病且死，属其子曰：'我故为桐乡吏，其民爱我，必葬我桐乡。后世子孙奉尝我，不如桐乡民。'及死，其子葬之桐乡西郭外，民果共为邑起冢立祠，岁时祠祭，至今不绝。"① 《汉书·循吏传·文翁传》称文翁任蜀郡太守，好教化，"又修起学官于成都市中"，"文翁终于蜀，吏民为立祠堂，岁时祭祀不绝。至今巴蜀好文雅，文翁之化也。"②

至汉末新莽时代，墓前起祠堂已蔚然成俗，《汉书》记载龚盛临死前，嘱咐不用随俗为自己建祠堂，曰："胜因敕以棺敛丧事：'衣周于身，棺周于衣。勿随俗动吾冢，种柏，作祠堂。'语毕，遂不复开口饮食，积十四日死，死时七十九矣。"③ 从此可窥见一斑，无怪乎墓前石祠也起于这一时期。

西汉时期的祠堂，大多应该是木结构建筑，故今多不见存。而在石材丰富以及加工石料技术发达的地区才能产生出石质的祠堂，除了前面提到的《三老讳字忌日刻石》，东汉早期祠堂题刻，还有江苏铜山汉王乡东沿村永平四年画像石题刻，上刻："建武十一年腊月子日死，永平四年正月，石室直五千，泉二莒少郎所为，后子孙皆忌子。"④ 山东肥城桃园区西里村，当地文物部门发现画像石残石两块，被当地居民用作建筑石块，砌入墙中。在画像的石柱上，刻有题记，上书："永平十六年八月廿五日过中时□梁里羽□去修马"云云⑤，推知为永平十六年所修祠堂后壁。1956 年在山东肥城县西南王庄公社栾镇村古墓中发现祠堂后壁画像石，画像上刻有石阙，阙身有题记，云："建初八年八月成，孝子张文思哭父而礼，石直三千，王次作，勿败□。"⑥ 1986 年，在江苏铜山县汉王乡东沿村出土元和三年画像石，画像石刻有题记，云："元和三年三月七日，三十示大人侯世子豪，行三年如礼，治冢石室直□万五千。"⑦ 山东滕州出土永元三年残石，上有题记："永元三年四月……□成，传于后世，敬白士大夫，愿勿

① 《汉书》卷八九《循吏传》，第 3637 页。
② 《汉书》卷八九《循吏传》，第 3627 页。
③ 《汉书》卷七二《龚胜传》，第 3085 页。
④ 王黎琳、李银德：《徐州发现东汉画像石》，《文物》1996 年第 4 期，第 28—31 页。
⑤ 程少奎：《山东肥城发现"永平"纪年画像石》，《文物》1990 年第 2 期，第 92—93 页。
⑥ 王思礼：《山东肥城汉画像石墓调查》，《文物参考资料》1958 年第 4 期，第 35 页。
⑦ 徐州博物馆：《徐州发现东汉元和三年画像石》，《文物》1990 年第 9 期，第 64—73 页。

毁伤，愿勿毁伤。"①山东济宁出土永元五年祠堂后壁残石，上刻"大岁在巳，永元五年六月成。"清嘉庆二十一年在山东省鱼台县凫山附近发现永元八年石堂题记，当时原石已断为左右两块，石块上刻有题记，能够辨认出"永元七年九月……立是堂，八年戊戌上成"字样②，可知此祠堂建立的时间为永元八年。还有，山东省滕县塌城发现永元十年画像石，图像为已执笏人物，上方刻有题记，虽然字迹浸损，全文释读不易，但可看出："昆弟六人，弟□文伯□仲□文，母以永元十年七月二十七日□□不幸，母□□亡。"③知为永元十七年所立。还有，传为山东发现的永初七年戴氏享堂画像石，图像左右都刻有题记，左刻："戴□孔道建石宣五千，郭苞二千五百五，戴□戴□伍着承超阳勋荊卿张年并九千五百，以永初七年闰月十八日始立成。"右刻："戴掾君寿九十三，薄命以永初四年六月十七日庚午病卒。戴母年九十二，以永初五年八月廿九日病卒。父母夭蚤云门。"④

东汉早期墓前石祠集中在今江苏北部和山东西南部，与西汉时期的石刻分布的地域基本重合。

另一重要墓前建筑为门阙。古代宫殿建筑门前都有一对称为"阙"的建筑，也称"观"。《春秋》记载鲁定公二年"夏五月壬辰雉门及两观灾"，杜预注云："两观，阙也。"⑤《尔雅·释宫》云："观谓之阙。"⑥《说文解字》也说："阙，门观也。"晋崔豹《古今注》："阙，观也。古者每门树两观于其前，所以标表宫也。其上可居，登之可远观，故谓之观。人臣将朝，至此则思其所阙多少，故谓之阙。"⑦

---

① 文物图像研究室汉代拓本整理小组：《中研院史语所藏画像拓片精选集》，台北：中研院史语所，2004 年，图 29、图 29.1，第 62—63 页。

② （清）杨铎：《函青阁金石记》卷二，台北：新文丰出版社，1979 年，《石刻史料新编（第二辑）》第六册，影印 1931 年瑞安陈氏澂漻斋刻本，第 5027 页。

③ 山东省博物馆、山东省文物考古研究所编：《山东汉画像石选集》，济南：齐鲁书社，1982 年，图 351。

④ （清）端方：《匋斋藏石记》卷一，南京：江苏古籍出版社，1998 年，《历代碑志丛书》第十二册，影印宣统元年石印本，第 26—27 页。

⑤ （西晋）杜预：《春秋经传集解》卷二七，上海：商务印书馆，民国《四部丛刊初编缩本》，影印玉田蒋氏藏宋本，第 134 页。

⑥ 《尔雅·释宫》，据《尔雅注疏》卷五，台北：艺文印书馆，2007 年，影印清阮元刻《十三经注疏》本，第 5651 页。

⑦ （西晋）崔豹：《古今注》卷上，上海：商务印书馆，1936 年，《四部丛刊三编》，影印宋本，第 10 页 b。

又称"象魏"。《周礼·天官·大宰》载：

> 正月之吉，始和布治于邦国都鄙，乃县治象之法于象魏，使万民观治象，挟日而敛之。郑司农云："象魏，阙也。故鲁灾，季桓子御公立于象魏之外，命藏象魏，曰旧章不可忘。"①

《广雅·释宫》亦云："象魏，阙也。"② "县治象之法于象魏"，原来就是把悬挂张贴布告和法令在阙上，"使万民观治象"。可知，阙一方面起着标表宫门的作用。另一方面，因为人员往来一定要经过阙，故而在阙上悬挂法令布告。

阙原为宫室建筑，《汉书·高祖本纪》记载萧何"营作未央宫，立东阙、北阙"③，后来发展成为墓园的建筑，西汉景帝阳陵在考古发掘过程中，就发现了帝陵阙门遗址④，在景帝之后的其他西汉帝陵陵园也陆续发现门阙遗址。西汉中期以后，有身份的官吏、豪族在墓地修筑墓上建筑。如霍光死后，家人为霍光修造、增扩墓园，《汉书》记载：

> 禹既嗣为博陆侯，太夫人显改光时所自造茔制而侈大之。起三出阙，筑神道，北临昭灵，南出承恩，盛饰祠室，華阁通属永巷，而幽良人婢妾守之。广治第室，作乘舆輦，加画绣絪冯，黄金涂，韦絮荐轮，侍婢以五采丝挽显，游戏第中。⑤

阙的结构则象征这墓主的地位和等级，有单阙、二出阙、三出阙之分。汉代宫殿和墓园前的阙应该以木结构为主，但是木制建筑年久腐朽，现在留存的，只有石阙。

现在所知最早的两汉时期的墓阙，是《侍御史李公阙》。李业，《后汉

---

① （清）孙诒让：《周礼正义》卷四，北京：中华书局，2013 年，第 114 页。

② 《广雅·释宫》，据钱大昭：《广雅疏义》卷一三，北京：中华书局，2016 年，第 497 页。

③ 《史记》卷八《高祖本纪》，第 385—386 页。

④ 汉阳陵博物馆：《汉阳陵》，北京：文物出版社，2016 年，第 173 页。

⑤ 《汉书》卷三八《霍光传》，第 2950 页。

书》有传，云："李业字巨游，广汉梓潼人也。少有志操，介特。习鲁诗，师博士许晃。元始中，举明经，除为郎。"后公孙述据蜀，李业抗拒不从，"遂饮毒而死"，"蜀平，光武下诏表其闾，益部纪载其高节，图画形象"①。学者多认为此阙的建造时间，应在光武帝平定蜀地之后，即建武十二年。王象之《舆地碑记目》记云："在梓潼县西五里。"阙上刻有隶书二行，上书"汉侍御史李公之阙"②。高文等编《四川历代碑刻》载原在今四川省梓潼县南门外李节士祠内③。但现今仅存阙身，残高250厘米。有学者认为"汉侍御史李公之阙"为后代增刻④，但是此阙确实为现在所能见到的最早的墓阙实物。

《金石录》记载有《汉会稽东部都尉路君阙铭》，其阙有二，其中一个上刻有"会稽东部都尉路君阙，永平八年四月十四日庚申造"的字样⑤，可知为东汉时期永平八年之物，这是宋代赵明诚、洪适等人所能见到的最早墓阙。

1965年，考古工作者在山东莒南清理出石阙阙身一件，石阙顶两件，阙身上有画像，阙身左侧，发现有阴刻铭文，"元和二年正月六日孙仲阳□升父物故行□□礼□作石阙贾直万五千"。考古人员认为，该石阙为孙氏墓前的墓道阙，可能是孙仲阳为其父所建的墓道双阙的西阙，建筑时间为元和二年⑥。

在山东省平邑县北的北陵山有一座东西向的双阙。平邑原是山东费县西北角上和泗水县接邻的一个镇，东汉时期属于南武阳县县治。双阙高2.5米，阙上刻有画像，又西阙上刻有题铭，清人陆增祥在《八琼室金石补正》中称此铭文为"南武阳功曹阙题铭"，残存有"南武阳平邑皇圣卿冢之大门，卿以元和元年十二月廿　日己卯……殇……元和三年八月"云

① 《后汉书》卷八一《独行列传》，第2668—2670页。

② （宋）王象之：《舆地碑记目》卷四"隆庆府碑记"，上海：商务印书馆，1939年，《丛书集成初编》本，第110页。

③ 高文、高成刚编：《四川历代碑刻》，成都：四川大学出版社，1990年，第6页。

④ 陈明达：《汉代的石阙》，《文物》1961年第12期，第9—24页。

⑤ （宋）赵明诚：《金石录》卷一四，据金文明：《金石录校证》，上海：上海书画出版社，1985年，第250页。

⑥ 刘心健、张鸣雪：《山东莒南发现汉代石阙》，《文物》1965年第5期，第16—19页。

云诸字①，今人据此推定其建造时间应该为元和三年②。又依据上述铭文，不妨姑且以"皇圣卿冢双阙"来称谓这座门阙。

在这座皇圣卿冢双阙的南面，还有一座汉阙，上有铭文，宋人赵明诚在《金石录》中将其称作"南武阳功曹阙"，并说明相关铭文情况云：

> 右《汉南武阳功曹墓阙铭》，云"南武阳功曹、乡啬夫"。又云"以为国三老"，又云"章和元年"，其它族系、名字皆摩灭不可考究。墓在今沂州，有两阙。其一铭元和中立，文字尤残缺难读。③

然今天所能见仅存的一阙，刘敦桢现场考察该阙的建筑形制，云其"除阙身与斗拱外，无其他雕饰，而斗拱形状朴质古拙，在现存汉阙中，显然表示它的年代较早"。辨认阙身正面所刻铭文，隶书九行，约144字，虽然字迹磨灭，但可辨认出"章和元年二月十六日"字样，故知此阙的建立时间紧随《皇圣卿双阙》元和三年之后，在章和元年。诸州设立功曹书佐，郡设功曹史，县设功曹，掌人事选举，此阙仅题功曹，应该是县吏一级的官员。

另外，巴蜀地区也发现了有纪年的石阙。1980年，在四川省成都市金牛区圣灯乡猛追村一明代墓葬中，发现了两块汉阙残石。其一，阙身正面，刻有凹槽，槽内刻有题记："永元六年九月下旬，王文康不禄，师友门人闵其行正，来缋厥功"云云④。知为永元六年师友门人为王文康所造。其二，阙身正面上题："永元九年七月己丑樏为江阳长王君平字伯鱼。"侧面题："永寿元年孟秋中旬己酉之日，王求人进赵率孝子孟恩仲、恩叔……斯志颠仆，心怀不宁，发愤修立，以显光荣。"云云⑤。大概为永寿元年，樏为江阳长王平的后人，为永元九年去世的王平修造墓园门阙所留的刻铭。

东汉早期的阙还有《王稚子阙》。此阙《集古录》《金石录》《隶续》

---

① （清）陆增祥：《八琼室金石补正》卷三，北京：文物出版社，1985年，影印1924年吴兴刘氏希古楼刻本，第6页。

② 刘敦桢：《山东平邑县汉阙》，《文物参考资料》1954年第5期，第29—32页。

③ （宋）赵明诚：《金石录》卷一四，第251页。

④ 高文编：《中国汉阙》，北京：文物出版社，1994年，第92页。

⑤ 高文编：《中国汉阙》，第91—92页。

均有著录，原为两阙竖立于墓前，右阙南面书："汉故先灵侍御史河内县令王君稚子阙"。右阙西面书："汉故兖州刺史雒阳令王君稚子之阙"①。王稚子，《后汉书》有传，云：

> 王涣字稚子，广汉郪人也。父顺，安定太守。涣少好侠，尚气力，数通剽轻少年。晚而改节，敦儒学，习尚书，读律令，略举大义。为太守陈宠功曹，当职割断，不避豪右。宠风声大行，入为大司农。和帝问曰："在郡何以为理？"宠顿首谢曰："臣任功曹王涣以简贤选能，主簿镡显拾遗补阙，臣奉宣诏书而已。"帝大悦。涣由此显名。②

《后汉书》记载涣历任温令、兖州刺史、侍御史、雒阳令，以元兴元年卒，则此阙盖和帝元兴元年时所立。《汉隶字源》记载，王稚子阙在成都府③。此阙现在四川新都县，今仅存其一。

与前述石祠题刻的分布地点相似，石阙的分布也主要在山东。虽然巴蜀地区也有石阙，却未能发现早期石祠建筑的遗迹。

另外，墓前建筑还有石表。表，亦作华表，原为木头制成的高柱，在靠近顶部的位置，用短木做成十字交叉状，以起标志作用。崔豹《古今注》云："尧设诽谤之木，今之华表木也。以横木交柱头，状若花也，形似桔槔，大路交衢，悉施焉。或谓之表木，以表王者纳谏也，亦以表识衢路也。"④

表可立于政府机构门前。《汉书》记载尹赏将"无市籍商贩作务，而鲜衣凶服被铠扞持刀兵者"数百人，赶入"虎穴"中，覆以大石，数百人尽死，云：

> 无市籍商贩作务，而鲜衣凶服被铠扞持刀兵者，悉籍记之，得数百人。赏一朝会长安吏，车数百两，分行收捕，皆劾以为通行饮食群盗。赏亲阅，

---

① （宋）赵明诚：《金石录》卷一四，第251页。
② 《后汉书》卷七六《循吏传》，第2468页。
③ （宋）娄机：《汉隶字源》之《碑目》，台北：鼎文书局，1978年，影印清光绪三年归安姚氏咫进斋刻本，第682页。
④ （西晋）崔豹：《古今注》卷下，第9页a。

见十置一，其余尽以次内虎穴中，百人为辈，覆以大石。数日壹发视，皆相枕藉死，便舆出，瘗寺门桓东，楬著其姓名，百日后，乃令死者家各自发取其尸。亲属号哭，道路皆歔欷。①

尹赏待人之后，把尸首运出，埋至"寺门桓东，楬著其姓名"，如淳注曰："瘗，埋也。旧亭传于四角面百步筑土四方，上有屋，屋上有柱出，高丈余，有大板贯柱四出，名曰桓表。县所治夹两边各一桓。陈宋之俗言桓声如和，今犹谓之和表。"颜师古解释桓表"即华表也"②。

　　墓前也可设置华表，如《搜神记》称"燕昭王墓有华表柱"，或书作"燕昭王墓前华表"③。《史记·淮南王传》记载汉文帝时，淮南厉王刘长杀一名叫开章的人灭口，以掩盖自己谋反的罪状。云：

　　开章使人告但，已言之王。春使使报但等。吏觉知，使长安尉奇等往捕开章。长匿不予，与故中尉兰忌谋，杀以闭口。为棺椁衣衾，葬之肥陵邑，谩吏曰："不知安在。"又详聚土，树表其上，曰："开章死，埋此下。"④

可知竖表在坟墓封土之上，并书写铭记，起到一个标志作用。这一做法，到西汉中后期，大概已经相当普遍，《汉书·游侠传》记载汉哀帝时，原涉欲表示孝心，扩大自家祖先墓园的规模，云：

　　涉自以为前让南阳赙送，身得其名，而令先人坟墓俭约，非孝也。乃大治起冢舍，周阁重门。初，武帝时，京兆尹曹氏葬茂陵，民谓其道为京兆仟。涉慕之，乃买地开道，立表署曰南阳仟，人不肯从，谓之原氏仟。费用皆卬富人长者，然身衣服车马才具，妻子内困。⑤

　　①《汉书》卷九〇《酷吏传·尹赏传》，第3673—3674页。
　　②《汉书》卷九〇《酷吏传·尹赏传》附颜师古注，第3675页。
　　③《太平御览》卷一九七《居处部》、卷九〇九《兽部》引《搜神记》，第951页、第4031页。
　　④《史记》卷一一八《淮南衡山列传》，第3077页。
　　⑤《汉书》卷九二《游侠传》，第3716页。

可以想见，至西汉中后期，表立在墓前神道之前，署以道名、墓主，大概已经是很常见的做法了。

墓前陵园竖表作为标志物，其形制史料中的记载不甚明晰，还需要出土材料进行验证。近年发现东汉初期石质墓表。1964 年，在北京西郊石景山上庄村发现一批汉代石刻，其中，有石表、石柱、石柱础、石阙顶等。考古人员推测，这批石刻，是东汉元兴元年，一名秦姓书佐墓前的石刻建筑，故命名为"幽州书佐秦君石阙"以及"幽州书佐秦君石表"。

根据现在发现的 17 件石刻，可以墓前有阙，阙前两侧陈设一对墓表。其中，阙的立柱可能由几块立柱拼接而成。墓表额四面作长方形，额面用减地凸起的刻法，刻字三行，云"汉故幽州书佐秦君之神道"。另有方石柱三件，正面刻有画像，其中一方柱，高 1.88 米，宽 0.40 米，厚 0.23 米，正面刻"永元十七年四月□令改元元兴元年□十元鲁工石巨宜造"字样，在该方柱正面及左侧，刻有以"鸟还哺母"为题的铭文，铭文分为七行，四周有边框。

考古研究人员对"鲁工"二字有几种解释，可能是当时石匠的通称，因后世土木、石等工皆奉鲁班为祖师。还提出了奇异的说法，在北京西郊八宝山之南约一里，有个村名叫鲁谷，那么鲁工二字可能是鲁谷二字的谐音。又云 1964 年北京西郊八宝山革命公墓内，出土一块辽代墓志铭，记载这个村子的名字为鲁郭里，提出鲁谷、鲁工、鲁郭可能为同一地名[1]。鲁也可能指当时鲁国。清光绪二十二年，历城龙山镇北，发现《山东琅邪汉琅邪相刘君墓表》，王献堂推测此琅邪相刘君，为史载《赵相刘衡碑》中刘衡之兄。《刘衡碑》在《金石录》《隶释》均有著录。其根据有二，一为刘衡之兄曾为琅邪相，也姓刘。其二刘衡为济南平陵人，其墓在平陵故城旁，与此表出土的地点相距不过里许。故推定琅邪相刘君为刘衡之兄，据《刘衡碑》的记载，刘衡选为郎中令，到官之后，以兄琅邪相亡，即日辞官，可证衡兄之没或在延熹八年[2]。据发掘者言，幽州书佐秦君石表的刻法与纹饰，与山东琅邪汉琅邪相刘君墓表一样，可证幽州书佐秦君石表甚至

① 苏天钧：《北京西郊发现汉代石阙清理简报》，《文物》1964 年第 11 期，第 13—22 页。
② 王献唐：《汉琅邪相刘君墓表》，《山东省立图书馆季刊》第一集第一期。

石阙均出自鲁地工匠，即"鲁工"的技艺。这向我们揭示了，至此，山东地区的石刻技术和石刻文化，已经开始扩散传播到外地。

通过上述分析，我们可以看到，在东汉前期，地上的墓地石质建筑已经非常发达，石阙、石表、石质祠堂的配置也已经相当普及，在石质材料上的铭文字数也愈发增多，这说明在墓地上需要刻铭表功的需求越发旺盛。石质建筑上的刻铭，在很大程度上，承担了一部分记载墓主姓名、官职、卒年等后来石碑的职能。于是，墓碑的产生也是水到渠成的事情。

学者普遍认为，东汉明帝时期，开始进行墓祭，行上陵之礼，是墓碑产生的一个触发点。《后汉书·明帝纪》记载："永平元年春正月，帝率公卿已下朝于原陵，如元会仪。"[1] 原陵为东汉光武帝陵，《帝王纪》云："原陵方三百二十步，高六丈，在临平亭东南，去洛阳十五里。"[2] 所谓"元会仪"，就是西汉时期，孙叔通为汉代定立的朝岁之礼，具体仪式过程，《史记·叔孙通传》有记载：

> 汉七年，长乐宫成，诸侯群臣皆朝十月。仪：先平明，谒者治礼，引以次入殿门，廷中陈车骑步卒卫官，设兵张旗志。传言"趋"。殿下郎中侠陛，陛数百人。功臣列侯诸将军军吏以次陈西方，东乡；文官丞相以下陈东方，西乡。大行设九宾，胪传。于是皇帝辇出房，百官执职传警，引诸侯王以下至吏六百石以次奉贺。自诸侯王以下莫不振恐肃敬。至礼毕，复置法酒。诸侍坐殿上皆伏抑首，以尊卑次起上寿。觞九行，谒者言"罢酒"。御史执法举不如仪者辄引去。竟朝置酒，无敢谨哗失礼者。[3]

对此，元代胡三省注云："朝陵如元会仪，事死如事生也。"[4] 永平元年，刚即位不久的东汉明帝刘庄即带领一众公卿百官及诸侯王、郡国计吏以元会仪之礼，参拜洛阳附近的光武帝原陵。东汉蔡邕对汉明帝的这一在墓前祭

① 《后汉书》卷二《明帝纪》，第99页。
② 《后汉书》卷二《明帝纪》唐李贤注引《帝王纪》，第95页。
③ 《史记》卷九九《叔孙通传》，第2723页。
④ （宋）司马光：《资治通鉴》卷四四明帝永平元年下元胡三省注，北京：中华书局，1956年，第1431页。

拜的举措，评价道："闻古不墓祭。朝廷有上陵之礼，始谓可损。"① 东汉时人应劭撰《汉官仪》述及祭墓的传统，云："古不墓祭。秦始皇起寝于墓侧，汉因而不改。诸陵寝皆以晦、望、二十四气、三伏、社、腊及四时上饭。其亲陵所宫人，随鼓漏理被枕，具盥水，陈庄具。"② 西晋时人司马彪作《续汉书·祭祀志》，论西汉时期陵寝制度则更为详细，云：

　　古不墓祭，汉诸陵皆有园寝，承秦所为也。说者以为古宗庙前制庙，后制寝，以象人之居前有朝，后有寝也。月令有"先荐寝庙"，诗称"寝庙弈弈"，言相通也。庙以藏主，以四时祭。寝有衣冠几杖象生之具，以荐新物。秦始出寝，起于墓侧，汉因而弗改，故陵上称寝殿，起居衣服象生人之具，古寝之意也。建武以来，关西诸陵以转久远，但四时特牲祠；帝每幸长安谒诸陵，乃太牢祠。自雒阳诸陵至灵帝，皆以晦望二十四气伏腊及四时祠。庙日上饭，太官送用物，园令、食监典省，其亲陵所宫人随鼓漏理被枕，具盥水，陈严具。③

在寝殿中摆设皇帝生前日常饮食起居的什物，所谓"寝者，陵上正殿，若平生露寝也"④。

　　这种在墓侧建寝的制度，卫宏和司马彪皆言起于秦朝。清代学者顾炎武亦云："秦兴西戎，宗庙之礼无闻，而特起寝殿于墓侧。汉之西京已崇此礼。"⑤ 从现在考古发现的情况来看，这种在陵园内建造寝殿的做法，可能很早就有了。河北平山战国时期中山王墓出土的《兆域图》，显示出陵墓封土顶上盖有名为"堂"的建筑，杨宽认为，这就是早期的寝⑥。

　　① （西晋）司马彪：《续汉书·礼仪志》上梁刘昭注引谢承《后汉书》，据《后汉书》，第3103—3104页。

　　② 《后汉书》卷二《明帝纪》梁刘昭注引《汉官仪》，第99页。案刘昭注引但云《汉官仪》，清代四库馆臣考证曰："考梁刘昭注《续汉书·百官志》，引用《汉官仪》，则曰应劭。引用《汉旧仪》，则不著其名。"故此《汉官仪》应属应劭所撰。四库馆臣说见《四库全书总目》卷八二"汉官旧仪"条，北京：中华书局，2003年，影印清浙本，第701页。

　　③ （西晋）司马彪：《续汉书·祭祀志》下，据《后汉书》，第3199—3200页。

　　④ 《汉书》卷七三《韦玄成传》唐颜师古注，第3116页。

　　⑤ （清）顾炎武：《日知录》卷十五"墓祭"条，第867—868页。

　　⑥ 杨宽：《中国古代陵寝制度史研究》，上海：上海人民出版社，2003年，第28—30页。

西汉时期，一方面在陵侧设立寝园，另一方面也非常重视宗庙的祭祀。《汉书·韦玄成传》记载：

> 初，高祖时，令诸侯王都皆立太上皇庙。至惠帝尊高帝庙为太祖庙，景帝尊孝文庙为太宗庙，行所尝幸郡国各立太祖、太宗庙。至宣帝本始二年，复尊孝武庙为世宗庙，行所巡狩亦立焉。凡祖宗庙在郡国六十八，合百六十七所。而京师自高祖下至宣帝，与太上皇、悼皇考各自居陵旁立庙，并为百七十六。又园中各有寝、便殿。日祭于寝，月祭于庙，时祭于便殿。寝，日四上食；庙，岁二十五祠；便殿，岁四祠。又月一游衣冠。而昭灵后、武哀王、昭哀后、孝文太后、孝昭太后、卫思后、戾太子、戾后各有寝园，与诸帝合，凡三十所。一岁祠，上食二万四千四百五十五，用卫士四万五千一百二十九人，祝宰乐人万二千一百四十七人，养牺牲卒不在数中。①

清代学者徐乾学总结道："汉不师古，诸帝之庙不立于京师，而各立于陵侧。故有朔望及时节诸祭，此实祭庙，非祭陵也。又皆祠官致祭，天子不亲行。即世祖祭长安诸陵，止因巡幸而祭之，亦非特祭。其率百官而特祭于陵，实自明帝始也。"② 到东汉时期，由于汉明帝开始实行上陵之礼，从而使陵寝的地位提高，宗庙的地位降低。因此清人顾炎武感叹曰："故陵之崇，庙之杀也；礼之渎，敬之衰也。"③

当然，这里关于墓祭的讨论，都是就皇帝祭祀先人的情况而言的。其实，平民乃至普通官吏，很早以前就已经开始在墓前进行祭祀活动了。《礼记》记载曾子问孔子，云：

> 曾子问曰："宗子去在他国。庶子无爵而居者，可以祭乎？"孔子曰："祭哉。""请问其祭如之何？"孔子曰："望墓而为坛，以时祭。若宗子死，告于墓而后祭于家。"④

---

① 《汉书》卷七三《韦玄成传》，第3115—3116页。
② （清）徐乾学：《读礼通考》卷九四，台北：商务印书馆，1986年，影印文渊阁《四库全书》本，第268页。
③ （清）顾炎武：《日知录》卷十五，第867页。
④ 《礼记·曾子问》，据《礼记注疏》卷一九，第3030页。

由孔子的回答可以了解，只有宗子才能祭庙，而庶子不能祭庙，只能"望墓而为坛，以时祭"。清人孙希旦云："子孙所传家事，祭祀为重，若非宗子，无由传之。"①

最早见到关于墓祭的记载，可以追溯到春秋时期，《史记·孔子世家》云：

孔子葬鲁城北泗上，弟子皆服三年。三年心丧毕，相诀而去，则哭，各复尽哀；或复留。唯子赣庐于冢上，凡六年，然后去。弟子及鲁人往从冢而家者百有余室，因命曰孔里。鲁世世相传以岁时奉祠孔子冢，而诸儒亦讲礼乡饮大射于孔子冢。孔子冢大一顷。故所居堂、弟子内，后世因庙，藏孔子衣冠琴车书，至于汉二百余年不绝。高皇帝过鲁，以太牢祠焉。诸侯卿相至，常先谒然后从政。②

盖孔子弟子、鲁人以及诸儒，并非孔子所传的宗子，只能祭于孔子冢，后因而为庙。然而这一规定，到了西汉时期，便没有那么严格，出现了墓祭的活动。《汉书·张良传》，云："良始所见下邳圯上老父与书者，后十三岁从高帝过济北，果得谷城山下黄石，取而宝祠之。及良死，并葬黄石。每上冢伏腊祠黄石。"③《汉书·朱买臣传》记载："买臣独行歌道中，负薪墓间。故妻与夫家俱上冢，见买臣饥寒，呼饭饮之。"④"上冢"应该就是指墓祭，"上冢伏腊"，就是指在冢前进行伏和腊两种祭祀。

上冢需要事先上报，获得允许，便可与宗族集会。《汉书·游侠传》记载，楼护"为谏大夫，使郡国。护假贷，多持币帛，过齐，上书求上先人冢，因会宗族故人，各以亲疏与束帛，一日散百金之费。"⑤又记载班固的先人班伯，云："伯上书愿过故郡上父祖冢。有诏，太守都尉以下会。因召宗族，各以亲疏加恩施，散数百金。"⑥

---

① （清）孙希旦：《礼记集解》卷一，北京：中华书局，2007年，第14页。
② 《史记》卷四七《孔子世家》，第1945—1946页。
③ 《汉书》卷四〇《张良传》，第2038页。
④ 《汉书》卷六四《朱买臣传》，第2791页。
⑤ 《汉书》卷九二《游侠传》，第3707页。
⑥ 《汉书》卷一〇〇《叙传》，第4199页。

上冢不仅仅是祭祀，往往还伴随着宴会宾客的活动。《汉书·鲍宣传》记载鲍宣进谏，力陈汉哀帝宠臣董贤罪状，其中便有一条，云："贤父子坐使天子使者将作治第，行夜吏卒皆得赏赐。上冢有会，辄太官为供。海内贡献当养一君，今反尽之贤家，岂天意与民意邪！"① 既指董贤上冢举行宴会，竟然需要掌皇帝膳食及燕享之事的太官提供饭食。《汉书·何并传》记载外戚王林卿："初，邛成太后外家王氏贵，而侍中王林卿通轻侠，倾京师。后坐法免，宾客愈盛，归长陵上冢，因留饮连日。"②

到西汉后期，上冢会宾客大概已经成为普遍的做法，故《汉书·游侠传》记载为原涉"欲上冢，不欲会宾客，密独与故人期会"③，不会宾客反而成为反常的情况。

在墓前祭祀并且大会宾客的做法，到东汉时期因循未改，并有愈演愈烈的趋势，从前面讨论西汉至东汉前期，墓前建筑的情况，特别是对石祠的修造，可以看到，官吏死后，在墓前修筑祠堂，应该也是寝的性质。自汉明帝墓祭，行上陵之礼之后，上行下效，形成了所谓汉人重墓祀的风气，并迅速在全国推广开来。在墓前祭祀，门生故吏在墓前聚会，进而发展出在墓前刻碑颂德的做法。结合以上历史背景，就可明了，墓碑的出现是水到渠成的事。

现在能够看到记载中最早的墓碑，就是《汉故谒者景君墓表》，又有称《汉谒者景君墓表》，或《谒者景君墓表》，又叫"景君碑"，最早见著于北宋欧阳修所作的《集古录》，其云：

右汉《景君碑》，尤磨灭，惟"谒者任城景君"数字尚完，其余班班可见者皆不能成文。故其年世、寿考、功行、卒葬莫可考也。盖汉隶今尤难得，其磨灭之余可惜尔。④

---

① 《汉书》卷七二《鲍宣传》，第3092页。
② 《汉书》卷七七《何并传》，第3266页。
③ 《汉书》卷九二《游侠传》，第3717页。
④ （宋）欧阳修：《集古录跋尾》卷一，北京：中华书局，2001年，《欧阳修全集》本，第2094页。

盖欧阳修收藏之拓本，所能辨别出的文字过于寡少。较欧阳修稍晚的北宋金石学家赵明诚，在他的《金石录》中也记录了这个"景君碑"，所记更为详细，其云：

> 右《汉谒者景君墓表》，其题额"汉故谒者景君墓表"，而其文云："惟元初元年五月丁卯，故谒者任城景君卒。"其他文字磨灭；时有可读处，皆断续不复成文矣。元初，安帝时年号也。此在汉时石刻中残缺为甚，特以安帝以前碑碣存者无几，不可弃也，故录之。①

较之《集古录》，《金石录》的记载无疑增多了很多信息。此外，赵氏还记录了此"墓表"的碑阴，上刻有"诸生服义者"共十五人的身份、籍贯、题名、以及表字。《金石录》的记载值得注意的地方有：（1）所谓的"景君碑"是有自名的，即为"汉故谒者景君墓表"；（2）赵明诚认为此石刻为东汉安帝时期之物，虽然景君墓表文字残损严重，但因为安帝以前的碑碣"存者无几"，所以仍著录此石刻于书中。

到南宋时期，洪适做《隶释》，更收录有《汉故谒者景君墓表》的全文，如下：

> 惟元初元年五月丁卯，故谒者任城景君卒。呜呼□□。国丧淑臣，朝失贞良。同□□□，□吏无□，□□□瞻，学者靡□。□□□□□纪德□生有爵号，殁□其功。□□追□□即辞云：
> 惟君束修仁知□兴门□发政□然□□□尔□□□□□风兼体□□明哲幽通言信行笃谦廉允躬□□不□□□□不慢人□勇匪石外和内公疾遁曲□诡随□□□□□□□□□通□□义命栗肃以□理政治孝亲忠君□嘉命挽□敬应□□□□□□□股肱耳目□□□□弹□刊枉茹刚吐柔五官功曹骨鲠之臣□□严□□祖之贞史任之直公□浩清辟州从事□邦之雄宣动万里州郡位升察举孝廉百国之宗能文绣□于□心□□□□光□帝庭□□□□问股肱龙升凤翔进退□便□□公刘姿□□□□□□益□昌□□□□逝□□降年百辽失气，

---
① （宋）赵明诚：《金石录》卷一四，页251。

京师鄂惊。

　　皇帝赙□□□□大□□□其福□□□□□兴□轨□端剖符北海□□所□□□□□□寇攘□□而有□□曷□兮。

　　□曰□□孔□曰□□子曰□□□□无伤兮异色□艾知命亡兮不□百□□□□兮□□□□□□□兮更去□□是其□兮□动后昆芳□将兮□□□□□永昌兮纪此铭。①

这一石碑非常重要，为了更好地分析其内容，故抄录下全部碑文。

　　根据《隶释》中的录文，虽然字句破碎，影响对其文意的准确理解，但是还是可以根据上下文判断这是一篇与后来常见的刻在墓碑上的铭文文体上非常接近的文字，可以知道此时墓碑的形制已臻完善。洪适的《隶释》大致以碑刻的种类为序，分述各碑，其中便列"景君墓表"于各墓碑之首。清人李富孙作《汉魏六朝墓铭纂例》亦述及"谒者景君墓表"，称其为墓铭的典范，云："首书某年月日卒，次叙刻碑之由，次作辞，次作铭，此正例也。"②

　　虽然"景君墓表"上并无标明具体的竖立时间，但据前引杨树达的统计，汉代的葬期从七日、十日，到百余日，最迟有至四百三十三日始葬的。从碑刻资料上看，"郯令景君阙铭"记墓主元初四年三月丙戌卒，元初五年二月葬。按照常理判断，"景君墓表"竖立时间大概是墓主人去世之后不久，也就是元初元年。

　　至于"谒者景君墓表"的外在形式，《集古录》《金石录》以及《隶释》均未明确说明，我们只能从其行文的字里行间揣测当时他们所见拓片的样子。《金石录》云："其题额'汉故谒者景君墓表'。"而《隶释》在"谒者景君墓表"录文之后，有洪适的案语，谓："右《故谒者景君墓表》，隶额。"由此可知，《汉故谒者景君墓表》已经有了碑额，上用隶书题写有碑石的自名。所谓"额"，指的是碑石上端的部分，一般后世所习见的碑额

---

　　① （宋）洪适：《隶释》卷六，北京：中华书局，1986 年，影印清洪氏晦木斋刻本，第68—69 页。

　　② （清）李富孙：《汉魏六朝墓铭纂例》卷一，北京：北京图书馆出版社，2008 年，朱记荣辑《金石全例》本，第 319 页。

上或书有碑的题名，兼或刻有纹饰。清代初期的学者朱彝尊在为人撰写墓表时，提到"谒者景君墓表"，云："其崇四尺，其制圭首方趺，其文由左而右。"不知他的说法依据为何。

但是，从其题额，自称作"墓表"，可以看到早期墓碑与墓前其他石质建筑千丝万缕的联系。前述在北京发现的元兴元年"幽州书佐秦君石表"，即为立于墓前的墓表。

迟至明代，赵均作《金石林时地考》，称"谒者景君墓表"在"济宁学"，虽然明代金石书目尚有记载，但是此石刻大概早已佚失不存了。

而对于这方墓表的认识，洪适云："东都自路都尉始见墓阙，盖表阡铭圹之滥觞也。有文而传于今，则自景君始。其分行布字，已井井有法，题首七字，波势清逸，有八分之体。"所谓"路都尉始见墓阙"，指的是《金石录》中记载的"汉会稽东部都尉路君阙铭"，其阙有二，其中一个上有"会稽东部都尉路君阙，永平八年四月十四日庚申造"的字样[1]，可知为东汉时期永平八年之物，这是赵明诚、洪适等人所能见到的最早墓阙。而此对墓阙之上，除了刻有前述字样之外，还刻有"路君"所担任过的重要官职，但并无成篇的铭文，所以洪适才有了"有文传于今，则自景君始"这样的说法。时至清代，这种以"汉故谒者景君墓表"为墓碑之滥觞的说法更为兴盛。清初朱彝尊云："墓有表，古也。盖自汉元初五年（案此处五年应为元年之讹，五、元二字形近易讹）谒者景君始。"[2]朱氏所说的表、墓表，即是指墓碑。清代的另一位学者惠栋在为《后汉书》"立碑表墓"一句作注解时，也认为"汉有《谒者景君墓表》，在安帝时，此墓志之始也。"[3]

前述前代各种石刻，石刻文字并非东汉所首见，然而石刻的墓碑则为东汉之创举，是为日后墓碑流行之先声。而墓碑产生的地域，也正是墓祭发达的地区。

---

　　①（宋）赵明诚：《金石录》卷一四，第 250 页。

　　②（清）朱彝尊《曝书亭集》卷七三《墓表》，台北：世界书局，1984 年，影印清康熙刻本，第 12 页 b。

　　③（清）惠栋《后汉书补注》卷一九，长沙：岳麓书社，1994 年，《二十五史三编》本，第 242 页。

四、东汉时期石碑的分期、地域分布及其形成原因

根据石碑在东汉各个不同时期的特点，可以将其历史发展进程划分为前期、中期、后期和末期四个阶段。

1. 前期

为光武帝建武元年至殇帝延平元年期间。这一时期，是石碑产生的初期阶段，其主要特点是：狭义的石碑，数量还相当稀少，不足以构成明显的集中分布区；同时，作为东汉石碑主体成分的墓碑还没有出现。

这一时期，有记载的石碑数量本来就不多，实物则更少，仅有《任尚平戎碑》一件传世。可以看到这一时期的石碑，基本形制逐渐确定，但是石碑实物的体量还不大，仍然呈现出较为原始的形态。同时石碑上所刻的字数也并不多，而且所刻字体古拙，有些仍刻有行格。铭文的内容、格式也没有定型。这些特征无不显示出，此一时期的石碑仍然处于萌芽阶段。

这一时期石碑的出现，是从秦始皇所立六处的刻石、汉武帝泰山及碣石刻石，到汉光武帝泰山封禅刻石，一以贯之的做法。特别是光武帝在泰山封禅，并立石碑，刊刻铭文，对东汉时期石碑的产生，及石碑产生的地域有着直接的影响。

在地域分布上可以看到，石碑的分布仍然以传统石刻文化区河北、山东为主。但是，在今新疆巴里坤都出现了石碑的痕迹，而且，这一时期其他形式的石刻也涌现出来。说明刻石纪功逐步成为一个普遍的做法，只是石碑尚未在全国普及。

2. 中期

为安帝永初元年到质帝本初元年期间。在这一时期，墓碑在历史文献中始见有明确的记载，同时也有一批墓碑的实物存留至今，形成了鲁中南地区、洛阳附近地区、河北地区、关中地区和巴蜀地区五个石碑集中分布区。

鲁中南地区是今山东中南部山地两侧地区，范围包含以东汉时期鲁国、泰山郡、任城国、山阳郡、东平国以及北海国西南、琅邪国西部一部分地区。从自然地理的角度来看，此区域靠近鲁中南山地低山丘陵地带，西临黄淮平原。南部是低洼湖区，北面则是济水。自秦始皇在此区域的峄山、

泰山、琅邪台刻石以来，西汉新莽到东汉早期的石刻多发现于此地，特别是集中分布于鲁中南山地的西南侧，也就是今天的鲁西南地区。

这一区域是石碑产生的核心区域，鲁地一直有祭拜孔子墓的习俗，此地墓祭的历史由来已久。见前所述，西汉末年到东汉初年，此地区墓前的石质祠堂建筑，相较于其他地区，也非常发达。在墓祭时，利用祠堂前系牲的石碑，作为铭刻的载体，也是顺理成章的事情。故而墓碑最早也是在这里发现，而且此地的石碑类型，以墓碑为主。

第二个区域是东汉首都洛阳附近地域，包括河南尹、河内郡、颍川郡、南阳郡、陈留郡及其周边地区。这一区域东朝豫东平原，西到伏牛山、外方山、熊耳山、崤山组成的豫西山地，北部则是豫东山地，南为大别山、桐柏山。因东汉时期，首都迁至洛阳，故而这一区域除墓碑外，还有一批在洛阳太学竖立的碑刻。

另外，这一区域石碑分布的形态，与鲁中南区域有所不同。鲁中南区域的石碑分布相对集中，而这一区域的石碑分布则依地形，由西向东呈扇状分布。

第三个区域是河北地区，以中山国和常山国为核心地域，位于太行山南麓的东侧。这一区域的石刻文化传统悠久，从战国时期就出现了《守丘刻石》。这一时期出现的石碑，多与山川祭祀有关，具体来说，都与祭祀元氏县境内的山有关。而元氏县的位置，正位于井陉道的东口，扼守交通要道，是往来太行山东西的必经之地。

第四个区域为关中地区。此区域主要位于潼关以西，陕北高原与秦岭之间的关中盆地。自春秋战国以来，秦地就为石刻发达的地域。虽然这一时期，石碑尚不算多，但是考虑到历史上石刻发展的渊源，故而算为一个核心区域。

第五个区域为巴蜀地区。主要地域位于四川盆地，以及与四川盆地文化交往密切的汉中盆地与云贵高原地区。这一时期，巴蜀地区的石碑发展迅速，数量增多。但是这一区域石碑的分布形态与其他区域均有不同，呈多中心分布。有三个中心，分别为广汉郡、蜀郡和巴郡。

巴蜀地区的石碑种类较多，除其他区域所常见墓碑外，出现了推行教化用的石碑以及为官员歌功颂德的功德碑。

3. 后期

为桓帝建和元年到献帝建安九年期间。这一时期，石碑的数量大幅度增多，其地域分布范围开始扩展到上述五个集中分布区范围以外很远的地方，甚至是比较偏僻的东汉政权边缘地带。

前引马衡论石碑的产生，云石碑"始于东汉之初，而盛于桓灵之际"。纵观文献中的记载，以及考古出土发现的石碑，到东汉桓帝以后，石碑的数量确实急速增多，甚至到了泛滥的地步。在东汉中期形成的五个石碑分布的主要区域，在这一时期，仍然是石碑集中分布的地区。但是石碑的分布在这一时期从五个核心地域向周边地区扩散，鲁中南地区和洛阳附近地域的石碑分布逐渐出现弥漫合一的趋势，而且这一时期还形成了新的石碑集中区域吴会地区。另外，以往没有石碑的地区，从北面的五原郡、代郡、渔阳郡，到南面的丹阳郡、零陵郡、桂阳郡，也出现了石碑的踪迹。

这一时期石碑分布的另一个重要特点，就是石碑的点状分布。简而言之，就是石碑在同一地点，由于各种原因，集中重复出现。在墓碑上表现为一地出现了祖父兄弟同葬一处而竖碑，或为同一人竖多个石碑。在重要的祭祀场所，也出现了一人多次，或多人多次立碑的情况。

在鲁中南地区，与上一时期相比，这一时期的石碑除了集中在鲁中南山地西南侧的鲁国、任城国、山阳郡、沛国等鲁西南地区以外，也往鲁中南山地东北侧的北海国、琅邪国发展。另外，从鲁西南这一区域往西发展，石碑的分布在济阴郡、梁国、沛国西部，和洛阳附近地区的陈留郡、陈国、汝南郡弥漫在一起，逐渐连成一个带状分布的区域。此地区石碑的特点是以墓碑为主。

这一时期，洛阳及其周边地区石碑的分布向东发展，逐渐和鲁中南地区西南侧的石碑分布地域弥合，形成一个狭长的带状分布区域。另外，除首都洛阳附近以外，这一区域的石碑分布点在颍川郡和南阳郡尤为集中。而石碑发展的高峰，体现在《熹平石经》的开刻，说明刻石技术的提高，刻碑的规模也达到了以前无法企及的程度。

河北地区的石碑数量和种类也有所增多，但石碑仍然集中在常山国以及中山国，但是在安平国也出现了零星石碑。此区域的石碑点状分布特点明显，即围绕元氏县附近的封龙山、三公山、无极山、白石神君的祭祀活动而立碑。

这一时期，关中地区石碑分布的特点也是呈点状分布，特别是区域内有西岳华山，西汉以来，祭祀不绝。东汉时期，围绕华山祭祀所立的石碑，有记载的就至少有四通。另外，出身这一区域的弘农杨氏，在故乡墓地竖碑，也是此地石碑集中的一个重要缘由。

巴蜀地区的石碑在这一时期，数量上有所增多。除蜀郡、巴郡之外，广汉郡及属国、犍为属国都有石碑分布，而且观其分布形态，可以看到有沿交通线展开的趋势。

到东汉后期，石碑迅速扩展到全国，而且形成了新的石碑集中分布的地域。吴郡和会稽郡宁绍平原以北的吴会平原一带，成为了一处新的石碑集中分布地域。这一地域从秦始皇在会稽刻石起，就有石刻文化的传统，也发现了早期石祠建筑，但是直到东汉后期，才出现了石碑，特别是出现了以家族为单位集中分布的墓碑。

在中期并非石碑文化分布的区域，这一时期也出现了石碑，石碑的分布地点西到西海郡，北部可到达五原郡，而南部则到零陵郡、桂阳郡。说明竖立石碑的风气在后期已经发展至东汉全域。

4. 末期

为献帝建安十年以后这一段时间。这一时期，因为朝廷禁碑的缘故，在东汉政权实际控制区域内，已不再有石碑，仅在其他地方割据势力控制的区域，还有少量石碑存在。东汉后期，是石碑发展的鼎盛时期，几乎每一年都会出现好几通石碑，相比之下，东汉末期这十七年间，仅见到石碑六通。可以看到东汉末期石碑的分布地点，都在东汉朝廷控制不到，而由地方割据政权控制的地区。说明曹操所发布的禁碑令，在短期内还是取得了效果。

然而到了魏文帝曹丕即位以前，曹丕先"以延康元年幸谯，大飨父老，立坛于故宅，坛前树碑"①。即位之后，在黄初元年，于今河南许昌立碑，碑文内容为公卿将军上尊号奏，又立《受禅表》。同年，下诏以议郎孔羡为宗圣侯，奉孔子之祀，立《孔子庙碑》②。通过这一系列的举措，曹操、曹丕把立碑的权力从地方收归朝廷。

---

① （北魏）郦道元：《水经·阴沟水注》，据王先谦：《合校水经注》卷二三，第351页。
② （宋）洪适：《隶释》卷一九，第190页。

　　辨析东汉时期石碑分布形成的原因，首先是铁制石刻工具的发展。进入东汉时期以后，石刻的数量急剧增多。冶铁技术的提高，是东汉时期石碑发展的先决条件。前面讲到，战国中晚期，铁制工具开始广泛使用，同时，也出现了石刻文字。中国在春秋晚期就发明了铁制工具，但是当时的冶铁方法，是在较低温度中，用木炭还原铁矿石的方法。运用这种方法，虽然可以得到比较纯的铁，但却是质地相对松软的铁块，俗称"熟铁"。人们需要对其再加锻造，才能制出各种器具。到了战国晚期，已可以把"熟铁"用固态渗钢的方法制成低碳钢，以增加制品的硬度。西汉时期，随着冶铁技术的提高，采用反复锻打的方法，使得低碳钢内碳的均匀性不断提升，从而降低杂质的含量，进一步提高了铁器的硬度。另外，还采取了一种淬火技术，即将加热了的钢放入水中，迅速冷却，来提高其强度和硬度。

　　战国时期，还有一种高温冶铁技术，即用鼓风箱进一步提高冶铁的温度，使得被木炭还原而成的固态铁迅速吸收碳。温度越高，吸收碳的速度就越高，含碳量也就越高，最后全部熔化，成为"生铁"。但是这种生铁质地脆而硬，故而需要对生铁进行柔化处理，通过长时间加热，使得碳化铁分解为铁和石墨，以克服生铁脆的特性，从而可以铸成器具使用。

　　通过前面的论述，我们可以看到，西汉时期的石刻虽然数量增多，但是从工艺技术的角度来讲，大多是用凿或者锤錾琢而成。

　　在永城西汉梁孝王寝园遗址内，出土大量铁器，其中，镌、錾、锯、刀等铁制工具，考古工作人员认为是用来加工石料的。镌，《说文解字》说"穿木镌也"，"一曰琢石也"[①]。《淮南子·本经训》云"镌"，用于"镌山石"[②]。寝园内出土的镌子，体型较大，考古人员推测应为"镌山石"之用。錾与凿最大的区别是凿为宽刃，一般为加工木材的工具。而錾的刃部较窄，呈尖状，是最常见的加工石材的工具，考古人员说錾的数量为最多。锯为锯开石块之用。

　　虽然出土有刀，数量也较多，从器型看，是文具用的书刀。但是也有考古人员认为的是刻刀的，柄部断面作方形，柄端部尖，刃部较宽，斜刃。

---

　　① （汉）许慎：《说文解字》卷一四上，第 2 页 b。

　　② （汉）刘安：《淮南子》，据《淮南子集释》卷八，北京：中华书局，1998 年，第 557 页。

长 14.4 厘米，刃宽 3 厘米。在梁王陵塞石上确实发现了有工匠刻字的现象，但是据考古人员讲述，工匠所刻划的字迹痕迹非常浅，正说明刻石所需要的铁制工具，在这一时期，还达不到足够的硬度和韧性。

在今芒山镇西汉代砀县城内发现有冶铁作坊的遗址，考古人员推测，寝园内出土的铁制工具，应该是该作坊的产品。据此可以看到当时铁器的生产也不十分发达，需要专门为建造墓园而生产铁器。

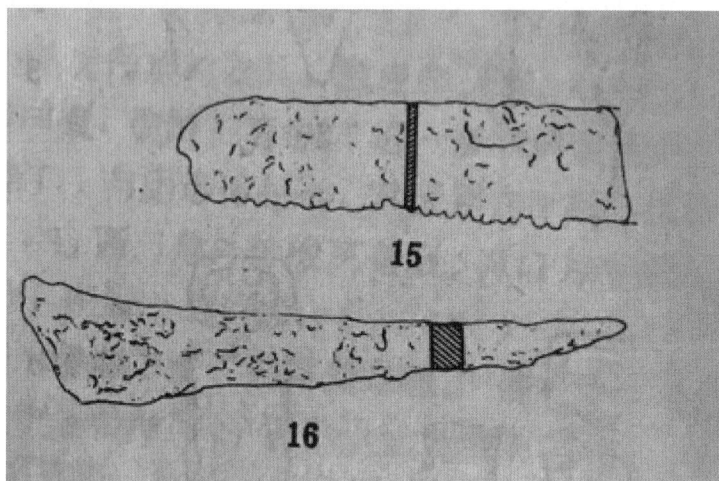

16 号为梁孝王寝园出土刻刀（采自《永城西汉梁国王陵与寝园》）

到了西汉后期，出现了将生铁炒炼成钢的技术。即把生铁加热，使其熔化成半液态的状态，并不断搅拌，利用空气中的氧气使其脱碳，以获得不同含碳量的钢或者熟铁。用这样的炒铁，进行反复加热锻打，产生的成品称为"百炼钢"。

在江苏徐州，发现一把钢剑，上面有铭文，曰"建初二年，蜀郡工官憛造涷"，可见蜀地冶铁技术的领先。1974 年，在山东苍山汉墓，出土一把大铁刀，刀上有错金的铭文，称此刀为"三十炼大刀"，并标明其制作年代为东汉安帝永初六年 [1]，"永初六年五月丙午造州涷大刀吉羊宜子孙"。冶金学家，对其成分进行分析，认为这把大刀就是用炒钢为原料而制成的。1961 年日本奈良东大寺出土一把刀，上有错金铭文，云："中平纪年五月

---

[1] 刘心健等：《山东苍山发现东汉永初纪年铁刀》，《文物》1974 年 12 期，第 61 页。

丙午造作支刀百涷清刚"。大约是东汉时期所造，后传入日本的。故王充《论衡》有"干将之剑，久在炉炭。铦锋利刃，百熟炼厉，久销乃见。作留成迟，故能割断"这样的讲法，说的应当就是百炼钢技术。

因为百炼钢以炒钢为原料，容易大量生产，所以从西汉末年出现后，在东汉时期很快就得以普及生产。西汉武帝以来，一直实行盐铁官营的政策，东汉初期，沿袭西汉的制度，冶铁业也由国家专营。但是地方豪族，往往私设工场，自造铁器。直到东汉和帝章和二年，宣布开解盐铁官营，《后汉书·章帝纪》载：

> 戊寅，诏曰："昔孝武皇帝致诛胡、越，故权收盐铁之利，以奉师旅之费。自中兴以来，匈奴未宾，永平末年，复修征伐。先帝即位，务休力役，然犹深思远虑，安不忘危，探观旧典，复收盐铁，欲以防备不虞，宁安边境。而吏多不良，动失其便，以违上意。先帝恨之，故遗戒郡国罢盐铁之禁，纵民煮铸，入税县官如故事。其申敕刺史、二千石，奉顺圣旨，勉弘德化，布告天下，使明知朕意。"[1]

自此以后，各地均修造冶铁工场。在今河南、山东、徐州等地，都发现有东汉时期冶铁铸铁的遗址。东汉时期的画像石上，就刻有冶铁的情景，可见冶铁技术的普及。

而用百炼钢制成的刻刀，经过淬火，就可以用来雕刻石块，尤其是雕刻阴线的理想工具。前人研究东汉画像石，即已注意到工具对雕刻技法的影响，而东汉以来的石碑，相较于西汉时期的刻石，碑版平整光滑，刀法更为深刻，字锋锐利，线条也愈发流畅。东汉时期石碑集中分布的地域，正是冶铁技术发达的地区。

从前面的论述中可以看出，东汉石碑的形成，与秦始皇东巡刻石特别是他在泰山的封禅活动具有密切的关系，而由此上溯石碑的文化渊薮和地域起源，其最直接的源头，自然会归诸战国时期秦国的石鼓文。

众所周知，韩愈《石鼓歌》中有句云："陋儒编诗不收入，二雅褊迫无委蛇。孔子西行不到秦，掎摭星宿遗羲娥。嗟予好古生苦晚，对此涕泪双

---

[1]《后汉书》卷四《章帝纪》，第167—168页。

滂沱。"① 即谓这些所谓"石鼓"上的铭文，按照它的属性，本来应该编入小雅或是大雅，可是却被遗落在《诗经》传本之外，这不能不说是一件十分遗憾的事情。

其实根据前文所述现代学者的研究以及石刻铭文的发展规律，所谓"石鼓文"更应属于战国时期的产物，自然无法被编入《诗经》之内。但韩愈的遗憾，正反映出《石鼓文》的性质，与《诗经》中的篇章，完全一致，而《诗》三百篇正是儒家推行其社会教化的重要工具。

站在这一角度，来看《石鼓文》的镌刻上石，才能理解它与两周铜器铭文的巨大差异，不仅体现在文字载体变铜为石的区别上，更重要的是它已不再是普通的纪事铭文，而是一种在一定范围内面向公众的宣教，是石刻文化走向社会公众的开端。同时，《石鼓文》的内容和形式，也决定了它必然要在后来的历史进程中与儒家文化产生密切的关联。

秦始皇兼并关东六国并建立起国土面积广阔的大帝国之后，以繁苛的法律统治民众，并且采用所谓"焚书坑儒"的严酷手段，压制反对的声音，以致后世许多人以为秦始皇与儒家水火不容，专恃法家的思想和权术。然而，实际的情况，却并不这样简单。

始皇帝倚重的丞相李斯，本来是跟从著名儒家学者荀卿求知问学，自然会接受许多儒家思想，即便是未得其学的"陋儒"，终究也还是个儒生出身。如前文所述，秦始皇在泰山封禅刻石之前，即曾与鲁国的儒生商议如何刻石以颂秦德，以及"封禅望祭山川"这些活动，所以接下来才会有实际的封禅活动。为了具体实施封禅之举，又特地从齐鲁之地召集七十位"儒生博士"聚集到泰山脚下。秦始皇这样做的原因，是因为只有这些"诵法孔子"的儒生，才比较熟悉"封禅望祭山川"这些重大典礼的社会意义和施行办法。考虑到李斯的学术背景，很容易理解秦始皇做出这些安排的缘由。

在孔夫子传布的儒家经典当中，虽然没有直接讲述封禅之事，但《尚书》叙说舜帝对天时圣地的崇祀和上古圣君所谓巡狩制度，其中就谈到："肆类于上帝，禋于六宗，望于山川，遍于群神。辑五瑞，既月乃日，觐四岳群牧，班瑞于群后。岁二月，东巡守，至于岱宗，柴。望秩于山川，肆

---

① 据钱仲联：《韩昌黎诗系年集释》卷七《石鼓歌》，上海：上海古籍出版社，1984 年，第 794—795 页。

觐东后,协时月正日,同律度量衡。"①实际上这就是在说舜帝对泰山的巡狩和祭祀活动,而封禅本是一种规格更高的祭祀。所以,后世都把《尚书》这些文句,视作泰山封禅的基本依据,把"巡狩"与"封禅"并称。司马迁在《史记·封禅书》中开篇即转述《尚书》上述内容,并称"孔子论述六艺,传略言封泰山禅乎梁父者七十余王矣",就已经很清楚地说明这一点。至于汉武帝召群儒议封禅,这些儒生主要采纳《尚书》作依据,更能说明封禅与儒家的关系②。《史记·李斯列传》记载说秦始皇的巡狩活动"斯皆有力焉"③,在这一过程之中,自然会体现李斯过去所接受的儒学观念。

秦始皇所谓"焚书坑儒",关键是要镇压借古讽今的议论,而不是禁绝儒术和儒生④。所以在"焚书坑儒"之后,我们还可以看到如下所记的史事:

> 叔孙通者,薛人也。秦时以文学征,待诏博士。数岁,陈胜起山东,使者以闻,二世召博士诸儒生问曰:楚戍卒攻蕲入陈,于公如何?博士诸生三十余人前曰:"人臣无将,将即反,罪死无赦。愿陛下急发兵击之。"二世怒,作色,叔孙通前曰:"诸生言皆非也。夫天下合为一家,毁郡县城,铄其兵,示天下不复用。且明主在其上,法令具于下,使人人奉职,四方辐辏,安敢有反者!此特群盗鼠窃狗盗耳,何足置之齿牙间。郡守尉今捕论,何足忧。"二世喜曰:"善。"尽问诸生,诸生或言反,或言盗。于是二世令御史案诸生言反者下吏,非所宜言。诸言盗者皆罢之。乃赐叔孙通帛二十匹,衣一袭,拜为博士。叔孙通已出宫,反舍,诸生曰:"先生何言之谀也?"通曰:"公不知也,我几不脱于虎口!"乃亡去,之薛,薛已降楚矣……汉二年,汉王从五诸侯入彭城,叔孙通降汉王……叔孙通之降汉,从儒生弟子百余人。⑤

---

① 《尚书·舜典》,据《附释音尚书注疏》,台北:艺文印书馆,2007年,影印嘉庆二十年江西南昌府学刊《十三经注疏》本,第35—38页。

② 《史记》卷二八《封禅书》,第1355—1356页、第1363—1364页、第1382页、第1385页、第1389页、第1397页。

③ 《史记》卷八七《李斯列传》,第2547页。

④ 《史记》卷六《秦始皇本纪》,第254—255页;卷八七《李斯列传》,第2546—2547页。

⑤ 《史记》卷九九《刘敬叔孙通列传》,第2720—2721页。

上述史事清楚反映出不仅是秦始皇时期，即使是后来在二世皇帝统治下，仍有大批儒生为秦廷所用，只要不违逆上意，他们仍然可以参与朝政。

在这种情况下，我们就能够理解，秦始皇东巡过程中刻石以颂秦德的活动特别是泰山封禅时的刻石，应该是秦人以《石鼓文》为代表的石刻文化传统与儒家思想结合的产物。

到了汉武帝东封泰山的时候，不仅同样是和儒生筹议相关的礼仪，更下诏明言："古者天子五载一巡狩，用事泰山。"① 直接把《尚书·舜典》中的天子巡狩制度与帝王封禅泰山视作一体相连的事情了。

从秦始皇到汉武帝，其封禅刻石活动，虽然一直是以儒家思想为基本驱动力，但在这一时期，儒家思想既不是皇帝统治社会的主流意识形态，更没有成为整个社会普遍通行的观念；同时，冶铁技术尚不尽完善，这也严重制约着石刻文化的发展。所以，这种儒家思想主导下的石刻文化，基本没有在社会上传播扩散。

尽管如此，透过秦始皇东巡刻石和汉武帝登封泰山的刻石，我们还是能够在很大程度上追寻到东汉石碑的历史渊源和起源地域，这是因为直接承续秦皇汉武这一行为的东汉光武帝泰山刻石，在东汉境内普遍促发了刻石立碑的风气。

到了东汉时期，光武帝刘秀全面确立了儒家思想的社会主导地位，并且通过西汉武帝以来的持续发展，儒家文化也已经弥漫于社会生活的各个方面；与此同时，西汉后期以来冶铁炼钢技术的进步，使刻石工具的质量得到明显提升，这也为石刻文化的推广，提供了相应的条件。

在这种情况下，刘秀在建武中元元年，重演秦皇汉武的封禅戏，同时在泰山之巅制作了目前所知第一方严格意义上的石碑，并且他在上面镌刻的铭文篇幅冗长，已经超越秦始皇和汉武帝的泰山刻石很多。这也显示出刻石工具的改进和刻石技术的提高。

光武帝泰山封禅的石碑，除了对圣朝皇帝一般谀颂之外，还有一项比较特殊的内容，这就是充斥着刘秀真命天子的图谶，即引述有许多纬书的内容，以宣扬其奉天承运的神圣性和必然性②。此举意在证明东汉政权的合

① 《史记》卷二八《封禅书》，第 1398 页。
② （西晋）司马彪：《续汉书·祭祀志》上，据《后汉书》，第 3165—3166 页。

法性，需要向全国各地广泛扩散，也必然会在社会上广泛传播。

于是，在这下一年，即建武中元二年，就出现了《蜀郡太守何君阁道碑》这一摩崖石刻。继其事者，有和帝永元元年的《燕然山铭》。这些摩崖石刻的性质，首先是纪功，而像《燕然山铭》，同时也是封禅活动中的一种简易的"立石刻铭"形式。这清楚显示出光武帝泰山封禅刻石的影响，也可以说这些摩崖刻石继承了秦始皇以来立石刻铭的歌功颂德的性质。与此性质相同的纪功用石碑，目前所知，出现于章帝元和三年，这就是赵郡高邑的《光武帝即位坛碑》。这类摩崖刻石和石碑，在分布地点上，随其所称颂"功业"的所在而具有很大偶然性，而且通常难以形成连续成片的分布区域。

如前所述，秦始皇东巡的刻石特别是秦始皇以来直到东汉光武帝的泰山封禅刻石，除了为帝王歌功颂德以外，还带有祭祀的功能和性质。东汉较早继承这一功用的石碑，是安帝元初四年的《三公山碑》。在东汉早期的石碑当中，可能是在和帝永元十六年镌制的《陈留王子香庙颂》，这是纪念一位偶然在任上辞世而留有德政的官员，立碑的地点，在南郡枝江，也具有一定偶然性，这与竖立墓碑的地点有很大不同。

在研究东汉石碑地域分布时，最值得注意的石碑，是正式墓碑出现之初的《汉故谒者景君墓表》，如前所述，其立碑的时间，是在安帝元初元年，地点则在今山东济宁。所谓墓碑，实质上是对故去者个人一生功德的记述。这一功用，应该是直接继承光武帝泰山封禅碑的纪功德特性而来。这种功能的石碑，也是其后石碑中主体构成内容，而济宁附近地区也是整个东汉一朝的重要石碑集中分布区域，堪称汉碑的渊薮。如果把竖立光武帝封禅石碑的泰山作为石碑起源点的话，那么，毗邻泰山的济宁附近地区，就可以说是石碑的重要起源地区之一。

较《汉故谒者景君墓表》稍晚出现的《袁安碑》和《袁敞碑》，镌制于安帝元初四年，性质同样是墓碑，地点位于今河南偃师。这里临近洛阳，而洛阳附近区域，是东汉石碑另一处重要的集中分布区域，也可以说是石碑的另一重要起源地区。比《袁安碑》和《袁敞碑》稍早的《子游残碑》，位于今河南安阳，这里在东汉属于河内郡管辖，与洛阳附近区域的河南尹辖区，地域关系十分紧密，所以这通《子游残碑》所在的地点，与《袁安碑》和《袁敞碑》的所在地点，同属一个石碑分布区，其地理位置，有共同的自然和社会经济、文化基础。

流传至今的汉碑，绝大多数是墓碑，为了辨明墓碑分布的原因，首先需要了解东汉时期的墓葬习俗。

东汉时期实行归葬的制度，一般人死于他乡，都要归葬。《后汉书》中有很多记载，如《后汉书·李固传》，云："李固字子坚，汉中南郑人。"后梁冀畏固名德，遂诛之。"南阳人董班亦往哭固，而殉尸不肯去。太后怜之，乃听得襚敛归葬。"①《水经注》卷二七，记载南郑县长柳村有"汉太尉李固墓，碑铭尚存，文字剥落，不可复识"②，可证李固确实归葬南郑了。

东汉时期还有祔葬制度，即子孙从其父祖葬为祔葬，杨树达总结为："所谓归旧茔，是也。"③这项制度大概起源于西汉，《汉书·韦玄成传》云：

> 初，贤以昭帝时徙平陵，玄成别徙杜陵，病且死，因使者自白曰："不胜父子恩，愿乞骸骨，归葬父墓。"上许焉。④

到了东汉，这一制度更加流行。如《后汉书·灵帝宋皇后传》云："后自致暴室，以忧死。在位八年。父及兄弟并被诛。诸常侍、小黄门在省闼者，皆怜宋氏无辜，共合钱物，收葬废后及酆父子，归宋氏旧茔皋门亭。"⑤

故而东汉时期形成了一家数世，父子兄弟并葬一地的现象，如任城景氏数碑、大扶城袁氏数碑、谯县曹氏墓碑、吴兴费氏三碑，等等，都是祔葬的例子。现代有考古学者认为，这就是东汉时期的家族墓地。已考古发掘的有陕西华阴东汉弘农杨氏墓群⑥，华阴东汉司徒刘崎家族墓群⑦，河北

---

① 《后汉书》卷六三《李古传》，第 2088 页。

② （北魏）郦道元：《水经·沔水注》，（清）王先谦：《合校水经注》卷二七，第 412 页。

③ 杨树达：《汉代婚丧礼俗考》，上海：上海古籍出版社，2007 年，第 179 页。

④ 《汉书》卷七三《韦玄成传》，第 3115 页。

⑤ 《后汉书》卷一〇《皇后纪》，第 448 页。

⑥ 陕西省文物管理委员会：《潼关吊桥汉代杨氏墓群发掘简记》，《文物》1961 年第 1 期，第 56—66 页。

⑦ 杜葆仁、夏振英、呼林贵：《东汉司徒刘崎及其家族墓的清理》，《考古与文物》1986 年第 5 期，第 45—57 页。

无极东汉至北魏甄氏墓群①，陕西刘家渠羊氏、唐氏、刘氏三组家族墓②，陕西曲江池净水厂 M16—M21 一组东汉家族墓等③，都是东汉时期家族墓地典型的例证。

到东汉末年，这种归葬、祔葬制度兴起之后，与此伴随的，是在西汉时期形成的陪葬制度逐渐衰落。

西汉时期，从汉高祖刘邦的长陵至平帝康陵都有陪葬区，尤以高祖长陵的陪葬墓最多，主要是功臣和贵族。见于文献记载的，就有萧何、曹参、张良、王陵、周勃、周亚夫、张耳、纪信、田蚡、田胜、戚夫人等。据考古调查，陪葬长陵有一百多人，现在还留下约七十多个墓冢，而且位次排列整齐有序，前后左右的行列间距也大体相当，这说明，当时埋葬墓地的范围和格局是有严格规定的。

《汉旧仪》略载前汉诸帝寿陵曰："天子即位明年，将作大匠营陵地，用地七顷，方中用地一顷。深十三丈，堂坛高三丈，坟高十二丈。武帝坟高二十丈，明中高一丈七尺，四周二丈，内梓棺柏黄肠题凑，以次百官藏毕。其设四通羡门，容大车六马，皆藏之内方，外陟车石。外方立，先闭剑户，户设夜龙、莫邪剑、伏弩，设伏火。已营陵，余地为西园后陵，余地为婕妤以下，次赐亲属功臣。"《汉书音义》曰："题，头也。凑，以头向内，所以为固也。便房，藏中便坐也。"《皇览》曰："汉家之葬，方中百步，已穿筑为方城。其中开四门，四通，足放六马，然后错浑杂物，扞漆缯绮金宝米谷，及埋车马虎豹禽兽。发近郡卒徒，置将军尉侯，以后宫贵幸者皆守园陵。元帝葬，乃不用车马禽兽等物。"④

探究陪葬制度形成的原因，大概是为了拱卫天子，以弱诸侯，《汉书·地理志》记载："汉兴，立都长安，徙齐诸田，楚昭、屈、景及诸功臣

① 孟昭林：《无极甄氏诸墓的发现及其有关问题》，《文物》1959 年第 1 期，第 44—46 页。

② 黄河水库考古工作队：《河南陕县刘家渠汉墓》，《考古学报》1965 年第 1 期，第 107—164 页。

③ 陕西省考古研究所配合基建考古队：《西安净水厂汉墓发掘简报》，《考古与文物》1990 年第 6 期，第 44—59 页。

④（西晋）司马彪：《续汉书·礼仪志》下，据《后汉书》，第 3144 页。

家于长陵。后世世徙吏二千石、高訾富人及豪桀并兼之家于诸陵。盖亦以强干弱支，非独为奉山园也。"①

东汉一代，有十三位皇帝，除少帝外，其余均有陵寝，但是由于现在考古发掘的工作开展不够充分，对东汉皇帝陵园的研究，只能确定兆域归属，墓园的具体情况尚不明了。

从文献记载来看，东汉时期，陪葬制度仍然存续。杨树达《汉代婚丧礼俗考》条分缕析《后汉书》中的材料，云牟融、伏恭、刘般等也都陪葬于汉明帝显节陵。又如《后汉书·儒林传》记载"〔召驯〕章和二年，代任隗为光禄勋，卒于官，赐冢茔陪园陵。"②《后汉书·杨秉传》记载杨秉，延熹八年薨。"秉性不饮酒，又早丧夫人，遂不复娶，所在以淳白称……八年薨，时年七十四，赐茔陪陵。子赐。"③都是陪葬的例证。

但是，到了东汉中晚期，因为归葬和祔葬制度的盛行，陪葬制度和西汉时期的相比，明显衰落。特别是桓灵之后，身居三公之列的大臣也归葬故乡，不再陪葬在洛阳附近的皇陵。比较突出的例子，是太尉杨震。究其原因，是东汉中后期，皇权衰落，地方豪族势力兴起。在故乡修造墓园，名扬乡里，比陪葬皇帝，更为重要。

汉代厚葬之风特盛，《后汉书·李固传》记载，李固欲令大将军梁商先正风化，退辞高满，乃奏记曰："明将军望尊位显，当以天下为忧，崇尚谦省，垂则万方。而新营祠堂，费功亿计，非以昭明令德，崇示清俭。"④可知，当时在墓前营建祠堂，费用可高达亿计。东汉时期，修筑石祠、石阙，镌刻铭文，记录花费之巨。

所以，东汉时人王符批评这种死后为亲人大肆修造祠堂，宴飨宾客以博取孝名的丧葬风气，云："尽孝悌于父母，正操行于闺门，所以为列士也。今多务交游以结党助，偷世窃名以取济渡，夸末之徒，从而尚之，此逼贞士之节，而眩世俗之心者也。养生顺志，所以为孝也。今多违志俭养，约生以待终，终没之后，乃崇饬丧纪以言孝，盛飨宾旅以求名，诬善之徒，

---

① 《汉书》卷二八下《地理志》下，第 1642 页。
② 《后汉书》卷七九《儒林传》，第 2574 页。
③ 《后汉书》卷五四《杨秉传》，第 1775 页。
④ 《后汉书》卷六三《李固传》，第 2078 页。

从而称之，此乱孝悌之真行，而误后生之痛者也。"①

东汉时期，皇帝也三令五申下诏，反对奢侈的丧葬之风，如《后汉书·明帝纪》，有诏曰："昔曾、闵奉亲，竭欢致养；仲尼葬子，有棺无椁。丧贵致哀，礼存宁俭。今百姓送终之制，竞为奢靡。生者无担石之储，而财力尽于坟土。伏腊无糟糠，而牲牢兼于一奠。糜破积世之业，以供终朝之费，子孙饥寒，绝命于此，岂祖考之意哉！又车服制度，恣极耳目。田荒不耕，游食者众。有司其申明科禁，宜于今者，宣下郡国。"②又《后汉书·章帝纪》，建初二年，诏曰："而今贵戚近亲，奢纵无度，嫁娶送终，尤为僭侈。有司废典，莫肯举察。春秋之义，以贵理贱。今自三公，并宜明纠非法，宣振威风。朕在弱冠，未知稼穑之艰难，区区管窥，岂能照一隅哉！其科条制度所宜施行，在事者备为之禁，先京师而后诸夏。"③又《后汉书·安帝纪》元初五年诏曰："旧令制度，各有科品，欲令百姓务崇节约。遭永初之际，人离荒厄，朝廷躬自菲薄，去绝奢饰，食不兼味，衣无二彩。比年虽获丰穰，尚乏储积，而小人无虑，不图久长，嫁娶送终，纷华靡丽，至有走卒奴婢被绮縠，着珠玑。京师尚若斯，何以示四远？设张法禁，恳恻分明，而有司惰任，讫不奉行。秋节既立，鸷鸟将用，且复重申，以观后效。"④

可见，终东汉一朝，虽然屡次明令禁止厚葬之风，然而却并无成效。甚至到东汉末年，有愈演愈烈的趋势。为了起冢修墓立碑，甚至散尽家产，《后汉书·崔寔传》记载："寔父卒，剽卖田宅，起冢茔，立碑颂。葬讫，资产竭尽，因穷困，以酤酿贩鬻为业。"⑤

特别是在下葬之时，四方宾客前来送葬，形成会丧、会葬的风潮。汉安帝时，邓骘死后，"还葬洛阳北芒旧茔，公卿皆会丧，莫不悲伤之"⑥。东汉桓灵之时，外戚当权，外戚家的孩子去世，都要求会葬，《后汉书·杜

---

① （汉）王符：《潜夫论》卷一《务本》，北京：中华书局，1985年，《潜夫论笺校证》本，第20页。

② 《后汉书》卷二《明帝纪》，第115页。

③ 《后汉书》卷三《章帝纪》，第134—135页。

④ 《后汉书》卷五《安帝纪》，第228—229页。

⑤ 《后汉书》卷五二《崔寔传》，第1731页。

⑥ 《后汉书》卷一六《邓骘传》，第617页。

乔传》，记载："益州刺史种暠举劾永昌太守刘君世以金蛇遗梁冀，事发觉，以蛇输司农。冀从乔借观之，乔不肯与，冀始为恨。累迁大鸿胪。时冀小女死，令公卿会丧，乔独不往，冀又衔之。"①

而会丧的规模往往很大，宾客可达上千人。《后汉书·黄琼传》记载："太尉黄琼辟，不就。及琼卒，归葬江夏，四方名豪会帐下者六七千人，互相谈论，莫有及蟠者。"②

会葬时，门生故吏会立碑，刻石纪功颂德。《后汉书·郭泰传》记载，郭泰于建宁二年，卒于家，时年四十二。"四方之士千余人，皆来会葬。"谢承《后汉书》亦云："泰以建宁二年正月卒，自弘农函谷关以西，河内汤阴以北，二千里负笈荷担弥路，柴车苇装塞涂，盖有万数来赴。"在会葬时，"同志者乃共刻石立碑，蔡邕为其文"③。

顾炎武论及东汉时期用人之法，曰："盖其时惟守相命于朝廷，而自曹掾以下，无非本郡之人，故能知一方之人情，而为之兴利除害。其辟用之者即出于守相，而不似后代之官，一命以上皆由于吏部。"④《通典》亦云："汉县有丞、尉及诸曹掾。多以本郡人为之。"⑤故而在会葬时，官员归葬故乡，故吏们则需要从官员曾任职的地方来到官员的故乡。而且在立碑的时候，往往称官员在当地的官职，石碑中有很多这样的例子。

杨宽分析这样的会葬制度背后，是地方豪强势力的发展，他们把墓祭，祭祀祖先作为巩固自己地方势力的一种手段⑥。

而到了东汉后期，特别是桓灵之际，党锢兴起，《后汉书》评价云："逮桓、灵之间，主荒政缪，国命委于阉寺，士子羞与为伍，故匹夫抗愤，处士横议，遂乃激扬名声，互相题拂，品核公卿，裁量执政，婞直之风，于斯行矣。"⑦品评人物的风气，也随之急剧兴盛⑧。士人自然会利用墓祭、

---

① 《后汉书》卷六三《杜乔传》，第 2093 页。
② 《后汉书》卷五三《黄琼传》，第 1752 页。
③ 《后汉书》卷六八《郭泰传》，第 2227 页。
④ （清）顾炎武：《日知录》卷八，第 479 页。
⑤ （唐）杜佑：《通典》卷三三《职官》，北京：中华书局，1988 年，第 920 页。
⑥ 参见杨宽：《中国古代陵寝制度史研究》，第 41—42 页。
⑦ 《后汉书》卷六七《党锢列传》，第 2185 页。
⑧ 参见［日］冈村繁：《汉魏六朝的思想和文学》第四章《后汉末期的评论风气》，上海：上海古籍出版社，2002 年，陆晓光汉译本，第 80—169 页。

会丧、立碑的机会，联合同道，结党营谋，借以宣扬名声。

清人赵翼总结"东汉尚名节"，云："驯至东汉，其风益盛。盖当时荐举征辟，必采名誉，故凡可以得名者，必全力赴之，好为苟难，遂成风俗。"① 因此，桓灵之际，除墓碑急速增多之外，而且还出现了普遍为当地官员竖立歌功颂德的去思碑、德政碑的风气。

根据以上分析可以知道，石碑，特别是墓碑在东汉时期的出现，并且广泛地传播，是有着深刻的技术和社会背景的。对比东汉时期画像石的分布②，就可以看出，有些地区虽然盛产石料，也有刻石的技术，留下了数量众多的画像石墓，但是却没有多少石碑。

石刻最早出现的秦地、赵地，也就是东汉时期的三辅地区和冀州刺史部，虽然石刻存续，不绝如缕，但是并没有如鲁中南、洛阳附近以及巴蜀地区那样，发展成为石碑分布最为核心，也最为集中的区域。秦地，也就是三辅地区，从西汉以来，就是经济发达地区，但是到东汉安帝、顺帝时期，凉州爆发羌人起义，三辅地区遭遇战争的袭击。此后，和羌人之间的冲突一直未有停止，如桓帝延熹四年，"零吾复与先零及上郡沈氏、牢姐诸种并力寇并、凉及三辅。""永康元年，东羌、岸尾等，胁同种连寇三辅"③。连年的战乱，对三辅地区的社会经济造成很大的破坏。蔡邕作《樊陵颂》记云："前汉户五万，口有十七万，王莽后十不存一。永初元年，羌戎作虐。至光和，领户不盈四千。园陵蕃卫粢盛之供，百役出焉。民用匮乏，不堪其事。"④ 在战乱的影响下，刚好错过了石碑发展的高峰时期，民生凋敝，石碑当然很难普及。

河北地区，即东汉时期冀州刺史部，相较于整个黄淮海平原地区，从西汉以来农业经济就相对比较落后⑤，东汉时人陈琳作《武库赋》《应机论》，

---

① （清）赵翼：《廿二史札记》卷五，北京：中华书局，1984 年，王树民《廿二史札记校证》本，第 102 页。

② 信立祥：《汉代画像石综合研究》，北京：文物出版社，2000 年，第 13—20 页。

③ 《后汉书》卷八七《西羌传》，第 2897—2898 页。事又见于《后汉书》卷六五《张奂传》，第 2140 页。

④ （西晋）司马彪：《续汉书·郡国志一》梁刘昭注引蔡邕《樊陵颂》，据《后汉书》，第 3404 页。

⑤ 参见史念海：《战国至唐初太行山东经济地区的发展》《秦汉时代的农业地区》，《河山集》，北京：三联书店，1963 年，第 131—148 页、第 163—195 页。

受到张纮赏识，陈琳答曰："自仆在河北，与天下隔，此闲率少于文章，易为雄伯，故使仆受此过差之谭，非其实也。今景兴在此，足下与子布在彼，所谓小巫见大巫，神气尽矣。"① 曹魏时人卢毓作《冀州论》，云："冀州，天下之上国也。尚书何平叔、邓玄茂谓其土产无珍，人生质朴。上古以来。无应仁贤之例。异徐、雍、豫诸州也。"② 冀州的经济及文化水平落后的情况可见一斑。

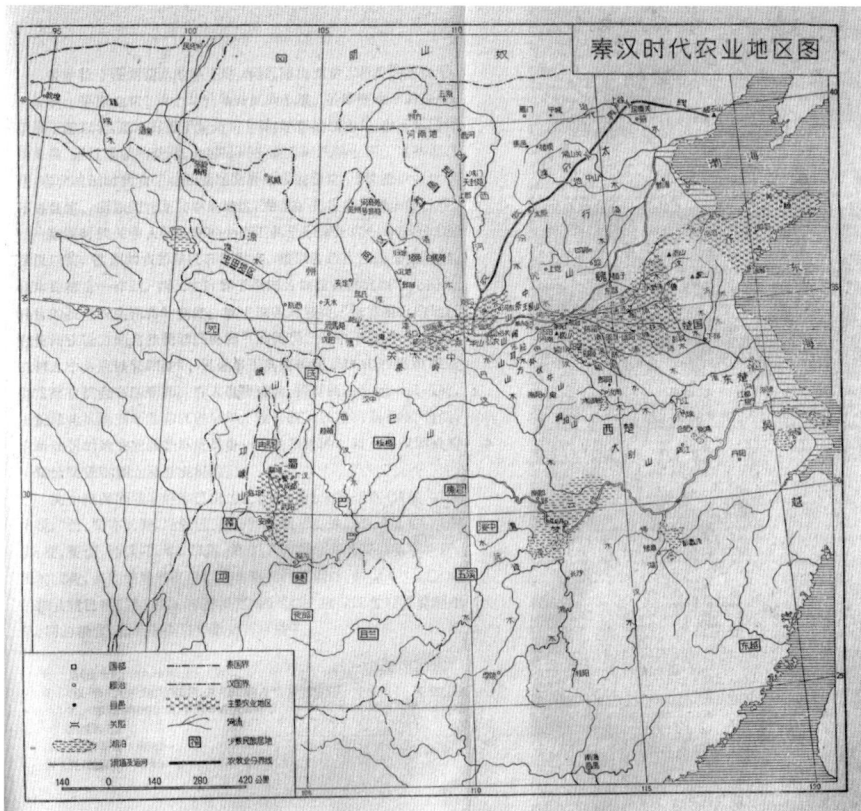

史念海编绘《秦汉时代农业地区图》③

① 《三国志》卷五三《吴书·张纮传》裴松之注引《吴书》，北京：中华书局，1982 年，第 1246—1247 页。

② 据（清）严可均：《全上古三代秦汉三国六朝文》卷三五，北京：中华书局，1959 年，影印本，第 1250 页。此文原出于《初学记》（北京：中华书局，1962 年）卷八（第 176 页），然而《初学记》作"冀、徐、雍、豫诸州也"，与前后文不通，盖严可均作了校改。

③ 史念海：《秦汉时代的农业地区》，《河山集》，第 164—165 页附图。

　　石碑分布的地区必须具备一定的经济基础，而且文化也要发达。卢云在其著作《汉晋文化地理》一书中，通过统计《后汉书》所见士人、五经博士以及三公九卿的籍贯的地域分布，总结出东汉时期文化发达的地区，有以下四个。第一个是东起琅邪、东海，西到河南、南阳，北达河内，南及淮河的豫兖青徐司地区。第二个是三辅地区。第三个是吴郡与会稽郡北部的山会平原一带的吴会地区。第四个是指蜀郡、广汉、犍为一带的蜀地①。这四个东汉时期文化发达的地区，虽然与前述石碑分布的六个主要地区并不是完全一致，但也大体重合。

　　东汉时期石碑出现最早，最为核心的地区，就是今天曲阜到济宁一带的鲁西南地区，当地从春秋战国时期以来，就是文化发达地区。班固评价鲁地为："其民有圣人之教化，故孔子曰，齐一变至于鲁，鲁一变至于道，言近正也。"并云："汉兴以来，鲁东海多至卿相。"②

　　前文已经论及，石碑的兴起和发展，与儒家的礼仪制度特别是丧葬礼仪具有十分密切的关系，而制礼作乐，本是儒家所擅长的职事。当年刘邦初登大位时，叔孙通进奏称"愿征鲁主诸生，与臣弟子共起朝仪"，经高祖允准后，"叔孙通使征鲁诸生三十余人"，西入长安，为汉朝制定了并演练了开国的典礼③。上文也谈到，叔孙通降附刘邦的时候，本来就带着"儒生弟子百余人"，现在还要特地从鲁国故地征集儒生为汉廷制定礼仪制度，足见鲁国直接承自孔子的儒学传统，最为深厚，因而这一地区不仅是东汉石碑最早的发源地，同时这一地区及其临近地带，也是东汉时期最为重要的石碑集中分布区域。

　　东汉以来，随着都城由长安迁至洛阳，以首都为中心，附近的颍川、汝南、南阳一带，文化迅速发展。这一地区，有发达的手工业和商业，修造了很多水利设施，农业发达，人口密集，都是修造石碑的经济基础。另外，士族的分布，在南阳、颍川、汝南这一带，也最为密集。东汉时期，地方官在当地兴办郡学，推广教化，促进了当地文化的发展。汉末人王粲评价大儒郑玄的文化地位，有"伊雒以东、淮汉以北，康成一人而已"的

---

　　① 卢云：《汉晋文化地理》，西安：陕西人民教育出版社，1991 年，第 64—76 页。

　　② 《汉书》卷二八下《地理志》下，第 1662 页。

　　③ 《史记》卷九九《刘敬叔孙通列传》，第 2722—2723 页。

说法，即世人"咸言先儒多阙"而"郑氏道备"①。所谓"伊雒以东，淮汉以北"，正是本文所说"洛阳附近地区"这一石碑集中分布区域，而且石碑在这一地区出现的时间也很早。时人以此区域为背景来反衬郑玄经学水平高出于当时所有人之上很多，正说明这一地区文化水平之高在全国独占鳌头，大量石碑集中分布在这一区域，充分显示出石碑作为一种文化地理要素与其他区域文化背景的契合。

巴蜀地区，到了东汉，除了蜀郡所在的成都平原，广汉属国和犍为属国也得以发展。《水经注》云："益州旧以蜀郡、广汉、犍为为三蜀，土地沃美，人士隽乂，一州称望。"②新莽到东汉初年，公孙述盘踞蜀地，时值天下大乱，大量士人为躲避战乱，逃往蜀地。《后汉书》记载："蜀地肥饶，兵力精强，远方士庶多往归之。"③东汉时期，蜀地经济富庶，文化发达，故《华阳国志》夸赞道："降及建武以后，爰迄灵、献，文化弥纯，道德弥臻。"又举述东汉时蜀地名人，赞叹曰："自时厥后，龙宗有鳞，凤集有翼，搢绅邵右之畴比肩而进，世载其美。是以四方述作，有志者莫不仰其高风，范其遗则，擅名八区，为世师表矣。其忠臣孝子、列士贞女，不胜咏述，虽鲁之咏洙泗，齐之礼稷下，未足尚也。故汉征八士，蜀有四焉。"④这段话正反映了巴蜀地区的汉碑所显示出的文化现象，蜀地颂德、颂扬孝道的碑刻犹多。

另外，东汉时期的广汉郡，因为处于川陕交通的要道，是人员、物资往来的必经之路，纵观石碑的分布，可以看到沿着交通线展开的趋势。

吴会地区，即吴郡与会稽宁绍平原以北的地区，根据卢云的分析，在西汉时期，吴越地区包括淮南和吴会地区，两地的文化都十分发达，特别是西汉晚期，淮南地区所出的公卿、士人都很多，但是东汉时期却衰落了，卢云认为是西汉时期促进淮南地方文化发展的政治因素消失了的结果⑤。而

①（宋）王应麟：《困学纪闻》卷二引唐元行冲《释疑》转述《颜氏家训》佚文，上海：商务印书馆，《四部丛刊三编》影印元刻本，第25页b。

②（北魏）郦道元《水经·江水注》，据王先谦《合校水经注》卷三三，第485页。

③《后汉书》卷一三《公孙述传》，第535页。

④（东晋）常璩：《华阳国志》卷三《蜀志》，成都：巴蜀书社，1984年，刘琳《华阳国志校注》本，第223页。

⑤卢云：《汉晋文化地理》，第72—75页。

吴会地区的文化，却在东汉时期得到长足的发展。究其原因，应该是新莽时期，北方战乱，导致大批士人流亡至此。如《后汉书》记载南阳宛人任延："更始元年，以延为大司马属，拜会稽都尉。时年十九，迎官惊其壮。及到，静泊无为，唯先遣馈礼祠延陵季子。时天下新定，道路未通，避乱江南者皆未还中土，会稽颇称多士。"①

而且吴会地区，学风浓厚。《后汉书·张霸传》记载张霸"举孝廉光禄主事，稍迁，永元中为会稽太守，表用郡人处士顾奉、公孙松等。奉后为颍川太守，松为司隶校尉，并有名称。其余有业行者，皆见擢用。郡中争厉志节，习经者以千数，道路但闻诵声。"②由此可以了解，吴会地区士人辈出的景象。

到东汉后期，地方官员在地方兴办郡国学，地方上兴办私学的风气也大盛，这些都推动了地方经济和文化的发展。特别是在边远地区，如凉州、并州，以及广大南方地区，在地方官员的推动下，兴建学官，推广儒学，文化趋于同一，地域文化的特色逐渐减弱。

明了这一情况，就可以更好地理解，到东汉末年石碑不仅仅是在五个核心区域，而是在全国广泛分布的文化背景。

---

① 《后汉书》卷七六《循吏列传》，第 2460—2461 页。
② 《后汉书》卷三六《张霸传》，第 1241 页。

山西临猗程村墓地地望再论

孙杰伟 *

程村墓地位于今山西省临猗县西南 20 公里的程村附近。1987 年 6 月中旬，当地村民在村西取土时发现若干青铜器，同年秋相关部门开始对其进行发掘。发掘过程持续两年，最终探明墓地面积约 4 万平方米，面积总体较大，保存状况良好且未经盗扰。据先期 M0001、M0002 两座墓地的发掘来看，共出土铜鼎 9 件，其中 M0002 出土 5 件[①]，由此可见墓主等级较高，或属卿大夫一级。

春秋时期晋国的西部疆界多维持在黄河或北洛河一线，程村墓地即位于晋国的传统控制区域运城盆地内，因此墓主身份及其所指代的城邑信息成为学界关注的焦点。对于该墓归属，有学者推断其可能属晋国魏颗令狐氏一族势力范围[②]，也有观点认为"程村墓地必与范、魏、智之一有关"[③]，此后田伟又进一步认为范、魏、智任何一家均难以定论[④]。囿于资料所限，加之墓地并未出土带有铭文的器物，学界对于此问题的讨论目前也仅限于此，上述说法均将墓地的归属指向晋国的传统世卿大族。然笔者在思考本问题的过程中逐渐产生一种新的认识，即墓地或归属于晋国的程氏一族，下文就其凭据作详细说明，有不当之处也祈望众方家指正。

———————

* 孙杰伟，1994 年生，男，首都师范大学历史学院博士研究生。

① 赵慧民、李百勤、李春喜：《山西临猗县程村两座东周墓》，《考古》1991 年第 11 期。

② 张童心、张崇宁：《临猗程村墓地地望考》，中国考古学会等编：《汾河湾——丁村文化与晋文化考古学术研讨会文集》，太原：山西高校联合出版社，1996 年，第 331—333 页。

③ 中国社会科学院考古研究所等编：《临猗程村墓地》，北京：中国大百科全书出版社，2003 年，第 249—252 页。

④ 田伟：《涑水流域春秋墓葬初步研究》，《中国国家博物馆馆刊》2017 年第 7 期。

一、程氏的发展与墓地归属

首先我们对有关晋国程氏的文献记载进行梳理，并探求其活动时间。文献中与程氏相关的人物共有四人，据《国语·晋语七》载："……知程郑端而不淫，且好谏而不隐也，使为赞仆"，韦昭注："程郑，晋大夫，荀雅之曾孙，程季之子"。[①]由此可以知晓程氏别出荀氏，其当如同出荀氏的知氏一样因邑而得氏，此年为晋悼公元年（前572），至迟到程季时其族已改氏。《左传》鲁成公十八年载："晋栾书、中行偃使程滑弒厉公"。杜预注言："程滑，晋大夫。"传文此后又言："使程郑为乘马御"。杜注"程郑，荀氏别族"[②]。程郑与程滑之关系史籍未明，传文又在鲁襄公二十四年（前549）言："晋侯嬖程郑，使佐下军"[③]，程郑此年仍然活跃在晋国政坛，并倚靠晋君宠信入居卿列，进入核心政治圈层。然次年传文即言"晋程郑卒"[④]，其在为卿仅一年后便告辞世。程郑去世后文献再未出现程氏族人的记载，而自程郑淡出卿列晋国也彻底进入六卿专政的阶段，程氏可能于此后逐渐消亡。《左传》的一则记载似乎也昭示了此点，栾氏之乱时传文曾提到："初，栾盈佐魏庄子于下军，献子私焉，故因之。赵氏以原屏之难怨栾氏，韩赵方睦，中行氏以伐秦之役怨栾氏，而固与范氏和亲，知悼子少而听于中行氏，程郑嬖于公，唯魏氏及七舆大夫与之"[⑤]。晋平公初期晋国的卿族内部已分化严重，诸卿中仅程郑归属于晋君阵营，其身死之后程氏一族必然会遭遇其他势力打压，这也可看作是继栾氏之后晋卿势力间的再次洗牌。

由上文可知，程氏得氏时间当不早于荀雅。荀雅仅见于鲁成公三年（前588），此年传文言："晋作六军，韩厥、赵括、巩朔、韩穿、荀雅、赵旃皆为卿，赏鞍之功也"[⑥]。从该处人名称呼来看，此时其族似乎仍未改氏，因相较之下与其同出荀氏、时任晋中军佐的荀首在鲁宣公十二年（前597）便已被称作"知庄子""知季"[⑦]，因知邑而别氏。虽然程氏得氏的具

①《国语》卷十三《晋语七》，上海：上海古籍出版社，1978年，第435页。

②（晋）杜预：《春秋经传集解》，上海：上海古籍出版社，1988年，第784页。

③ 杜预：《春秋经传集解》，第1019页。

④ 杜预：《春秋经传集解》，第1041页。

⑤ 杜预：《春秋经传集解》，第993页。

⑥ 杜预：《春秋经传集解》，第669页。

⑦ 杜预：《春秋经传集解》，第590页。

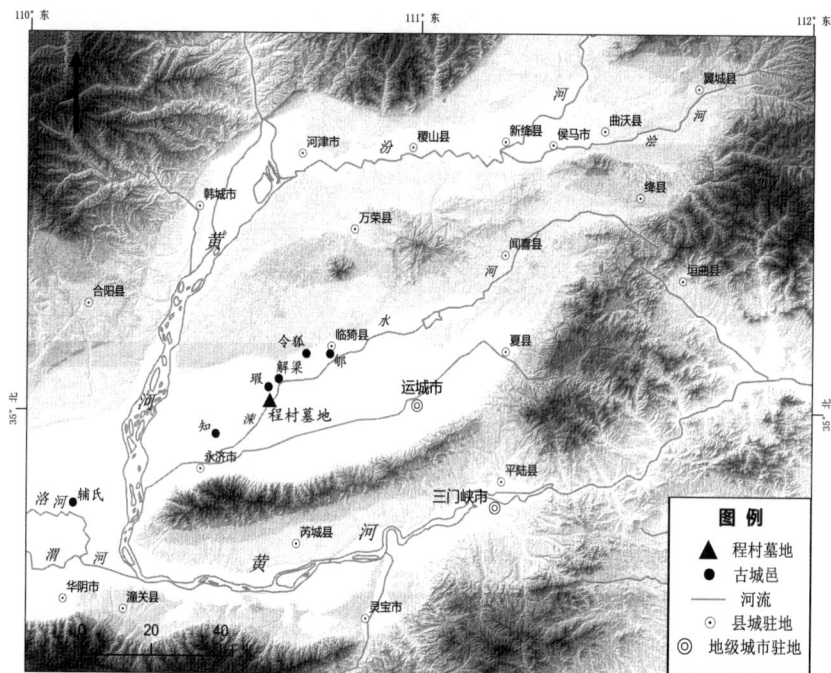

临猗程村墓地位置图

体时间已无从考证，但笔者仍倾向于其在荀骓入居卿列时最为可能。除以上人物外，《史记·赵世家》中还载有程婴，其人最早出现在晋景公三年（前597），为赵氏"下宫之难"事件中的重要人物①。《赵世家》对这一事件的记载与《左传》《晋世家》差异甚大，尤其在发生时间上前后竟相差十四年，学者对此已颇多辨讹②，"赵氏之难"发生时间当依《左传》而定于景公十七年。程婴其人是否存在、世系如何今已无从考证。假使其存在且又为荀氏分支，以其对赵氏的功绩而言，其族若此后依附于赵氏定不会在晋国政坛完全消失。而若其存在又非荀氏之族，则荀骓很可能在赵氏之难后从其手中获取了程邑。当然无论如何，其人同样出现在春秋中期的后段，这对程村墓地归属的讨论实无影响。

---

① 《史记》卷四十三《赵世家》，北京：中华书局，1959年，第1783—1784页。

② 杨秋梅：《〈赵氏孤儿〉本事考》，《山西师大学报》1992年第2期；田卫平：《"孟姬之谗"与"赵氏孤儿"》，《河北学刊》1998年第1期；白国红：《"下宫之难"探析》，《史学集刊》2006年第2期。

关于程村墓地的年代，考古报告表明："其当与侯马上马墓地的年代一致，具体而言，定在春秋中、晚期比较妥当"①，这一断代与程氏活动时间非常接近。从墓地整体规模来看，报告中提到共发掘墓葬52座，数量并不算多，这似乎也符合程氏家族势力较弱小的特点。总体而言，在确定墓主等级的条件下，其在时间上与程氏家族发展较为吻合。

二、程氏封邑位置的推定

春秋时期家族墓葬往往与其封邑相邻近，对于程村墓地是否与晋国程邑有关，以下从三方面进行论述。

传世文献并无程邑位置的记载，因此我们首先应对墓地附近的相关城邑进行考订，其中主要有郇、瑕、令狐。关于春秋郇城，历来与晋之荀地多有牵涉，对此有学者曾专门撰文考辨，认为郇位于今临猗县西南五里，荀位于今新绛县三泉镇席村一带，郇与荀实为两地并无关联②。又据《临猗县志》载，20世纪末临猗县南的关原头村附近曾在地层下发现有古代瓦砾③，其位置与临猗县西南五里甚合，郇城可能即位于此。令狐多见诸文献记载，据《晋国地名考》的考订，今临猗县嵋阳镇东北的令狐村可能即令狐之所在④。从位置来看，以上两邑均距离程村墓地较远，且其间还分布有春秋时期的解梁城，墓地当不为二者所有。关于春秋解梁城，《元和郡县图志》在河中府临晋县下载："故解城，本春秋时解梁城，又为汉解县城也，在县东南十八里"⑤，考古工作者曾在今临猗县西南的城东、城西两村间发现有东周至汉代时期的古城址⑥，此即为春秋之解梁城。需要特别说明的是瑕城，据《水经注·涑水注》载："涑水又西南经瑕城……京相璠曰'今河东解县西南五里有故瑕城'"⑦，《山西省历史地图集》将西晋解县同样标注

---

① 张童心、张崇宁：《临猗县程村墓地发掘简报》，《文物季刊》1993年第3期。
② 吕亚虎：《郇国地望及其相关问题考辨》，《中国历史地理论丛》2017年第4期。
③ 临猗县志编纂委员会编：《临猗县志》，北京：海潮出版社，1993年，第820页。
④ 马保春：《晋国地名考》，北京：学苑出版社，2010年，第152页。
⑤ （唐）李吉甫：《元和郡县图志》，贺次君校点，北京：中华书局，1983年，第326页。
⑥ 中国社会科学院考古研究所山西工作队：《晋南考古调查报告》，《考古》编辑部编：《考古学集刊》第6集，北京：中国社会科学出版社，1989年，第43页。
⑦ 陈桥驿：《水经注校证》，北京：中华书局，2007年，第171页。

于今城西、城东村之间①，可见西晋时解县仍未迁移。今程村墓地位于其西南近7公里，与京相璠所言五里仍有较大出入。《左传》鲁成公六年在记载晋国迁都时曾提到"郇瑕氏之地"②，可见瑕在春秋中期当已存在，其与程氏家族的出现时间相去不远，二者为两邑无疑，程村墓地与瑕城无涉。

通过探寻荀氏家族其他封邑的位置可对程村墓地归属进行佐证。《后汉书·郡国志》于河东解县下曾言："《博物记》曰'有智邑'"③。又《史记·魏世家》载："魏侈之孙曰魏桓子，与韩康子、赵襄子共伐灭智伯"；其下《正义》注言"《括地志》云'故智城在蒲州虞乡县西北四十里'；《古今地名》云'解县有智城'，盖谓此也"④。唐代虞乡县治今永济市东的虞乡镇，则春秋知邑位于其西北40里处。值得注意的是，今虞乡镇西北17公里处有村名智家庄，其距离与唐代40里甚合，不知其是否与春秋知邑有关，留待后续探究。由上文可知与荀雅曾同期出现的知氏先祖荀首，其封邑同样位于涑水河流域的下游，距离程村墓地并不算远。春秋后期晋国的辅氏城似亦曾为荀氏一族所有，据《国语·晋语九》载："知宣子将以瑶为后，知果曰'不如宵也……若果立瑶也，知宗必灭'，弗听，知果别族于太史为辅氏，及知氏之亡，唯知果在"⑤。春秋晋有辅氏地，鲁成公十三年传文引吕相语"……及君（笔者按：秦桓公）之嗣也，我君景公引领西望曰'庶抚我乎！'，君亦不惠称盟，利吾有狄难，入我河县，焚我箕郜，芟夷我农功，虔刘我边陲，我是以有辅氏之聚"⑥。关于辅氏的位置，《读史方舆纪要》于同州朝邑县下言："在县西北十三里，春秋时晋邑"⑦，清代朝邑治今大荔县朝邑镇，则辅氏在其西北不远，春秋时的辅氏城为黄河西岸秦晋间一军事要邑。辅氏与知邑、程村墓地均相距不远，三者同处晋国由涑水西渡黄河的交通干线之上。此外春秋时期晋国还一直存在有族

---

① 山西省地图集编纂委员会编：《山西省历史地图集·政区图组·西晋》，北京：中国地图出版社，2000年，第29页。

② 杜预：《春秋经传集解》，第681页。

③ 《后汉书》志十九《郡国一·河东》，北京：中华书局，1965年，第3399页。

④ 《史记》卷四十四《魏世家》，第1838页。

⑤ 《国语》卷十五《晋语九》，第500页。

⑥ 杜预：《春秋经传集解》，第724页。

⑦ （清）顾祖禹：《读史方舆纪要》，贺次君，施和金点校，北京：中华书局，2005年，第2605页。

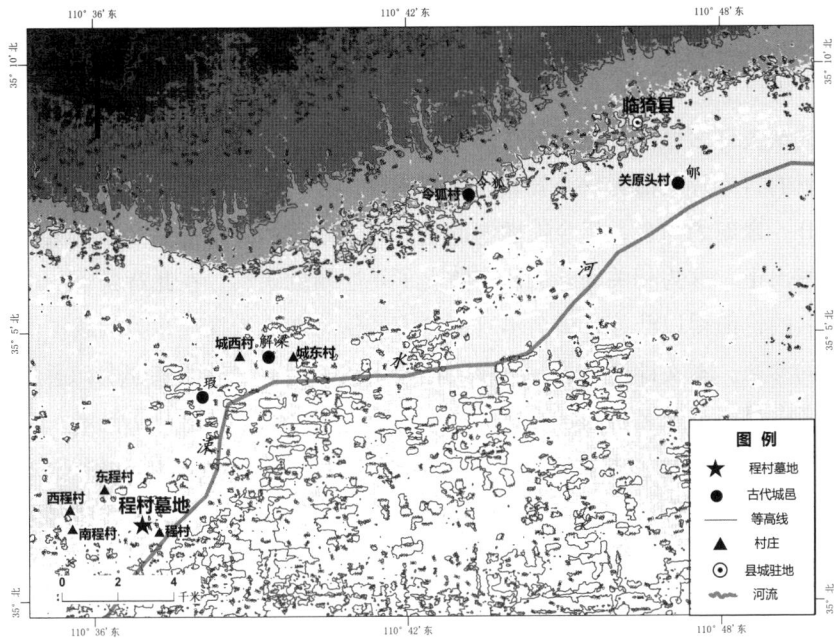

程村墓地周边城邑分布图

群城邑集聚的现象，如魏氏的魏、令狐、安邑均分布在今运城市南部，范文子受封之郇、栎均位于运城盆地且相去不远，祁氏、羊舌氏城邑分别集中在今太原与临汾盆地，此类情况仍有很多，此处自不赘言。总而言之，从当时族群城邑临近现象来看，程村墓地很可能与知邑、辅氏一样同属荀氏。

　　地名是本文探讨程村墓地的另一个重要依据。今墓地西侧存在有西程、东程、南程三个同时带有程字的村落，从名称来看，后三者当由程村陆续分出。关于程村之由来，据《临猗县地名志》载："以程氏首创此村，故名程村，程氏早已绝户，而村名犹存"[1]，今程村既然已无程姓，其建村时间当较早。康熙前期的《临晋县志》在坊里下载有程李村，屯营下有两程、东程村[2]，程李村即指程村，两程则是西程与南程，可见清初时四村已分离开来，其村历史当较为久远，其人或即春秋程氏之后裔，程邑则可能即位于此。

---

① 山西省临猗县县志编纂委员会办公室编：《临猗县地名志》，1986 年，第 73 页。

② 康熙《临晋县志》卷四《建置志》，第 24 页 a、第 29 页 a。

三、结语

　　历史上的晋国在其开疆拓土进程中，曾赐封有大量城邑，然而由于文献的缺失许多城邑均已湮没在历史长河之中，一些确知存在的城邑也由于文献的吉光片羽而无法获知其位置与归属。现代考古学虽为解决此类问题打开一扇新的窗户，但令人遗憾的是，许多墓葬的发现往往又不见铭文资料的出土，这为相关问题的研究蒙上了一层新的阴影。在此背景下，当代地名的价值得以凸显，地名本身所携带的信息亦能为探究相关问题提供重要的参照。本文即运用这一路径，在深入梳理相关文献的基础上，通过结合考古材料与地名对程村墓地进行了讨论，对春秋程邑进行了推定。需要说明的是，虽然上述信息均将墓地归属指向晋国的程氏家族，但由于时间久远、材料所限，对本问题的讨论仍需持谨慎态度，对今后新的材料的出现仍需给予持续关注。

秦洞庭郡治所新考

王　朔　黄浩波[*]

2002 年湖南龙山县里耶镇古城遗址一号井内出土了一批秦代简牍，其中出现"洞庭"这一郡名，经研究，学界已认同秦在沅澧流域设置洞庭郡。确定新见秦洞庭郡治所是政区地理研究的核心问题，近十余年来，诸多学者进行了探索，成为里耶秦简的研究热点，本文先梳理前辈学者推进该问题的过程，借此明确研究现状。

2003 年里耶古城发掘简报公布了零星的简文，王焕林先生率先根据洞庭郡治到迁陵的里程数提出郡治所位于临沅县，[①] 钟炜、晏昌贵二位先生从此说；[②] 由于里耶秦简相关简文公布较少，徐少华、李海勇二位先生根据传世地理志文献，认为治所在沅陵县西二十里；[③] 赵炳清先生又据考古墓葬材料提出洞庭郡治位于今湖南长沙市。[④]2012 年《里耶秦简（壹）》公布，《里耶秦简牍校释（第一卷）》提出新武陵为洞庭郡治所。[⑤] 郑威先生根据有关新武陵的六条简文，论证《里耶秦简牍校释（第一卷）》说法，又提出秦始

────────────

　*王朔，历史学博士，云南大学历史与档案学院讲师；黄浩波，历史学博士，武汉大学历史学院讲师。项目基金：2022 年度教育部人文社会科学研究青年基金项目"秦及汉初的身份制文书研究"（22YJC770021）。

　① 王焕林：《里耶秦简释地》，《社会科学战线》2004 年第 3 期。

　② 钟炜、晏昌贵：《楚秦洞庭苍梧及源流演变》，《江汉考古》2008 年第 2 期。

　③ 徐少华、李海勇：《从出土文献析楚秦洞庭、黔中、苍梧诸郡县的建置与地望》，《考古》2005 年第 11 期。

　④ 赵炳清：《秦洞庭郡略论》，《江汉考古》2005 年第 2 期。

　⑤ 陈伟主编：《里耶秦简牍校释（第一卷）》，武汉：武汉大学出版社，2012 年，第 190 页。

皇二十八年至三十四年之间，洞庭郡治可能从新武陵迁到沅阳。[①] 游逸飞先生根据洞庭郡文书发出地点的变化，认为洞庭郡治至少三迁：新武陵—临沅—沅阳，[②] 进一步申发洞庭郡治迁徙说。2013 年游逸飞、陈弘音二位先生公布了里耶秦简第九层若干简牍的释文，晏昌贵先生补释简 9-712+9-758（按，即《里耶秦简（贰）》简 9-713），[③] 据此认为临沅是洞庭太守发布文书的起点，亦即洞庭郡治所在，又提出新武陵为洞庭尉治所。[④] 广濑薰雄先生从文书传送路线的角度论证临沅、新武陵为洞庭郡治，并提出洞庭郡治先在新武陵，后徙至临沅。郑威、游逸飞二位先生认为洞庭郡文书用印代表了郡府文书的发出地点，广濑先生认为"以某印行事"说明的是洞庭假守（即郡守代理）用什么印章办理洞庭守的事务……不能说明洞庭郡治的所在地。[⑤] 近来，晏昌贵先生补证临沅为洞庭郡治所，并根据新武陵、临沅所发文书传送到迁陵的时间认为新武陵可能就在临沅县附近，秦洞庭郡先治新武陵，后迁临沅，迁移时间当在秦始皇二十九、三十年间。[⑥]

由上文梳理可见，随着里耶秦简的陆续公布，学者对简文的理解不断深入，论证过程也愈发细致，并倾向于认为有秦一代，洞庭郡治所曾有迁徙。近来郭涛先生指出洞庭郡治迁移说存在的若干问题，并提出秦郡实行三府分立制度，洞庭郡治所并未经过频繁迁移而是采取长官分驻的模式，郡守和郡监开府于临沅县，郡尉驻地在新武陵县。洞庭郡的首县为临沅县。[⑦] 谭远辉先生提出新武陵与临沅是同一县的前后

① 郑威：《出土文献所见秦洞庭郡新识》，《考古》2016 年第 11 期。

② 游逸飞：《里耶秦简所见的洞庭郡：战国秦汉郡县制个案研究之一》，《中国文化研究所学报》2015 年第 61 期，收入氏著：《制造"地方政府"——战国至汉初郡制新考》，台北：台湾大学出版中心，2021 年，第 141 页。

③ 晏昌贵：《里耶秦牍 9-712+9-758 补释》，简帛网 2013 年 12 月 24 日，http://www.bsm.org.cn/?qinjian/6147.html。

④ 晏昌贵：《里耶秦简牍所见郡县名录》，中国地理学会历史地理专业委员会《历史地理》编辑委员会编：《历史地理》第 30 辑，上海：上海人民出版社，2014 年，第 139—150 页。熊永、李探探近来提出洞庭郡治在新武陵，尉治在临沅。参见熊勇、李探探：《假守异地文书行政与洞庭郡治》，《考古》2022 年第 2 期。

⑤ 广濑薰雄：《也谈里耶秦简〈御史问直络裙程书〉》，氏著《简帛研究论集》，上海：上海古籍出版社，2019 年，第 135 页。

⑥ 晏昌贵：《里耶秦简牍所简郡县订补》，《历史地理研究》2019 年第 1 期。

⑦ 郭涛：《秦代洞庭郡治辨正》，《考古》2021 年第 2 期。然而根据 8-657、9-1861 等简可知，洞庭郡守文书亦从新武陵发出，可见新武陵不只是洞庭尉治所。详见下段论述。

名称。①2017 年《里耶秦简（贰）》出版，本文将在前辈学者基础上，结合新见简文继续探究秦洞庭郡治所。

一、作为洞庭郡治的临沅县

里耶秦简所见洞庭郡下行文书很多，其中某些记有郡府文书的传送方式，简 8-159、8-657、9-713 是典型案例，晏昌贵先生、广濑薰雄先生皆根据这类简牍考订洞庭郡治所。不过，洞庭郡之外，目前所见其他秦郡的下行文书不多，睡虎地秦简《语书》所载南郡下行文书是弥足珍贵的一件，广濑薰雄先生以此文书作参照，论证临沅、新武陵为洞庭郡治所。②《语书》所载南郡下行文书的传送方式是"江陵布，以邮行"，③即通过江陵向属县发布文书，这种表达亦见于洞庭郡守的下行文书中，比如简 9-1861 "新武陵布四道，以次传"，又如简 8-657 "新武陵别四道"，这两件分别是洞庭假守高和洞庭守礼发给各属县的文书，参考南郡案例，可知洞庭郡守文书通过新武陵分四道向外传送，江陵为南郡治所，则新武陵亦是洞庭郡守治所。《里耶秦简牍校释》第二卷"前言"亦根据 9-1861 和 9-2283 进一步论证新武陵应是郡治在。④但简 9-713 云"临沅下索，门浅、零阳、上衍各以道次传"，句式表达与南郡文书传送方式存在差异，论证临沅为洞庭郡治所需要更坚实的材料证据。幸运的是，《里耶秦简（贰）》新公布的简 9-2076 记有一件南阳郡下行文书，将此文书传送方式与简 9-713 所见洞庭郡情形相互比照，对探究秦洞庭郡治所具有重要意义。⑤

---

① 谭远辉：《秦县新武陵易名临沅考——兼说秦洞庭郡郡治地望》，段晓明主编：《湖南省博物馆馆刊》第 16 辑，长沙：岳麓书社，2020 年，第 249—255 页。

② 广濑薰雄：《也谈里耶秦简〈御史问直络裙程书〉》，氏著《简帛研究论集》，第 132—135 页。

③ 睡虎地秦墓竹简整理小组：《睡虎地秦墓竹简》，北京：文物出版社，1990 年，第 13 页。

④ 陈伟主编：《里耶秦简牍校释（第二卷）》"前言"，武汉：武汉大学出版社，2018 年，第 7 页。

⑤ 晏昌贵先生《里耶秦简牍所见郡县订补》一文同样注意到简 9-2076 对判定洞庭郡治的重要意义，认为文书传递过程中，"报"的首县在南阳郡为宛县、在内史为咸阳、在洞庭郡则为临沅，而宛县为南阳郡治所、咸阳为内史治所，由此亦可证明临沅县应为洞庭郡治所。

里耶秦简 9-713 云：

六月壬午朔戊戌，洞庭叚（假）守齮下□：听书从事。临沅下索（索），门浅、零阳、上衍各以道次传。别书，临沅下洞庭都水，蓬下铁官，皆以邮行。书到相报，不报，追。临沅、门浅、零阳、【上衍皆言】书到，署兵曹发。如手。道一书。·以洞庭候印☑（正）

充报零阳，金布发。

酉阳报充，署令发。

迁陵报酉阳，署主令【发】。☑

恒署。丁四

七月己未水十一刻刻下十，都邮人□以来。□发。（背）①

《里耶秦简牍校释》认为"洞庭假守齮下"下一字应是"县"。简 8-657 所记洞庭郡下行各属县的文书同样以"听书从事"开头，但除了文书传递路线和具体方式外，文书正面还记有琅邪守发给内史、属邦、各郡守的布告，据此，简 9-713 洞庭假守发文前面亦当有其他内容，目前所见文书并不完整，此件文书不载发文年代亦可说明这一点。简背说文书由"都邮人"在七月己未送达，这应当是迁陵县收到洞庭郡文书的时间。迁陵县收到文书后又向上一站酉阳县回报，根据"书到相报"制度，可知简 9-713 是迁陵县收到的洞庭假守文书原件。关于这件文书的传递路线"临沅下索，门浅、零阳、上衍各以道次传"，学者有不同的认识。

这枚简文初刊布时，学者将此句断作"临沅下索、门浅、零阳、上衍，各以道次传"，晏昌贵先生《里耶秦简牍所见郡县名录》一文认为这件文书的始发地是临沅，由临沅下分四路：索、门浅、零阳和上衍，因此临沅为洞庭太守府发布文书的起点，亦即洞庭治所在。郭涛先生认同这一观点，认为临沅是洞庭郡守文书的集散中心。不过，鹰取祐司先生、郑威先生注意到"临沅下索"之后出现表示文意区隔的符号"乚"，简 8-159 对洞庭郡文书传送路线有相似符号，可见这是洞庭郡文书的规范写法，所以郑威

---

① 陈伟主编：《里耶秦简牍校释（第二卷）》，第 186 页。句读根据笔者的理解有所调整，下文第九层简文若无特别说明皆引自此书，不具注。

先生认为"临沅下索，门浅、零阳、上衍、各以道次传别书"应分两部分理解，即（1）"临沅下索"；（2）"门浅、零阳、上衍各以道次传别书"。[①]鹰取先生将这句话解释为"临沅下索，门浅、零阳、上衍依据各自的路线传送别书"。[②]晏昌贵先生近来的观点也有变化，将这句话解释为：由临沅下索，洞庭郡发往门浅、零阳、上衍，并"各以道次传"，也就是逐县依次下传，从文末的"报（回复）"来看，传到迁陵县的一路为：洞庭郡——零阳——充——酉阳——迁陵。[③]

　　按，简文"以道次传"前有"各"字，说明有多个文书传送的起点，又说"临沅、门浅、零阳、上衍皆言书到"，说明四县都要向洞庭郡守报告文书传送情况。鹰取祐司、郑威、晏昌贵（新说）三位先生对洞庭郡文书传递路线的理解更符合简文的原意，因此与通过治所新武陵分道传送不同，至晚于秦始皇三十一年，洞庭郡通过临沅、门浅、零阳、上衍四县向其他属县传送文书。四县位置关键，所以要向洞庭郡汇报文书是否收到，施行严格的文书回报制度。

　　南阳郡同样施行文书回报制度，其文书格式与简9-713相似，简9-2076云：

　　十月辛丑，南阳守衍下县：听书从事。以律令道次传，别书，都官、南阳尉、都吏□□□县及诸□在县界中者各下之，邓下南郡守。书到相报。宛、新野、比阳、阳成（城）、雉各言书到，署旁曹发。以邮行。它如律令、邯郸书。俱手。

　　十月己酉，邓守丞尚敢言之：下，报署□曹发。敢言之。履手。

　　十一月乙卯朔丁巳，南郡守恒下真书洞庭守：【书】到为报，署户曹发。佗手。（正）

　　丁四。（背）

该文书在结构上分为三部分：十月辛丑南阳守下行文书、十月己酉邓县文

---

　　① 郑威：《秦洞庭郡属县小议》，《江汉考古》2019年第5期。

　　② 转引自郑威：《秦洞庭郡属县小议》。

　　③ 晏昌贵：《里耶秦简牍所简郡县订补》，《历史地理研究》2019年第1期。

书、十一月丁巳南郡文书。第一部分南阳郡下行文书需要重点关注。南阳郡要求属县按照律令规定的路线、顺序传送文书（"以律令道次传"），可见南阳郡的这件文书与简 9-713 洞庭郡文书一样，都是通过"以道次传"的方式向属县传送，并且同样需要属县汇报文书收到情况，文书结尾记有需要"言书到"的属县名单，分别是：宛、新野、比阳、阳成（城）、雉。其中宛县是南阳郡治所，位列此名单首位，在简 9-713 洞庭郡文书中，临沅亦位列回报属县首位，则临沅是洞庭郡治所。

以"新武陵别（布）四道"为传送路径的洞庭郡守文书有：简 9-1861、9-2283、8-657，时间集中于秦始皇二十六年至二十八年之间。以"临沅下索，门浅、零阳、上衍各以道次传"为传送方式的洞庭郡守文书有：简 9-713、8-159、9-26，时间集中于秦始皇三十一年之后。[1] 第二种传递方式要求索、门浅、零阳、上衍四县都在洞庭郡的稳定控制之下，才能保证文书传递效率，因此行用时间较晚。可见，秦始皇二十六年至秦始皇二十八年六月乙未之间，秦洞庭郡以新武陵为治所，[2] 至迟在秦始皇三十一年洞庭郡已经以临沅为治所。

二、新武陵和临沅的关系

接下来的问题是，先后成为洞庭郡治所的新武陵和临沅是怎样的关系呢？多数学者将二县定位在不同的地方，郑威先生认为西汉义陵县故城在今湖南溆浦县马田坪乡梁家坡村西北，尚存城址、护城河遗迹，此处当为秦洞庭郡及武陵郡治所新武陵县、汉义陵县地望。[3] 晏昌贵先生认为新武陵可能在临沅县附近，确址待考。[4] 目前所见"新武陵"简甚少，总计不过十数简，其中半数纪年明确。根据简文纪年，可按年月先后列表如下：

---

[1] 郑威：《秦洞庭郡属县小议》。

[2] 最近陈伟先生公布简 7-11 释文，其中记有"新武陵布四道，各以道次传"，这件洞庭郡文书发布时间在某年"十月戊"，迁陵县收到该文书时间在十一月辛丑，推算这一年是秦始皇二十五或二十六年。如果这件文书发布时间在秦始皇二十五年，则新武陵为洞庭郡治所的时间可提早到秦始皇二十五年。关于简 7-11 释文详参陈伟：《秦苍梧、洞庭郡研究的重要资料》，简帛网 2019 年 9 月 10 日，http://www.bsm.cn/?qinjian/8130.html。

[3] 郑威：《出土文献所见秦洞庭郡新识》，《考古》2016 年第 11 期。

[4] 晏昌贵：《里耶秦简牍所简郡县订补》，《历史地理研究》2019 年第 1 期。

简号	纪年	相关简文
15-259	廿六年二月癸丑	新武陵丞①
9-1861	廿六年二月庚申	新武陵布四道、新武陵□书到
9-2287	廿六年五月壬辰	居新武陵軿上
9-23	廿七年十一月癸亥	以新武陵印行事
9-2283	廿七年二月壬辰	新武陵别四道、新武陵言书到
8-657	廿八年六月乙未	新武陵别四道②

上表所见，"新武陵"简的年代始于秦始皇二十六年二月，迟至秦始皇二十八年六月。"临沅"简的数量相对较多，其中纪年明确者，亦可按年月先后列表如下：

简号	纪年	相关简文
9-1485	廿九年	输临沅
9-713	卅一年六月戊戌①	临沅下
8-159	卅二年三月壬辰②	临沅下②
9-2282	卅二年四月壬申③	到临沅
8-66+8-208	卅二年八月己未④	临沅丞主
8-1445	卅二年	临沅司空啬夫
12-1784	卅三年正月戊戌	以临沅印行事⑤
10-1170	卅四年十二月	居赀临沅
9-26	卅四年七月戊子⑥	临沅、门浅、上衍

① 郑曙斌等编著：《湖南出土简牍选编》，长沙：岳麓书社，2013年，第133页。

② 陈伟主编：《里耶秦简牍校释（第一卷）》，第193页。下文第八层简文若无特别说明皆引自此书，不具注。年代考订参上引郑威《出土文献所见洞庭郡新识》一文。

① 简文有"六月壬午朔"，据以考订。

② 可据前后文补"临沅下"三字。

③ 《里耶秦简博物馆藏秦简》已经指出为秦始皇三十二年。里耶秦简博物馆、出土文献与中国古代文明研究协同创新中心中国人民大学中心编著：《里耶秦简博物馆藏秦简》，上海：中西书局，2016年，第191页。

④ 简文有"八月乙巳朔"，据以考订。

⑤ 里耶秦简博物馆、出土文献与中国古代文明研究协同创新中心中国人民大学中心编著：《里耶秦简博物馆藏秦简》，第202页。

⑥ 年代考订参上引郑威《秦洞庭郡属县小议》一文。

8-151	卅四年	输临沅
8-1460	卅五年八月甲子[①]	临沅

上表所见，"临沅"始见于秦始皇二十九年，多数是在三十一年之后。此外，还有两简，可据同简人物考知大致年代。其一是简 8-50+8-422：

> ☒□仓□建□□□畜官適□☒
>
> ☒□谒告过所县乡，以次续食。雨☒
>
> ☒腾腾。迁陵田能自食。敢言之。☒
>
> ☒□□□丞迁移酉阳、临沅。得☒

根据 5-1 简所见文例，8-50+8-422 简所见"丞迁"当是"迁陵丞迁"残文。"迁陵丞迁"数见，其中 8-378+8-514+8-131 简纪日明确，为秦始皇三十五年八月甲申。[②] 在其之前，有"迁陵丞昌"，9-64 简所见"迁陵丞昌"的任期迟至秦始皇三十二年三月。据此推测，8-50+8-422 简的时代当在秦始皇三十二年三月之后。

其二是简 9-1162：

> ☒子，临沅献官受迁陵少内【壬】☒

"少内壬"的纪年简，最早为 8-1457+8-1458 简的卅五年正月甲寅，最晚为 9-86+9-2043 简与 9-720 简的秦二世元年八月戊戌。据此推断，简 9-1162 的年代自不会早于秦始皇二十九年，而有可能晚至秦二世元年。

两相比较可知，"新武陵"与"临沅"在时间上有先后顺序，并无重合。

考察洞庭郡到迁陵县文书所用传递时间，亦可窥见新武陵和临沅的关

---

① 《里耶秦简牍校释》指出此简疑为习字简，不过月朔合于历谱及他简所见月朔，故暂列入。

② 何有祖：《读里耶秦简札记（一）》，简帛网 2015 年 6 月 17 日，http://www.bsm.org.cn/?qinjian/6431.html。

系。唐俊峰先生曾考察洞庭郡发往迁陵县文书的传递日数，并有列表。①
以下试沿用其方法，增补《里耶秦简（贰）》所见资料，依照年代次序，
列表如下：②

年份日期	起点	传递日数	传递方式	简号
廿六年二月庚申至五月甲申	新武陵	85	以次传	9-1861
廿七年十一月癸亥至十二月丙申	新武陵	34	未明确	9-23
廿七年二月庚寅至三月戊申	新武陵	19	未明确	16-6
廿七年二月庚寅至三月癸丑	新武陵	24	未明确	16-5
廿七年二月壬辰至三月丁巳	新武陵	26	以邮、门亭行	9-2283
廿八年六月乙未至八月庚午	新武陵	36	以次传	8-657
卅一年六月戊戌至七月己未	临沅	22	以道次传、以邮行	9-713
卅二年三月壬辰至四月癸丑	临沅	22	以道次传、以邮行	8-159
卅三年二月甲子至三月丙戌	临沅	23	未明确	12-1784
卅四年八月癸卯至九月乙丑	临沅	23	未明确	8-1523

此外，还有一枚残简 9-1855+9-1889+9-1759，可能亦属洞庭郡传书到
迁陵县：

□□丁亥，洞【庭】……下真县，新武陵别四……□□□

都官军【吏】……□□当用之，皆下书□……□□□

书到相……以追，皆以邮行。新【武】……□署东曹。敢☑（正）

恒☑

☑月甲辰……□□□□□人□以☑（背）

---

① 唐俊峰：《秦代迁陵县信息传递效率新探》，《简帛》第16辑，上海：上海古籍出版社，2018年，第206—207页。
② 按，该表所列"年代日期"，发出日期皆默认为文书开头所见日期，到达日期则是文书所见送达记录。

此简虽经缀合，仍有残缺，年代难以查考。然而可以明确是从新武陵发出，目的地当是迁陵，传递方式是"以邮行"。文书开头所见"丁亥"至文书背面送达记录"甲辰"，相去至少亦是 19 日。

考察传递方式与传递日数之间的关联，可以见到传递方式对传递日数的影响不大，尤其是秦始皇三十一年之后从临沅发出的文书，无论是以何种方式传递，到达迁陵县所需的日数皆非常接近，多数只有一日之差。从新武陵发出文书的传递日数，则彼此相差较大，同是"以次传"，9-1861 简长达 85 日，8-657 简亦需 36 日。在同等方式或同等条件之下，传递速度的上限可能存在而下限则无法保证，意即可能存在最快的极限，却无最慢的极限。因而，若要借此考察起点与终点之间可能的距离，传递日数中的较大数值不如较小数值具有参考价值。

考察起点与传递日数之间的关联，以新武陵为起点，传递日数数值较小的两个是 19 日和 24 日，平均值为 21.5 日；以临沅为起点，传递日数数值较小的两个是 22 日和 23 日，平均值为 22.5 日。四个数值之间可谓相去不远，平均值只有一日之差。此亦是唐俊峰先生所指出的"洞庭郡传至迁陵县的文书，最快也要将近二十天才送达。"[①] 根据文书传递日数相差不多的情形推断，以新武陵为起点到迁陵的空间距离和以临沅为起点到迁陵的空间距离大致相当。

《里耶秦简博物馆藏秦简》简 16-52 记有"临沅到迁陵九百一十里"。文书从临沅到迁陵的传递日数，若以 22 日计，日均传递 41 里有余；若以 23 日计，则日均传递 39 里有余，不足 40 里。若新武陵到迁陵亦是 910 里，以 19 日计，日计传递 47 里有余，以 24 日计，日均传递 37 里有余。对于一日行程而言，以上均值之间可谓相差不大。可为参照者还有岳麓书院藏秦简律令中关于各类活动的日均行程规定。《岳麓书院藏秦简（肆）》简 233—234 有"其罷（迁）、输□会狱治，诣所县官属所执法，即亟遣，为质日，署行日，日行六十里"，简 248 有"·繇（徭）律曰：委输传送，重车负日行六十里，空车八十里，徒行百里"，简 279 有"居室卅日外往

---

① 唐俊峰：《秦代迁陵县信息传递效率新探》，《简帛》第 16 辑，第 207 页。

来，初行，日八十里；之署，日行七十里"。① 《岳麓书院藏秦简（伍）》简
134 有"令曰：吏岁归休卅日，险道日行八十里，易（易）道百里。诸吏
毋乘车者，日行八十里，之官行五十里"。② 以上律令中多数规定的前提可
能是乘有车马，唯有《岳麓书院藏秦简（伍）》简 134 的"诸吏毋乘车者，
日行八十里，之官行五十里"可能是徒步。即使如此，其中最低的日行五
十里，也比前述估算从临沅到迁陵的平均日行里数略高。考虑到从临沅到
迁陵的路途可能多有不便，尤其是邮路必经的酉阳到启陵乡山路崎岖，③ 前
述估算的平均日行里应在合理范围。

　　综上所述，里耶秦简中新武陵见于秦始皇二十八年六月以前，临沅见
于秦始皇二十九年以后，二者时间先后有序，到迁陵县的空间距离相当，
所以"新武陵"与"临沅"极可能实为一地，皆位于今湖南省常德市附近，
"新武陵"在秦始皇廿八年六月至九月之间改称为"临沅"，④ 秦洞庭郡一直
以今湖南省常德市为其治所，并未改徙。

---

① 陈松长主编：《岳麓书院藏秦简（肆）》，上海：上海辞书出版社，2015 年，第 145 页、
第 150 页、第 160 页。引用时标点略有调整。

② 陈松长主编：《岳麓书院藏秦简（伍）》，上海：上海辞书出版社，2017 年，第 112 页。

③ 可参 9-2346 简居台从酉阳牵马送往迁陵，马在启陵乡附近溪谷不能上行而跌死的案例。

④ 杨智宇先生认为新武陵是临沅的前身，新武陵改名临沅的时间当在秦始皇二十八年至
二十九年之间。杨智宇：《里耶秦简牍所见洞庭郡交通路线相关问题补正》，邬文玲、戴卫红主
编：《简帛研究二〇一九》（秋冬卷），桂林：广西师范大学出版社，2020 年，第 156 页。

《史记·秦本纪》"犬丘"地理考

张 靖*

《史记·秦本纪》云："非子居犬丘"，又云："庄公居其故西犬丘"。①
《秦本纪》之"西犬丘"又称"西垂"，晋唐学者认为在汉之西县，②古来无
有异议。晋唐学者认为《秦本纪》之"犬丘"在汉之槐里（今陕西兴平）。③
王国维始以《秦本纪》中的"犬丘"皆为"西犬丘"之省，如此非子所居
之犬丘就在汉之西县（今甘肃礼县）。④钱穆以大骆一系分为两支，非子一
支西迁至西犬丘，嫡子成一支仍居大骆地犬丘，反驳王国维之说。⑤1980
年代以来学者利用甘肃省甘谷县毛家坪遗址 A 组遗存证明西周初年秦人已
西迁至甘肃东部，⑥王玉哲在 1990 年撰文驳王国维之误，⑦近三十年非子所
居之犬丘在礼县说比较流行。⑧近年早期秦文化联合考古队对毛家坪遗址

* 张靖，男，1994 年生，南开大学历史学博士。
① 《史记》卷五《秦本纪》，北京：中华书局，2014 年，第 227—231 页。
② 《史记》卷五《秦本纪》，第 229 页。
③ 《史记》卷五《秦本纪》，第 228 页。
④ 王国维：《秦都邑考》，《观堂集林》卷十二，北京：中华书局，1959 年，第 529—531
页；蒙文通：《周秦少数民族研究》，《蒙文通全集》第 4 册，成都：巴蜀书社，2015 年，第 27
页。
⑤ 钱穆：《西周戎祸考上》，《古史地理论丛》，北京：三联书店，2014 年，第 174—178 页。
⑥ 赵化成：《寻找秦文化渊源的新探索》，《文博》1987 年第 1 期，第 5—6 页；滕铭予：
《秦文化：从封国到帝国的考古学观察》，北京：学苑出版社，2002 年，第 56 页；等等。
⑦ 王玉哲：《秦人的族源及迁徙路线》，《历史研究》1991 年第 3 期，第 32—39 页。
⑧ 徐少华：《平王走（奔）西申相关史地考论》，《历史研究》2015 年第 2 期，第 151—153
页；李峰：《西周的灭亡：中国早期国家的地理和政治危机》（增订本），徐峰译，汤惠生校，上
海：上海古籍出版社，2016 年，第 284 页；史党社：《秦与"戎狄"文化的关系研究》，上海：
上海古籍出版社，2022 年，第 29 页；等等。

进行了二次发掘，又对礼县境内的早期秦文化遗址进行较为系统的调查与发掘，这些遗址的年代并没有早到西周早期、中期，这在一定程度弱化了非子所居之犬丘在礼县说的考古学证据，也为重新检讨《秦本纪》"犬丘"的地理提供了良好机遇。实际上学界对非子所居之犬丘的地望仍然有分歧，尚未形成一致意见。《秦本纪》中的"犬丘"是否如王国维所言为"西犬丘"之省，这不只是一个地理考证问题，亦关涉西周中期秦人活动地域的问题，更涉及究竟在哪里寻找西周中期晚段的早期秦文化的问题。本文利用古本《竹书纪年》、《史记》、《国语》、清华简《芮良夫毖》，结合早期秦文化的考古资料，对《秦本纪》中的"犬丘"的地理予以讨论。

一、《秦本纪》"犬丘"在礼县说之检讨

学者论说《秦本纪》非子所居之犬丘在礼县之证据有五，史学研究要建立在可信的史料基础上，以下逐次考辨这五方面证据是否可靠。

（一）中潏所保西垂之地理

《史记·秦本纪》曰：

> 自太戊以下，中衍之后，遂世有功，以佐殷国，故嬴姓多显，遂为诸侯。其玄孙曰中潏，在西戎，保西垂。生蜚廉。蜚廉生恶来。恶来有力，蜚廉善走，父子俱以材力事殷纣。周武王伐纣，并杀恶来。
>
> 申侯乃言孝王曰："昔我先郦山之女，为戎胥轩妻，生中潏，以亲故归周，保西垂，西垂以其故和睦。"[1]

不少学者认为申侯所言中潏归周之事可信，中潏自商归周，又在西戎，保西垂，而汉唐学者认为西垂就在汉之西县，于是就有商代晚期中潏已经居于甘肃西县之论。[2]《孟子·滕文公上》："驱飞廉于海隅而戮

---

[1]《史记》卷五《秦本纪》，第224—225页、第228页。

[2] 段连勤：《关于夷族的西迁和秦嬴的起源地、族属问题》，《人文杂志》专刊《先秦史论文集》，1982年，第169—170页；祝中熹：《秦人早期都邑考》，《秦史求知录》，上海：上海古籍出版社，2012年，第345—346页。

之。"① 清华简《系年》:"飞廉东逃商盍氏,成王伐商盍,杀飞廉。"② 蜚廉实际死于海滨,③《史记·秦本纪》所言蜚廉恶来父子俱以材力事殷纣以及周武王杀恶来是历史事实。程平山考证帝乙在位三十七年,帝辛在位三十三年,帝辛即位,忌周,四年杀季历,十五年囚西伯昌,三十三年亡国。④ 蜚廉、恶来父子效力于帝辛,帝辛之世商周矛盾激化,蜚廉之父中潏不可能归周而效力之,只能事商,故申侯言中潏归周不可信。⑤ 蜚廉在帝辛之世,则中潏当在帝乙之世。殷墟文化二期之后(相当祖甲之后),商文化从关中西部退出。⑥ 殷墟文化三期、四期之时,西安以西看不到商文化因素的遗存,在关中以东看不到周文化因素的遗存。⑦ 中潏保西垂的西垂乃泛称非特称,指西土边陲之地,中潏所保之西垂自当为商王朝的西土边陲。⑧ 辛乙、帝辛之世,商王朝的西部边陲在安阳之西、岐山以东,绝不可能远至甘肃礼县。

(二)秦庄公伐戎之后所居地

《史记·秦本纪》:"周宣王召庄公昆弟五人,与兵七千人,使伐西戎,破之。于是复予秦仲后,及其先大骆地犬丘并有之,为西垂大夫。庄公居其故西犬丘,生子三人,其长男曰世父。世父曰:'戎杀我大父仲,我非

---

① (清)焦循:《孟子正义》卷十二《滕文公章句下》,沈文倬点校,北京:中华书局,2017年,第484页。

② 清华大学出土文献与保护中心编,李学勤主编:《清华大学藏战国竹简(贰)》,上海:中西书局,2011年,第141页。

③ 顾颉刚:《顾颉刚古史论文集》卷10下《周公东征史事考证》,《顾颉刚全集》第11册,北京:中华书局,2011年,第1012—1013页。

④ 程平山:《亶父至武王年代兴周事迹考》,《文史》2021年第3期,第37—49页。

⑤ 黄文弼:《嬴秦为东方民族考》,《史学杂志》1945年创刊号,第68—72页;陈秀云:《秦族考》,广东省文理学院编印《文理学报》1946年第2期,第59—66页;顾颉刚:《顾颉刚古史论文集》卷10下《周公东征史事考证》,《顾颉刚全集》第11册,第1013—1016页;林剑鸣:《秦史稿》,上海:上海人民出版社,1981年,第23—24页。

⑥ 邹衡:《试论殷墟文化分期》,《夏商周考古学论文集(第2版)》,北京:科学出版社,2001年,第80页;张天恩:《关中商代文化研究》,北京:文物出版社,2004年,第56页、第78—80页、第102—104页。

⑦ 刘绪:《西周早期考古学文化与周初分封》,《夏商周考古探研》,北京:科学出版社,2014年,第119页。

⑧ 曲英杰:《先秦都城复原研究》,哈尔滨:黑龙江人民出版社,1991年,第162页;林剑鸣:《秦史稿》,第23页。

杀戎王则不敢入邑。'遂将击戎，让其弟襄公。"①《水经·漾水注》:"(西汉水)东南流，迳西县故城北。秦庄公伐西戎，破之。周宣王与其先大骆犬邱之地，为西垂大夫，亦西垂宫也。"②王国维《秦都邑考》:"(《秦本纪》)又云(宣公)〔秦仲〕子庄公以其先大骆地犬邱为西垂大夫，若以西垂泛指西界，则槐里尚在雍岐之东，不得云西垂;若以西垂为汉之西县，则槐里与西县相距甚远，此可疑者二也。"③王国维于是认为非子所居之犬丘与大骆地犬丘当在西县而非在槐里。郦道元、王国维皆以为《秦本纪》周宣王赏赐秦庄公所说"以其先大骆地犬丘并有之"之语落到实处，庄公不仅占有而且居于大骆地犬丘。郦道元以为大骆犬丘之地、西垂大夫之任地以及西垂宫之所在皆在同一地，王国维从之;又晋唐旧说以西垂在汉之西县，故郦氏、王氏以为大骆犬丘之地就在西县，于是非子所居之犬丘就被定在西县。问题的关键是秦庄公伐戎之后是否真居于大骆地犬丘?

第一，"庄公居其故西犬丘"一句之主语为秦庄公，"其"显然指代庄公，"故"为旧日、原来之义。庄公在伐西戎破之之后，仍居于他伐戎之前所居的西犬丘，庄公未徙居大骆地犬丘。庄公伐戎之前所居的西犬丘当是其父秦仲留给庄公兄弟五人的，嬴姓秦人自秦地迁至西犬丘最晚在秦仲在位之时。

第二，周宣王六年，戎人杀秦仲，秦人与戎人形成世仇。庄公伐戎，破之，庄公长子世父发誓为秦仲报仇而伐戎，让位于其弟襄公，世父说:"戎人杀我大父仲，我非杀戎王则不敢入邑"，合周宣王赏赐秦庄公"以其先大骆地犬丘并有之"观之，世父"不敢入邑"之"邑"正指"大骆地犬丘"。庄公伐戎破之，世父尚且说非杀掉戎王否则都不敢入大骆地犬丘，则庄公显然未徙居大骆地犬丘。

第三，《秦本纪》:"襄公二年，戎围犬丘，世父击之，为戎人所虏。"④秦襄公元年当周幽王五年。幽王六年戎人围犬丘，击戎人者只有世父。若

　　①《史记》卷五《秦本纪》，第229页。
　　②(北魏)郦道元注，杨守敬、熊会贞疏:《水经注疏》卷二十《漾水》，南京:江苏古籍出版社，1989年，第1686页。
　　③王国维:《秦都邑考》，第530页。
　　④《史记》卷五《秦本纪》，第229页。

是庄公在伐戎之后已经迁徙至大骆地犬丘，则当戎人围犬丘之际，与戎人拼杀之秦人不该只有世父，更当有襄公，为何史不言襄公击之？只能说是庄公未徙至大骆地犬丘。

仔细对照《秦本纪》《漾水注》《秦都邑考》相关用语之差异，即知从郦道元至王国维不断改造且发明了司马迁的原意，以为庄公居其先大骆地犬丘为西垂大夫。实际上，秦庄公并没有占有大骆地犬丘，更遑论庄公迁居大骆地犬丘。庄公伐戎之后，仍是居于伐戎前所居的西犬丘，在西犬丘任西垂大夫，居西垂宫，故大骆地犬丘不在礼县。

（三）毛家坪 A 组遗存年代的上限

1982—1983 考古队清理与发掘了甘谷县毛家坪遗址 200 多平方米，墓葬 33 座，毛家坪 A 组遗存属于秦文化，当时的发掘报告说：A 组遗存墓葬一期二期年代约当西周后期；A 组居址二期年代在西周后期，发掘者赵化成认为由于一期居址年代早于墓葬一期，一期居址出土器物与沣西出土西周早期器物近似，故推断一期居址年代早到西周前期。[1] 滕铭予认为毛家坪居址一期遗存年代可以早到殷墟四期至商周之际。[2] 许多学者利用毛家坪遗址 A 组遗存论证嬴姓秦人在西周早期或中期已经迁徙至甘谷县，或者佐证非子所居之犬丘就在甘谷县南边的礼县。现在看来，这些材料的年代本身就有问题。

第一，从墓葬之年代来看，毛家坪遗址的二次发掘表明毛家坪遗址 A 组遗存的年代不能早至西周早期，最新发掘简报认为毛家坪遗址西周墓葬最早从西周晚期开始。[3]

第二，从考古学文化来看，嬴姓秦人在商代属于东夷，在周代是广义的商遗民，其文化带有浓厚的商文化色彩，然而毛家坪遗址西周墓葬出土

---

[1] 甘肃省文物工作队、北京大学考古学系：《甘肃甘谷毛家坪遗址发掘报告》，《考古学报》1978 年第 3 期，第 359—360 页、第 365—389 页。

[2] 滕铭予：《秦文化的起源及相关问题再探讨》，张忠培、许倬云主编：《中国考古学跨世纪的回顾与前瞻》，北京：科学出版社，2000 年，第 281—296 页。

[3] 早期秦文化联合考古队：《甘肃甘谷毛家坪遗址沟东墓地 2012—2014 年发掘简报》、《甘肃甘谷毛家坪遗址沟西墓地 2012—2014 年发掘简报》，《考古与文物》2022 年第 3 期，第 12—46 页。

陶器没有一件商式陶器。①

第三，从墓葬之葬俗来看，毛家坪西周墓葬的葬俗几乎全是曲肢葬。毛家坪的曲肢葬应当源自甘青地区的文化传统，不是嬴姓秦人的文化传统。②

毛家坪遗址A组遗存只能说明甘谷县在西周晚期及其后有下层秦国民众居住，无法证明西周早中期甘谷县就有西迁而来的嬴姓秦人先祖。礼县就在甘谷县之南，西周时期秦人本在西垂的流行说法就大打折扣，非子所居之犬丘在礼县之说也要大打折扣。

（四）清华简《系年》成王"迁商盖之民于邾圉"

清华简《系年》："成王伐商盍，杀飞廉，西迁商盍之民于邾虐。"③李学勤认为《系年》的"邾虐"即《禹贡》的"朱圉"、《汉志》的"朱圉"，在甘肃省甘谷县西南，提出周公二次东征之后秦人从东方商奄迁至甘肃甘谷说。④若如李学勤之说，成王之时秦人已西迁至甘谷县，则孝王之时非子所居的犬丘就当在甘谷县南的礼县。

毛家坪遗址的二次发掘表明甘谷县在西周晚期才有秦文化性质的遗存，考古资料不支持清华简《系年》的讲法，故西周早期嬴姓秦人西迁至甘谷县之说不能成立，孝王之时非子所居之犬丘在礼县之说就难以成立。

（五）礼县境内的早期秦文化遗存年代

早期秦文化联合考古队在西汉水上游做过系统调查，认为礼县的三处遗址群可能是早期秦人都邑西犬丘。第一，大堡子山——赵坪遗址群，其年代上限已在春秋早期，⑤其中秦公墓祭祀坑出土秦子器的主人是德公太子

---

① 梁云：《西垂有声：〈史记·秦本纪〉的考古学解读》，北京：三联书店，2020年，第45—46页。

② 梁云：《论早期秦文化的来源与形成》，《考古学报》2017年第2期，第162页。

③ 清华大学出土文献与保护中心编，李学勤主编：《清华大学藏战国竹简（贰）》，第141页。

④ 李学勤：《清华简关于秦人始源的重要发现》，《初识清华简》，上海：中西书局，2013年，第140—144页。

⑤ 甘肃省文物考古研究所编著：《甘肃重要考古发现（2000—2019）》，北京：文物出版社，2020年，第208—215页；梁云：《西垂有声：〈史记·秦本纪〉的考古学解读》，第61页。

宣公，^① 已在春秋早中之际。第二，西山坪——鸢鸣山——雷神庙——西沟坪遗址群，西山坪遗址发现带陶排水管道的夯土建筑、城墙、青铜礼器墓，遗址面积仅 10 万平方米，灰坑、墓葬的年代均在西周晚期，城墙年代虽说不晚于西周晚期，然而早不到西周中期。^② 第三，六八图——费家庄遗址群的年代已晚至战国，该遗址以战国平民墓葬遗存为主，遗址等级低，未见大型墓葬及建筑基址、夯土、城墙等遗迹，基本排除其为秦早期都邑西犬丘的可能。^③ 若是《秦本纪》"犬丘"为"西犬丘"之省，则西周中期非子就居于礼县，礼县至少应当有西周中期中段或后段的早期秦文化遗址，其出土器物也应当与清水李崖遗址出土的器物类型相近，尤其是要出土厚唇的商式簋。为何礼县境内被认为可能是西犬丘的三处遗址群的年代最早也不过西周晚期？为何礼县没有西周中期的早期秦文化遗址？礼县城关镇西山出土一件殷墟三期的铜鼎，城关镇出土一件西周早期铜鬲，乔川乡新庄村出土一件商末周初的乳钉纹簋，礼县博物馆征集有一件商代的直内弧刃戚、一件西周的短胡戈。^④ 由于这几件器物出土地层情况不明，这几件器物是否是秦人先祖带来的？它们又是何时被带入礼县的？其皆不能自证，故笔者认为它们证明不了西周早期或中期后段秦人已迁至礼县。显然犬丘、西犬丘分明是两地，犬丘不在礼县，礼县的西山坪遗址很可能是秦早期都邑西犬丘。

礼县境内三处遗址群的年代与非子居犬丘的年代存在较大的距离，礼县的考古资料只能说明西周晚期嬴姓秦人建都于礼县。汉晋学者就已认为庄公所居的西犬丘在汉之西县，西山坪遗址很可能是秦仲、庄公所居的西犬丘，这既不能证明孝王之时嬴姓秦人已经迁至礼县，也不支持非子所居的犬丘位于礼县。

---

① 程平山：《秦子器主考》，《文物》2014 年第 10 期，第 49—56 页。

② 甘肃省文物考古研究所编著：《甘肃重要考古发现（2000—2019）》，第 222—229 页。

③ 甘肃省文物考古研究所编著：《甘肃重要考古发现（2000—2019）》，第 216—221 页。

④ 礼县博物馆、礼县秦西垂文化研究会编著：《秦西垂陵区》，北京：文物出版社，2004 年，第 142—146 页。

二、从史实层面论《秦本纪》"犬丘"在汉之槐里

（一）非子居犬丘

"犬丘"一词在《史记·秦本纪》中出现过五次，《秦本纪》曰：

> 非子居犬丘，好马及畜，善养息之，犬丘人言之周孝王。孝王召使主马于汧渭之闲，马大蕃息。孝王欲以为大骆适嗣。申侯之女为大骆妻，生子成为适。申侯乃言孝王……于是孝王邑之秦，使复续嬴氏祀，号曰秦嬴。亦不废申侯之女子为骆适者，以和西戎。
>
> 秦仲立三年，周厉王无道，诸侯或叛之。西戎反王室，灭犬丘大骆之族。
>
> 周宣王乃召庄公昆弟五人，与兵七千人，使伐西戎，破之。于是复予秦仲后，及其先大骆地犬丘并有之，为西垂大夫。
>
> 襄公二年，戎围犬丘，世父击之，为戎人所虏。[1]

家族是商周时期社会组织的基本单位，同一家族成员生前聚族而居，死后聚族而葬。非子在主马于汧渭之间以前，尚未脱离其父大骆之家族，自然与大骆居住在一起，非子所居之犬丘就是大骆之居地，"非子居犬丘"也就是"大骆居犬丘"，"非子居犬丘"的"犬丘"就是"大骆地犬丘"的"犬丘"。

西周实行嫡长子继承制，嫡长子继承家长之位，其余儿子从原来家族分出自立为一支。大骆娶申侯之女生成，成为嫡长子。非子为大骆之庶子，为王室养马有功，孝王欲以非子为大骆嫡嗣，然经申侯之劝说，孝王不废成之嫡子地位，另外邑非子于秦。自此大骆一系分为嫡子成与非子两支，非子从大骆家族分出自成一宗，非子一支迁至秦地，[2] 后又迁至西垂即西犬丘，在汉之西县。嫡子成一支承大骆之嫡嗣，继承大骆的一切家产，自然就居于昔日大骆一家所居的犬丘，故嫡子成一支又称"犬丘大骆之族"，其族居地又称"大骆地犬丘"。"犬丘大骆之族"的"犬丘"就是"大骆

---

[1]《史记》卷五《秦本纪》，第227—229页。

[2] 秦之所在有三说，一为汧渭之会附近说，一为张家川县说，一为清水李崖遗址说，本文暂取第一说。

地犬丘"的"犬丘",亦即"非子居犬丘"的"犬丘"。

《汉书·地理志》右扶风:"槐里,周曰犬丘,懿王都之。秦更名废丘。高祖三年更名。"①《史记索隐》:"徐广曰:'今槐里也。'"《史记正义》:"《括地志》云:'犬丘故城一名槐里,亦曰废丘,在雍州始平县东南十里。'"②晋唐学者认为非子所居之犬丘在汉之槐里,在今咸阳市兴平县东南。

(二)西戎灭犬丘大骆之族

《史记·秦本纪》:"秦仲立三年,周厉王无道,诸侯或叛之,西戎反王室,灭犬丘大骆之族。"③《史记·周本纪》:"国莫敢出言,三年,乃相与畔,袭厉王。周厉王出奔于彘。"④合《周本记》观之,知《秦本纪》秦仲三年当周厉王三十七年,《史记·十二诸侯年表》以秦仲四年当共和元年,⑤与《秦本纪》相合。"西戎"指周都镐京以西之戎人,非指西地之戎人。自多友鼎铭可见厉王后期关中平原西北的戎人沿泾水河谷南下,大肆侵掠周王朝,戎人对王朝安全构成严重威胁。清华简《芮良夫毖》:"周邦骤有祸,寇戎方晋。"⑥这相当清晰地说明周厉王统治后期的外部环境是戎人大举侵犯,王畿地区频繁地遭遇祸乱,杜勇谓西周王朝似有大厦将倾之势。⑦由《芮良夫毖》可以进一步佐证厉王晚期关中戎祸非常严重。

据《史记·周本记》记载,厉王在即位的第三十年开始"专利"。由"专利"引起了连锁反应,最终导致厉王三十七年贵族联合国人发动政变,厉王逃奔于彘。厉王三十七年,西戎反王室,而周王室在丰镐,故西戎反王室自然用力于丰镐一带。嫡子成一支继承大骆之嗣,居于原先大骆生前所居的槐里犬丘,故其又称"犬丘大骆之族"。正由于槐里犬丘东距丰镐不足百里,故西戎反王室就灭掉了嫡子成一支。学者往日没有充分认识到

---

①《汉书》卷二十八上《地理志上》,北京:中华书局,1962年,第1546页。

②《史记》卷五《秦本纪》,第228页。

③《史记》卷五《秦本纪》,第229页。

④《史记》卷四《周本记》,第181页。

⑤《史记》卷十四《十二诸侯年表》,第650—651页。

⑥清华大学出土文献研究与保护中心编,李学勤主编:《清华大学藏战国竹简(叁)》,上海:中西书局,2013年,第145页。

⑦杜勇:《清华简〈芮良夫毖〉与厉王革典》,《清华简与古史探赜》,北京:科学出版社,2018年,第186页。

厉王三十年以后王畿所在的关中平原戎祸极其严重，就以为西戎所灭犬丘大骆之族不应当就在东距丰镐不足百里的槐里。

（三）幽王六年戎围犬丘而世父击之

《史记·秦本纪》："宣王即位，乃以秦仲为大夫，诛西戎。西戎杀秦仲。秦仲立二十三年，死于戎。"[1]秦仲三年当周厉王三十七年，秦仲二十三年当周宣王六年。古本《竹书纪年》："及宣王立四年，使秦仲伐戎，为戎所杀，王乃召秦仲子庄公，与兵七千人，伐戎破之，由是少却。"[2]宣王四年命秦仲为大夫伐戎，六年秦仲为戎所杀，秦与戎人形成世仇，故随后宣王乃召庄公兄弟五人，与兵七千伐戎。宣王初年戎祸剧烈，秦庄公伐戎破之，戎祸少却。

古本《竹书纪年》："宣王三十一年，王遣兵伐太原戎，不克。三十六年，王伐条戎、奔戎，王师败绩。三十八年，晋人败北戎于汾隰，戎人灭姜侯之邑。三十九年，王征申戎，破之（败绩）。"[3]周宣王自三十年开始每伐戎一次，周王室的力量大大消耗一次，三十九年千亩之战大败，若非奄父脱王于险，否则骊山之役提前上演。自宣王三十九年，周王室濒临灭亡，灭亡之时间不过是稍前或略后的问题。古本《竹书纪年》："幽王三年，幽王命伯士伐六济之戎，军败，伯士死焉。"[4]幽王三年周人奋力与戎拼杀，终究不敌戎人，王室最后的一点力量亦消耗殆尽。幽王十一年，河南南阳的申与南阳附近的缯联合丰镐以西的西戎攻击王室，幽王、伯盘俱死于骊山之下，戎人足迹遍布岐东至丰镐一带。《史记·秦本纪》："庄公立四十四年，卒，太子襄公代立……襄公二年，戎围犬丘，世父击之，为戎人所虏。"[5]秦庄公元年当周宣王七年，秦襄公元年当幽王五年。幽王六年距离西周亡国也就五年时间，此时戎所围之犬丘就在槐里，庄公长子世父击戎，为戎所虏。幽王时期之戎祸已病入膏肓，合幽王十一年申缯联合犬戎灭周以观幽王六年西戎围犬丘虏世父一事，此犬丘正在槐里就丝毫不足为奇。

---

① 《史记》卷五《秦本纪》，第 229 页。
② 《后汉书》卷八十七《西羌传》，北京：中华书局，1965 年，第 2871 页。
③ 《后汉书》卷八十七《西羌传》，第 2871—2872 页。
④ 《后汉书》卷八十七《西羌传》，第 2872 页。
⑤ 《史记》卷五《秦本纪》，第 229 页。

三、《秦本纪》"犬丘"在槐里说之理证

上文论证《秦本纪》非子所居之犬丘在汉之槐里，驳斥了非子所居之犬丘在礼县说的证据，下文从义理层面进一步补证槐里说。

第一，非子善于养马，又为孝王所闻知。槐里距丰镐不足百里，非子所居之犬丘当在槐里，孝王才容易听闻犬丘人之语。王恢言："非子禄造父之宠，以侍御之裔，得以附畿养马，设不近在槐里，犬丘人何能言之孝王？"① 是矣。从甘肃礼县至陕西西安的古代交通路线如下：从礼县北上天水，东行清水县，北上张家川县，东行过陇关南下，沿汧水河谷至凤翔，沿渭水东行西安，路途遥远艰辛，犬丘人之言不易传至于孝王之耳朵。

第二，周公东征之后，秦、赵先祖归顺于周而西迁，缘于敌国降人之身份以及发挥其家族极擅长车马之传统技能，造父为穆王御，奄父为宣王御，盖赵人先祖世代为周王服御车之役；非子善于养马而为孝王所闻，可见非子本职不为他事，正是为周王养马，盖秦人先祖世代为周王服养马之役。西周王朝以镐京为都，关中平原属于王室直接管辖的王畿，都城之内及其周围居住有为王室提供各种服务与承担各种劳役的家族。② 秦人先祖正属于此类为王室服诸劳役的家族，故非子所居之犬丘当在王畿之内的槐里。③

第三，非子为王室养马，养马实为贱役，服役者身份卑微。孝王邑非子于秦，非子的政治地位才擢升为附庸；宣王四年命秦仲诛西戎，秦始为大夫；周平王三十三年东迁洛邑，④ 秦始为诸侯。大骆、非子居犬丘之时，其不过是以为王服养马贱役之族附着于京畿之内，⑤ 地位卑微，居地狭小。

---

① 王恢：《史记本纪地理图考》，转引自张新科、赵光勇编：《史记研究集成·十二本纪：秦本纪》，西安：西北大学出版社，2019年，第37页。

② 参阅卢连成：《论商代、西周都城形态（续篇）》，《中国历史地理论丛》1991年第1期，第71—76页。

③ 参阅王玉哲：《秦人的族源及迁徙路线》，《历史研究》1991年第3期，第35页。

④ 参阅程平山：《两周之际"二王并立"历史再解读》，《历史研究》第2015年第6期，第4—21页。

⑤ 黄灼耀：《秦人早期史迹初探》，《学术研究》1980年第6期，第74页。

穆王在凤翔大郑宫一带建筑离宫别苑，[①]贵族如夷厉时期的郑井叔氏亦可居于西郑。懿王居犬丘，在犬丘有离宫别苑，孝王之世大骆、非子亦可居犬丘，二者并行而不悖。

第四，丰镐地区墓葬中发现大量的车马坑和马坑，大型马坑生殉多达五六十匹，马车为当时上层普遍使用的交通工具，卢连成云："京都地区对马的需求量极大，这些马匹不可能全部依赖外运，应有相当数量的马匹是在丰镐邻近地区放牧。"[②]秦人先祖及非子自可在丰镐临近地区的马场为周王室养马，非子之家族居地在槐里，其养马之地当在汧渭之会一带。

周公东征之后，秦人先祖西徙至关中平原的周都丰镐附近，世代为周王室服养马之役。商周之人聚族而居，非子所居之犬丘就是大骆之居地，在汉之槐里。大骆一系分为嫡子成与非子两支，嫡子成一支仍居大骆旧地槐里犬丘，非子一支西迁，先邑于秦，后迁于西犬丘，西犬丘在甘肃礼县。槐里犬丘、礼县之西犬丘先后为秦人所居，礼县在槐里之西，故礼县的秦人都邑被称为西犬丘。《史记·秦本纪》犬丘与西犬丘分别明显，实为二地，非子所居住犬丘非西犬丘之省称。周厉王三十七年，西戎反王室，灭掉了居于槐里犬丘的嫡子成一支。宣王四年命秦仲为大夫伐戎，六年西戎杀秦仲，秦与戎人结成世仇。随后宣王召秦庄公，与七千兵伐戎，庄公伐戎之后，仍然居于伐戎前所居的西犬丘，没有徙居至槐里犬丘。礼县与甘谷县的早期秦文化遗址始西周晚期，至少可以说现有的考古资料不能证明非子所居犬丘在礼县。

---

① 唐兰：《西周青铜器铭文分代史征》，《唐兰全集》第 7 册，上海：上海古籍出版社，2015 年，第 387 页。

② 卢连成：《西周丰镐两京考》，《中国历史地理论丛》1988 年第 3 期，第 149 页。

岱海历代湖名考

王英维*

引言

岱海，名字源于蒙语"Dahi Nuur"。《凉城县志》称："此湖是由四周22 条河流汇聚而成的，呈南西—北东向，形似一个长冬瓜。长约 20 公里，宽约 10 公里，最宽处达 14 公里，水面面积为 160 平方公里，""其深度平均 7 米，最深处达 17 米，""蓄水量为 13 亿立方米，是内蒙古自治区的第三大内陆湖泊，属半咸水性湖泊。"[①] 该湖坐落于内蒙古乌兰察布市凉城县境内，号称是凉城县的母亲湖。

岱海是一处风景优美之地。晚清时期，光绪《丰镇厅志》将岱海作为丰镇八景之一，称"岱海，与察哈尔镶红旗连界，周数百里，深不可测，一望无际。每当春秋之交，风涛大作，浪高丈余，若林立，若云垂，峻岭奇峰，重见叠出，倾（顷）刻万变，莫可名状，洵塞外奇观也。"[②] 今凉城县岱海湖畔建有旅游度假区，是华北区域同时拥有 4A 级景区和四星级酒店的综合性旅游度假区。

* 王英维，男，1977 年生，硕士，集宁师范学院历史文化学院，副教授。基金项目：2023 年集宁师范学院博士创新科研基金项目"地域文化研究——以长城为中心"（课题号：jsbsjj2363）

① 凉城县《凉城县志》编纂委员会编：《凉城县志》，呼和浩特：内蒙古人民出版社，1993 年，第 97 页。

② （清）德溥修，（清）麻麗五等纂：《丰镇厅志》，呼和浩特：远方出版社，2015 年，第 370 页。

岱海所处地理位置非常险要，过去游牧民族窥略山西，常常由此长驱进攻杀虎口。如《三云筹俎考》云明代杀胡堡，"本堡当西北之极边，边外下水、柏木海子，虏酋铁木儿忽部住牧，最强悍。且兔毛河直通塞外，川流平衍，墙难修筑，虏易长驱，昔年大举，多从此入。盖要害处也。"[①]明代杀胡堡就是今山西右玉县杀虎口，下水海就是今凉城县境内的岱海。由于该地是交通要道，乃兵家必争之地，故历史上岱海是边外重要的战场。

岱海还是历史上内蒙古中部地区最大的土盐生产地。据《口北民国盐政史》一书称在察哈尔地区"土诺盐最大者，为岱海滩。""岱海滩环百里内，村邑不止一处，其熬制土盐之产场，共十一处。"[②]陈俊的《话说岱海》一文称"到一九一九年，当地熬盐户多达百余家。"[③]岱海每年产盐数量亦相当可观，如《绥远省调查概要》一书称"岱海滩之岱哈泊周围，产白盐，以东南两面为最多。惟东面属丰镇县。在凉城境内者年产约一百余万斤。"[④]

岱海四面环山，风景秀美，过去就是帝王、僧道及文人墨客的向往之地。又因为地势险要，这里又是古代的重要战场，故其人文色彩较为浓厚，无疑具有极大的旅游开发潜力。岱海过去又是察哈尔地区最大的土盐生产地，这对于塞外蒙古地区的经济生活来讲意义重大。其地理名称的变迁反映边疆地区的疆域变迁及民族活动区域的变化，也能反映该地区的开发历史，等等，故研究岱海湖泊名字的沿革变迁有着重要的学术意义和现实意义。

学术界关于岱海的研究，谭其骧主编的《中国历史地图集》，汉代标注为"盐池"，北朝魏时期为"参合陂"，辽代为"奄遏下水"，金代为"昂阿下水"，元代为"下水"，明代复为"奄遏下水（下水海）"，清代为"岱

---

　①（明）王士琦：《三云筹俎考》卷三，薄音湖、于默颖编辑点校：《明代蒙古汉籍史料汇编》第6辑，呼和浩特：内蒙古大学出版社，2009年，第344页。

　②《口北民国盐政史》，尹自先主编：《张北高原历史文化研究文萃》第2卷，北京：社会科学文献出版社，2019年，第491页。

　③陈俊：《话说岱海》，政协凉城县委员会编：《凉城文史资料》第1辑，1999年，第19页。

　④绥远省民众教育馆编：《绥远省分县调查概要》，国家图书馆选编：《民国时期社会调查资料续编》第8册，北京：国家图书馆出版社，2015年，第69页。

哈泊"。① 该说法有些地方仍有进一步探讨的空间，且没有释文部分，尚需要利用文献资料加以证明。曹永年主编的《内蒙古历史沿革地图集》标注西汉、东汉时期称为盐泽；十六国、北魏、东魏西魏、甚至到北齐北周时期皆作参合陂；金西夏时期作昂阿下水；元时期称为下水；明代前期作奄遏下水海或下水海。②

周清澍的《内蒙古历史地理》一书中称：凉城县境内的岱海，魏晋时称参合陂，辽金时期称昂阿下水、奄阿下水，元朝时期称为下水、夏水，清代以降称岱哈池。③《内蒙古湖泊》一书中认为"岱海，系汉语。古称大海、咸宁海、旋鸿池、鸳鸯泽。汉朝称诸闻泽，北魏称葫芦海，晋称参合陂，辽、金称淹遏下水、昂阿下水，元称下水、夏水，清称岱哈泊。"④ 该说法错误较多，如威宁海作咸宁海，参合陂作参合陵，奄遏下水作淹遏下水等。马洪远的硕士学位论文《内蒙古食盐产地与变迁研究》一文基本沿袭该说。⑤ 至于地方文史著作一般沿袭《中国历史地图集》的说法，但又附加一些讹传，但多数不可信从。

基于以上关于岱海的研究状况，可谓尚有进一步讨论的空间，故本人利用有关资料对岱海历史上的名称问题作一探讨，以就正于方家学者。

一、汉唐以来，岱海有盐泽、善无北泽、乞伏泊等称呼

汉代岱海称为盐泽，如《汉书·地理志》云"沃阳，盐泽在东北，有长丞。西部都尉治。莽曰敬阳。"⑥ 汉代沃阳古城遗址在今凉城县双古城附近，沃阳就是沃水之阳，沃水就是今流入岱海的弓坝河。岱海正好位于

---

① 谭其骧主编：《中国历史地图集》，北京：中国地图出版社，1982 年，分别引自第 2 册（秦·西汉·东汉时期）第 17—18 页；第 4 册（东晋十六国·南北朝时期）第 52 页；第 6 册（宋·辽·金时期）第 10—11 页，第 51 页；第 7 册（元·明时期）第 7—8 页，第 56 页；第 8 册（清时期）第 20—21 页。

② 曹永年主编：《内蒙古历史沿革地图集》，北京：中国地图出版社，2018 年，第 55 页、第 61 页、第 72 页、第 93 页、第 96 页、第 100 页、第 141 页、第 149 页、第 156 页。

③ 周清澍主编：《内蒙古历史地理》，呼和浩特：内蒙古大学出版社，1993 年，第 309 页。

④ 牧寒：《内蒙古湖泊》，呼和浩特：内蒙古人民出版社，2003 年，第 108 页。

⑤ 马洪远：《内蒙古食盐产地与变迁研究》，硕士学位论文，湘潭大学，2011 年，第 31 页。

⑥《汉书》第 6 册，北京：中华书局，1962 年，第 1621 页。

双古城的东北方位，则汉代岱海称作盐泽无疑。因为盐泽产盐，故该地还设有长丞对制盐加以管理。如《归绥道志》引"戴氏震曰：汉官制有令，有长令，长皆有丞。案此长丞即盐官也。"[1]至于岱海称为"诸闻泽"则是牵强附会，因为《汉书·地理志》云雁门郡内，"强阴。诸闻泽在东北。莽曰伏阴"[2]。换言之，在汉代诸闻泽与盐泽是同时存在的两个湖泊，既然岱海被称为盐泽，则必不称诸闻泽。至于强阴县位置，在今凉城县东部及丰镇市西部地区，该县东北正契合黄旗海的方位。

北魏前期岱海称作善无北陂，或善无北泽。如《魏书》卷二云拓跋珪于"皇始元年（396）春正月，大搜于定襄之虎山，因东幸善无北陂。"[3]汉代定襄郡故城在今和林格尔县境，《和林格尔县志草》云："大东山，在摩天岭北，有前后石门、宝贝沟、雕窝岸诸山，魏之虎山，当即指此。"[4]王仲荦的《北周地理志》附录《北魏延昌地形志北边州镇考证》一文认为："虎山当在右玉县之西。"[5]从上可以推断，虎山的大致位置在山西省右玉县之西，在和林格尔县境内东偏，紧邻凉城西部地区。汉代善无县的位置，《水经注》卷三云中陵水"又西北流迳善无县故城西，王莽之阴馆也。"[6]中陵水即今浑河水上游沧头河。今右玉县城西北沧头河东岸台地上有战国、汉遗存古城，古城附近有数处颇具规模之汉墓群分布，则该古城就是善无县故城。从上可以断定善无北陂，在今和林格尔虎山的东面，右玉县城的北面。

北魏天兴五年（402），柔然国主"社仑闻太祖征姚兴，遂犯塞，入参合陂，南至犲山及善无北泽。"[7]参合陂就是今黄旗海，[8]初步推断犲山是今

①（清）贻谷修，（清）高赓恩纂：《归绥道志（上）》，呼和浩特：远方出版社，2007年，第215页。

②《汉书》第6册，北京：中华书局，1962年，第1621页。

③《魏书》第1册，北京：中华书局，1974年，第27页。

④刘汉鼎纂：《和林格尔县志草》，呼和浩特：远方出版社，2008年，第189页。

⑤王仲荦：《北周地理志（下）》，北京：中华书局，1990年，第1054页。

⑥（北魏）郦道元：《永乐大典本水经注》，田奕等整理，沈阳：万卷出版公司，2009年，第38页。

⑦《魏书》第6册，北京：中华书局，1974年，第2291页。

⑧张文平：《燕魏参合陂之战地望新考》，《历史地理研究》2019年第2期，第135—144页；张文平：《参合陂考》，《中国边疆学》2018年第2期，第27—55页。

丰镇市饮马河东岸的薛刚山。善无北泽的地理位置，在黄旗海的南面，在右玉县的北面，和林格尔境内虎山的东面，与犳山约在同一纬度线上，从以上地理方位上看善无北泽就是今岱海。又，从犳山到善无北泽是一处交通要道，从丰镇到岱海自古就有大路可通，民国期间这段路被"称为丰归大道，经过凉城县岱海之东再北折，经白塔后再西行至归绥。"[1] 善无北泽因有以上特点，故可以断言其就是岱海无疑。

清代学者丁谦云："犳山当在参合陉西南长城外地。善无汉县，为雁门郡治，今朔平府右玉县，其北泽即朔平东北代哈泊。"[2] 唐长孺主编的《中国通史参考资料（古代部分第三册）》也认为善无北泽"约为今内蒙丰镇以西，凉城东北之岱海。"[3] 陶克涛亦认为北泽，"当即今内蒙古凉城东北的岱海"[4]。以上推断皆较为准确。至于《资治通鉴地理今释》云"善无北泽，疑即朔平府之野马川也。"[5] 以及严耕望云"按善无附近无陂"，"右玉长城之北有一小湖"，"疑即道武帝所幸者"。[6] 倘若是川则绝不能称作陂，若是一个小湖或潭水，也绝不能几次作为地理坐标而被记载，故以上二说皆非。

北魏后期岱海称作盐池。据《水经注》云参合县，"魏立县以隶凉城郡也，西去沃阳县故城二十里。县北十里有都尉城。《地理志》曰：沃阳县西部都尉治者也。北俗谓之阿养城。其水又东合一水，水出县东南六十里山下，北俗谓之灾豆浑水。西北流注于沃水。又东北流注盐池。《地理志》曰：盐泽在东北者也。今盐池西南去沃阳县故城六十五里，池水微渟，渊而不流，东西三十里，南北二十里。池北七里即凉城郡治。池西有旧城，俗谓之凉城也，郡取名焉。"[7] 盐池的地理特征是沃水东北注入其中，沃水

---

① 内蒙古自治区公路交通史志编审委员会编：《内蒙古公路交通史》第1册，北京：人民交通出版社，1993年，第11页。

② （清）丁谦：《魏书外国传补地理考证》，《蓬莱轩地理学丛书》第2册，北京：北京图书馆出版社，2008年，第107页。

③ 唐长孺主编：《中国通史参考资料（古代部分第三册）》，北京：中华书局，1965年，第227页。

④ 陶克涛：《毡乡春秋·柔然篇》，呼和浩特：内蒙古人民出版社，1997年，第71页

⑤ （清）吴熙载：《资治通鉴地理今释》，李勇先主编：《中国历史地理文献辑刊.第四编.通鉴类地理文献集成》，上海：上海交通大学出版社，2009年，第358页。

⑥ 严耕望：《唐代交通图考》第5卷（河东河北区），上海：上海古籍出版社，2007年，第1385页。

⑦ （北魏）郦道元：《永乐大典本水经注》，第38页。

即今弓坝河。灾豆浑水就是今五号河，历史上五号河曾汇入弓坝河。该盐池去沃阳故城六十五里，东西三十里，南北二十里。这些特征都符合岱海的特点。

隋代岱海被称为乞伏泊。《北史》及《隋书》记载乞伏泊的史料较为简略，无法准确判断乞伏泊的地理方位。据《资治通鉴》隋开皇十九年（599）称："突厥突利可汗因长孙晟奏言都蓝可汗作攻具，欲攻大同城。诏以汉王谅为元帅，尚书左仆射高颎出朔州道，右仆射杨素出灵州道，上柱国燕荣出幽州道以击都蓝。""都蓝闻之，与达头可汗结盟，合兵掩袭突利，大战长城下，突利大败。都蓝尽杀其兄弟子侄，遂渡河入蔚州。"都蓝与达头结盟后，其主攻方向是大同城。但该大同城非今大同，胡三省注云"今大同城，古永济栅也。"[①] 即今乌梁素海东北岸附近。胡三省注蔚州条云"隋志，雁门郡灵丘县，后周置蔚州。"可见，都蓝开始准备进攻大同城，但后来却是南下主攻朔州长城一线。这时"高颎使上柱国赵仲卿将兵三千为前锋，至族蠡山，与突厥遇，交战七日，大破之；追奔至乞伏泊，复破之，虏千余口，杂畜万计。突厥复大举而至，仲卿为方陈，四面拒战，凡五日。会高颎大兵至，合击之，突厥败走，追度白道，逾秦山七百余里而还。"[②]

高颎出朔州道，应该就是出今杀虎口关隘。族蠡山，《读史方舆纪要》朔州条称"在州北境"[③]。《通鉴地理今释》云族蠡山在"山西朔州府右玉县北口外。乞伏泊，同上。"[④]《归绥县志》隋代归绥图，标注族蠡山及乞伏泊皆在右玉县北。[⑤]《乌兰察布史》一书认为族蠡山，"今乌兰察布市凉城县双古城境内。""族蠡山一说在山西右玉县北。"[⑥] 在乞伏泊处，"仲卿为方陈，四面拒战，凡五日。"显然，这属于背水一战。终以高颎大兵至，合击之，出奇兵制胜。今岱海盆地四面环山，毫无退路可言，乃兵家所谓死

①《资治通鉴》第 13 册，北京：中华书局，1956 年，第 5563 页。

②《资治通鉴》第 13 册，第 5563—5564 页。

③（清）顾祖禹：《读史方舆纪要》卷四十四"大同府"，贺次君、施和金点校，北京：中华书局，2005 年，第 2038 页。

④（清）吴熙载：《资治通鉴地理今释》，第 382 页。

⑤郑裕孚纂，郑植昌修：《归绥县志》，台北：成文出版社，1968 年，第 56 页。

⑥石良先等：《乌兰察布史》，北京：中国文联出版社，2009 年，第 149 页。

地。可谓狭路相逢，勇者胜，遂大战五日之久。高颎大兵至，突厥方败走。白道即今呼和浩特北三十里武川县境内的蜈蚣坝，是出土默川通往漠北地区的大路。秦山即今阴山，也称大青山。可见，乞伏泊距右玉县较近，处在朔州右玉县的北面，该处又有大路可通白道，这符合岱海的地理方位。

《绥远通志稿》称："大海滩至今犹存乞伏社之称。此称之始，必有所因。"①王仲荦的《北周地理志》附录《北魏延昌地形志北边州镇考证》一书中指出"后魏任善无郡守者，见魏故使持节都督恒州诸军事前将军恒州刺史韩使君墓志铭志阴：次息晖，娶天水乞伏氏。父为桑乾、善无二郡太守乞伏归。按志刻于后魏普泰二年。"按普泰年号纪年只有普泰元年（531），第二年则改称为太昌元年（532）。该年属于北魏末年，到534年北魏分裂为东魏、西魏两国。从上可见，北魏后期的善无郡太守是乞伏归。又云北齐设有善无镇，"任镇将者，见北史孝行乞伏保传：出为善无镇将。"②按《魏书·地行志》善无郡领善无县、沃阳县，沃阳县治所即在今凉城县双古城。可见，北朝时期乞伏氏是善无郡地区的主要行政长官。位在善无郡北境的岱海，以乞伏部大人来命名也合乎情理。黄旗海在北魏郦道元时期称为乞伏袁池，从湖名的沿袭关系上看，乞伏泊应该就是今黄旗海，所以过去认为黄旗海就是乞伏泊，③遂干扰认知一千多年。

唐代岱海被称为赤柯泺。《资治通鉴》卷一百九十六云：贞观十五年（641）冬十月，薛延陀真珠可汗"命其子大度设发同罗、仆骨、回纥、靺鞨、霫等兵合二十万，度漠南，屯白道川，据善阳岭以击突厥。俟利苾可汗不能御，帅部落入长城，保朔州，遣使告急。"癸酉，上命"以兵部尚书李世勣为朔州道行军总管，将兵六万，骑千二百，屯羽方。"胡三省注释云"善阳岭，在朔州善阳县北。""'羽方'，新书作朔州。"俟利苾可汗就是突厥可汗李思摩。上云"思摩入长城，又不速退。吾已敕思摩烧薙秋草，彼粮糗日尽，野无所获。顷侦者来，云其马啮林木枝皮略尽。"这时

① 绥远通志馆：《绥远通志稿》第1册，呼和浩特：内蒙古人民出版社，2007年，第410页。

② 王仲荦：《北周地理志（下）》，北京：中华书局，1990年，第1052—1053页。

③ 认为乞伏泊就是黄旗海的观点主要有：谭其骧主编：《中国历史地图集》第5册（隋唐五代十国时期），第17—18页；山西省地图集编纂委员会编：《山西省历史地图集》，北京：中国地图出版社，2000年，第52—68页。

薛延陀大度设兵马已是强弩之末。到了十二月，"大度设将三万骑逼长城，欲击突厥，而思摩已走，知不可得，遣人登城骂之。会李世勣引唐兵至，尘埃涨天，大度设惧，将其众自赤柯泺北走。世勣选麾下及突厥精骑六千自直道邀之，逾白道川，追及于青山。"①

从上可见，李思摩的突厥兵马退入长城之内，据保朔州，薛延陀大度设的兵马则主要屯驻在白道川——即今土默川。朔州善阳岭不在今山西省朔州善阳县境，隋唐时期的善阳县在汉定襄地，其位置在今内蒙古自治区和林格尔县西南大红城。其实，大度设兵马仅仅是逼近长城，并未到达长城边塞之内。该处长城指的应该是隋大业所修的长城，《归绥道志》卷十三云："其南境城址起清水河之北，缘红山而东，跨和林格尔、宁远厅南，直抵丰镇北者，隋大业所筑也。"②今岱海南面是山岳地区，明代大边长城就在岱海南部山岳地区修筑，可能与隋代长城重合，其北面有通往土默川地区的车马大路。李世勣是朔州道行军总管，其驻军也应在朔州。故唐军出兵必然沿朔州今沧头河河谷一线，经杀虎口这一要隘出击，大度设方引其众自赤柯泺北走。故可以判断岱海就是唐代的赤柯泺。《读史方舆纪要》卷四十四大同府条云"赤柯泺，在府西北。"③按照顾祖禹的判断，赤柯泺亦是岱海无疑。《资治通鉴地理今释》也云："赤柯泺，疑归化城之岱哈泊"④，这一判断亦准确。

二、岱海不是辽金时期的奄遏下水，元代才有下水海之称

辽金易代之际，岱海被称为奄遏下水这一说法较为盛行，但该说存在问题较多。《辽史》载保大四年（1124）秋七月，"天祚既得林牙耶律大石兵归，又得阴山室韦谟葛失兵，自谓得天助，再谋出兵，复收燕、云。""上遂率诸军出夹山，下渔阳岭，取天德、东胜、宁边、云内等州。

---

① 《资治通鉴》第 13 册，第 6170—6172 页。
② （清）贻谷修，（清）高赓恩纂：《归绥道志》中，呼和浩特：远方出版社，2007 年，第 423 页。
③ （清）顾祖禹：《读史方舆纪要》卷四十四"大同府"，第 2012 页。
④ （清）吴熙载：《资治通鉴地理今释》，第 391 页。

南下武州，遇金人，战于奄遏下水，复溃，直趋山阴。"①该条史料所云的"山阴"应与阴山、夹山是同一地方。夹山地处阴山河谷谷道之间，道路交叉难辨，可通往阴山后山地区，当时金兵以力不能入，恨其不出。"渔阳岭"即今呼和浩特城西北蜈蚣坝，天德军治所就是今呼和浩特市，东胜州今托克托县，云内州今土默特左旗东南，宁边州今清水河县南，武州今山西省神池县附近。也就是说，天祚帝从大青山出发，占领天德、东胜、云内、宁边等州，一路南下进攻到山西的武州，在武州遇到金兵，战于奄遏下水。《朔州志》云："武州城，在州境西，本赵武州寨，汉为雁门郡武州县，晋改县曰新城，后唐李克用生神武州即此，辽金为武州。"②换言之，奄遏下水必近在山西朔州西部附近。考今地图朔州平鲁区西部偏关河上游地区有下水头乡，该乡内有上水头、下水头、上乃河、下乃河等村名，该地属于历史上的武州地区。该地村名皆称上中下，其中明确称有上水头和下水头，故历史上的下水可能指该地下水头村附近的一条河流，其汇入大河口门处即为奄遏下水。

　　"奄遏下水"指的就是一条称作下水河的口门处，绝不是一个方圆数十里的湖泊。如《契丹国志》称："天祚遂强率诸军出夹山，下渔阳岭，取天德军、东胜、宁边、云内等州，南下武州，遇金人兀室，战于奄曷下水。兀室帅山西汉儿乡兵为前驱，以女真千余骑伏山间，出室韦乞（毛）割石兵顾之大惊，皆溃。天祚奔窜入阴、夹山。"③曷与遏字形相近，"奄曷下水"应该是奄遏下水的误写。《大金国志》亦载："天会二年（1124），辽主天祚率诸军出夹山，南下武州，遇兀室军，战于奄遏下水。兀室率山西汉儿乡兵为前驱，以国兵千余骑伏山间，辽兵惊溃，天祚奔山金司。"④以上两条皆云金人骑兵埋伏于山间，战于奄遏下水地方，这与岱海的河口处湖泊地形全不契合。

　　又，天祚帝的根据地在阴山山谷之地，被称作夹山处，其刚刚攻占天

　　①《辽史》第1册，北京：中华书局，1974年，第349页。

　　②（清）汪嗣圣纂修：《朔州志》，台北：成文出版社，1976年，第201页。

　　③（宋）叶隆礼：《契丹国志》，刘晓东等点校，济南：齐鲁书社，2000年，第108页。

　　④（宋）宇文懋昭：《大金国志校证》卷二十七，崔文印校证，北京：中华书局，1986年，第385页。

德、东胜、云内、宁边等州，尤其宁边州与武州毗邻。宁边州即今清水河县境，民国以前清水河县境有通往呼和浩特市的大道，也有通往山西的陆运大道。[①] 天祚帝可以直接从宁边州进攻山西武州地区，绝没有必要绕道岱海。况且当时云朔两地已非辽主所能控制，故天祚帝进攻武州绝不会走岱海这一线，也绝不会绕路从岱海这一线窜奔夹山。可以断言，辽金易代之际的奄遏下水绝不是今天的岱海。

其实，辽金之际称作下水的地方在山西附近及以北一带所在多有。如清代学者丁谦云："下水在归化城南。考大同边外有土尔根河，西流入黄河。此河上游所合小水甚多，约分三枝。一枝小黑河，一大黑河，一黄水河。俗以小黑河为上水，大黑河为中水，黄水河为下水。天祚纪保大四年，遇金人，战于昂阿下水，昂阿下水译言口门，谓在下水口门交战。即黄水河流入土尔根河处。"[②] 丁谦以后的学者多沿用该说法，如张星烺称："下水在归化南。"[③] 党宝海也称："下水是今呼和浩特城南的黄水河。"[④] 以上所云下水是呼和浩特市城南的黄水河，奄遏下水就是黄水河汇入土尔根河的入口处。该地位于今托克托县，然托克托"县境地处平原，绝少山峰"。[⑤] 当时辽金两军打仗处的奄遏下水，金兵千余骑伏山间，而位于呼和浩特市城南的黄水河入土尔根河口门处是一马平川，与山间这一特征亦不符，故奄遏下水必然也不是黄水河入土尔根河口门处。奄遏下水虽与黄水河及岱海了无关系，但丁谦等人的说法却提供了奄遏下水的命名方式。

关于金代的昂阿下水，据《三朝北盟会编》卷十云："及夏国引兵数万袭天德军，女真都元帅遣其偏将宁木割（改作尼楚赫）、娄宿孛堇（改作

① 绥远省民众教育馆编：《绥远省分县调查概要》，国家图书馆选编：《民国时期社会调查资料续编》第 8 册，第 311—312 页。

② （清）丁谦：《元长春真人西游记地理考证》，《蓬莱轩地理学丛书》第 4 册，北京：北京图书馆出版社，2008 年，第 418 页。

③ 张星烺编注，朱杰勤校订：《中西交通史料汇编》第 5 册，北京：中华书局，1978 年，第 144 页。

④ （元）李志常：《长春真人西游记》，党宝海译注，石家庄：河北人民出版社，2001 年，第 99 页。

⑤ 绥远省民众教育馆编：《绥远省分县调查概要》，国家图书馆选编：《民国时期社会调查资料续编》第 8 册，第 261 页。

罗索贝勒）统兵七千，与夏人逆战于阿磨水，夏人败走。"[①] 该书校勘记称："与夏人逆战于阿磨下水（阿磨一作昂阿，脱下字）。"[②] 从该史料上看，金人与西夏打仗处称阿磨下水，也称昂阿下水。蒙古语"口，阿麻"，有时也作"阿蛮"，读作 aman。[③] 阿磨应该是阿麻的转音。《钦定辽史国语解》卷四云："昂阿"，"满洲语口也，卷二十九作奄遏，水名。"[④] 其实，满洲语"口"，有时还作"昂哈，或安哈"。[⑤] 换言之，阿磨下水和昂阿下水都是下水口门之意。该下水在天德军治所附近，其治所在今呼和浩特市东郊白塔村。[⑥] 可见，金代的昂阿下水，就是黄水河入图尔根河的口门处，也称奄遏下水。这与丁谦等人所指是同一地方，与岱海没有关系。

到了元代，岱海方有下水海这一称呼。据《长春真人西游记》记载：丘处机一行人从丰州出发，"七月朔，复起。三日至下水。元帅夹谷公出郭来迎。馆于所居，来瞻礼者无虑千人。元帅日敬。有鸡雁三，七夕日师游郭外，放之海子中。""翌日遂行，是月九日至云中。"[⑦] 当时丘处机一行人从丰州到下水处用时三天，从下水到云中大同府又用时二天，换言之，下水在丰州与大同的中间位置，且下水处有海子，这合乎岱海的地理位置。下水处还驻有元帅，该地应该是辽代时期的宣德县。麦胡图乡在今岱海东滩上，据考该地淤泥滩古城，"应为辽之宣德县，金元之宣宁县所在"。[⑧] 过去该地是呼和浩特到大同的车马大路经过之地，如《傅作义出巡汇刊》丰镇县条云："西至凉城一百八十里，途径凉城县天成村，麦胡图等处，

① （宋）徐梦莘：《三朝北盟会编（上）》，上海：上海古籍出版社，1987年，第69页。

② （宋）徐梦莘：《三朝北盟会编（上）》，第74页。

③ 贾敬颜、朱风合辑：《〈蒙古译语〉〈女真译语〉汇编》，天津：天津古籍出版社，1990年，第53页、第111页、144页、174页。

④ 《钦定辽史语解》卷四，《景印文渊阁四库全书》第296册，台北：台湾商务印书馆，1986年，第49页。

⑤ 贾敬颜、朱风合辑：《〈蒙古译语〉〈女真译语〉汇编》，第296页。

⑥ 樊文礼：《辽代的丰州、天德军、西南面招讨司》，《内蒙古大学学报（哲学社会科学版）》1993年第3期；樊文礼：《辽代天德军地理位置考》，《昭乌达蒙族师专学报（汉文哲学社会科学版）》，1993年第1期。

⑦ 张星烺编注，朱杰勤校订：《中西交通史料汇编》第5册，第138页。

⑧ 凉城县文物保护管理所编：《凉城县文物志》，1992年，第131页。

为旧时归绥丰镇间通行大道。"①《内蒙古历史地理》一书也认为"岱海元称下水或夏水，海边有下水镇，丘处机从中亚归来时曾路过这里。"②

下水这一称呼的由来大概与岱海水系有关。今汇入岱海最大的河流是弓坝河。《绥远省分县调查概要》一书中称："公坝河，其上流河源有四：一自东南马头山下起，西流经韩家圐圙至南水泉，折而北至隆太村，西北行至保全庄之西。一自太平庄起西流至宝全庄之西。二水合流，向西南绕仁义村之西，折而北，经大路村之东北，流至大小五号之西。一自马头山下起，西北行经井儿沟之北，崞阳庄之南，贤人窑之西，到刘家窑子北。一自柳坝弯西北行，经八号、七号、三号、德胜窑、李家窑，到刘家窑之北。二水合流，西北行至大小五号之西，与前水会，向东北流，即为公坝河。由县城西南大小五号起，向东北流，经福生庄，榆树林村，六苏木，讫碧水庄，行七十里，东北入于袋哈泊。"③ 这是 1935 年公坝河的水系调查，从上可知今天的五号河原来是公坝河的一个支流。考今凉城县地图，今北水泉乡弓坝河上游有二水，"一自东南马头山下起，西流经韩家圐圙至南水泉，"该水今流经南水泉村，从地理方位上看该水就是历史上的"下水"，就是今天的弓坝河。"一自马头山下起，西北行经井儿沟之北，崞阳庄之南，贤人窑之西，到刘家窑子北"，贤人窑今作仙人窑，该水今流经中水泉村，是今五号河的一个支流，其是历史上的"中水"。"一自柳坝弯西北行，经八号、七号、三号、德胜窑、李家窑，到刘家窑之北"，该水今流经北水泉村，其就是历史上的"上水"。马头山今名平顶山，北水泉村、中水泉村、南水泉村的命名，就是根据发源于平顶山的这三条河流在方向上的排列顺序来命名的。④ 换言之，今天的弓坝河就是元代所称的"下水"。

---

① 绥远省政府秘书处编印：《傅作义出巡汇刊》，呼和浩特：远方出版社，2017 年，第 71 页。

② 周清澍主编：《内蒙古历史地理》，呼和浩特：内蒙古大学出版社，1993 年，第 118 页。

③ 绥远省民众教育馆编：《绥远省分县调查概要》，国家图书馆选编：《民国时期社会调查资料续编》第 8 册，第 66 页。

④ 乌兰察布盟公署编：《乌兰察布盟地名志》，1988 年，第 416—417 页。

三、明代岱海多作下水海，清代有岱哈泊、大海等称呼

岱海在明代多数情况下称作下水海。如《明太宗实录》永乐元年（1403）夏四月丁卯"镇守大同江候吴高奏：所辖之地，西北接东胜黄河。盖湖虏出没之路，宜自下水海北，直抵把撒站，皆分成巡逻。择才干都指挥使更番，提督有警，即驰报。庶几斟酌行事，不致失机，从之。"①又如《明英宗实录》天顺元年（1457）五月壬午，"都督同知马政自虏中附奏：比闻敕旨令大同边臣给虏赈济粮米，至今未到。虏中饥窘之甚，俱带家属移营于黄口下水海子一带屯驻。近见孛来说，粮米如不见给，愿将前使放回。又言前使不回，尔辈亦未得回中国等语。"②再如《明穆宗实录》隆庆五年（1571）九月戊寅条称："录，大同边外下水海、石灰站等处，功升赏官军胡应时等一百三十五人。"③可见，以上《明实录》三处皆称下水海，不见有奄遏下水海的称呼。

明代私人记述称岱海作下水海的比比皆是。如《万历武功录》载嘉靖十八年（1539）"七月，西宁人徐友信自虏中来，言吉囊已至威宁海迤北，俺答阿不孩、喇不台吉已至下水迤南，北小王子已至大石窝迤南，和营，谋欲大入塞。"④从中可见嘉靖年间黄旗海被称为威宁海子，岱海被称为下水。又如方逢时的《云中处降录》中云隆庆三年（1569）八月，"俺答回营下水海之北，声言内犯，实将西掠哈剌也。"⑤《三云筹俎考》拒门堡条称："迤东为弥陀山，边外地名下水海子一带，虏酋打儿汗倘不浪等部落住牧。"⑥明代称作奄遏下水海的，仅见《明一统志》大同府条云有"奄遏下水"，"在府城西北二百里，水潮无常。纳大涧小涧大汇小汇四河及银海

---

① 《明太宗实录》卷十九，永乐元年夏四月丁卯条，中研院史语所校印，第347页。

② 《明英宗实录》卷二百七十八，天顺元年五月壬午条，中研院史语所校印，第5958—5959页。

③ 《明穆宗实录》卷六十一，隆庆五年九月戊寅条，中研院史语所校印，第1490页。

④ （明）瞿九思：《万历武功录》，王雄编辑点校：《明代蒙古汉籍史料汇编》第5辑，呼和浩特：内蒙古大学出版社，2007年，第41页。

⑤ （明）方逢时：《云中处降录》，薄音湖、王雄编辑点校：《明代蒙古汉籍史料汇编》第2辑，呼和浩特：内蒙古大学出版社，2006年，第82页。

⑥ （明）王士琦：《三云筹俎考》，薄音湖、于默颖编辑点校：《明代蒙古汉籍史料汇编》第6辑，呼和浩特：内蒙古大学出版社，2009年，第341页；

水诸细流。"①

明代以来岱海还被称为鸳鸯泊。如明代天启、崇祯年间的陈组绶著有《兴和形势论》云："兴和，汉狐奴县，元升为路，而兼有怀安、天成、宝昌、威宁四县。出兴和北，则集宁、净州、沙井，其山燕然、狼居胥、阴山，其川荒于（干）、白渠，其薮鸳鸯泺、集宁、威宁二海，皆汉定襄郡地，唐振武军韩重华屯田处也。"② 晚明人陈组绶所云，集宁在兴和北，必定认为集宁旧城在今张北县境内，集宁海子指的就是今张北县的安固里淖，威宁海子指的是今黄旗海。兴和附近的大湖，除上述两海子外，尚有岱海，则鸳鸯泺可能指的是岱海。清代以来岱海称作鸳鸯泊的所在多有，不胜枚举。

清代岱海仍称为奄遏下水海，蒙语称为岱哈池，俗称羊圈海，也称大海。如《嘉庆重修一统志》朔平府条称："奄遏下水，在平鲁县西北边墙外，俗称羊圈海。大同府志，奄遏下水，在府西北二百里。"③ 又云镶红旗察哈尔境内，"奄遏下水海，在旗南四十里，蒙古名黛哈池。明统志：在大同府城西北二百里，水潮无常，纳大涧小涧、大汇小汇四河及银海水诸细流。按黛哈池颇为巨浸，莽喀图、阿拉齐、巴尔哈孙共汇其中，又路直大同境，与杀虎口接壤，其为奄遏下水海无疑。"④《察哈尔地略》称察哈尔镶红旗境内，"奄遏下水土名黛蛤池，受大河小河大汇小汇四河及银海水诸细流，在旗南十四里。"⑤《清史稿》卷八十一称："莽喀图河，源出正红旗察哈尔，西北流，会阿拉齐河，入黛哈池，即奄遏下水海。"⑥

岱海在清代又被称为大海，如《朔平府志》《古丰识略》皆云归化城，"大海，在城东南二百余里，内生盐。"⑦《西盟游记》也称"韩庄隶丰镇，

---

① （明）李贤等：《明一统志（一）》卷二十一"大同府"，《景印文渊阁四库全书》第 472 册、第 474 页。

② （明）陈组绶：《兴和形势论》，（清）金志章纂，（清）黄可润增校：《口北三厅志》，乌云格日勒点校，忒莫勒审定，呼和浩特：远方出版社，2015 年，第 683 页。

③ （清）穆彰阿：《嘉庆重修一统志》第 7 册，北京：中华书局，1986 年，第 6914 页。

④ （清）穆彰阿：《嘉庆重修一统志》第 34 册，第 27056 页。

⑤ （清）马冠群：《察哈尔地略》，（清）王锡祺辑：《小方壶斋舆地丛钞再补编》第二帙。

⑥ 《清史稿》第 9 册，北京：中华书局，1976 年，第 2480 页。

⑦ （清）刘士铭：《雍正朔平府志》卷三，南京：凤凰出版社，2005 年，第 71 页；（清）钟秀、（清）张曾编：《古丰识略》，呼和浩特：内蒙古人民出版社，2016 年，第 14 页。

西北临大海（土人名曰大海，实则闭口湖也）。海面广阔，东西长三十里，南北百余里。"①《塞北漠南汗漫录》一书云从丰镇西行，"抵大海坡（大海，盐池名）"，"一路沿海向北，大海周径约计三百余里，为内蒙中部产盐最富之区。海畔盐层凝结，皓如积雪。"②

岱海蒙语称作岱哈泊，或代哈泊（池），或黛哈（蛤）池的史书记载很多。如《蒙古志》一书中称："代哈泊，无口，支曰莽阿图、曰布尔哈苏台。"③《塞北漠南诸水汇编》云"代哈池，在杀虎口东北七十里，有三源，一自东北来曰布波河，一自东南来曰莽阿图河，一自南来曰布哈乌苏河，汇于彻楞山之东麓。"④卓宏谋编定的《蒙古鉴》云察哈尔部有"代哈泊"。⑤岱海又称作岱海泊，如胡守恒的《察绥的分析》一文云"丰镇县第二区大海滩之岱海泊"，"南北长二十里，东西宽七十里，每年产碱约一万四千斤。"⑥

到了晚清岱海就有今天的名字了。成书于光绪朝的《归绥道志》卷十四云"岱海，宁远厅境，东西数十里，状如鱼。袤长五十里许。"⑦1893年3月7日，俄人阿·马·波兹德涅耶夫从张家口赴呼和浩特市途中，路经岱海称："岱海滩谷地被蒙古人叫做岱根塔拉，不久前还是察哈尔人的游牧区。""西南湖方圆至少有六十俄里。"⑧ 1俄里=2.12里，也就是说岱海方圆至少为120里。岱海其名，源于蒙语。据《察哈尔史》称"岱海是蒙古语'达嘎因淖尔'的音译名称，意为'二岁马驹海'。另有一说，岱海是蒙古语'岱给因淖尔'的音译名称，'岱给'在蒙古语中指野马，意为

　　①勺与：《西盟游记》，弍莫勒注释，呼和浩特：远方出版社，2007年，第90页。

　　②妙观察斋主人：《塞北漠南汗漫录》，李红权、朱宪主编：《近代蒙古文献大系·见闻卷》第1册，北京：中华书局，2019年，第288—289页。

　　③（清）姚明辉辑：《蒙古志》卷一，台北：成文出版社，1968年，第90—91页。

　　④（清）齐召南：《塞北漠南诸水汇编》，（清）王锡祺辑：《小方壶斋舆地丛钞》第四帙，上海著易堂印行。

　　⑤卓宏谋编：《蒙古鉴》，台北：文海出版社，1999年，第56页。

　　⑥胡守恒：《察绥的分析》，李红权、朱宪主编：《近代蒙古文献大系·概览卷》第6册，北京：中华书局，2018年，第3063页。

　　⑦（清）贻谷修，（清）高赓恩纂：《归绥道志》中，呼和浩特：远方出版社，2007年，第444页。

　　⑧[俄]阿·马·波兹德涅耶夫：《蒙古及蒙古人》第2卷，张梦玲等译，呼和浩特：内蒙古人民出版社，1983年，第45页。

'野马海'。"① 蒙古语发音，儿马"二岁曰打哈"。② 这与岱海发音相似。《内蒙古湖泊》解释云"达格图诺尔：意为二岁马湖，因淹死二岁马得名。"③ 还有一说，据《内蒙古地名》称"'岱海'系蒙古语，意为'泥垢'，因湖周围多泥沼而得名。"④ 蒙古人之所以重视该泥沼，因为该泥沼可以煎制成盐。据《西盟游记》云岱海"地势低洼，山水流入，排泄无从，杂质积猱，更受日光之蒸化作用，变成盐质，尽酝于海滩泥中，土人掘之，煎炼成盐。"⑤ 至于《中国湖泊志》载云"古文'代'与'岱'同音，西汉初年属代国，故名岱海。"⑥ 这种说法显然是附会之说。

因为岱海在凉城县境内，且在凉城县城之东遂又有东海子之称。如《察哈尔乡土志》一书称："东海子，在凉城之东，丰镇之西，北有三苏木聚盛庄，西有公坝庙，西南有公沟堰，南有公河，东纳经河，东北纳焦山大庙坡诸水。""所谓东海子者，乃因在凉城之东得名，其东二苏木海子，在丰镇隆盛庄之西北，平地泉之东南，面积亦与之相等，旧图谓之奇尔泊。"⑦ 南有公河，公河指的是今弓坝河，故又有公坝庙。二苏木海子就是今察哈尔右翼前旗境内的黄旗海。

综上，岱海在汉代称作盐泽。北魏前期称善无北泽或善无北陂，北魏后期则称作盐池。隋代称乞伏泊，唐代称作赤柯泺。辽金时期的奄遏下水以及昂阿下水指的皆不是岱海，到了元代岱海方称作下水海。明代岱海无论官私记载皆多数称作下水海，只有《明一统志》称其为奄遏下水海。降至清代，称岱海为奄遏下水海的方日渐其多，换言之，奄遏下水海一说是后世讹传附会的结果。清代以来岱海还有鸳鸯泊、岱哈泊、羊圈海、大海、东海子等称呼。

① 潘小平、武殿林主编：《察哈尔史（中卷）》，呼和浩特：内蒙古人民出版社，2012年，第622页。

② 贾敬颜、朱风合辑：《〈蒙古译语〉〈女真译语〉汇编》，第181页。

③ 牧寒：《内蒙古湖泊》，呼和浩特：内蒙古人民出版社，2001年，第222页。

④ 庞启主编：《内蒙古地名》，呼和浩特：内蒙古人民出版社，2006年，第743页。

⑤ 勺与：《西盟游记》，忒莫勒注释，呼和浩特：远方出版社，2007年，第90页。

⑥ 王苏民、窦鸿身主编：《中国湖泊志》，北京：科学出版社，1998年，第325页。

⑦ 林传甲：《察哈尔乡土志》，李红权、朱宪主编：《近代蒙古文献大系·概览卷》第1册，北京：中华书局，2018年，第215页。

肇庆崇禧塔是"花塔"还是"番塔"?

刘明强 *

一、一个与崇禧塔有关的"谣言"

利玛窦在其写作于 1608—1610 年的中国札记里记录了一场发生于 1588 年 8 月—12 月间的、与崇禧塔有关的谣言而引起的风波。为体现此"谣言"及其引起的风波的真实性,笔者全文摘录如下:

麦神父(即麦安东,利玛窦的助手)刚一到肇庆,神父们就得到消息说,广州老叟会的会长们已在察院那里无中生有地把神父们告了下来。这些会长都是一些年长者,在民众和官员中威信很高,因为他们从小到大都是与世无争,也没有人与他们作对。每年城中的官员们都要用公款为他们大摆筵宴,并举行一些仪式。他们享有各种特权,可以穿着他们特殊式样的衣服出入所有的衙门,他们的责任就是为公众谋取利益而不计酬劳。这些会长听信了外面传播的谣言,认为是神父们在肇庆修建了为全城百姓造福的花塔,并为修塔花费了四五千两银子,这些银子无疑是澳门的葡萄牙人给的,他们为此出资,意图是鼓动中国百姓造反。就这样,会长们把此事汇报给了察院。

因为诉状措辞非常考究得体,符合中国人的行文规范。在这里,我想把此文逐字逐句地翻译成我们的文字,但肯定不会翻译得像原文那样生动、优美。诉状是这样说的:

---

* 刘明强,男,1966 年生,大学本科,肇庆市市场监管局,公务员。

国家法律赋予所有臣民自由的权利，无论发现何种有违民意的事都可以向官方禀报，我们——广州老叟会的会长——注意到本省发生的某些事情，特此向大人禀报，以便得到妥善解决。

在肇庆的县城住着一些外国人，我们担心这些外国人进入中国定居是奉命对我国进行大规模的破坏活动。我们眼前就有很明显的例子，一眼就能看穿。

如今在香山县的澳门，有大批的外国蛮夷，他们谎称来中国出使，并向我们的皇帝陛下献礼，并以此作为掩护，与我们和他们自己的商人进行交易。虽没有得到进入中国去朝觐的许可，他们却擅自留在那里，与中国人混居在一处。近年来，他们的商船也未经许可便来此停靠，直到交易会结束时，才扬帆驶向外海，回他们的本土去。现在，他们还在那里建筑了楼房，如蜂拥蚁聚一般。

本省居民见状，无不为之痛心疾首。更有甚者，他们每天都有新的阴谋诡计。比如，为了能进入肇庆，并引入其他和他们一样险恶的坏人，他们就出资修建了番塔，现在他们已频繁往来了。其实，我们是担心他们来做奸细，打探我国的秘密，并长期与我国的歹人相互勾结，做出大逆不道之事，或诱骗当地居民，让他们像鱼、鲸一样地远涉重洋。

这正如我们书中所讲的：在沃土上种植荆棘和荨麻；往自己家里招引毒蛇和蜥蜴。我们认为，澳门的危险犹如疾在手足，病情发展得不是很快，可以慢慢加以治疗，但肇庆的隐患则是病在腹心，需要尽早治疗。

为此，我们请求大人命令肇庆的官员把这些外国人抓起来，驱逐出境，让他们回到澳门去。

至于澳门的问题，今后可以慢慢寻求适当的解决方法。这样，大人便可以使广东全省起死回生，这将是人民的大幸。[①]

如上，引起上述风波的谣言的核心内容是：利玛窦等西方天主教传教士（彼时，利玛窦等自称为天竺国僧，而肇庆老百姓则称其为番僧，笔者

---

① [意]利玛窦：《耶稣会与天主教进入中国史》，文铮译，梅欧金校，北京：商务印书馆，2014年，第131—132页。

注）出资建造了崇禧塔，目的是进入中国定居并颠覆中国。崇禧塔之番塔称谓最早见于该文书（诉状）中。

谣言的威力是巨大的，一年以后（即 1589 年 8 月），两广总督刘继文下令利玛窦离开肇庆。①

二、谣言背后的真相

明洪武年间（1368—1398），明朝开国皇帝朱元璋下令实施海禁（禁止民间私人海外贸易，而官方朝贡贸易并未禁绝。笔者注），"片板不得下海"。目的是防沿海军阀余党与海盗滋扰，虽起到了自我保护的作用，但大大阻碍了中外交流发展。

明永乐三年（1405），明太宗朱棣派遣郑和为正使，王景弘为副使，率水手、官兵 27800 余人，乘"宝船"六十二艘，远航西洋。明朝舰队从苏州刘家港出发，到达东南亚国家占城、满剌加、爪哇、苏门答腊及锡兰等地，经印度西岸折回返国。以后又于 1407 年至 1433 年的二十多年间，先后六次出海远航。明永乐五年（1407）朱棣在苏门答腊旧港设立大明旧港宣慰司，苏门答腊、满剌加成为与旧港宣慰司相配的御封军镇。明朝海军在马六甲海峡的满剌加建立城栅、仓库，以之作为经营西洋的中转站。

15 世纪末 16 世纪初，欧洲新兴的海洋强国（葡萄牙、西班牙、荷兰等）在经济利益和政治利益的双重驱使下，开启了"大航海时代"。完成了"新航路的发现"、"新大陆的发现"和"第一次环球航行"。凭借强大的海上力量，寻找新的贸易路线和贸易伙伴，并在沿线建立了多个贸易点和殖民地。如 1510 年葡萄牙侵占了新航路上的印度果阿。1511 年葡萄牙又侵占了东南亚岛国满剌加。

1553 年葡萄牙人以借地晾晒水渍贡物为理由，请求在香山澳（即今澳门，笔者注）上岸，获准后建立固定居民点。

隆庆元年（1567）明穆宗朱载坖开放海禁，允许民间远贩东西二洋，史称"隆庆开关"。

---

① [意] 利玛窦：《利玛窦中国札记》，何高济、王遵仲、李申译，何兆武校，北京：中华书局，1983 年，第 226 页。

其后 20 年间,以葡萄牙人为主的"澳夷"在香山澳与中国人进行海外贸易,聚众已达数万人,俨然成为"特区",引起明朝政府的警觉和担忧。[①]其时,明朝政府对"澳夷"进行严格管理,不容许外国人在香山澳以外定居,如当时每年两次每次两个月在广州举行的交易会,葡萄牙商人只被允许白天在城内街上进行贸易,晚上必须待在自己的船上。[②]1583 年 9 月,罗明坚、利玛窦获准在广东肇庆定居,才第一次打破了这一规定。

罗明坚、利玛窦均为欧洲意大利人,据史料记载,两人都是先后经由葡萄牙里斯本—印度果阿—中国澳门,这条海上"新航路"进入广东肇庆的。

以上就是肇庆崇禧塔在 1582 年开始建造前后有关的历史背景。

言归正传,崇禧塔是"花塔"还是"番塔"?

时任肇庆知府王泮在 1585 年崇禧塔建成后撰写了《崇禧塔记》,记载了崇禧塔的建造时间、地点、经过以及建造目的:

> 肇庆据东粤上游,南有大江,来自万里,束以双峡,所以聚风气而钟灵秀也,惟是后沥之水顺流东下。万历十年,诸生言:郡北故无堤,沥水环绕。自成弘后,沥为堤捍。上自桂林,下至羚羊峡,滔滔而东,其气不聚,人材遂如晨星,未可尽归于人事也。石塘故有水道通江,请复之。无宁兹滢下田塘,亦藉以杀潢潦,业凿渠道。沥自北而南,由东郊至小市石顶入江矣。诸生复言:小市石顶,隐然郡之左臂,其趾方丈,其石磊砢,其地绾长江下流。赖大夫之灵,通沥于江,如形家言,则此乃捍门哉?请建浮屠其上,镇之便。余难之曰:"若何淫于佛氏之说乎?"诸生曰:"天倾西北,故水东南驰。夫其驰于东南,天地无如之何也。然河则有砥柱,于入海则有碣石;江则有滟滪,于入海则有金山。若以障其澜而回之者,碣石、金山,人之所不能为也;浮屠,人之所能为也。辅相天地之宜,非大夫谁任?乐有龠,櫜亦有龠。其物虽同,其为用则异。苟吾用而便,吾何以其名为?"余曰:"诺。"既一年,稽秉丰登,莋苻衰息。乃布命境内,若里居族姓、鄙师鄫长、以迨

[①] 刘明强:《西学东渐在肇庆》,广州:暨南大学出版社,2014 年,第 7—9 页。

[②] [意] 利玛窦:《利玛窦中国札记》,第 144 页。

黄耇，闻命奔走厄材鸠工者不谋而合。于是奠址廓基，为梯者九、觚而面者
八，高以尺计可二百。所糜银以两计，凡三千有奇，皆醵金，不出帑一钱。
董之者，邑人、知县谭君谕也。始壬午（1582）九月，迄乙酉（1585）四月
告成。远近观者，举欣欣色喜。余惟天下事，孰非时为之哉？天地之气，浑
泫磅礴，郁而复流，其灵粹所钟，清淑所畜，恒需久而泄。迨其泄也，不能
无助于人。则人与天交相赞者，皆不能违乎时也。浮屠议非一日矣，往往格
于道谋。今一倡而举，事不三年而成。拔地摩霄，金碧辉映，基磐势巩，不
啮不泐，峭然若卓笔、若端笏、若奇峰之峙。说者以为文运之应，非耶？西
江之水千流万派，汪洋澎湃。至于石顶，若拱若揖，去而复留，泫精萃气，
斯固融结于千万载之前，于兹而发。济济多士，应运而兴，仪上国而桢王
家，故令鸿造，创于一时，而余适觏其成也。况倡一和万，如响斯应，富者
输财，窭者出力。子来丕作，无窳无堕，可卜人心之和矣。夫作事者时，昌
时者气。一时人士踊跃奋迅，思振其旧而新之，图文运之昌，殆非虚语。不
然，孰鼓舞？是诸生勉之，无负昌期哉。①

作为主持建造崇禧塔的最高政府官员，王泮所述"所糜银以两计，凡三千
有奇，皆醵金，不出帑一钱"及"富者输财，窭者出力"显然是可信的。
也就是说，建造崇禧塔的三千多两银子来自老百姓的集资（或凑钱），政
府没出一分钱。但王泮万万没有想到，他前脚刚走（1588年初，王泮升
任湖广参政，离开肇庆。笔者注），后脚就因建塔之事起了风波。

利玛窦则记述说：

正当此时，肇庆区为了建造一座塔，在附近所属十一个城镇附加课税，
依照古代的迷信，这会给整个广东省带来福祉。塔的第一层已经建好，还有
九层未建，建塔的地方十分优美。在城外一条河的旁边，河内有船可通，河
水可以灌溉附近的农地，有些地方属于总督，有些属于知府。塔之所在离这
些土地及市区有一英里之遥，做为公园或花园散心之地颇为适宜。在建塔的
同一块土地上，有人建议建造一座富丽的大庙，庙内将依照民俗给现任知府

---

① （明）郑一麟：《（万历）肇庆府志》，广东历代方志集成·肇庆府部（一），广州：岭南
美术出版社，2009年，第138页。

立一塑像，知府在位六年于斯，勤政爱民，颇得民心。陪他们来肇庆的士兵，以及神父们最近在肇庆结交的朋友们都认为这个地点非常适合神父们所提出的安静条件。神父们第一次看到这个地方，就被它的美丽所吸引，当时就决定申请将建花塔的土地一部分拨为神父们建屋之用。此塔名曰"花塔"，实因为这里到处都有五彩缤纷的花木的缘故。[1]

显然，利玛窦认为建造崇禧塔的资金来源于肇庆所属十一个城镇的"附加课税"，与王泮所说来源于老百姓集资是否是一回事呢？这虽然有待今后探讨，但至少说明一个事实，即崇禧塔不可能只是"番僧"出资建造的。

综上，崇禧塔又称"花塔""番塔""崇禧浮屠"（见王泮《崇禧塔记》），是因祈求"文运"而建的风水塔，但其本质上是佛塔。

浮屠，梵语 Buddha 的音译。指佛塔。北魏郦道元《水经注·河水一》："阿育王起浮屠于佛泥洹处，双树及塔今无复有也。"宋苏轼《荐诚禅院五百罗汉记》："且造铁浮屠十有三级，高百二十尺。"明袁可立《甲子仲夏登署中楼观海市》："纷然成形者，或如盖，如旗，如浮屠，如人偶语，春树万家，参差远迩，桥梁洲渚，断续联络，时分时合，乍现乍隐，真有画工之所不能穷其巧者。"清李渔《蜃中楼·传书》："你慈悲救苦，俺稽首皈依，胜造个七级浮屠。"浮屠，亦作"浮图""佛陀"，即佛。《后汉书·西域传·天竺》："其人弱于月氏，修浮图道，不杀伐，遂以成俗。"李贤注："浮屠，即佛也。"晋袁宏《后汉纪·明帝纪上》："浮屠者，佛也。西域天竺有佛道焉。佛者，汉言觉。将悟众生也。"《新唐书·狄仁杰传》："后将造浮屠大像，度费数百万。"浮屠，又指佛教。南朝梁范缜《神灭论》："浮屠害政，桑门蠹俗。风惊雾起，驰荡不休。"《新唐书·李夷简传》："（夷简）将终，戒毋厚葬，毋事浮屠。"清恽敬《香山先生家传》："论曰：先生之学，杂于浮图、老氏。"清陈康祺《郎潜纪闻》卷一："（喇嘛）则又似与浮屠同出，其髡首不蓄发亦同。"

万历《肇庆府志》载："（城东）二里为石顶岗，纵横巨石浮出水际，郡城之第二重关也。新开后沥水复从此出。万历十年，知府王泮建崇禧塔。

---

① [意] 利玛窦：《利玛窦全集：中国传教史》，刘俊余、王玉川译，台北：光启出版社，1986年，第129—130页。

自有记。"① 可知，万历十年（1582）知府王泮在石顶岗上建造崇禧塔。

故又称"崇禧浮屠"的崇禧塔乃佛塔也。

1585 年崇禧塔建成后，成为当时肇庆市民休闲，以及官员、文人墨客吟诗作对、登高抒怀之处。知府王泮作《登崇禧塔》诗曰："九层巍级控羚羊，日射金轮散宝光。危构不烦千日力，灵成应与万年长。悬知窟是龙蛇蛰，会见人题姓字香。极目五云天阙近，双凫直欲趁风翔。"②"番僧"罗明坚（西方进入肇庆的第一人，是利玛窦的直接上司，1588 年离开肇庆。笔者注）亦赋诗一首："役采星岩白石羊，构成宝塔现金光。擎天柱国三才正，巩固皇图万寿长。檐绕云霞霄汉近，顶闿月窟桂花香。日移影射端溪水，惊动腾蛟海表翔。"③ 当时的官员、文人叶春及、曾仕鉴、区大枢、区大相、区大伦、张萃、刘克治、朱完等人登崇禧塔后所作诗词亦流传下来。从中可窥其时官员、文人来崇禧塔公园游玩及登塔之盛况。

但是，作为当时居住在崇禧塔（佛塔）下的传教士（天竺国僧），为什么肇庆地方志书里没有其任何记载呢？这令历史学者们百思不得其解。笔者大胆推测，正是大家忽视了当时罗明坚、利玛窦等传教士的"天竺国僧"身份，才迷惑住了眼睛。如果以他们当时是"天竺国僧"的身份来思考的话，那么肇庆方志里留存下来的、当时官员文人所作的、大量的登崇禧塔诗词，其中所写"梵""竺王""僧舍""僧禅""摩尼""迦叶""贝叶""轮宝""佛场"等，则均有可能就是对利玛窦等传教士的记载。如王泮诗句中有"会见人题姓字香"来源于佛教"七父母姓字"，又如叶春及诗句"沧桑忽漫悲尘劫，拟向支机问白榆"④；区大枢诗句"塔轮高转逼穹苍，万丈新成七宝光"⑤；区大相诗句"帘卷摩尼雨，珠悬合利藏""乘飞梵□灵，籁拂秋商巳""龙藏团迦叶，轮灯现竺王""鸟向须弥顶，人来选佛场""昙花飘丝翰，贝叶积缥缃""独岸沿僧舍，群峰赴讲堂"⑥；刘克治诗句"雨花三界寂，清梵一僧禅"⑦；朱完诗句"仙梵闻空界，慈灯照寂寥"⑧，

---

①② （明）郑一麟：《（万历）肇庆府志》，第 138 页。

③ 宋黎明：《神父的新装》，南京：南京大学出版社，2011 年，第 23 页。

④⑤ （明）郑一麟：《（万历）肇庆府志》，第 138 页。

⑥ （明）郑一麟：《（万历）肇庆府志》，第 138—139 页。

⑦⑧ （明）郑一麟：《（万历）肇庆府志》，第 139 页。

等等，均可能指罗明坚、利玛窦等"天竺国僧"。这不禁令笔者再次想起了先祖刘承范在肇庆写给利玛窦的诗句："白塔何僧舍，清灯此夜舟，遥从三水去，少为七星留"①。

从现有史料看，无论是当时的肇庆官府，还是利玛窦等传教士（番僧）都在刻意回避传教士（番僧）与崇禧塔的关系。原因在于，如果肇庆官府不撇清天竺国僧（传教士）与崇禧塔的关系，则肇庆百姓会误以为崇禧塔是天竺国僧（传教士）出资建造的。而如果天竺国僧（传教士）不撇清自己与崇禧塔的关系，则会立即被察院赶出肇庆（因印证了上述诉状中所称"他们就出资修建了番塔"）。或许这也是肇庆方志（1948年之前）无任何罗明坚或利玛窦的记载痕迹的一个原因。

那么，住在佛塔（崇禧塔）下长达六年之久的利玛窦等天竺国僧（传教士），真的与崇禧塔一点关系都没有吗？1585年11月24日（收信日期？），利玛窦在肇庆给欧洲的富利卡提神父写信说："今天钟塔（崇禧塔）要落成，是八角形有十八尺高，相当高而美观。在顶端我们置一铁柱，最上有一镀金铜球，用两条铁丝系牢。"②也许，利玛窦等传教士（番僧）参与过崇禧塔的建造。这一问题值得今后进一步深入研究。

三、谣言止于智者

程若驱先生在其《明清间中西文化沟通的枢纽——广东》（载于1940年《广东文物展览会》论文、资料集《广东文物》）一文中说：利玛窦在肇庆"首先建筑了一座九层八角略带欧式的塔，当时民众因为未尝见过西式建筑物，现在见了怪异的中西合璧之建筑物，便感到不舒适，称这塔为洋塔"。该文还附有一张塔照，注明为"利玛窦在肇庆建的九层塔"。

碧涵先生于1994年在《岭南文史》发表了《肇庆"番塔"并非番人所建》一文，不同意程若驱先生之观点，并提出"崇禧塔并非利玛窦所建"，分析"番塔"之名从何而来的原因：利玛窦入肇后挑选建教堂之地，恰好位于当时正在动工的崇禧塔旁，这是因为他着眼于地势高、近西江以

---

① 刘后清：《刘氏族谱》，民国三年（1914），出版者、出版地不详。

② [意] 利玛窦：《利玛窦书信集》，罗渔译，台北：光启出版社，1986年，第84页。

利交通供给。仙花寺教堂与崇禧塔又同时建成。崇禧塔工程为王泮主持，他对利玛窦持友好态度，在教堂落成时又亲笔题匾"仙花寺""西来净土"。在市民眼中有可能造成寺与塔这两者是同一工程的错觉。利玛窦入肇初时，自称天竺僧人，身着僧服，官民们把他信奉之宗教视为佛教的一支，因此，更有可能将寺、塔视为一体，将坐落在洋教堂附近的塔称之为番塔、洋塔。①

石浩斌先生在《广东万历年间所建古塔初探》一文中，把肇庆崇禧塔归入"外来的番塔"类别。并提出"利玛窦在崇禧塔的建造过程中引入了西方的建筑理念，促进了中西文化的交流，并在塔内陈列了西方的图书仪器、油画玩物并公开开放，使番塔具有了番味，使崇禧塔成为中西文化交流的实证，也成就了广东万历古塔的一朵奇葩"。② 这一见解虽未经有关文献证实，也未经有关实物考证证明，但笔者认为是比较合理的推测。

笔者在《明末海上丝绸之路的重要遗产——肇庆崇禧塔与仙花寺公园遗址考述》一文中，首次把崇禧塔与仙花寺公园遗址作为一个整体来考证③，并且提出"崇禧塔公园遗址是重要的世界历史文化遗产之一"的观点。在此，笔者强烈呼吁：由国家级专业考古队，尽快对崇禧塔公园遗址进行保护和考古发掘。当崇禧塔巨大的地宫被打开后，呈现在世人面前的会是三棱镜、圣母像、中文世界地图、测量仪、自鸣钟、西方书籍等物品吗？当距离崇禧塔西边30米远的中西合璧式两层建筑的地基被打开后，是否可证实该建筑就是仙花寺呢？

四、结论

崇禧塔既是"花塔"，也是"番塔"。这是自该塔建成起，肇庆老百姓给它起的两个俗名。称它是"花塔"，是"由于其精湛的建筑工艺"，④"五

---

① 碧涵：《肇庆"番塔"并非番人所建》，《岭南文史》1994 年第 3 期。
② 石浩斌：《广东万历年间所建古塔初探》，《广州文博》2013 年第 0 期。
③ 刘明强、刘俊杏：《明末海上丝绸之路的重要遗产——肇庆崇禧塔与仙花寺公园遗址考述》，《肇庆学院学报》2016 年第 4 期。
④ [意] 利玛窦：《耶稣会与天主教进入中国史》，第 96 页。

颜六色的装饰",^①"到处都有五彩缤纷的花木"。^②称它是"番塔",是由于老百姓误以为它是利玛窦等"番僧"出资建造的,且建在塔旁的"番僧"寓所(即仙花寺,当地百姓又称其"番鬼屋""鬼屋"。笔者注)与其几乎是同时开工同时建成。利玛窦等"番僧"在崇禧塔旁的仙花寺里居住长达六年之久,是崇禧塔的唯一看护者和日常使用者,肇庆老百姓称其为"番塔"就一点也不奇怪了。

今天,历史学者们认为,明朝万历时期珠江出海口处的琶洲塔(建于1597年)、莲花塔(建于1612年)、赤岗塔(建于1619年),构成"锁二江""束海口"的珠江三塔,是海上丝绸之路的古建筑遗存,见证了其时广州繁忙的海外贸易盛况。那么,位于两广总督府所在地肇庆,处于西江(珠江上游)岸边的、被誉为"银海世界"^③景象的崇禧塔(建于1582年),其"老大"的身份和地位更不应该为历史所遗忘。

"天主"一词产生于肇庆,中国历史上的第一幅中文世界地图亦产生于肇庆。肇庆在中西交流史上的重要地位举足轻重,是明末"海上丝绸之路"上的重要一环。笔者坚信崇禧塔和仙花寺就在那里,默默地向世人昭示着中西文明交流的真谛:相互尊重、文明互鉴、美美与共,同创人类美好未来。

①[意]利玛窦:《利玛窦中国札记》,第161页。
②[意]利玛窦:《中国传教史》,第129—130页。
③(明)刘承范:《利玛传》,《刘氏族谱》,民国三年(1914),出版者、出版地不详。

唐至五代边戍军政区化过程的演进

郎　洁*

作为地方行政区化单位"军"的设立，最早能够追溯至唐高宗武后年间（649—705）边戍军的发育和边防军事机构的设立。而对于作为边戍军性质的"军"与作为地方行政单位的"军"之间的关系，历来的研究非常丰硕。欧阳修在《新五代史·职方考》中，就已经将方镇列入了行政区划序列，并解释了这样做的原因："自唐有方镇，而史官不录于地理之书，以谓方镇兵戎之事，非职方所掌故也。然而后世因习，以军目地，而没其州名。又今置军者，徒以虚名升建为州府之重，此不可以不书也。"[①]说明了自宋人看来，方镇（又称藩镇、节镇）在五代以后，就被认为是和州府并称的行政区划，理应列入地理志。钱大昕《廿二史考异》中也同意这种分类方法"自唐有方镇，而史官不录于地理之书。此所云史官不录者，谓刘昫《旧唐书》也。《新史》撰《方镇表》，于诸镇所领州独详言之，盖矫刘史之失也。宋时节度不领它州，虽有节镇之名，实与诸州等耳"。[②]因此，对于五代时期的方镇地域空间的因革，虽然与府、州、县相比，较为特殊，也应该被认定为政区方面的研究来考察。近人王伊同撰述《前蜀考略》，首章即作"疆域考附藩镇考"[③]显示出其对于地方藩镇与行政区划关系的考量。既有藩镇设置对于行政区划的改定，也自然存在中央削藩撤藩对于行政区

---

*郎洁，女，北京大学历史系博士，北京林业大学林业史研究室副教授。

①《新五代史》卷六十《职方考》，北京：中华书局，1974年，第745页。

②（清）钱大昕：《廿二史考异》卷六十五"五代史"，上海：上海古籍出版社，第933页。

③王伊同：《前蜀考略》第一章《疆域考附藩镇考》，燕京大学学士论文（1933年），《王伊同论文集》，台北：艺文印书馆，1988年，第197页。

划的反力。相关问题的研究有李昌宪《五代削藩制置初探》①、易图强《五代朝廷军事上削藩设置》《五代朝廷行政上削藩制置》②诸文，对此问题进行了探讨。齐勇锋曾撰文《五代藩镇兵制和五代宋初的削藩措施》③，其中"分割藩镇辖地和藩镇支郡及外镇的解体"一节，以河东道诸镇削藩过程为例，精练地说明了中央朝廷通过何种措施步步支解藩镇支郡及外镇，一部分直属京，一部分化为州县，化整为零，从而达到收权的目的。

对于五代时期承自于唐代军事体职差遣而落实在地域层面、进而转化为行政区划的机构"军"，日本学者着眼较早，且所做的工作包括"军"设置之渊源、自五代以来向同下州行政层级的演变过程、"军"内官僚层级的设置和职能等多个方面。代表作有日野开三郎的《五代镇将考》④，主要着眼于官僚的民政职能的阐发，而并未对军事职能进行深入讨论；山口大学的畑地正宪《吴、南唐的制置使及宋代的军使兼知县事》⑤将行政区划"军"的设置和演变，纳入到"唐宋变革"这个较为宏观的史观中去阐释，说明唐宋之际地方行政机构的层级序列的变迁和丰富。

关于唐代边戍"军"的性质，《中国行政区划通史·唐代卷》中将其纳入了唐代的行政区划的定义和研究范围：

唐朝在沿边地区曾设有许多军、城、镇，长官分别为镇守使（或军使）、守捉使（或城使）、镇将，隶属于节度使、都督府、都护府、州等各级机构，一般都是军事机构，不领民事。故《州郡典》《旧唐书》不为列目。但《元和志》以天德军及中、西二受降城为州级列目，《太平寰宇记》以振武、天德二军及三受降城为州级列目（其体例如州府，皆有四至八到），《新唐志》以东、中、西三受降城为县级列目。这种情况应理解为：在置有州县的内

　　①李昌宪：《五代削藩制置初探》，《中国史研究》1982年第3期，第102—168页。

　　②易图强：《五代朝廷军事上削藩设置》，《中国史研究》1994年第3期，第43—51页；《五代朝廷行政上削藩制置》，《益阳师专学报》1996年第2期，第54—56页。

　　③齐勇锋：《五代藩镇兵制和五代宋初的削藩措施》，《河北学刊》1993年第4期，第75—81页。

　　④[日]日野开三郎：《五代镇将考》，《日本学者研究中国史论著选译·第五卷·五代宋元》，北京：中华书局，1993年。

　　⑤[日]畑地正宪：《吴、南唐的制置使及宋代的军使兼知县事》，《九州大学东洋史论集·第1号》，1973年。

地，军、城不领民事，而在未置州县的沿边都护府地区，军、城可以兼领某些民事，所以被《新唐志》《元和志》等地志作为军政区列目记载，也就是说，在至德、开元以前，振武、天德二军及三受降城应分属单于、安北二都护府……本书今依《新唐志》，以军为州郡级军政机构，城为县级军政机构。依此类推，置于北庭都护府境之瀚海、清海等军，置于安东都护府境之保定、怀远等军，也作为州郡级的军政机构处理。其余置于州城、县城中的军，如伊西北庭节度使所领瀚海、天山诸军，朔方节度使所领定远、丰安诸军，则仅视为军事机构，不入本书。①

按照这一对于唐代行政区划讨论的标准，唐代的"军"则属于性质不明的一种机构：一部分沿边的军，受都护府管辖的如三受降城、瀚海、清海、保定、怀远等军，属于作为和州郡并列的行政机构，而置于节度使管辖的瀚海、天山、定远、丰安等军，则视为军事机构。而对此进行取舍的标准是是否兼领民事。于是就出现了既存在属于地方行政机构与州等级的瀚海军，又存在隶属于伊西北庭节度使管辖的瀚海军，这样一个有趣的现象。日本学者通常将这一现象称之为"行军镇军化"，最早由滨口重国提出。他在其重要的研究唐代军事制度的论文《从府兵制到新兵制》中说：以出征军队在作战地区大规模的临时屯驻作为开端，然后转变为永久性的驻扎。② 菊池英夫认同滨口重国的观点，详细地考证了唐初边戍"军"最初设立的原委，确定了"军"的最早设立时间和区域③，否定了赤水、墨离、玉门军在唐初的设立和存在。其文之续篇从兵员组成和出兵方式上，论证了行军镇军化的过程，并将军镇起源归结为行军的形成与"府兵制"的瓦解密切相关，同时也成就了唐中期以后方镇的肇兴④。

---

① 郭声波：《中国行政区划通史·唐代卷》，上海：复旦大学出版社，2012年，第29—30页。

② [日] 滨口重国：《从府兵制到新兵制》，《史学杂志》第41编第11号，1930年。此句非日文原文，为笔者根据原文转述，下涉及日本学者研究时同。

③ [日] 菊池英夫：《节度使制确立以前"军"制度的展开（上）》，《东洋学报》第44卷第1号，1961年，第54—58页。

④ [日] 菊池英夫：《节度使制确立以前"军"制度的展开（续篇）》，《东洋学报》第45卷第1号，1962年，第33—68页。

学界普遍认同用府兵行军化——行军镇军化——镇军地方化的规律来总结和描述唐代复杂的地方行政和军政之间的关系，以此说明唐代军事力量的地方化和固化，进而将未能符合此等规律的现象解释为特殊的品类。这种认识实际上容易忽略军政区职能重合与地方行政职能之间的长官兼任、地域重叠、功能整合等多方面的复杂性，从而模糊二者分别为并行的两个行政系统的事实。

实际上，"军"作为行政区划首次与"州"并举，存在于录自《永乐大典》的辑本《旧五代史·郡县志》当中，有"雄胜""静安"二军。徐无党在《新五代史·职方考》中对于"军"出注曰："五代置军六，皆寄治于县，隶于州，故不别出……皇朝军监始自置属县，与州府并列矣。"由此可见，唐至五代末年，是"军"由军事组织向地方行政机构转变的重要时期。

一、唐代边戍军性质的复杂化

对于唐代边戍"军"和"镇"、"守捉"等单位的性质与唐代政区沿革之间关系方面的研究，在 20 世纪 90 年代，复旦大学谭其骧教授主持的古籍整理工作《正史地理志汇释丛刊》当中，包括了一项《两唐书地理志汇释》工程，吴松弟主要负责完成此类工作，他在总结清人各类校勘工作的同时，根据两唐书《地理志》中对于唐代政区沿革的不同描述，分门别类进行归纳，并制定出标准和收录规则："天宝十四载前入《旧志》，后入《新志》；节度使入《旧志》总序，折冲府和军镇守捉入《新志》；山川、水利、交通入《新志》。政区单位治所今地放《旧志》，如《旧志》无而《新志》有，则放《新志》。"[①]《新唐书·兵志》当中有关于天宝年间的军镇设置的较为全面的列举，但遗憾的是，这种列举也是错误最多的，黄永年曾评价《新唐书》中诸志说："只有《兵志》写得最差，作者欧阳修又在这里本着'春秋笔法'发议论，而忘掉了首先要把事实讲清楚。结果连'健儿长任边军'这个重要的制度都没有讲到。无怪乎同时的编修官吕

---

① 吴松弟：《两唐书地理志汇释》，合肥：安徽教育出版社，2002 年，第 2 页。

夏卿要另写四卷《兵志》以表示他对欧阳修所修兵志的不满。可惜这四卷《兵志》已失传了,给今天研究唐代军事制度留下了许多困难。"[1] 唐长孺认为:《新唐书》卷五〇《兵志》是"若乃将卒、营阵、车旗、器械、征防、守卫、凡兵之事不可悉记。记其废置、得失、终始、治乱、兴灭之迹,以为后世戒。"求其鉴戒之义,而简化其制度建设。[2] 吕思勉《隋唐五代史》中也引用了唐长孺的看法。可见,欧阳修之《新志》重史观而轻史实的治史思想下,将《新志》当中的记载作为客观依据,则是非常危险的。正因如此,唐长孺专著撰写《唐书兵志笺证》[3]一书,来逐条考辨欧阳修的错误,以免为治学者妄用。《唐书兵志笺证》的卷二部分,仔细针对《新唐书·兵志》中对于军镇设置的驻地和时间等进行了考证,对于此方面的考证,大多在此书的基础上,结合大量出现的敦煌吐鲁番军事文书中关于军镇名的整理和研究工作,最终给出相对合理的解释,并落实在地图上。

　　除对于两唐书《地理志》和《兵志》的研究外,涉及到边戍军的问题,吴廷燮《唐方镇年表》[4]历来为史家研究军事制度的必备参考,日本学者平冈武夫和市原亨吉编撰的《唐代的行政地理》[5]也是在对于常见史料进行梳理后的一个代表性成果,青山定雄的《唐宋时代的交通与地志地图研究》[6]则是基于常见唐代相关地志地图的基础上,对于唐代边戍军交通地理的恢复性研究。

　　边戍军与以节度使辖领的方镇关系最为密切,而讨论节度使性质及二者关系的研究非常丰富,择其要者述之。日本学者日野开三郎写成于20世纪40年代初的《支那中世的军阀——唐代藩镇研究》[7]当中对于梳理开元前设立的边境十节度的过程中,详细梳理了当时能够看到的史料当中关于边境十节度下辖诸军的情形,并说明这些边戍军的建立,是十节度产生

　　① 黄永年:《旧唐书与新唐书》,北京:人民出版社,1985年,第51页。
　　② 唐长孺:《唐代军事制度之演变》,《武汉大学社会科学季刊》第9卷第1号,1948年,第62页。
　　③ 唐长孺:《唐书兵志笺证》,北京:中华书局,2011年,第36—90页。
　　④ 吴廷燮:《唐方镇年表》,北京:中华书局,1980年。
　　⑤ [日]平冈武夫、市原亨吉:《唐代的行政地理》,上海:上海古籍出版社,1989年。
　　⑥ [日]青山定雄:《唐宋时代的交通与地志地图研究》,东京:吉川弘文馆,1963年。
　　⑦ [日]日野开三郎:《支那中世的军阀——唐代藩镇研究》,东京:三省堂,1942年。

的基础。滨口重国《从府兵制到新兵制》^①当中认为，唐初边戍军的成立，是以出征军队在作战地区大规模的临时屯驻作为开端，然后转变为永久性的驻扎过程。中国学者孙继民在《唐代行军制度研究》^②中，虽然认为这种"行军镇军化"的现象的确存在，但是却从根本上论证了行军组织和府兵制、新兵制是完全不同的两种概念，不应当将"府兵制的瓦解"和"行军镇军化"之间联系为简单的因果关系。张国刚的《唐代官制》^③详细讨论了关于边戍军军使以下官吏的设置，并说明这是唐代兵制的重要组成部分，在其另一重要研究成果《唐代藩镇研究》^④中，将唐代藩镇分为四种类型，而边戍军的存在对于"河朔割据型"和"边疆防御型"方镇的形成，都有非常重要的作用。此外，《中国军事制度史》第一卷《军事组织体制》^⑤中，对于边戍军的性质和组织形式，给出了比较精练的归纳。

　　唐代严格意义上的常备军就是禁军系统和镇戍系统，而此二者前者的主要作用在于拱卫京师，后者则在于备边防御，一旦有军事行动，二者都不是野战军的组织形式。机动作战的组织方式是行军制度，这种组织形式包括两个方面的动员，一是将帅的任命，一是兵员的来源。将帅的任命主要分两种，一种为禁军系统的大将担任总指挥官，以禁军出战为主力，然后分别任命地方节度使、都督、刺史为属官，共同组成临时行军系统，如唐初任命李靖为定襄道行军大总管讨伐突厥；另一种，则直接任命某道节度使或都督，由其辖下兵员为某次行军主力构成，然后由其他节度使、都督、刺史领兵协同作战。如任命朔方节度使郭子仪为元帅、河东节度使李光弼为副讨伐安史叛军，即此类。与边疆都督刺史兼任军使这种局面的形成密不可分的，正是后一种组织形式。

　　《唐会要》卷七八载"行军即称总管，本道即称都督"，描述的就是"本道"镇军出征则加"总管"成为行军的过程。某节度使加行军总管后出征，往往依托的是本道的兵力为主，而本道之内，又以治所内或治所

　　①[日]滨口重国：《从府兵制到新兵制》，《史学杂志》第41编第11号，1930年。
　　②孙继民：《唐代行军制度研究》，台北：文津出版社，1998年。
　　③张国刚：《唐代官制》，西安：三秦出版社，1987年。
　　④张国刚：《唐代藩镇研究》，长沙：湖南教育出版社，1987年。
　　⑤陈高华、钱海皓、刘昭祥等编：《中国军事制度史》第一卷《军事组织体制》，郑州：大象出版社，1997年。

周边的亲兵为主体，治内或治所周边的兵员组成形式，即是"军"。因此，大多数的都督行军，都要兼某军军使，以此来宣告主力兵员的来源和对于主力兵员的控制权。

行军向边戍军的转化，事实上是继承隋代以来的制度惯性：王基"迁镇南将军，都督豫州诸军事，领豫州刺史"。窦诞"贞观元年（627），除使持节都督梁集洋巴兴璧六州诸军事、梁州刺史"，这是梁州都督兼梁州刺史。又如程知节"贞观初……拜使持节都督幽、易、檀、平、燕、妫六州诸军事、幽州刺史"，这是幽州都督兼幽州刺史。这种制度逐渐演化为边戍军与府兵的双轨制："时天下未定凡边要之州，皆置总管府，以统数州之兵"。总管府的设置源于北周"改都督诸军事为总管，则总管为都督之任矣"。总管府往往统摄诸州，并在边境总管府中，分明地体现出了以"中军"统帅诸"边军"的行军系统依存。在总管府改为都督府后这种方式仍然沿用。

有隋一代，诸多手握军政大权的王，往往兼任边军大总管。如，蜀王杨秀曾任益州总管，统周边二十四州诸军事，秦王杨俊曾任并州总管，统十三州诸军事，晋王杨广曾任杨州总管。开皇初年平陈之前，设10个总管府，至仁寿四年，总管府升至36个，分上、中、下三级总管府。而由王出任的四大总管府镇遏要地，呈"中军"之式。岑仲勉先生评论这种变化为"隋、唐间总管或都督，略与后来节度使同，率兼驻在州之刺史……"这种兼任现象并不是隋唐的专利，在都督制设置之初即有之。唐初，改总管为都督，仍旧能够充分体现出其在边戍军中的行军痕迹。

开元十五年十二月，在对于吐蕃的一次防御型军事行动中，唐廷陇右、河西地区的兵力调配如下：

> 斯在陇右通共团结马步三万九千人，临洮军团八千人，河原军团六千人，安仁、白水军各团一千五百人，积石、莫门军各团二千人。河西道蕃汉兵团结二万六千人。赤水军团一万人，玉门、豆卢军各二千人，并依旧统领，以候不虞。[1]

---

　　①（北宋）王钦若等编：《册府元龟》卷九九二《外臣部·备御五》，北京：中华书局，1960年，第11654页。

从以上材料中我们可以看出，此次以防秋为目的的军事集结，陇右节度使共募兵 39000 人参加，其中临洮军最多，近万人，远远高于陇右道当时的其他 10 军。河西节度使共募得兵员 26000 人，其中仅赤水军就占 10000人，其他 6 军的总和也就在 16000 人上下。而此时担任陇右节度使的，正是陇右节度使、鄯州都督兼临洮军使王君㚟；时任河西兵马使充赤水军使的，为李光弼。这种一道节度或都督兼领一军军使，同时该军为全道兵力最强、军城建设位置也相对较为紧要的情况，在唐边戍军的设置中，是一个比较普遍的现象。又如：

> 瀚海军在北庭府城内，管兵万二千人，马四千二百匹。天山军在西州城内，管兵五千人，马五百匹。伊吾军在伊州西北三百里甘露川，管兵三千人，马三百匹。①

可见对于北庭都护府而言，瀚海军兵员和军马数量也是最强壮者，北庭都护兼任瀚海军使的现象就已成为惯例。

不单西北边防，河北及河东也是如此。如：

> 以开府仪同三司，检校太尉，使持节、大都督，鸡林州诸军事、鸡林州刺史、上柱国、新罗王金重熙兼宁海军使。②

作为新罗王的金重熙，也只有加了本道在地边军军使职衔后，其对于在地边军的调拨和控制权才被唐廷认可。

> 壬辰，制以迪简检校工部尚书，定州长史，充义武军节度观察、北平军等使。③

---

① 《旧唐书》卷三八《地理志一》，北京：中华书局，1975 年，第 1385—1386 页。
② 《旧唐书》卷一四《宪宗本纪》，第 406 页。
③ 《旧唐书》卷一四《宪宗本纪》，第 433 页。

　　担任义武军节度、观察使，本就是对于以定州为治所的义武军军政大权的交付，但即使是这样，仍不忘给予驻防在定州的北平军使的使职，以此对其军权的着重强调。这样的任命，并不以迪简为外族而有内外之别，宣宗时期义武军节度使的任命也同样如此："以吏部侍郎郑涯检校礼部尚书，兼定州刺史、御史大夫，充义武军节度、易定州观察处置、北平军等使"①郑涯的任命，除了迪检时期的情况外，更加"兼定州刺史"的说法，这正是刺史兼任在地军军使的典型案例之一。同时，我们也可推断，在鸡林州大都督府辖境内，兵力最强的边军为宁海军，而在义武军辖境，其兵力最强者，应属宁海军。这种情况在有唐一代非常普遍。

　　各个军的兵员数量随着作战耗员、兵募能力及行军调拨等原因，在不同时期的兵员数量也有不同，但是即使如此，我们仍旧能够看出一镇长官兼任军使的边戍军所掌兵马数与其他诸军兵马数之间的差距。实则每道节度使辖下都有牙军，而各军驻地的紧要程度有所不同，为何会出现每道节度、都督兼领强军军使的惯例出现呢？笔者分析，这与唐初的行军制度相关。

　　关于早期的行行军制构成，《通典》卷一四八"立军"条引"李靖兵法"载：

　　　　诸大将出征，且约授兵两万人，即分为七军。如或少，临时更定。中军四千人……左右虞候各一军，每军各二千八百人……左右厢各二军，军各二千六百人，各取战兵千八百五十人。②

对于"李靖兵法"中所列举的中军和左右厢等军的兵力数量，不能刻板理解，这仅仅是一个举例说明，真正兵力投入和分配，当然是要按照实际战役的需要及时调整，但是我们可以清晰地领会，这一制度规定的特点，即在于"中军"的核心地位。

　　《通鉴》卷二〇六圣历元年（698）"八月"条称：

---

①《旧唐书》卷一八《宣宗本纪》，第 633 页。
②（唐）杜佑撰，王文锦等点校：《通典》卷一四八"兵·立军"条引"李靖兵法"，北京：中华书局，1988 年，第 3792 页。

以司属卿武重规为天兵中道大总管，右武卫将军沙吒忠义为天兵西道总管，幽州都督下邽张仁愿为天兵东道总管，将兵三十万以讨突厥默啜。又以左羽林卫大将军阎敬容为天兵西道后军总管，将兵十五万为后援。[①]

这是军镇形成早期的圣历年间一次行军组成的典型例证。所承担的作战任务为讨伐大举南下侵掠的突厥默啜部。作为"中军"存在的是武重规。武重规为武氏宗室，时任右千牛卫大将军迁左金吾卫大将军，统禁军[②]；西道总管右武卫将军沙吒忠义为百济大将，统营州[③]；东道总管为幽州都督张仁愿，统幽州。西道后军也为左羽林卫大将军阎敬容所率领的禁军系统。由此可见，在此次以禁军为主体作战和后援部队的军事行动中，"中军"的主体地位不容动摇，而作为旁支的张仁愿所部，其所统辖的幽州都督府辖内诸军又是如何构成呢？延载元年（694），张仁愿在幽州成立了经略军[④]，时任经略军使者，为唐大将马燧之父马季龙[⑤]。万岁通天元年（696），在辖内置威武军，加之高宗年间设立的燕水军和紫蒙军，至圣历元年（698）此次随军平叛，张仁愿辖内诸军，虽然没有明确的兵员记载，但是据常理推断，则应以幽州经略军为主体，加之周边诸军军使或州军的调拨。

开元天宝以后，周边节镇的兵力大大增强，禁军力量主要则留于宿卫京城。在备边深讨过程中，遇到行军作战，以边军节度为中军的例子大量出现，对于来自于不同地区的兵力构成，如何完成组织作战的任务，则"中军"的作用就更加重要。当边军节度任中军时，节度内的整军结构，类似于"幽州经略军"的作用不可忽视。这就客观上要求了节度使治所或周边军城当中的军事力量至少要在整个节度使辖境占主体地位，才能够保证行军组成上"中军"的兵力所在。

---

① 《资治通鉴》卷二〇六，"圣历元年八月"。北京：中华书局，1956年，第6533页。

② （清）董诰等编：《全唐文》卷二四二，李峤《授武重规司属卿制》："叙右千牛卫大将军、上柱国、高平郡王重规……可司属卿。"北京：中华书局，1983年，第2446页下栏。

③ 有关沙吒忠义的史料记载相对分散，详情考证参见姜清波：《百济人沙吒忠义在唐事迹考论》，《暨南史学》第五辑，广州：暨南大学出版社，2007年，第176—183页。

④ 《旧唐书》卷九三《张仁愿传》，第2981页。

⑤ 《旧唐书》卷一三四《马燧传》，第3690页。

说明了一节度或都督辖境之内兵力分布的特点和行军制度之间的关系，是为了说明不同的军使对于本道的意义和作用是不同的，都督或节度使兼领军使的所在军，军事力量和行军构成的重要性要远远高于本道其他由刺史兼领的镇军军使。然而为何要用都督、刺史兼领军使呢？结合上表所列的刺史兼领军使相当普遍的情况，我们需要进一步进行理解和阐释。

有唐一代，刺史统兵是常制。武德元年（618），"改郡为州，改太守为刺史，加号持节，后加号为使持节诸军事。"可见，唐初刺史全称应是"使持节某州诸军事某州刺史"。刺史作为兼总一州军戎的行政长官，具有领兵权和募兵权。万岁通天元年（696）"令在山东近边诸州建立武骑团兵"以防御契丹，圣历元年（698）又在河南、河北置武骑团兵，依照州内每 150 户中征兵 15 人、马 1 匹的规模，招募骑兵，以抗两蕃。而这些下达到近边诸州的任务，无疑是由刺史完成的。因此说明唐初以来刺史军权的有效性。招募来的各州州军置于军府，与州府序列并存，刺史负责管理。

但是刺史不具备发兵权和调兵权。《唐律疏议·擅兴律》载：

诸擅发兵，十人以上徒一年，百人徒一年半，百人加一等，千人绞。（谓无警急，又不先言上而辄发兵者。虽即言上，而不待报，犹为擅发。文书施行即坐。）

【疏议曰】依令："差兵十人以上，并须铜鱼、敕书勘同，始合差发。若急须兵处，准程不得奏闻者，听便差发，即须言上。若无警急，又不先言上，辄擅发十人以上、九十九人以下，徒一年；满百人，徒一年半；百人，加一等；七百人以上，流三千里；千人，绞。故注云"谓无警急，又不先言上而辄发兵者"。"虽即言上，而不待报"，谓准程应得言上者，并须待报，若不待报，犹为擅发。但"文书施行即坐"，不必要在得兵。其擅发九人以下，律、令无文，当"不应为从重"。①

---

① （唐）长孙无忌等撰，刘俊文点校：《唐律疏议》卷一六"擅兴"条下"擅发兵"，北京：中华书局，1983 年，第 298 页。

由上史料记载可知，刺史虽有领兵和募兵权，但刺史不得擅自调拨军队，十人以上就要问责，即使遇到"警急"的情况，也必须事后立即上报，如果上报不及时，那么也按照"擅发"处理。因此可以看出唐廷对于刺史军权的限制还是比较多的。

对于边境诸州而言，可募兵而不能发兵，在应对吐蕃、突厥、两蕃强兵压境时，机动性和灵活性就非常的差。边戍军作为军事机构，则具有临时调兵、协同作战、建设军防工程以及铸造兵器的权利。刺史兼领军使，则同时具有了边军军使的军事调兵和发兵等一系列权利。《旧唐书》列传七九《韩滉传》载：

> （韩滉）兼润州刺史、镇海军节度使……训练士卒，锻砺戈甲，称为精劲……以其所亲吏卢复为宣州刺史、采石军使，增营垒，教习长兵，以佛寺铜钟铸弩牙兵器。[①]

可见韩滉在担任镇海军节度使之后，作为自身辖区内的军事力量壮大的首要举措，就是由"亲吏卢复"兼任采石军使，从而获得了采石军内"增营垒、教习长兵、铸弩牙兵器"等权力。前已论及，采石军以及镇海军节度，均是肃代之后在江南东道设立的镇军，其军镇长官仍旧要通过兼任军使来获取军权，在中唐前后的陇右、河西、河北诸节度使辖内，刺史兼任的需要可见一斑。

此外，对于一个完整的边戍军镇权利而言，不仅仅是营垒、教长兵、铸兵器如此简单，而是可以通过设立边戍军、兼任军使这种方式，将原本道本州军府序列纳入常备军序列，进而获得设立"营田大使"和"支度大使"两种属官的资格，从而享受中央对于正规军军粮、军衣、军缯物品的相关规定和调拨政策。

大多是边军节度使本身除兼任军使外，还兼任"支度大使"和"营田大使"两种使职差遣，通过此种方式，将一州或一军辖区的军政大权集于一身，以方便频繁的军事行动的需要。《全唐文》卷二六五《左羽林大将

---

① 《旧唐书》卷一二九《韩滉传》，第3600—3601页。

军臧公神道碑》载:

> 公讳怀亮，字时明……恩加云麾将军，左武威卫将军，兼洮州都督，莫门军经略营田大使，陇西节度副大使，上蔡县开国侯……复以本官兼胜州都督，东受降城大使，营田大使，兼朔方军大总管，上蔡县开国公。[1]

从臧怀亮生平的介绍当中，我们可以清楚地看到一个边镇武将的权力延展：以陇右节度副大使的实职，兼任洮州都督、莫门军经略使、营田使，从而成为陇右道集军政大权于一身的一方藩镇，在其转任朔方军节度使之后，仍旧兼任胜州都督、东受降城大使、营田大使，可见，只有同时拥有以上几种实职，才能保证节度使权力的完整性，"乃分诸州，置节度以镇之。州有防御军，刺史为之使，俾与夫持节某州诸军事名实副焉。"[2]"某军大使"或"某军军使"在这其中，是不可或缺的一环。同书同卷《羽林大将军臧公墓志铭》载臧怀亮生平时，更是生动地说明了一任边区地方官与军事指挥官之间密不可分的关系：

> （臧怀亮）往历单于、安北、灵、胜、洮、鄯、安东七州都督，护拥丰安、河源、莫门、朔方、朔州、平卢六军经略节度营田大使，三入羽林大将军，加冠军大将军上蔡县开国公。[3]

唐廷在一道节度内设"营田大使""支度大使"，在各军设"营田使"和"支度使"。《全唐文》卷二三〇《河西节度副大使鄯州都督安公神道碑铭》：

> 公讳忠敬，字某，武威人也……改会州刺史营田使，换松州都督防御使，

---

[1] 《全唐文》卷二六五《左羽林大将军臧公神道碑》，第2692页下栏。
[2] （唐）李华：《衢州刺史厅壁记》，周绍良主编：《全唐文新编·第2部》第2册，长春：吉林文史出版社，2000年，第3597页。
[3] 《全唐文》卷二六五《羽林大将军臧公墓志铭》，第2695页下栏。

迁左司御率兼河西节度副大使、临洮军使，转鄯州都督。①

此处值得注意的是本官使职为"会州刺史营田使"的安忠敬兼任"河西节度副大使、临洮军使"，而后"转鄯州都督"，也即由刺史而任军使，由军使而任都督这样的迁转方式已经很常见。《册府元龟》卷四一八《将帅部》七九"严整"条下载：

> 以飞狐城高阳军使张忠孝为易州刺史，选精卒七千配焉。前后十年威惠甚著。②

原任高阳军使的张忠孝，可以转为易州刺史，担任刺史的同时，其高阳军使的军务仍由其管辖。"张忠孝为高阳军使，统易州"指的即是刺史以军统州现象。和以刺史兼军使现象的意义在于，在唐玄宗繁盛设置边戍军之后，通过使职僚佐对于权力的逐步完善，"军"不仅仅指一个单一的军事机构或者组织形式，"军"更成为了一片辖区的代名词。这也就能理解《唐大诏令集》卷一三〇苏颋《命吕休璟等北伐制》当中对于北伐大军的调配过程中，对于边军的调拨令：

> 建康军使、甘州刺史李守征，玉门军使、肃州刺史汤嘉惠，墨离军使、瓜州都督李思明，伊吾军使、伊州刺史李睿交等各领当军兵马，与突骑施守忠、吕休璟等计会，共为表里。③

在陇右、河西地区，每一个州刺史和边戍军的最高长官均为一人，单指"某某军"，不再仅仅是军事组织或者军城的代名词，更是一地辖区的指称。区别在于，该地辖区的民政名义上由同一人担任的"刺史"来监管。这样的现象符合军政一体的"军政区"的概念。

---

① 《全唐文》卷二三〇《河西节度副大使鄯州都督安公神道碑铭》，第 2331 页下栏。
② 《册府元龟》卷四一八《将帅部》七九"严整"，第 4351 页。
③ （宋）宋敏求编：《唐大诏令集》卷一三〇《讨伐》，苏颋《命吕休璟等北伐制》，北京：商务印书馆，1959 年，第 705 页。

依前所述，刺史兼领军使，以及刺史军权的扩大，在唐盛时期就已存在，但是多存在于陇右、河西、河东、河北诸边。天宝之后，唐廷统治疆域内缩，而刺史军权却在唐廷的有意推动下，遍及全国。宪宗元和十四年（819），二月，在横野节度使乌重胤的大力支持下，唐廷采取合纵连横的策略，分化河北格局，一举平定淄青节度使李师道的叛乱，河朔藩镇为之震惧。宪宗感慨"以法度裁制藩镇"的政治理想终于实现，于是在其后两个月，便颁发了一项重要的敕令：

> 元和十四年（819）夏四月……丙寅，诏：诸道节度、都团练、防御、经略等使所管支郡，除本军州外，别置镇遏、守捉、兵马者，并合属刺史。如刺史带本州团练、防御、镇遏等使，其兵马额便隶此使。如无别使，即属军事。其有边于溪洞连接番蛮之处，特建城镇，不关州郡者，不在此限。[①]

宪宗对于藩镇体制进行了一次大规模的改革，将军、镇、守捉、城等原有的边防军事机构，全部交予州县移管，原有节度使、团练使、防御使、军使、镇遏使等全部由刺史兼领，而守捉、城、镇的功能，则转移至县级以下。

对于各节度使辖内边戍军的处置，藩镇往往采取转军使为团练使，再将团练使列为支郡的方式，将边戍军辖境纳为己用。宪宗元和十四年的改革，即是针对此方式提出的对策：分节度使、团练使、防御使、军使、镇遏使等自上而下一系列军权于刺史。《唐会要》卷七八评论说："自艰难以来，天下有军，诸将之权尤重。至是，遂分属于所管州郡焉。"[②]这一方式的根本，就在于以刺史军权夺诸军使军权，用刺史兼领的方式，将原有藩镇支郡功能吞并。因此，我们可以认为，这项改革的实质，是中央利用刺史力量争夺藩镇管内诸州军权。

然而很遗憾，此项措施刚刚推出的第二年，宪宗即薨，宪宗对于措施的推行和贯彻力度有限，但是这种以增大刺史军权分化藩镇的政治理念，被后世统治者继承。武宗会昌四年（844）九月，在刚刚平定了昭义军刘

---

① 《旧唐书》卷一五《宪宗本纪》下，元和十四年夏四月，第 467 页。
② （宋）王溥：《唐会要》卷七八"诸使"条，北京：中华书局，1955 年，第 1043 页。

镇的叛乱之后，李德裕上奏《奏磁邢州诸镇县兵马状》载：

> 右见州县兵马，并准江淮诸道例，割属本州收管，所有解补，并委刺史自处置讫。□□如镇遏、十将以上，是军中旧将，兼有宪官，不愿属刺史者，并委卢钧追上驱使。[1]

对于昭义镇辖区的支郡及州县兵马，唐廷采取的措施是"并江淮道诸例"，由本州接管，而藩镇所属的"军中旧将"如果不愿归属刺史，则由继任昭义节度使的卢均自行处理。这正是说明了，以江淮诸道为标尺，刺史军权侵夺节度使诸将之兵，在这一时期成为处理藩镇辖下诸军的惯例。

在由"刺史兼领军使"向"诸军归属刺史"演进的情形之下，我们再次讨论唐末边戍军的性质，则可以清楚地看到其"军政区"地位的模糊化。军权和管辖权渐次被刺史侵夺后的"军"，无论是作为边戍军组织形式，还是作为军政区辖区，其名与其实渐渐地不能相符，"军"的含义也从单一的边戍军的组织形式，进化为对于一个军事组织形式及其管辖区域的总称。

二、边戍军兵员来源与功能的多元化

随着边戍军发展的复杂性，其防御备边的功能也向着日益丰富的方向发展演进。唐高宗问侍臣曰："吐蕃小丑屡犯边境，置之则疆场日骇，图之则未闻上策。宜论其得失，各书所怀。"给事中皇甫文亮上言："且令大将镇抚，蓄养将士；仍命良吏营田，以收粮储。必待足兵足食，方可以举而取之"。[2] 由此可见，在广泛推行边戍军设立之初，"军"的军务功能就被认为包含三项：第一，蓄养将士；第二，营田储粮；第三，如遇边事，出兵讨伐。其中蓄养将士，笔者认为应当细化为募兵和养兵两方面，而营田储粮由于跟民政发生着不可割裂的关系。防御边境，出兵讨伐，实际上也是两方面的内容，也即应战和出征。即使在五代以后，"军"的发展逐

---

[1] 《全唐文》卷七〇二李德裕《奏磁邢州诸镇县兵马状》，第 7208 页上栏。

[2] 《唐会要》卷九七《吐蕃》，第 1731 页。

渐倾向于政区化，其军事职能的保持，大体仍旧是以上三者范畴，因此，关于这一历史阶段"军"的军事防御功能演进的讨论，笔者将围绕此三者展开论述。

唐初置军，兵员的主要来源有三个方面：一为府兵，早期的河源军、积石军，就以周边宿卫的府兵兵员构成；二为内附诸族，最有代表性的当属赤水军与天山军；三为募兵而来的兵员。后者成为开元以后边戍军广泛设置的主要兵力来源。这种募兵权的作用充分发挥，是开元天宝时期防秋兵的招募和逐步制度化。如《全唐文》卷二三《命备吐蕃制》载：

> 斯在陇右，通共团结马步三万九千人，临洮军团八千人，河源军团六千人，安人、白水军各团一千五百人，积石、莫门军各团二千人，河西道蕃汉兵团结二万六千人，赤水军团一万人，玉门、豆卢军各二千人，并依旧统领。以候不虞。更于关内征骁兵一万人，以六月下旬集临洮，十月无事放散。朔方取健儿挐手一万人，六月下旬集会州下，十月无事便赴本道。[①]

从以上材料可知，在陇右地区的各军，为了防御吐蕃，需自身完成募兵任务，根据设置地和军本身规模的大小，完成不同的募兵任务。规模较大的军，如赤水军、临洮军和朔方军，各自"团结"马步兵均达一万人次上下，然后"集会州"，说明了一次从临时募兵至集结调拨的完整过程。这一过程往往由本州刺史或者节度使协同完成。如大历四年九月，河东节度使王缙"受诏发兵诣盐州防秋"[②]。六年八月，"淮西节度使李忠臣将兵二千屯奉天防秋"。大历九年，代宗接受郭子仪的建议，诏发河北、河南、江淮、岭南等方镇兵轮番到京西北戍边，形成制度。轮番防秋制度的出现，是唐京西北防秋体制形成的标志，这一体制所依赖的军事组织，就是以边戍军为主体的边防结构。所调派兵力以河西、陇右两道节度使辖军为主，动辄往朔方、关内、河东募健儿三五万，分驻凉州、鄯州、临洮、会州形成"掎角之势"保卫京西北的防线建设，确保了河陇防线兵力集结的便利和有效。但也正因如此，边戍军长官就同时享有养兵、募兵、出兵三位一

---

① 《全唐文》卷二三《命备吐蕃制》，第265页下栏。
② 《资治通鉴》卷二二四，永泰元年秋八月，第7209页。

体的权限，随着大量刺史兼领军使现象的普遍化，容易尾大不掉。"故令措置乖方，课责亏度，财匮于兵众，力分于将多，怨生于不均，机失于遥制。"① 由上可知，唐代边戍军的募兵和调兵职能，使其边戍军的发育壮大的同时，也给予其过多的军事权限。

在唐代边戍军设立之初，与其军事驻守职能相伴而生的，就是军屯职能。高宗仪凤年间，黑齿常之担任河源军使，主持河湟军事，河湟就曾在其周边大量屯田。《旧唐书》卷一〇九《黑齿常之传》载：

> 常之以河源军正当贼冲，欲加兵镇守，恐有运转之费，遂远置烽戍七十余所，度开营田五千余顷，岁收百余万石。②

可知在高宗时已在西北边防军区营田，所谓"置烽戍七十余所，度开营田五千余顷"，是说河源军镇戍烽堠的营田。其目的是"凡军州边防镇守，转运不给，则设屯田，以益军储。"开元时期，哥舒翰反击吐蕃，攻占石堡城后，于赤岭以西大开屯田。

这种屯戍结合的措施，在开元年间普遍施行并形成定制。据《唐律疏议》卷一六"擅兴"遣番代违限条疏议曰：

> 军防令：防人在防，守固之外，唯得修理军器、城隍、公廨、屋宇。各量防人多少，于当处侧近给空闲地，逐水陆所宜，斟酌营种，并杂菜蔬，以充粮贮及充防人等食。③

《全唐文》卷三一《定屯官叙功诏》云：开元二十五年，"屯官叙功，以岁丰凶为上下。镇戍地可耕者，人给十亩以供粮。方春，令屯官巡行，谪作不时者。"④ 说明了这种屯戍一体的形式：边防驻兵在不上戍的时节，就在侧近空闲地，每人十亩，种粮和蔬菜，收获之物充军粮仓储的情况。可见

---

① 《全唐文》卷四七四陆贽《论缘边守备事宜状》，第 4838 页上栏。
② 《旧唐书》卷一〇九《黑齿常之传》，第 3295 页。
③ 《唐律疏议》卷一六"擅兴律"，第 296 页。
④ 《全唐文》卷三一《定屯官叙功诏》，347 页上栏。

定制的目的在于镇兵粮食做到自给，解决"转运不给"的问题。史料当中描述的边军屯田的极盛时期，屯田数目巨大，涉及范围极广：

> 凡天下诸军州管屯，总九百九十有二。（河东道大同军四十屯，横野军四十二屯，云州三十七屯，朔州三屯，蔚州三屯，岚州一屯，蒲州五屯；关内道北使二屯，盐州监牧四屯，太原一屯，长春一十屯；单于三十一屯，定远四十屯，东城四十五屯，西城二十五屯，胜州一十四屯，会州五屯，盐池七屯，原州四屯，夏州二屯，丰安二十七屯，中城四十一屯；河南道陈州二十三屯，许州二十二屯，豫州三十五屯，寿州二十七屯；河西道赤水三十六屯，甘州一十九屯，大斗一十六屯，建康一十五屯，肃州七屯，玉门五屯；安西二十屯，疏勒七屯，焉耆七屯，北庭二十屯，伊吾一屯，天山一屯；陇右道渭州四屯，秦州四屯，成州三屯，武州一屯，岷州二屯，军器四屯，莫门军六屯，临洮军三十屯，河源二十八屯，安人一十一屯，白水十屯，积石一十二屯，富平九屯，平夷八屯，绥和三屯，平戎一屯，河州六屯，鄯州六屯，廓州四屯，兰州四屯，南使六屯，西使一十屯；河北道幽州五十五屯，清夷一十五屯，北郡六屯，威武一十五屯，静塞二十屯，平川三十四屯，平卢三十五屯，安东一十二屯，长阳使六屯，渝关一十屯；剑南道巂州八屯，松州一屯。开元二十二年河南道陈许豫寿又置百余屯。二十五年，敕以为不便，并长春宫田三百四十余顷，并令分给贫人，大者五十顷小者二十顷。）凡当屯之中，地有良薄，岁有丰俭，各定为三等。凡屯皆有屯官，屯副。[1]

开元以后，边军节度使多兼任支度、营田等使。《唐会要》卷七八"节度使"条说："艰难以来，优宠节将，天下拥旄者常不下三十人，例衔节度、支度、营田、观察使。"[2]同安史之乱前相比较，此时屯田分布范围更广，不仅边州节度使，内地诸使也开始屯田。安史乱后，唐廷的西北边防线大举内缩，原有的陇右河西一带被吐蕃所据，新兴的边境线位于凤翔、邠宁、灵武一带。大中三年（849）唐宣宗《收复河湟德音》：

---

① （唐）李林甫等撰，陈仲夫点校：《唐六典》卷七《尚书工部》，北京：中华书局，1992年，第157页。

② 《唐会要》卷七八"节度使"条，第1430页。

　　凤翔、邠宁、灵武、泾原四道长吏，能各于镇守处遣官健耕垦营田，即度支给赐牛粮种子，每年量得斛斗多少，便充军粮，亦不限定约数。[①]

　　说明在新的边境线形成之后，原有的边戍军模式仍旧适用，除了设军之外"遣官健耕垦营田"以此来保证军粮供应，新的屯田区域一定程度上实行传统的"军政一体"的方法来解决原有的边戍军的问题。

　　安史之乱的爆发，同时也是边戍军募兵和出兵职能的一次矛盾爆发。从兵力对抗角度而言，安史之乱的过程，实际上是以河北道安史二部牙兵及边戍军团的兵力对抗西北陇右朔方边戍节度的牙兵和边戍军团。战争结果虽然是唐廷险胜，但是却给王朝带来了致命的打击。于是安史乱后唐廷的军事政策就在于限制节镇兵权的同时平衡各方军事备边的需要。

　　五代时期，这种军屯经营模式仍旧被采纳。清泰元年（934）后唐中书门下《复奏程逊等陈时务奏》称：

　　中原边上，率多闲田，可令近下军都兴起屯田。旧时铜冶，亦令军人兴置，不费于民。[②]

　　这与之前所提《唐律疏议·擅兴律》当中提到的"于当处侧近给空闲地，逐水陆所宜，斟酌营种"的提议几乎如出一辙。在边境地区的过渡地带屯田自给，应当是这一时期"军"存在的重要军事原因。

三、"军"区功能的政区化

《续资治通鉴长编》卷五"宋太宗太平兴国二年"下：

　　始，唐及五代节镇皆有支郡。太祖平湖南，始令潭、朗等州直属京，长吏得自奏事，其后大县屯兵，亦有直属京者，兴元之三泉是也。戊辰，上纳

---

　　① 《唐大诏令集》卷一三〇《蕃夷》，第709页。
　　② 《全唐文》卷九七二"阙名"，第10084页下栏。

瀚（李瀚）言，诏邠、宁、泾、原……等州并直属京，天下节镇无复领支郡者矣。[①]

其所指的内容是经过有效的原属藩镇诸州的改革，分割藩镇辖地和藩镇支郡，及外镇的解体。支郡和外镇是藩镇体制的重要方面。这样的举措，并非是北宋的创建。唐中晚期以来，"削藩"是唐廷的一项核心施政内容。在处理与周边藩镇关系的基础上，着意采取措施，削弱藩镇属地、支郡和经济军事实力，历朝皇帝都做了有益的尝试，当然结果不尽相同，但是自晚唐以来藩镇力量的不断消减，确实是主要趋势。

《新唐书》卷一九三《蔡廷玉传》载：

（朱）泚乃奏涿州为永泰军，蓟州静塞军、瀛州清夷军、莫州唐兴军，置团练使，以支郡隶属，卢龙军稍削。[②]

原有卢龙军、平卢军、幽州经略军在天宝以后，升为节度使，朱泚任幽州卢龙节度使时期，通过改州为"军"，然后再改"军"为"支郡"，隶属于节镇这样的做法，将原本隶属于中央的边戍军势力划归在河北节镇的统辖之下，脱离了唐廷的直接控制，失去了边戍军的作用。割据势头一时强劲的魏博节度使辖境，就是通过"升州为军"然后再由本州刺史领军使的方式，被朝廷化整为零，加以控制。

唐至五代末年，非边境置军的一个重要作用在于提升州刺史的军权，相对地削弱藩镇及其支郡的兵力，加强中央集权。除此之外的"军"存在的必要性的另一个体现，就是对于地方利益的争夺。这种特征的表现，更多地发生于对于特殊的经济区域的争夺方面。这种争夺，在五代时期，多数体现于两个政权或者两个相邻地区之间的经济利益和政治利益的交换；在北宋初年，则体现出地方与地方之间、地方与中央之间的利益权衡，说明在非边境地区的利益争夺过程中，"军"存在的必要性。

---

① （宋）李焘：《续资治通鉴长编》卷五宋太宗"太平兴国二年"下，北京：中华书局，2004 年，第 411 页。

② 《新唐书》卷一九三《蔡廷玉传》，第 5549 页。

北宋初年加上沿袭自五代的军，"军"的数量达到了 40 余个。其职能和层级，一般都设于县级或"同下州"级。"宋之兵制，大概有三天子之卫兵，以守京师，备征戍，曰禁军诸州之镇兵，以分给役使，曰厢军，选于户籍或应募，使之团结训练，以为在所防守，则曰乡兵。"故而《宋会要辑稿·职官四》有"军监使掌同诸州，以京朝官及阁门抵候以上充。亦有称知军监事者"的记述。从实际需要看，在直隶于京的诸军中，有"禁军诸州之镇兵"，并非直隶于京的军，则有"乡兵"。但是无论是以上哪种，都需要"选于"户籍，或者广为招募，在此种情形之下，地处"冲要"的各个"军"因为有"以军事领之"的需要，有"知军事"的职衔，则能够获取募兵的权限。由于大多数的县不能领兵，不具备"知军事"的职能，因此，作为地方行政制度，"军"在军事职能上则优于县，在某些地当冲要的县，而其人口数量或重要性又难以置州或直隶军时，如需驻兵防守，就往往设立为军，这是对于自唐以来"军"的募兵与领兵职能的维持。

综上所述，"军"作为军事机构的基本职能，也是核心职能，尽管边戍军本身的组织形式在唐末五代这一历史阶段发生了变化，但是从其基本职能的保留和存续，我们可以认为其作为边戍军的本质功能仍旧被认可，"军政合一"模式的生产优越性再一次被挖掘，作为在五代至宋初制度建设尚未规范成型的情况下，对于一些基础措置的制度选择。从藩镇支郡的消化而言，在唐中晚期，唐廷主要是通过以刺史分割军权的形式，来与藩镇争夺"州"的实际管辖权，尤其是江南、淮南诸州，唐廷对于刺史兼领军使的政策看守得尤其严格。但是到了唐末，由于唐廷式微，刺史兼领军使，反而给了武将刺史更多的机会，成为了五代军阀混战的诱因之一。五代时期的各个军，主要通过对于特殊政治影响区的把握、对于关津要道的掌控和对于经济特区的把持，三方面的作用达到将藩镇与支郡之间的关系从交通沿线、重要关隘以及经济财源的相互隔离和联系，最终达到与藩镇争夺地方控制权的目的。

唐代淮西镇辖区考辨

杨文春 *

　　唐代淮西镇辖区的演变过程，在其存在的六十年（至德元载十二月至元和十三年五月）里，可分为安史之乱时期（757—762）、李忠臣节度时期（762—779）、李希烈逆乱时期（779—785）、吴少诚和吴少阳节度时期（786—814）、元和战争时期（814—818）。因吴少诚和吴少阳节度时期的辖区仅限于蔡申光三州，鲜有变动；元和战争时期的变动，史书记载明确，几无争议，故本文重点讨论其他三个时期辖区变动的情况[①]。

一、变动繁乱的安史之乱时期

　　据《新唐书·方镇表》载，淮南西道节度使初辖五郡为义阳（申州）、弋阳（光州）、汝南（蔡州[②]）、荥阳（郑州）、颍川（许州）[③]。约同时设置的淮南道节度使所领十三州亦包括申、光二州。《资治通鉴》胡三省注明其牴牾之处，认为需要进一步考辨。《方镇表·淮南道节度使》至德元载

---

　　* 杨文春，历史学博士，浙江万里学院讲师。

　　① 20 世纪以来，关于唐代藩镇建置沿革与辖区变动的梳理，主要有以下几种，吴廷燮：《唐方镇年表》，北京：中华书局，1980 年；王寿南：《唐代藩镇与中央关系之研究》，台北：大化书局，1978 年；赖青寿《唐后期方镇建置沿革研究》，复旦大学博士论文，1999 年；郭声波《中国行政区划通史·唐代卷》，上海：复旦大学出版社，2012 年。关于淮西镇辖区之梳理，除以上三种相关内容外，另见，武强：《区域变迁背景下的唐代藩镇——以淮西节度使为例的分析》，《黄河文明与可持续发展》第 6 辑，2013 年，第 89—100 页。

　　② 代宗即位后，豫州改名蔡州，为行文方便，以下多以蔡州径称之。

　　③《新唐书》卷六五《方镇表二·淮南西道》，北京：中华书局，1975 年，第 1800—1801 页。

所称之"寻以光州隶淮西",明显漏掉了申州。钱大昕早已指出《方镇表》之误①。由此推测,淮南道节度使的设置略早于淮南西道节度使。后者的辖区乃由析自前者最西部的申、光二州与原属河南道的许、郑、蔡三州临时合置而成。从地理区位上看,河南的郑、许、蔡三州与淮南的申、光二州正好成南北纵贯之势,可视为阻挡叛军攻掠东都、襄州等要地的重要防线。这个基于地缘格局的判断,与当时战争的实际走势相差甚远。

　　在逃难成都途中,玄宗重新制定平叛大计。受命出镇江陵的永王璘,不顾肃宗命其赴蜀之令,继续沿江而下,有经营江东的企图。权位尚不稳固的肃宗自然不能容忍这种局面的出现,分置淮南道、淮南西道两节度使以扼制永王璘势力,即其采取的措施之一。此前,首任淮西节度使来瑱主要活动于淮北的蔡州、许州等地以抵抗南下的安史叛军。加上郑州,淮西镇淮北三州当时皆为叛军占据,来瑱实际统辖的区域可能仅限于淮南的申、光二州。若此二州仍隶属淮南道节度使,恐无益于来瑱与之合兵应付永王璘。安史之乱期间,尤其在前期,作为朝廷应对纷乱战局的临时措施,内地藩镇数量激增且设置混乱失序。按胡三省之说,"此皆临时分镇,非有一定规模也"②。同时期淮西镇还有一例属州不明的情况。据《旧唐书·韦陟传》载,来瑱、高适与江东节度使韦陟在安州(安陆郡)"齐盟质信,以示四方,令(李璘)知三帅协心,万里同力"③。韦陟等推来瑱为地主,有兴兵讨伐永王璘之势。周勋初据此认为安州属淮西镇④。《方镇表》《资治通鉴》等史书,以及今人的相关研究,均未将安州列为淮西镇辖区。史籍可见安州最早属淮西镇的记载,源自《旧唐书·肃宗纪》:"(乾元二年九月)丁亥……右羽林将军王仲昇充申、安、沔等州节度使。"这一时期藩镇设置与辖区情况之乱以及史籍失载之严重,似只能以胡三省"盖兵兴之际,分命节帅以扼险要,其所统之增减离合,随时制宜耳"⑤之言,来作为难以精确复原其辖区的"正当"理由。易言之,至德元载末,淮西镇名义

---

　　①(清)钱大昕《廿二史考异》卷四九《唐书九·方镇表五》:"当云寻以光、申二州隶淮西。淮南所领止十一州耳。"上海:上海古籍出版社,2014年,第734页。

　　②《资治通鉴》卷二二〇"唐肃宗乾元二年四月胡注"条,北京:中华书局,1956年,第7075页。

　　③《旧唐书》卷九二《韦安石附韦陟传》,北京:中华书局,1975年,第2960页。

　　④周勋初:《高适年谱》,上海:上海古籍出版社,1980年,第96页。

　　⑤《资治通鉴》卷二二〇"肃宗乾元元年九月胡注"条,第7060页。

上统辖许、郑、蔡、申、光五州，其中前三州为叛军所据。未久，因平永王璘之需，将安州划入淮西镇。

乾元元年（758），来瑱受召为殿中监，结束在淮西节度使的第一次任期。其继任者为谁，于史无载，有学者考证为季广琛[①]，笔者以为是鲁炅。是年，不计代价地收复具有最高政治意义的两京后，肃宗试图重新部署全国军政格局，与叛军争夺最为激烈的河南战区首当其冲。踌躇满志的肃宗几乎全盘调整了河南的军镇格局，打算在此展开一场大会战。淮西镇辖区因此经历第一次大变动，但《方镇表》所载"淮南西道节度使徙治郑州，增领陈、颍、亳三州，别置豫许汝节度使，治豫州"有误，需辨析。梳理《旧唐书·肃宗纪》是年八、九月的记载如下：

八月壬寅，以青徐等五州节度使季广琛兼许州刺史，河南节度使崔光远兼汴州刺史。

（九月）庚寅，大举讨安庆绪于相州。命朔方节度郭子仪、河东节度李光弼、关内潞州节度使王思礼、淮西襄阳节度鲁炅、兴平节度李奂、滑濮节度许叔冀、平卢兵马使董秦、北庭行营节度使李嗣业、郑蔡节度使季广琛等九节度之师，步骑二十万，以开府鱼朝恩为观军容使。

这两条史料颇多讹误、矛盾之处，《通鉴考异》已初步辨析[②]。笔者以为，淮西节度使在来瑱离任后即开始重组，淮北的许、郑、蔡三州与淮南的申、光、安三州分别安置。先是季广琛八月兼许州刺史，旋即与蔡州组建郑蔡节度使，徙治郑州，增领陈、颍、亳三州；再是淮南的申、光、安三州继续以淮西节度使的名义保留，由襄阳（襄邓）节度使鲁炅兼领之[③]。淮西、郑

---

① 李碧妍：《危机与重构——唐帝国及其地方诸侯》，北京：北京师范大学出版社，2015年，第37—40页。

② 《资治通鉴》卷二二〇"肃宗乾元元年八月、九月"条，第7060—7061页。

③ 《旧唐书·鲁炅传》（第3363页）作"淮西襄阳节度使"；（宋）王钦若编《册府元龟》卷一二二《帝王部·征讨二》载"诏司徒、朔方节度使郭子仪，淮西襄阳节度使鲁景（炅）……渡河讨安庆绪"，北京：中华书局，1960年，第1459页；《新唐书·鲁炅传》（第4752页）载"乾元元年，又加淮西节度、邓州刺史。与九节度围安庆绪于相州，炅领淮西、襄阳两镇步卒万人、骑三百"。《资治通鉴》卷二二〇"肃宗乾元元年九月庚寅"条（第7061页）作"淮西鲁炅"；《新唐书·肃宗纪》（第161页）作"淮西节度使鲁炅"。鲁炅当时兼任淮西、襄阳两节度使，《资治通鉴》和《新唐书·肃宗纪》漏载襄阳。

蔡可视为从原淮西节度使析置出来的两个节度使，并非如赖青寿、李碧妍所认为的二者实为同一节度使①。故淮西节度使来瑱的继任者是鲁炅而非季广琛。又，若如《方镇表》《资治通鉴》所言，蔡许汝节度使（治蔡州）乃是年新置，则其时间不早于九月，且蔡州由郑蔡节度使析出改隶之。考虑到这次河南军镇格局的大规模调整是在为相州会战做准备，基于"政区"或地缘视角考察的直接意义不大。但淮西镇辖区第一次被划定在淮水之南，且州郡数目较少，又有附属于襄阳节度使的嫌疑，是其军事地位削弱的体现。

　　乾元二年三月相州溃败后，朝廷再次调整河南军政格局，淮西节度使受其影响甚巨，《方镇表》"郑陈节度使"和"淮南西道节度使"对此有可互证的明确记载②：

　　置郑陈节度使，领郑、陈、亳、颍四州，治郑州。寻增领申、光、寿三州。未几，以三州隶淮西。

　　废淮南西道节度使，以陈、颍、亳隶陈郑。是年，复置淮南西道节度使，领申、光、寿、安、沔、蕲、黄七州，治寿州。

淮西镇建置被取消，鲁炅改任前身为郑蔡节度使的陈郑颍亳节度使，豫许汝节度使由兴平军节度使李奂兼任。申、光等州改隶陈郑颍亳节度使发生在鲁炅饮药自杀后，于六月接任的彭元曜即为陈郑申光寿等州节度使。寿州是这个临时组建的藩镇区的新成员。九月，江淮西部地区再次重组，复置淮南西道节度使（治寿州），以王仲昇领之，辖申、光、安、沔、蕲、黄、寿七州，其中申、光、寿三州由郑陈改隶而来；郑陈颍亳四州另置节度使，以李抱玉领之。至此，新领淮南蕲、黄二州的淮西节度使再次与淮北河南诸州剥离。

　　是年，面对卷土重来的叛军，唐军与之在河阳、怀州等地展开激烈争夺。在此期间，得益于李光弼、李抱玉等部的坚守抵抗，即便郑、汝等州失陷，辖区皆位于淮水以南的淮西镇未受到叛军侵扰。因叛军的军事压力，

---

① 赖青寿：《唐后期方镇建置沿革研究》，第 79 页；李碧妍：《危机与重构——唐帝国及其地方诸侯》，第 39 页。
② （清）钱大昕：《廿二史考异》卷四七《唐书七·方镇表二》，第 717 页。

淮西镇辖区被暂时限定在江淮西部，但不表示被排除在河南平叛战略之外，从以下三个方面可以看出：（一）上元二年（761）五月，李光弼充河南副元帅，都统河南淮南淮西等五道行营节度，淮西镇在名义上是河南战区抵抗叛军的重要力量。（二）上元二年十一月，宋州刺史刘展领淮西节度副使，是淮西镇在河南仍有影响力的佐证。（三）淮西节度使同时兼领地处淮北河南的蔡、许等州节度使，如王仲昇在此期间兼领许蔡等州[①]；宝应元年（762），再度出任淮西的来瑱兼河南陈、豫、许、汴等十五州节度观察使；安史之乱平定后的首任节度使李忠臣，在代宗朝前期兼领蔡汝等州节度使。

据《方镇表》载，上元二年，淮南西道节度使增领陈、郑、颍、亳、汴、曹、宋、徐、泗九州，徙治安州。加上申、光、安、沔、蕲、黄、寿七州，号"淮西十六州节度使"；寻以亳州隶滑卫节度，徐州隶兖郓节度。此次辖区变动不见于其他史籍。若记载不误[②]，这次藩镇调整是为应对乘二月邙山之捷南下的史朝义军。五月，李光弼充河南副元帅，都统含淮西在内的诸道行营节度。除了很快改隶他镇的亳、徐二州，淮西镇所辖河南诸州多数陷于叛军，所谓"十六州节度使"名不副实。徙治安州与寿州改隶新置之舒庐寿团练使应是同时发生[③]，后者自此结束隶属淮西镇的短暂历史[④]。八月，李国贞充朔方镇西北庭陈郑等州节度使，则陈、郑二州暂时析出淮西镇。加上另外节度的蔡、许、汝三州，在宝应元年二月战败于谢钦让时，淮西节度使王仲昇名义上至少统辖申、光、安、沔、蕲、黄、颍、汴、曹、宋、泗、蔡、许、汝十四州。

① （唐）刘长孺《唐故鸿胪少卿贬明州司马北平阳府君（济）墓志铭并序》载："元帅李光弼领河南，御史大夫王仲昇领许蔡……"吴钢主编：《全唐文补遗（第一辑）》，西安：三秦出版社，1994年，第229页。

② （清）钱大昕《廿二史考异》卷四七《唐书七·方镇表二》（第717页）认为，《方镇表》误以宝应元年淮西增领十六州事属之上元二年。

③ 《新唐书·方镇表》失载，赖青寿考辨推定得之，见《唐后期方镇建置沿革研究》，第140页。

④ 《方镇表·淮南西道》又载兴元元年"寿州别置观察使"。按，寿州在上元元年之后未曾隶属淮西镇，也没被淮西镇武力占据。又据《方镇表·淮南道》，建中四年设置的寿州团练使于兴元元年升观察使，领寿、庐、豪三州。《方镇表·淮南西道》误载原因，很可能是应该出现在上元元年的"寿州别置观察使"窜栏至兴元元年。

《旧唐书·来瑱传》载，宝应元年三月，以来瑱为安州刺史，充淮西申、安、蕲、黄、光、沔节度观察，兼河南陈、蔡、许、郑、汴、曹、宋、颍、泗十五州节度观察使。《旧唐书·肃宗纪》《资治通鉴》皆载来瑱节度十六州，其中后者以实录为据，指出比旧传所多一州乃汝州①。按，蔡汝节度使当循王仲昇时期的旧例，同属来瑱节度，故应以旧纪或《资治通鉴》"十六州节度使"为是。《方镇表》宝应元年载，"淮西节度增领许、隋、唐三州，以郑州隶泽潞节度，颍、汴、宋、曹四州隶河南节度，泗州隶充郓节度，申州隶蔡汝节度"，与《来瑱传》等有别。由宝应元年七月李忠臣任淮西节度使可知，淮西镇在宝应元年任命了两次节度使，有两次辖区设置。《方镇表》所载当属后者，即李忠臣节度辖区的变动主要有三：许州回隶；新增随、唐二州；申州改隶蔡汝。

这个所谓的"十六州节度使"虽然在地缘上能连成一片，但空间跨度过大，况且淮西镇所领淮南六州在军事地位上远逊于河南，以之兼领河南十州，既不合常理，也难以实际运行。笔者推测，原因在于淮西镇的淮南六州乃来瑱节度之根本，而河南十州是临时措置，随时会剥离出去，与史书皆言之肃宗"外示尊崇,实夺其权"②的目的相吻合。来瑱识破朝廷的意图，迁延抗命，不肯赴任。自宝应元年二月王仲昇在申州兵败被俘，至李忠臣七月节度之始，淮西节度使有名无实地存在了近半年时间。

安史之乱期间，藩镇辖区的特征一是变动繁乱，史籍记载多见舛误，二是多名不副实，特别是河南等军事争夺激烈地区，唐廷所置藩镇辖州多为叛军所占，藩帅实际节度地区有限。

二、向北扩张的李忠臣节度时期

宝应元年七月，来瑱来朝，代宗以李忠臣填补淮西节度使的空缺。旧传称"拜忠臣太常卿同正、兼御史中丞、淮西十一州节度；寻加安州刺史，仍镇蔡州"③。《册府元龟》所载相同，新传颇有不同："以忠臣为汝、仙、

---

① 《资治通鉴》卷二二二"肃宗宝应元年三月癸巳"条，第7121页。
② 《旧唐书》卷一一四《来瑱传》，第3366页。
③ 《旧唐书》卷一四五《李忠臣传》，第3941页。

蔡六州节度使,兼安州"①。首先可以确定,李忠臣同时节度淮西、蔡汝两镇。其次,旧传所谓"淮西十一州节度"是淮西、蔡汝两节度所辖总州数。此算法有例可循,上一个先例即三月任命来瑱时的所谓十六州节度使,乃淮西、河南两节度使所辖州数之和。

《方镇表》宝应元年所载"淮西节度增领许、隋、唐三州,以郑州隶泽潞节度,颍、汴、宋、曹四州隶河南节度,泗州隶兖郓节度,申州隶蔡汝节度",乃针对授命来瑱时的十六州辖区而言。依此计算,李忠臣淮西、蔡汝两节度之州具体是:申、安、蕲、黄、光、沔、陈、蔡、汝、许、随、唐,共计十二州。代宗即位之初,擢李抱玉为泽潞节度使,加领陈、郑二州,亦见载于《方镇表三·泽潞沁》宝应元年,则《方镇表二·淮南西道》漏载陈州改隶泽潞。如此,李忠臣节度之州数为十一,正好与旧传相合。

新传所载"汝仙蔡六州节度使",即蔡汝节度使。仙州在开元后期初废,重置已是大历四年②,次年再废,此处或是许(州)的误笔。蔡汝节度使是否真的辖有六州?若是,除已经确定的蔡、许、汝、申四州,笔者推测,另外两州应是在地理空间上能与之连成一片的随、唐二州。《方镇表》"增领许、隋、唐三州"是指蔡汝节度使,而非淮西节度使。

申、安、蕲、黄、光、沔、蔡、许、汝、随、唐十一州,作为李忠臣节度初期的管辖范围没有维持多久。《方镇表》载,永泰元年(765),沔、蕲、黄三州改隶鄂岳节度③。据时人阎伯瑾作于永泰元年四月的《黄鹤楼记》,有云"刺史兼侍御史、淮西租庸使、鄂岳沔等州团练使河南穆公宁"④;赵憬《鄂州新厅记》载,鄂州于广德二年(764)"联岳沔事置三州

---

① 《新唐书》卷二二四下《李忠臣传》,第6388页。
② 《新唐书》卷三八《地理志》(第984页)载:"大历四年复以叶、襄城置仙州,又析置仙凫县,以许州之舞阳、蔡州之西平、唐州之方城隶之。五年州废,省仙凫,余县皆还故属。"仙州所置年份还有大历三年之说:《新唐书·方镇表二》(第1806页)载大历三年"蔡汝节度增领仙州";(宋)王溥:《唐会要》卷七〇《州县改置上·河南道·仙州》系于大历三年三月二十八日,上海:上海古籍出版社,2006年,第1483页。
③ 另有两条相近记载,《新唐书》卷六八《方镇表五·鄂岳沔》"永泰元年"(第1905页):"升鄂州都团练使为观察使,增领岳、蕲、黄三州。"《旧唐书》卷四〇《地理志三·鄂州》(第1610页):"永泰后,置鄂岳观察使,领鄂、岳、蕲、黄四州。"
④ (唐)阎伯瑾:《黄鹤楼记》,(宋)李昉等编:《文苑英华》卷八一〇,北京:中华书局,1966年,第4279页。

都团练使"①；此鄂岳沔团练使一职也见于两《唐书》穆宁本传。可知，沔州至少在广德二年已由淮西改隶鄂岳，早于蕲、黄二州，《方镇表》所载失之严谨。《旧唐书·穆宁传》又载"时淮西节度使李忠臣贪暴不奉法……与宁夹淮为理"②，以此推测，鄂岳团练使在江北的管辖范围很可能不止沔州一州，《方镇表》所载沔、蕲、黄三州改隶鄂岳似乎可信，其实不然。

建中四年（783），李皋屡胜淮西军，收复蕲、黄等州。两唐书《李皋传》、樊泽撰《李皋墓志铭》、韩愈撰《曹成王碑》等皆有载。这表明在李希烈逆乱时，蕲、黄等州为淮西节度使所辖，但包括《方镇表》等在内的史籍，尚未见到对其之前何时复隶淮西节度使或为李希烈强占的记载③。有人认为，在李希烈乱前，沔、蕲、黄三州名义上属于鄂岳团练使，实际控制权在淮西镇④。然笔者以为，在代宗朝，蕲、黄二州是一度改隶鄂岳观察使，大部分时期仍归淮西节度使管辖。《旧唐书·穆宁传》载：

> 时淮西节度使李忠臣贪暴不奉法……与宁夹淮为理，惮宁威名，寇盗辄止。沔州别驾薛彦伟坐事忤旨，宁杖之致死，宁坐贬虔州司马，重贬昭州平集尉。

《新唐书·穆宁传》《册府元龟·将帅部·立功》记载相似。穆宁能够与李忠臣"夹淮为理"，并任性杖杀沔州别驾，表明他对江北沔州等地有实际管辖权，但也不能否认李忠臣势力在这些地区的影响力，这在穆员《秘书监致仕穆元堂志》文中有间接体现：

---

① （唐）赵憬：《鄂州新厅记》，《文苑英华》卷八〇一，第 4235 页。
② 如果"夹淮为理"是"夹江为理"之误，则不会对蕲、黄二州隶属淮西镇产生争议。以当时淮西、鄂岳两镇辖州主要方位而言，"夹江为理"比"夹淮为理"更符合实际情形。
③ （清）顾祖禹认为蕲黄等州被纳入淮西节度使的管控范围是在李希烈平定襄州梁崇义之后，见《读史方舆纪要》卷六《历代州域形势六》，贺次君、施和金点校，北京：中华书局，2005 年，第 245 页。郭声波《中国行政区划通史·唐代卷》（第 406 页）袭用赖青寿《唐后期方镇建置沿革研究》（第 152 页）的观点，认为沔、蕲、黄三州于大历十四年由鄂岳观察使改隶淮西节度使。
④ 武强：《区域变迁背景下的唐代藩镇——以淮西节度使为例的分析》，《黄河文明与可持续发展》第 6 辑，2013 年，第 94 页。

于时周、郑路塞，东南贡赋之有入漕汉江，转商山，诏择全才以守夏口，
我于是有专城连率之寄……董秦（李忠臣）畏公（穆宁）明威，拱手如栉，
舟楫上下如行其家。①

沔、蕲、黄三州之归属更可能是另一种情况，即沔州实属鄂岳观察使，蕲、
黄二州仍归淮西镇管辖。常衮《授独孤问俗鄂岳等州团练使制》载："寿
州刺史……独孤问俗……可使持节都督鄂州诸军事鄂州刺史兼御史中丞充
鄂岳沔三州都团练守捉使"②。据郁贤皓《唐刺史考全编》考辨，独孤问俗
任职鄂岳的时间约在大历四年（769）至七年③。这里明确交代的三州都团
练使只有鄂、岳、沔三州，不包括蕲、黄二州。又如《旧唐书·代宗纪》
大历八年四月戊午日载"以太仆卿吴仲孺为鄂州刺史、鄂岳沔等州团练观
察使"；《唐会要》载"（大历）十四年六月，罢……鄂岳沔三州都团练观
察使……以其地分隶诸道"④；建中四年复置时的三州防御使乃鄂、岳、沔
三州，都不包括蕲、黄二州在内。可见，在代宗朝大部分时期内，蕲、黄
二州至多从广德二年到大历四年隶属鄂岳都团练使；大历十四年罢鄂岳观
察使，以其地分隶诸道时，与蕲、黄二州无关，仅沔州还隶淮西节度使。

代宗年间，淮西镇及其辖区的一个重大变动，是蔡汝节度使与淮西节
度使在大历八年合二为一。至此，淮西镇共辖有蔡、申、光、许、汝、随、
唐、安、蕲、黄十州。大历中期，全国地方军政格局大致稳定，两节度使
合并可能是代宗对李忠臣颇效忠节的奖励。就地缘格局而言，虽然江汉、
江淮及中原地区仍在触手可及的范围之内，但随着政治中心正式定位蔡州，
淮西节度使的政治影响力开始向北方渗透。

这段时期蔡汝与淮西节度使的分合，有两个问题值得注意，一是李忠
臣虽然长时期同时兼任两节度使，特别是自大历五年起又同时兼任安州、

---

① （唐）穆员：《秘书监致仕穆元堂志》，《文苑英华》卷九四三，第 4961 页。

② （唐）常衮：《授独孤问俗鄂岳等州团练使制》，《文苑英华》卷四〇九，第 2077 页。

③ 郁贤皓：《唐刺史考全编》卷一六四《江南西道·鄂州》，合肥：安徽大学出版社，2000
年，第 2380 页。

④ （宋）王溥：《唐会要》卷七八《诸使中·诸使杂录上》，第 1703 页。原作贞元十四年，
误。赖青寿《唐后期方镇建制沿革研究》（第 152—153 页）坚持以《方镇表》为准，认为《唐
会要》作"三州"，是误解了本镇的使职名称。

蔡州刺史，但其政治重心一直在淮北之蔡州；二是当时以淮西合指两节度之现象[①]，既表明淮西之名在这一地区的影响力，也暗示了两镇合并乃顺理成章之事。故大历八年两节度使合二为一、治蔡州时，以淮西为号。自此，淮西节度使辖区结束了"名正言顺"的淮南时期，重新回到置镇之初地跨淮水南北的地域格局。

在李忠臣节度时期，除了所辖州郡，淮西镇另有一块遥领的"飞地"——土洑镇，据符载《土洑镇保宁记》：

> 夏口至西南四百里，其山曰西塞，其镇曰土洑。山镇相距，可百馀丈……永泰中，代宗以董秦为淮西节度，是镇隶焉……甲子岁，希烈大逆不道，皇帝震怒，命宗臣曹王皋肃将天威，诘诛暴乱，节制江西之事。春二月，王乞灵宗庙，一战而克，故是镇复归于我。[②]

夏口即鄂州治所。土洑镇在今黄石市东南西塞山乡，时属鄂州之境。从未隶属于淮西镇的鄂州在长江之南，与蕲、黄二州隔江相望。土洑镇自永泰元年划归淮西镇，至建中四年（783）三月为李皋收复[③]，前后近20年。

大历十一年，汴宋李灵曜作乱，淮西等镇受命讨伐。李忠臣强占汴州的既成事实得到了朝廷的认可，十二月，加李忠臣同平章事，领汴州刺史，治汴州[④]。淮西镇此次辖区（势力范围）的扩张，是继三年前与蔡汝节度使合并后政治中心的进一步北上，是平定李灵曜之乱后河南政治地理格局变动的重要组成部分。从李忠臣被逐出淮西后立即将汴州收回另置的举措看，朝廷并不情愿将重镇汴州为势力日益强大的淮西镇所有。《旧唐书·代宗纪》大历十四年三月载"汴宋节度使"李忠臣为李希烈所逐，新纪记载类似，似乎表明宋州在大历后期属淮西节度使。其实不然，永平军将刘洽在李忠臣占据汴州时，也以宋州为己有。此时的汴州与宋州已分属不同节度

---

① 如《资治通鉴》卷二二三"代宗永泰元年九月"条，载郭子仪行军司马上奏应对仆固怀恩等入寇之策："……请使诸道节度使……淮西李忠臣各出兵以扼其冲要。"第7176—7177页。

② （唐）符载：《土洑镇保宁记》，《文苑英华》卷八三〇，第4381页。

③ 李碧妍：《危机与重构：唐帝国及其地方诸侯》，第86页。

④ 《资治通鉴》卷二二五"代宗大历十一年十二月庚戌"条，第7241页。

使,《唐方镇年表》将李忠臣记为大历十一年至十三年的汴宋节度使[1],误也。另有一点需特别指出,即李忠臣已身兼三州(蔡州、安州、汴州)刺史,有唐一代,实属罕见。

三、增减不定的李希烈逆乱期间

《方镇表》载大历十四年:"淮西节度使复治蔡州……汝州隶东都畿,汴州隶永平军节度。"淮西镇在李忠臣被逐后,与强占而来的汴州一起失去的还有汝州。故在李希烈节度之初,淮西镇辖有九州(蔡、申、光、许、随、唐、安、蕲、黄)[2]以及遥领之土涨镇。殷亮《颜鲁公行状》称"(建中)四年,淮宁节度使李希烈以十四州叛"[3]。在此期间,淮西镇辖区的变动是沔州与溵州的一省一增,故辖州总数没有变化,可见《颜鲁公行状》所谓"十四州"之数不确。

因李希烈叛乱,淮西镇辖区(控制范围)变动不定,既有武力夺取的新势力范围,也有部分固有辖区的丧失,具体情况如下:

表1:李希烈逆乱期间淮西镇辖区得失表

时间	得	失
建中四年正月	汝州、邓州	
建中四年二月		汝州
建中四年三月		黄州、蕲州
建中四年十月	襄城县	
建中四年十二月	汴州、郑州、滑州	土涨镇
兴元元年七月		安州
兴元元年闰十月		滑州

---

① 吴廷燮:《唐方镇年表》卷二《宣武》,第190页。

② 与大历十一年未将蕲、黄二州计入淮西镇辖州一样,郭声波在统计大历十四年淮宁军辖州时仍未包括蕲、黄二州,见《中国行政区划通史·唐代卷》第六章《河南道》,第333页。

③ (唐)殷亮:《颜鲁公行状》,(唐)颜真卿:《颜鲁公集》卷一六《补遗》,上海:上海古籍出版社,1992年,第130页。

兴元元年十一月		汴州、郑州、许州
贞元元年三月	南阳县	
贞元二年五月		李惠登举随州降
贞元二年七月		薛翼以唐州降，侯召以光州降
贞元二年		邓州

该时期淮西镇辖区变动情况可分为三类：一是在朝廷参与之下的政区调整，主要涉及沔、溵二州①。（一）建中二年四月，省沔州，并入时属淮西镇的黄州②。建中四年三月复置时，沔州已非淮西镇辖区。是年，一度不可一世的李希烈在南方接连遭遇军事失利，黄、蕲、安三州先后被李皋等人收复。沔、蕲、黄、安四州自此与淮西镇辖区无关。《方镇表》贞元三年"安州隶山南东道"的记载，易使人误认为安州迟至是年才从淮西镇辖区析出③。兴元元年"寿州别置观察使"不属此种情况，应是窜栏误入，前文已辨。（二）建中二年三月，以蔡州郾城、许州临颍、陈州溵水新置溵州。上揭张达志文认为溵州之置与沔州之废皆出于李希烈的奏请。溵州废置的时间史籍记载不一，有兴元元年、贞元元年、贞元二年三种。不管是哪一年，与复置沔州的目的类似，都是朝廷掣肘淮西镇的措施。

二是为淮西一度攻占者，如汝、邓、滑、汴、郑等州。这些凭借武力强占的临时辖区，自然不会得到官方的认可，不具备藩镇辖区沿革层面的意义。汝、汴、郑、滑四州失陷与收复的时间皆能找到确切记载，邓州的情况稍显复杂。《新唐书·李希烈传》载"希烈自襄阳还，留姚憺戍邓州"，此乃建中二年平梁崇义叛乱之事。李希烈留下一部分人马戍守邓州，主要是看护从襄州掠夺来的财物，尚未将邓州真正纳入淮西镇的管辖范围。《资治通鉴》关于李希烈据有邓州的时间有两处：一是建中四年正月李希

---

① 对李希烈时期溵、沔二州置废的研究，见张达志《昙花再现：唐代溵州置废的政治地理》，《厦门大学学报（哲社版）》2016年第5期，第22—36页。

② 在元和十二年左右成文的《曹成王碑》中，李道古陈述乃父李皋平李希烈乱，有"先王讨蔡，实取沔蕲安黄"之语。实际上，李皋不可能收复"沔州"，因为当时该州已并入黄州。韩愈：《曹成王碑》，马其昶校注、马茂元整理《韩昌黎文集校注》卷六，上海：上海古籍出版社，2014年，第482—483页。

③ 兴元元年，李皋等人收复安州，随后以伊慎为刺史。笔者以为，安州由此自淮西镇析出，而非晚至新表所载之贞元三年。

烈使其将封有麟据邓州；二是贞元元年三月李希烈陷邓州。如果记载无误，表明朝廷在建中四年正月至贞元元年三月之间一度收复邓州。

符载《邓州刺史厅壁记》载：

希烈无妄生衅，复以怒取，使宿贼封有麟主张焉。建中四年，希烈僭逆于梁，诸侯之师荷戟四会，有麟亦婴城自守，连攻不拔。景寅岁，皇帝厌乱，淮西始定，连帅陈仙奇裨将李季汶讨之……枭有麟以闻。①

可见《资治通鉴》乃误载，唐廷未曾中途收复一直为封有麟据守的邓州。通过比对新旧《唐书·德宗纪》贞元元年三月丁未的记载，能够进一步确定《资治通鉴》所误为何。新纪称"李希烈陷邓州"，与《资治通鉴》同；旧纪称"李希烈陷南阳"。此南阳并非邓州曾使用过的郡名，而是邓州属县之名。邓州乃今南阳邓县，而南阳县在今南阳市。故应以《旧唐书》为是，《资治通鉴》《新唐书》记载误之。

三是部分原有辖区的丧失，如许、安、随、唐、蕲、黄等州。蕲、黄、安三州先后在建中四年、兴元元年为官军收复，史籍记载明确；许、随、唐三州的情况有必要略作申说。（一）新表载贞元元年"唐州隶东都畿，许州隶义成军节度使"。《新唐书·德宗纪》载贞元二年七月，李希烈将薛翼以唐州降。可见唐州虽然在贞元元年改隶东都畿，但在薛翼投降前，一直为淮西镇控制。与唐州情况相同的是一起改隶东都畿的邓州。（二）许州具体何时归于朝廷管辖，史籍未见明确记载。兴元元年十一月，李希烈因在汴州、陈州两地接连受挫，遁归蔡州。次年（贞元元年）三月，朝廷以李澄为义成军郑滑许等州节度使②。许州即在此期间为朝廷收复，具体时间以李希烈遁归蔡州时的兴元元年十一月可能性最大。（三）随州的情况较为特殊，李惠登贞元元年投降朝廷后继续担任随州刺史。由贞元二年七

---

① （唐）符载：《邓州刺史厅壁记》，《文苑英华》卷八〇一，第 4237 页。
② 《旧唐书》卷一三二《李澄传》，第 3656—3657 页。

月"以虔王谅为申光随蔡节度大使"① 可知，随州在名义上仍隶属淮西镇（吴少诚时为节度留后），直至贞元三年闰五月与汝州、安州一同割隶山南东道节度使②。从贞元三年开始，淮西镇开始了仅辖有蔡、申、光三州的时代，史书常称之为"蔡申光节度使"或"申光蔡节度使"，有时也简称蔡州节度使。贞元十四年二月，申光蔡节度赐号彰义军节度。

余　论

以上即淮西镇前 30 年（757—787）辖区变动的主要情况。在后 30 年（788—818）里，处于"国家州县"包围之中的淮西镇，一直维持蔡、申、光三州的辖区格局，少有变动。吴少诚节度期间，一度企图靠武力向北扩张势力范围，未能成功。为平定吴元济叛乱，朝廷数次临时调整淮西镇及其周边的政区与军事布局。元和十一年（816）七月，以袁滋为彰义军节度使、随唐邓申光蔡州观察使，权治唐州。袁滋名为六州节度使，实际管控范围仅限随、唐、邓三州。这个纯属军事目的的临时调整，之于淮西镇辖区沿革没有实际意义。又由于此前未被授予节钺，吴元济实际上是作为叛乱势力占据蔡、申、光三州。是年底，随、唐、邓三州别置节度使。元和十二年，七月，裴度任彰义军节度使，以郾城为行蔡州治所；十一月，另置蔡州军事重镇郾城为溵州，析上蔡、西平、遂平三县隶焉，随后改隶忠武军节度使。将郾城等地剥离出去，是朝廷以政区调整的方式防遏淮西再叛的举措。十二月，马总任彰义军节度使。十三年五月，废淮西节度使，蔡州改隶忠武军节度使，申州改隶鄂岳观察使，光州改隶淮南节度使。淮西镇至此成为历史。

唐末，秦宗权趁势而起。中和元年（881），因秦宗权用兵黄巢有功，升蔡州为奉国军。乾宁四年（897），已成为朱温势力范围的奉国军增领申、光二州。由蔡、申、光三州组成的奉国军，明显是因袭淮西节度使政区建

---

① 《旧唐书》卷一二《德宗纪》，第 353 页。(唐)陆贽《虔王谅申光节度制》所载相同，分见，陆贽《陆贽集》卷九《制诰》，北京：中华书局，2008 年，第 269—270 页；(宋)宋敏求编《唐大诏令集》卷三六《除亲王官下》，北京：中华书局，2008 年，第 157 页。

② 《旧唐书》卷一三一《李皋传》(第 3640 页)："上以襄、邓要阨，(贞元)三年，除(李皋)襄州刺史、山南东道节度等使，割汝、随隶焉。"

置而来。该区划设置的影响并不仅仅局限于本朝的奉国军，元明清三代汝宁府（包括今信阳和驻马店大部分地区）的政区设置同样是沿袭而来，并且影响更大。

淮西镇藩镇建置的历史短暂，其前身可追溯到唐初在该地设置的总管府乃至南北朝时期的都督府。而由蔡、申、光三州组成的地方一级行政区划能够在后世得到延续，是淮西镇在政区建置上的历史意义。

表2：淮西镇辖区沿革表（757—818）[①]

时间	节度使	州郡	备注
至德元载	来瑱	**颍川**、汝南、荥阳、弋阳、义阳、安陆	郡名。安陆郡后属。
乾元元年	鲁炅	**申**、光、安	与襄阳节度使合并
乾元二年			裁撤淮西镇
乾元二年	王仲昇	**寿**、申、光、安、沔、蕲、黄	九月，重置淮西镇
上元二年	王仲昇	**安**、陈、郑、颍、亳、汴、曹、宋、徐、泗、申、光、沔、蕲、黄、寿	
宝应元年	来瑱	**安**、申、蕲、黄、光、沔	兼领河南。未赴任。
宝应元年	李忠臣	**安**、蕲、黄、光、沔	兼任蔡汝节度使
广德二年	李忠臣	**安**、蕲、黄	沔州改隶鄂岳
永泰元年	李忠臣	**安**、光	蕲、黄改隶鄂岳；遥领土洑镇。
大历三年	李忠臣	**安**、光、仙	增置仙州
大历五年	李忠臣	**安**、光	废仙州
大历八年	李忠臣	**蔡**、申、光、许、汝、随、唐、安、蕲、黄	合并蔡汝节度使
大历十一年	李忠臣	**汴**、蔡、申、光、许、汝、随、唐、安、蕲、黄	治汴州
大历十四年	李忠臣	**汴**、蔡、许、汝、光、申、安、随、唐、沔、蕲、黄	

① 本表不含蔡汝节度使辖区变动情况；辖区变动不包括战争强占部分；州郡栏粗体居首者即治州。

大历十四年	李希烈	**蔡**、许、光、申、安、随、唐、沔、蕲、黄	汴州别置。
建中二年	李希烈	**蔡**、许、光、申、安、随、唐、蕲、黄、溵	沔州并入黄州；新置溵州。
建中四年	李希烈	**蔡**、许、申、光、安、随、唐、溵	官军收复蕲、黄二州
兴元元年	李希烈	**蔡**、许、申、光、随、唐、溵	官军收复安州
贞元元年	吴少诚	**蔡**、申、光、随、溵	唐、许二州改隶它镇
贞元二年	吴少诚	**蔡**、申、光、随	废溵州
贞元三年	吴少诚	**蔡**、申、光	随州改隶山南东道
元和五年	吴少阳	**蔡**、申、光	
元和十一年	袁滋	**蔡**、申、光、**唐**、随、邓	权治唐州
元和十二年	裴度	**蔡**、申、光	以郾城为行蔡州治所
元和十三年	马总	**蔡**、申、光	五月废镇

南京国民政府缩省改革规划探析 *

郭本意　李书仪 **

　　自晚清以来历届中央政府皆进行"均质化"的省制改革，缩小省区面积，减少行政层级，提高行政效率，推进边疆地区行省化，试图使地方政府现代化。抗战前后，国民政府上下掀起了一场非常热烈的省制改革运动，其省制改革思潮影响至今。对晚清以来的省制改革，学界取得了很多重要成果，但也存在若干问题，对于中国省制变革的主线问题辨析不明，区域性研究成果较多，全国性的省制研究成果较少，导致没有把握中国近代省制改革的主线；没有挖掘出其中的内在政治规律；欠缺历史地理认知。

一、国民政府缩省改革的渊源

　　省制改革研究具有重要的现时政治价值与学术价值，关于近代缩省改革，成果众多[①]，学者们从各自研究领域出发，或对边疆地区，或对关内地区近代省制改革进行了多方面研究。本文试对全国省行政区划之改制规

　　* 本文系国家社科基金重大项目"近代中国省制变革与社会变迁研究"（20&ZD232）阶段性成果。
　　** 郭本意，博士，山东工商学院法学院讲师；李书仪，本科，山东工商学院法学院本科生。
　　① 主要成果有黄昊：《民国时期关于缩小省区的探讨和实践》，《内蒙古大学学报（哲学社会科学版）》2013 年第 2 期；黄雪垠、符建周：《民国时期省制改革过程及动因研究》，《学术探索》2012 年第 8 期；张学继：《民国时期的缩省运动》，香港：《二十一世纪》，1994 年 10 月号；肖高华：《"废盟"与"废省"：国民政府时期知识界的内蒙古省制化之争》，《北方民族大学学报》2014 年第 1 期；徐杨：《废省与缩省：民国时期省制改革的探讨与实践》，《浙江社会科学》2017 年第 4 期。

律进行总结。中国近代省制变革内在运行规律，于逢春首次提出了"均质化"概念。"均质化"是一个日语词，原意是"同类物体或某一事物各部分的质量、密度、成分都一样，即均质、等质、均匀、同质"。① 于逢春认为自晚清以来，中央政府的省制改革是将"疆域均质性、全域性作为目标"。"即积极地行使权力，使得边疆与内地一体化，将"中国化"作为国家意志进行推进的产物"。② 这个观点被冯建勇、阿地力·艾尼所引用，并进一步扩展解释。两人皆认为"疆域'均质化'是指内地与边疆都程度不同地依照近代民族国家的基本标准，改革国家的国体与政体，重构中央与地方的行政体制，铸造全新的国民等，使得内地与边疆同处于中央政府的直接统治下，实施大体相同的制度，执行基本相同的体制等"。③ 结合上述研究，近代"均质化"的省制改革应包含两个方面：一是压缩省级地方行政区域；二是减少地方行政层级，使其行政职能现代化，提高行政效率。

高茂兵对于省级行政区域数目划分总结了一条规律：数量由少到多，幅员由大到小。④ 行政区划的伸缩在国民政府时期就已经意识到，国民党认为中国的行省数量自元朝开始呈现不断增多的趋势，元朝有 11 个行省，明朝有 13 个省，清朝增加到 18 个省。南京时期，中国行省数量增加到 28 个。⑤ 中国自实行行省制度以来，最高一级的地方政府建制数量确实是呈现不断增多的趋势，国家面积一定，行省数量增多，所辖面积自然会减少。从行政区划这一表象来看，中国近代"均质化"省制改革包含两个重要内容，一是上述专家所指出的最高一级地方行政区划面积愈划愈小；二是伴随着缩省潮流，行省制度大规模向边疆地区推广。

中国近代的缩省运动源自清末戊戌变法时期，在当时的学界和政界，研究行政区划制度的代表人物主要有康有为、梁启超、张其昀、胡焕庸、

① 阿地力·艾尼：《清末边疆建省研究》，哈尔滨：黑龙江教育出版社，2012 年，第 2 页。
② 于逢春：《中国国民国家构筑与国民统合之历程——以 20 世纪上半叶东北边疆民族国民教育为主》，哈尔滨：黑龙江教育出版社，2006 年，第 20 页。
③ 冯建勇：《辛亥革命与近代中国边疆政治变迁研究》，哈尔滨：黑龙江教育出版社，2012 年，第 46 页。
④ 华林甫等：《中国省制演进与未来》，南京：东南大学出版社，2016 年，第 103—108 页。
⑤ 《拟请调整省区以适合现代国情案》(1951 年 3 月)，台北"国史馆"藏，档案号：008-010502-00122-002。

洪绂、傅角今等。王邦佐、潘世伟等学者将他们的政治观点分为三种：一是以康有为、梁启超、章太炎为代表的"废省派"，即废除省制，而以道制代之；二是以胡焕庸、张其昀为代表的"析省派"，即顾及实际困难，以原有省为基础，将一省分为数省；三是以洪绂、黄国璋为代表的"重划"派，即主张打破现有省区界限，彻底重新划分省区。①

甲午战后，国势凌弱，康有为谋变法维新，以图自强，感于当时省区面积过大，省权过重，痛批省之制为"弃五万里国，弃五万万之民之巨蠹大贼"，力主废省改以道为最大行政区域，然后再进而废道存府，以集权于中央。②康有为之主张虽为光绪采纳，但以政变百日，即遭失败，故仓促之间没有得到任何实行的机会。康嗣后又著《官制议》③《废省论》④及《裁行省议》⑤等文，力主废省。梁启超承康有为之说，主张缩省，其办法为以一部改置为手段，全部改置为目的，初自直隶开始，行之有效，再推及其他各省。章太炎认为：省之土地广阔，不能纤悉其治；民情风俗之异不恤，户口土地之籍难周；一省所辖大者百余县，小者亦六七十县，欲以一长官兼统其事，丛脞已甚。章氏废省存道之法，分一省为数道，全国不过六七十道，隶于中央，一道所领不过三十县，则地方之治不纷，中央政令易行。⑥

上述学者的言论主要代表的是清朝即将覆亡时期的政治观点，而自康有为等人提出"废省"说之后，吸引了众多民国学者参与讨论。许多学者及民国政要要么组织学社，要么在期刊上发表政治论文，鼓吹缩省，在民国初年形成了一股缩小省区的政治思想潮流。

民国元年，国民党政要宋教仁发表"中央行政与地方行政之划分"一文，主张缩小省区。虽然宋教仁很快便被刺杀，导致他没有提出具体的划

---

① 王邦佐、潘世伟主编：《二十世纪中国社会科学·政治学卷》，上海：上海人民出版社，2005 年，第 171 页。

② 《田镐编拟缩小省区问题各项有关资料辑要及附表地图》（1941 年 9 月 10 日），台北"国史馆"藏，档案号：001-051122-00006-001。

③ 康有为：《官制议》，《新民丛报》1903 年第 35 期，第 45—48 页。

④ 康有为：《废省论》，《不忍》1913 年第 1 期，第 1—20 页。

⑤ 康有为：《裁行省议》，《国风报》1911 年第 2 卷第 8 期，第 7—52 页。

⑥ 《田镐编拟缩小省区问题各项有关资料辑要及附表地图》（1941 年 9 月 10 日），台北"国史馆"藏，档案号：001-051122-00006-001。

分措施，但是他缩小省区的观点得到了朝野上下普遍的赞同。在熊希龄内阁时期，北洋政府将缩小省区面积、减少行政层级列为当时政府重大施政内容。1913 年熊希龄组阁，列废省存道为三大施政方针之一。①熊希龄的办法是废去省制，以道统县，改地方行政层级为二级制。当时各省都督拥兵割据，熊氏之议亦卒不获行。在熊希龄之后，1916 年国会议员孙洪伊向国会提议，划缩全国为五十省，每省辖县四十，内务部根据孙洪伊等人的意见，拟定缩省方案，将全国缩划为 49 省，设置 7 个特别区。②1917年，段祺瑞组阁，内务部发表改革全国行政区域意见书，在孙洪伊等人的基础上，拟划地方行政区域为 54 单位，计省 47，特别区 7。③对于划省办法亦规划极详，但是此方案以军阀割据而告搁置。

上述缩省计划并不是完全没有实施，也并非没有任何成果。北洋政府首先在北部边疆和西南边疆开始推行行省化政策，分割缩小边疆辖区。1914 年内蒙古地区被重新分划，设置热河、察哈尔、绥远三个特别行政区。1912 年 6 月，四川都督尹昌衡率军入康，驱逐西藏叛军，稳定了川边政局，1914 年北洋政府建立川边特别行政区。④特别区建制是一种迈向行省的过渡体制，一是因为蒙藏与汉民杂处，经济文化风俗不一，骤然改省容易引起边疆动荡。二是因为蒙藏地区处于边防要地，承担着捍卫边防、维护国家主权的重任。外蒙古叛军在沙俄的支持下，多次窜犯内蒙古地区，引起边疆动荡，1912 年当地汉民代表向北洋政府提出，将热河等地区改为特别区，作为建省的过渡。1913 年，热河都统熊希龄向中央政府提交了热河建省方案⑤，根据此方案的建议，将内蒙古地区一分为三，分别设置特别区，从本质上讲，特别区建制是将缩省捆绑在一起的行省化改革。

其次，在各省区内部实行废府改道政策。具体方法是撤销合并清政府的府、州、厅建制，建立道。⑥1914 年 5 月 23 日，袁世凯公布省官制道

①　周秋光编：《熊希龄集（中）》，长沙：湖南出版社，1996 年，第 727—728 页。

②　《内务部改划省区意见》，《大公报》（天津）1916 年 12 月 15 日，第 2 张。

③　施养成：《论缩小省区与调整省县区域》，《东方杂志》1946 年第 42 卷第 14 号，第 9 页。

④　贾大泉、陈世松主编：《四川通史·民国》，成都：四川人民出版社，2018 年，第 322 页。

⑤　周秋光编：《熊希龄集（中）》，第 602—617 页。

⑥　《四川政报》，1914 年第 2 卷第 31 期，第 78—85 页。

官制县官制令①，省设巡按使，理论上管辖全省民政各官及巡防警备等队，监督财政及司法行政暨其他特别官署之行政事务。然而省巡按使行使各项权力之时，基本上都要呈报大总统审核，他所能直接行使的权力范围非常有限。道的行政长官为道尹，掌管道内行政权力，监督道内财政、司法行政事务及其他特别官署之行政事务。道统辖县，道内各县所发布的法令政策，如道认为不合民国法令，可予以停止、撤销并处分。相对于省一级官员而言，道行政长官的职权明确而广泛。②两相对比可知，北洋政府实行的是省—道—县虚三级制③，即将省的权力虚化，由道辖县，掌握本辖区行政权，并随着政治形势的发展逐步废除省这一行政建制，实行道县两级制，最终达到加强中央集权的目的。

1914 年全国各省共分 93 道，每省平均为 3 至 4 道，其后在部分省区对道的数量进行了局部调整，比如新疆增加为 8 道，④基本上是按照各省人口、经济发展水平、风俗、语言等因素划分道区，这很明显是为实行地方政府两级制做准备。后来执政的国民政府在西北新设的省区，就是直接合并一些道区组合而成。比如在甘肃省新设的宁夏道与西宁道，在国民党执政之后改划为宁夏省与青海省。

国民党认为，康有为、章太炎、梁启超等人提出的废省主张，与其后学者热烈讨论的缩小省区说，实"名异而实同"，其目的不外乎为缩小地方最高级行政区划，以利政务推行，臻国家于长治久安。⑤站在国民党的角度思考，道从某种意义上是一种缩省的过渡产物，北洋政府在边疆地区推行特别区建制，以及废除旧有的府、州、厅体制，合并为道，为其后国民政府实行缩省计划以及在中国边疆地区继续推行省化政策打下了基础。

①骆宝善、刘路生主编：《袁世凯全集》第 26 卷《公布省官制道官制县官制令》，开封：河南大学出版社，2013 年，第 429—430 页。

②翁有为主编：《行政督察专员区公署制研究》，北京：社会科学文献出版社，2012 年，第 80—81 页。

③成梦溪、徐杨：《何以共和：民国时期省制争议中的学理与政争》，《民国档案》，2021 年第 3 期。

④钱端升主编：《民国政制史（下）》，商务印书馆，1945 年，第 137 页。

⑤《田镐编拟缩小省区问题各项有关资料辑要及附表地图》（1941 年 9 月 10 日），台北"国史馆"藏，档案号：001-051122-00006-001。

二、全面抗战前国民党缩省规划与试点

1926 年 7 月至 1928 年 12 月，国民党北伐，在形式上统一了中国。国民党在北伐之前已经开始构想缩省计划，孙中山《建国大纲》规定，未来中国统一之后实行省县两级制。1928 年北伐之后，国民党废除道制，开始实行孙中山提出的省县两级制。国民政府虽然废除了道这一行政建制，但继承了北洋政府的"均质化"省制改革方针，一方面在边疆继续推进行省化改革，另一方面合并组合原有道区，推行缩省政策。

在国民党政局基本稳定之后，宋渊源等人再次提出缩小省区的意见。宋渊源多次在新闻媒介公开呼吁国民政府进行缩省改革，宋认为各省政治不进步，是因为省区过大，行政不统一，易养成封建地盘思想。1928 年 3 月 26 日，宋渊源向南京建议，在四川省进行缩小省区的试点工作，去除封建地盘思想，达到行政统一。①

宋渊源认为四川省区过大，军队太多，因此政治不易统一，省政府迄今没有成立，屡起纠纷。瑞士国土面积，仅相当于中国两个大县，还划分邦与县，全国犹划分为 22 个邦。②美国采联邦制，亦缩小省区，政治日臻隆盛。中国如仍拘前清省区成法，政治定难统一，一般野心家抱封建思想，占据地盘，违抗中央，压迫百姓，成尾大不掉之势。最好将中国区域范围，依适当之情形，重行分划，中央与省，省与县，可免许多隔阂及纠纷。现从四川试办，拟使刘湘、刘文辉、邓锡侯、田颂尧分川东、川西、川南、川北各自为政，以免四川军阀互相扩充军队，作统一四川之迷梦。如在四川试行有效，将来推行各省，政治易于统一，裁兵亦不成问题。③

宋渊源的政治观点在当时产生了非常大的影响，赞成者有之，反对者亦不少。缩省从本质上来讲，就是削弱地方军阀势力，加强中央集权，这直接伤害到了地方军阀的利益，他们对宋渊源多持批评甚至攻击态度。有人还发表"改省区不足以消弭武人领袖之争"，与宋论战。④面对质疑与攻

---

① 《中枢两纪念周纪》，《申报》1928 年 3 月 27 日，第 4 版。
② 《宋渊源主张缩小省区范围》，《申报》1928 年 3 月 29 日，第 9 版。
③ 《国府二十四次纪念周宋渊源演讲》，《申报》1928 年 3 月 28 日，第 7 版。
④ 《宋渊源来函》，《申报》1928 年 4 月 1 日，第 10 版。

击，宋渊源在报纸媒体专门解释自己的政治观点，在国民党第二次北伐还未结束之时，宋渊源发表《缩小省区论》一文，从历代行政区域沿革、地方分权与均权、中央与县之联络、军政统一、教育建设、县自治等角度出发，回应各界质疑，论证旧省制不利统一之弊端：大省区势力雄厚，对中央敢任意反抗，对各县可任意压迫等。[①] 缩省之后，于国于民则有八大优势：小省区势力微弱，对中央多恭顺，对各县多亲爱；交通便利，风气易开，人民乐闻国事，故地方观念轻而国家观念重；风俗习惯及语言相近者，划为一省，故人民之团结较强固；派别减少，遇有内争亦较易镇定；与各县人民易接近，故施政亦易顺利；道途缩短，选举与考试易普及，故人才少埋没；上下沟通较易，贪官污吏难容，是财政上之积弊较易廓清；气象一新，办事人员有朝气，故一切政治易进步。[②]

宋渊源的缩省呼吁在国民政府朝野上下产生很大回响，首先是对后来学者的政治观点产生的非常大的影响，其后学者所发表的省制改革论文基本上没有脱离宋渊源所划定的范围。其次，宋渊源本身便是国民党元老，他的政治思想代表了国民政府内部缩省一派的观点，所以除学者发文响应缩省主张外，国民政府内部持缩省观点的人员亦纷纷提出缩省建议与提案。

1928 年 2 月 18 日，江苏省政府主席钮永建呈请国民政府从速确定省制。[③] 钮永建在呈文中指出："自北伐进展以来吾党统治区域日益扩大，而军事倥偬，未遑整理，对于各省行政大都因陋就简，未臻完善，组织已久欠健全，权限尤多扞格，殊于党治进行不无妨碍"。钮永建呈文引起了国民党高层的注意[④]，受宋渊源等人的影响，国民党高层官员开始提出具体的缩省计划，其中的代表人物便是伍朝枢。1930 年 11 月 13 日，国民党召开三届四中全会，伍朝枢与陈铭枢分别提出了缩小省区与改革省行政区原则案。[⑤] 在 11 月 14 日及 15 日的会议中，伍朝枢与陈铭枢两案合并为缩小省

---

① 宋渊源：《缩小省区论》，《国闻周报》1928 年第 5 卷第 29 期，第 1—4 页。

② 张文范主编：《中国省制》，北京：中国大百科全书出版社，1995 年，第 224 页。

③ 《江苏省政府委员会主席钮永建呈国民政府》（1928 年 2 月 18 日），台北"国史馆"藏，档案号：001-051110-00001-001。

④ 《国民政府秘书处函江苏省政府》（1928 年 2 月 21 日），台北"国史馆"藏，档案号：001-051110-00001-002。

⑤ 《各委员提案摘要》，《申报》1930 年 11 月 14 日，第 4 版。

区案。^①伍朝枢等人认为，吾国行省幅员广大，交通梗阻，民情异别，畛域之见甚深，且便于军人割据，故请缩小区域每省分为二三省。^②建议依照山川形便的原则，在北洋政府旧道区的基础上缩小省区，因为"旧道区之划分，大抵皆依据历史之习惯、山川之形势，而大小又复适中，采用至便"。^③从伍朝枢的提案内容来看，国民党基本是照搬了北洋政府时期的缩省方案，并根据孙中山《建国大纲》的指示精神加以修改，所以国民党缩省改革是对北洋政府的继承与发展。

伍朝枢等人的提案得到了胡汉民、陈立夫、林森等十余个国民党要员的支持。^④除国民党高层官员提出缩省方案外，地方政府中的有识之士也提出缩省的方案与想法。比如上海市政府中一个科员名叫姚仲良，此人上书国民政府，要求中央实行缩省政策。国民党复电表示，中政会将召开联席会议讨论缩省问题。^⑤这说明国民党中央支持缩省改革已成为主流，缩省思想在朝野上下成为一种共识，缩省是一种政治正确，即便是地方军阀亦不敢高调反对。

受此政治思潮影响，国民党中央开始着手试行缩省改革。1931年1月13日，蒋介石命中政会自治组召集特务秘书，讨论缩小省区办法。蒋介石指示中政会应组织缩小省区起草委员会，并须聘请专家参加，拟定妥善办法。^⑥根据蒋介石的命令，国民党中政会将缩小省区案交由地方自治组特别秘书张叔华起草，张叔华自感没有能力起草一个成熟、完整的缩省方案。中政会也认为"各地历史沿革、风俗人情、山川形势与分省分区极有关系"，情况复杂，缩省方案非一人之力可以做出，决定"拟邀请向有研

①《伍朝枢提缩小省区案及陈铭枢提改定省行政区原则案》（1930年11月15日），台北"国史馆"藏，档案号：116-010107-0108-021。

②《伍朝枢之两提案》，《申报》1930年11月14日，第5版。

③屈武编：《国民党政府政治制度档案史料选编（下）》，合肥：安徽教育出版社，1994年，第340—341页。

④翁有为主编：《行政督察专员区公署制研究》，北京：社会科学文献出版社，2012年，第74页。

⑤《上海某电姚仲良缩小省区问题》（1931年1月11日），台北"国史馆"藏，档案号：116-010106-0001-049。

⑥《中政会自治组召集特务秘书讨论缩小省区办法》（1931年1月13日），台北"国史馆"藏，档案号：002-060100-00032-013。

究之专门学者帮同起草"。① 但是，九一八事变打乱了这一进程，不过国民党在全面抗战爆发之前依然取得了许多改革成果。

从现有的档案史料来看，国民党在拟定缩省方案的同时，还选择了若干地区作为"试点"省区。国民党在东北边疆选择吉林省，西南边疆选择川藏边区，东南沿海选择福建省，西北地区选择甘肃省等地区作为"试点"地区，在自己的核心统治区域选择江苏省作为改革"试点"。从国民党的"试点"工作来看，国民政府的缩省运动在政治意识上取得了共识，具体缩省过程中则有若干权益纠纷：

（一）东北地区

1931 年 5 月，国民党中政会草定，吉林省改划为两省，新省省会设于延吉。延吉民众得知非常欣喜，认为建立延吉新省对防卫东北边疆，维护国家主权有着重大意义，"将胜他国一切侵略压迫，得为完全党国主权"。但是很快有人传出新省会有改划宁安的计划。延吉民众听到之后惶骇不已，组织代表团向国民党中央呼吁陈情："查延边邻日旁俄，中韩离吾在昔。近年以来，军事、政治、经济、交通、外交诸端较昔愈殊，民等居于斯土所受之隐痛实难缕陈。现复加以□匪扰乱，危机日甚，民等不甘作他国奴隶，不忍觊金瓯之缺。前曾特派代表几经请愿于省政府东北政务委员会历陈各情，请设大员坐镇。既有添省之计划，省会应设延吉自不待言。民等之争是为民族、民权、民生而争，是为爱国之争，非争私利"。②

从上述争论来看，东北民众对于中国的归属感是非常强烈的，更有着对日本、苏俄的强烈警惕之心，不想东北落入异族之手。可惜东北的缩省计划还未正式实施，四个月后"九一八事变"爆发，东北地区沦陷，反而是日本人率先在东北实行了缩省计划。

---

① 《天津特讯缩小省区案等三事》（1931 年 2 月 8 日），台北"国史馆"藏，档案号：116-010107-0135-031。

② 《延边农工商学联合会电国民政府》（1931 年 5 月 6 日），台北"国史馆"藏，档案号：001-051110-00001-024。

（二）东南沿海

在东南地区，国民党计划将福建省一分为三，依地理区位设置闽北、闽中、闽南三省。但国民党很快又改定计划，将闽北与闽中合并为闽中省。此举遭到了闽北区二十县民众的反对，他们选举代表力争阻止实施此缩省计划。[①] 李恺梁代表闽北致电蒋介石称："缩小省区实谋统治便利，闽分南中北三省区，疆界天然。南中滨海利在渔盐便于通商。北区山岭出产竹木，便于造林。风俗言语习惯各有特殊，今将闽北强归闽中确有揽包性质，誓不承认，请主持正义，付诸公决"。[②]

（三）江浙地区

江苏省乃是国民党中央核心统治区域，国民政府计划将江苏省一分为二，分苏南、苏北两省。但是在划分省界的过程之中，出现了纷争。江苏省古代并无崇明岛，随着长江携带大量泥沙入海，冲积出现崇明岛。在民国时期，崇明岛有很多地方没有进行行政划分，行政归属比较模糊。在属于一个省区之中没有问题，但在分省之时，江苏省将崇明内外沙划分为崇明、启东两县引起纷争。崇明地方知名人士王清穆上书国民政府主席林森，称缩小省区从江苏着手划分为二未得苏人多数同意，请勿实施。王清穆批评江苏省政府："崇明内外沙本属一县，十七年（1928）春，苏省府擅夺划为崇明、启东两县。既未筹备，亦无预算，清丈未行，突然加增田赋数十万元。地方团体与人民迭次请愿纠正，皆为省府搁置，迄今两县公私交困，如入陷阱，分省关系更大，未得苏人多数同意，请勿实施为幸"。[③]

（四）北部与西南边疆地区

国民党继续北洋政府的行省化政策，在边疆地区继续推进省制改革。1928 年 7 月，蒋作宾提出改热河、察哈尔、绥远三个特别区为行省的建

---

① 《行政院长蒋中正函国民政府文官》（1931 年 5 月 28 日），台北"国史馆"藏，档案号：001-051122-00004-017。

② 《李恺梁电国民政府主席蒋中正》（1931 年 5 月 19 日），台北"国史馆"藏，档案号：001-051122-00004-015。

③ 《王清穆电国民政府主席林森》（1933 年 8 月 12 日），台北"国史馆"藏，档案号：001-051110-00001-009。

议①，而此时阎锡山的势力已经进入绥远，国民党中政会电征阎锡山及河
北省政府改省意见。阎锡山于 7 月 18 日电告国民党中政会，表示倘为将
来开发计，实行改省亦极赞成，并对三个省政府的组织机构建设、行政区
划、省会位置提出了自己的建议。阎锡山认为三省地广人稀，财政收入薄
弱，建议三省政府设民政、财政、建设、教育四厅。热河省会设承德，绥
远省会设归绥，察哈尔省会设在万全县境内的张家口。对于改省之后的行
政区划，阎锡山同意国民党中央将旧口北道所辖十县划归察哈尔之提议。②
正是这十县的归属问题产生了纠纷，旧口北道所辖地区涉及河北与山西两
省，这十县人民不想并入新成立的察哈尔省。于是他们派出代表团来南京
请愿，代表王试功、吕咸等人将请愿书递交给行政院。他们依次提出了三
点请求，供国民党中央抉择：

第一，希望中央收回成命，口北十县仍由河北省管辖。第二，如中央
不同意，请将原属察哈尔省划归绥远的五县，晋北大同五县及朔平四县并
入察哈尔省。第三，以口北十县，大同九县，朔平四县组建为一个新的省
区。因为这二十余县历史、风俗皆不甚异，实为一天然省区。③

与此同时，西北地区的地缘区划也发生了变化，冯玉祥也提出了分省
方案。为巩固在西北的势力，冯玉祥通过国民政府内的西北系人物薛笃弼，
此人当时担任行政院内政部长，提出了甘、青、宁分省方案。④ 以甘肃为
基础分立宁夏、青海三省，将两地区从甘肃省析出，独立建省。⑤1928 年
9 月 5 日，国民党中政会通过了改省决议，⑥ 并于 9 月 17 日正式发布命令，
热河、察哈尔、绥远、青海、西康等五区均改为省，旧直隶省之口北道十
县划归察哈尔省。⑦ 察哈尔原划绥远之丰镇、凉城、兴和、陶林四县，仍

---

① 王云五、李圣五主编：《蒙古与新六省》，上海：商务印书馆，1934 年，第 58 页。
② 《阎对特区改省主张》，《民国日报》1928 年 7 月 19 日，第 4 版。
③ 《晋北大同九县及朔平四县加入察省否则再请全会缩小省区案》（1930 年 11 月 23 日），
台北"国史馆"藏，档案号：116-010107-0109-020。
④ 傅林祥、郑宝恒：《中国行政区划通史·中华民国卷》，第 419 页。
⑤ 陈育宁：《宁夏通史（近现代卷）》，银川：宁夏人民出版社，1993 年，第 101—102 页。
⑥ 孟和宝音：《近代内蒙古行政建制变迁研究》，沈阳：辽宁民族出版社，2010 年，第
100—101 页。
⑦ 《国民政府通电》（1928 年 9 月 17 日），台北"国史馆"藏，档案号：
002-020100-00027-162。

归绥远。① 宁夏省以北洋政府时期的宁夏道为基础，合并宁夏护军使辖地组建。② 至此原内蒙古地区缩分为四个行省，近代北部边疆"塞北四省"成型。

根据此命令，在西南地区蒋介石计划将西康特别区改为行省，并令中政会制定缩省计划。③ 按照蒋介石的指示，国民党中央执行委员会致函蒙藏委员会，要求拟定西康建省计划，从速组织西康省政府。西康地区乃是康、藏、卫三区之一，地处川、滇、藏、青之间，西陲边防之枢纽，早在清末赵尔丰便主张成立行省。④ 但是辛亥革命打乱了西康建省的进程，国民政府成立之后虽明令建省，但西康改省的政策迟迟得不到落实，使得国民党中央甚为忧虑。1912 年之后，西藏受英国人之挑拨，与中央关系疏远，西康地区接近内陆，对于内地人民情感尚好，设置行省的条件较为成熟。在蒋介石的命令下，不久之后蒙藏委员会拟就草案，决定应当迅速成立西康省，西康省会设于巴塘，巴塘改称康宁⑤，这个命名方式与康定的命名方式一样，取康地安宁之意，一旦实行将改变西康原有的政治中心。国民党认为原西康行政中心康定（打箭炉）地处四川交界处，位置极东，坐守一隅之地，不易控制西康全局。而巴塘（巴安）位于西康中心，为川、滇、康之枢纽，气候温和，景物丰美，适合建立省会。

西康建省的计划也得到了西康藏区有识之士的同意与支持，西康木里宣慰司项此称扎巴呈文国民政府主席蒋介石，要求西康设省。项此称扎巴从四个方面论述西康建省的急迫性：一宜注重国防；二宜速平川事；三宜分徙盘夷；四宜控制蛮匪，核心内容为稳固西南国防与平定四川。⑥ 他的

① 徐锦华主编：《青海省制·附录》，西宁：青海人民出版社，2003 年，第 297 页。

② 叶祖灏：《宁夏纪要》，政论社，1947 年，第 3 页。

③《中央政治会议决议西康设省及拟定缩省计划书》（1931 年 4 月 1 日），台北"国史馆"藏，档案号：002-060100-00035-001。

④《中国国民党中央执行委员会政治会议函》（1931 年 4 月 1 日），台北"国史馆"藏，档案号：001-051110-00001-013。

⑤《国民政府文官处函》（1931 年 4 月 4 日），台北"国史馆"藏，档案号：001-051110-00001-014。

⑥《西康木里宣慰司项此称扎巴呈国民政府主席蒋中正》（1931 年 6 月 17 日），台北"国史馆"藏，档案号：001-051110-00001-018。

呈文得到了蒋介石的注意，将此文抄发行政院①，行政院将此文发至蒙藏委员会与内政部谈论。国民党中央认为项此称扎巴的呈文不无见地，对此呈文所列的四条意见非常认可，并要求相关部门讨论办理。②

上述地区的缩省改制，并不全是国民党中央有意识、有计划的选择，因为有些选择是地方军阀势力有意为之。比如冯玉祥分立西北三省是为了巩固在西北的地位，所以才主动提出新设宁夏、青海两行省提案。西康地区建省的因素更为复杂，除上述因素外，还牵涉到中央与四川军阀的博弈，国民党建立西康省的重要目的就是削弱四川军阀的势力。西康地区与四川刘湘势力范围密切相关，西康建省必须将刘湘管辖的宁、雅两区所辖15县和两个治局划归西康的刘文辉，这是刘湘所不能容忍的。③但是刘湘并没有公然反对缩省计划，只是采取了拖延措施，延缓西康建省。

从上述缩省争端来看，当时中国上下皆认为应当实行缩省，上至中央政府，下至地方军阀，无人否认缩省的政治正确性，九一八事变的爆发加速了缩省从理论探讨走向政治实践。

九一八事变后东北地区沦陷，为加强对东北地区的统治，日本欲在东北地区实行废省改道计划，几经博弈没有实施，只好进行缩省改革，东北地区被迫成为缩省的实验区。直到1934年10月，日伪决定在东北地区实施缩省计划，将东北四省缩划为十省，黑、吉、辽三省各缩为两省，热河缩划为东、南、西三个省，加上兴安分省共计十个省。④1934年10月11日，伪满国务院总务厅长日本人远藤柳作公布了《新省公署官制》，正式将东北划分为奉天、吉林、滨江、龙江、锦州、安东、热河、三江、间岛、黑河等十省。⑤

缩省计划在当时中国讨论了数十年，反倒是日本人率先在中国实行，

---

①《国民政府文官处函》（1931年6月24日），台北"国史馆"藏，档案号：001-051110-00001-019。

②《行政院长蒋中正函》（1931年7月21日），台北"国史馆"藏，档案号：001-051110-00001-021。

③贾大泉、陈世松主编：《四川通史·卷7·民国》，成都：四川人民出版社，2010年，第272页。

④《日伪将缩小东北省区说》，《行建旬刊》1934年第57期，第2页。

⑤《新省公署官制制定之经纬与其趣旨》，《本溪县政公报》1935年第1卷第3期，第26—30页。

引起了舆论的极大关注。当时媒体认为日本在东北缩省，一是因为东北省区辽阔，不便管理，缩小省区使得事权集中，便于日伪统治；二是因为便于日本分化离间东北各族人民；三便于日本移民垦殖东北；四是在军事上将东北经营成对外可进出苏联，对内可控制平、津的基地。不过当时的舆论在行政改革上对日本实施缩省计划，客观上予以了肯定，认为日伪缩省之后，"省区缩小，易于统治，接近民众，管理周详"。[①] 天津《大公报》发表评论指出，废省存道，缩小省区，在中国探讨多年，悬而未决，日人此次断然实行缩省"不啻为中国政治上解决一种宿题"。[②] 换言之，日本人做了中国想做而没做的事情，必然刺激到了国民党中央。

　　1932 年 12 月在国民党四届三中全会上，伍朝枢等人再次提出缩省提案，国民党中政会通过了伍朝枢的提案，"省区应重新厘定，并酌量缩小"。[③] 1933 年，内政部长黄绍竑将政府各主要的缩省方案收集整理，呈递行政院。内政部认为，缩划全国省区，关系复杂，事业艰巨，加之中央权力尚未完全集中，计日程功，自非易事。在最初规划时期，尤须考证山川形势、土地面积、人口、财赋、交通、物产、农工商业等情况，以及风俗习惯、语言、宗教之异同。但是当时中国的户籍法与土地法尚未实施，人口与面积无由得其确数，为斟酌尽善起见，应当由中央政治会议依照中全会决议案延聘海内外历史、地理、政治、经济各专家组织专门委员会，并由各主管部、会负责人员共同参加，从事研究，构成极完善、极精密之具体方案。[④]

　　从内政部提交的报告来看，国民党中央已经下定决心进行缩省改革，但是对于各地区的具体情况没有进行调研统计活动，缺乏具体的实地数据，所以不能立刻在全国范围进行大规模的缩省改革。国民党中央采纳了内政部的意见，广征各方专家意见，在此前后有两个人的学术研究成果对后世的省制改革影响极大。第一个是国民党体制内的学术型官员，地质学家翁

---

①《伪满缩小东北省区的分析》，《北方公论》1934 年第 85 期，第 10—13 页。

②《东北四省之新分割》，《大公报》天津，1934 年 10 月 19 日，第 2 版。

③《伍朝枢等提实行缩小省区案》（1932 年 12 月 9 日），台北"国史馆"藏，档案号：001-051122-00005-001。

④ 屈武编：《国民党政府政治制度档案史料选编（下）》，合肥：安徽教育出版社，1994 年，第 344 页。

文灏。翁文灏于 1932 至 1933 年发表系列文章，提出从北平开始，沿太行山脉向南，经郑州、宜昌、常德、宝庆、梧州至最南的钦州划一条线，此线后人称之为"翁文灏线"。在"翁文灏线"以东国土总面积相当于一个新疆省，占当时国土面积 15%，但是总人口约占全国 70% 以上。[①]"翁文灏线"直接催生出了"胡焕庸线"。受翁文灏研究的影响，胡焕庸发表《中国人口之分布》一文。[②] 文章在海量数据的基础上，绘制了两幅中国人口分布图。一为人口分布图；二为人口密度图。根据这两幅地图，胡焕庸提出了"瑷珲—腾冲线"，瑷珲合并到黑河之后，称之为"黑河—腾冲线"，又被后世命名为"胡焕庸线"。此线影响极大，对此后国民党行省的划分产生了巨大影响。胡焕庸的成果一经发表即引起轰动，尤其是引起了国民党高层的注意。

三、全面抗战时期国民党分省方案之对比

抗战进入相持阶段之后，国民党迁都重庆，困守西南半壁江山，如何加强中央集权，削弱省权成为当时国民党高层重点关心的问题。国民党中央趁刘湘病死，四川群龙无首之际，加紧时间控制四川。[③]1938 年 11 月 30 日，国民政府发布命令，着于 1939 年 1 月 1 日成立西康省政府，省会依旧设在康定。[④] 至此国民党终于正式建立西康省，在西南地区有青海、四川、云南、西康四个省及一个地方，加上内蒙古地区"塞北四省"，国民党在形式上大致完成了边疆地区行省化的工作。此时在抗战建国的口号之下，整个中国要求进行省制改革的呼声再次高涨。

国民党此时再起缩省运动，一是因为日本在东北实行了缩省规划，引起了国民党的极大关注与忧虑；二是军阀在抗战时期不听中央军令，屡次发生贻误军机的事情，尤以蒋介石枪决韩复榘事件最为典型。对国民党而

---

① 翁文灏：《中国人口分布与土地利用》，《独立评论》1932 年第 3 期，第 9—10 页。

② 胡焕庸：《中国人口之分布：附统计表与密度图》，《地理学报》1935 年第 2 卷第 2 期，第 33—74 页。

③ 陈红民主编：《中华民国新论》，北京：三联书店，2003 年，第 23 页。

④《国民政府明令西康省政府着于二十八年一月一日成立》（1938 年 11 月 30 日），台北"国史馆"藏，档案号：001-032220-00023-031。

言，为了抗战救国必须进行省制改革，缩小地方军阀势力，实现中央集权，才能动员全国的人力、物力进行抗战。1939 年国民党召开五届六中全会，彭学沛等人又提"即行缩小省区案"决议：由国防最高委员会继续研究，拟具方案。国民党认为省制改革方案意义重大，关系今后建国工作之成败，特将"省区缩划"、"中央与地方权制之划分"及"专员区制度之存废"等三问题一并列为"建国设计"政治问题之三个分目，委托行政院成立省制设计委员会负责设计。① 至此，缩省运动正式由理论探讨进入了规划实施阶段。

为继续推进缩省工作，1939 年行政院成立了省制问题设计委员会，②延聘蒋廷黻、傅斯年、胡焕庸等人为委员。在这些委员中，胡焕庸用其所学，发挥了关键性的作用。胡焕庸接受聘任之后，开始着手绘制缩省方案。1940 年，胡焕庸发表了他的缩省方案：

第一，胡焕庸根据孙中山建国大纲的精神，力主实行省县两级制。不能分得太大也不能分得太小，分省的原则是要分得恰到好处，要在中央与省之间，省与县之间不再有其他的行政机构，避免出现叠床架屋，影响行政效率的现象。

第二，缩省的标准。面积、人口、资源、交通、地方经济、历史背景以及文化语言等，都应当作依据的条件，但是绝不可以任何一种作为缩小省区的单纯标准。

第三，不可照搬西方地方政府模式。欧洲不能和中国相提并论，当时中国版图之大超过全欧洲的总面积，人口规模也相差不大。欧洲大国英、法、德等仅相当于中国的一个省，至于小国更是无从比较，欧洲各国的地方政府模式不具有借鉴意义。不过，胡也指出苏联与美国可资借鉴，苏联比中国大，美国略小于中国，但是两国的地方行政区划都比中国要小。即便对照苏、美两国，也需要缩小省区。③

---

① 《缩小省区问题各项有关资料辑要》（1941 年 9 月 10 日），台北"国史馆"藏，档案号：001-051122-00006-001。这一套文件是 1941 年开始整理，一直延续到抗战胜利后，所以 1941 年不是文件结束时间。

② 施养成：《中国省行政制度》，上海：上海人民出版社，2015 年，第 473 页。

③ 胡焕庸：《缩小省区的具体方案》，《新评论》1940 年创刊号。

第四，边疆省份不变，缩分内地十八省。边疆各省区如新疆等，以及蒙古、西藏二地方，或人口过稀，或经济不发达，不宜再进行析分，缩省应当从内地十八省进行。拟以每省约辖 25 至 50 个县为原则，原有省县尽量保存，非有特殊优点，不轻易打破旧界，新设之省经济与建设经营条件要相符，比如导淮、治黄、矿产开发、交通路线以及港口经营等。根据上述原则，胡焕庸将中国本部缩分为 48 个省，[①] 加上边疆省区，共计 60 个省区。

胡焕庸的缩省方案一经发表，引起朝野上下的热烈议论。国民党中央显然对此方案非常满意，胡氏的方案当年获得教育部第一届学术奖学金[②]，充分肯定了胡焕庸的研究工作。在胡焕庸前后，关于中国缩省的方案不胜枚举，按其缩省的思想类型划分主要有六种。在胡氏方案的基础之上，省制问题设计委员会推出了缩省计划——行政院缩省案。行政院省制问题设计委员会自 1939 年 9 月 4 日之后，经过 8 个月的努力，先后开会 7 次，于 1940 年 4 月 20 日完成报告书一种，内容计分六部分，其中第三部分为缩小省区方案，第四部分为缩小省区后之省制方案，第五部分为缩小省区后之财政方案，关于缩划省区适用之原则，该会列举 6 点：

1. 缩小省区先由经济发达之各省着手，未开发之各省均暂维现状。

2. 各省面积当以人口数量为乘除，不必相等，人口稠密之地省区可以较小，人口稀少之地省区不妨略大。

3. 各省形势当参照自然形势为依据，凡插画飞地，自当一律免除，惟自然形势不一，区域面积或狭长曲折，亦在所难免。

4. 中国原有省区大多能与自然区域相合，今兹缩划省区自应尽量保存原有省界，不必多事更张。

5. 维持省县二级制，省区不宜过大过小，辖县亦不宜过多过少。

6. 缩省应注意将来之经济建设，自然之经济区不可分割，反之凡交通

---

① 胡焕庸：《重划省区之商榷》，《青年中国季刊》1940 年第 1 卷第 3 期，第 67—83 页。
② 劳贞一：《缩小省区辖境与命名之商榷》，《中国社会经济史集刊》1946 年第 7 卷第 2 期，第 173 页。

不相联系，利害不相同之地，亦不可令其强合。[①]

1940 年的中国，除蒙古、西藏两地方，东省特别区与威海卫行政区，以及直辖于行政院之七市区外，共有 28 个省区。28 省之中，以其地位、性质以及成立时期不同，又可分为两类：已经开发之省份如内地十八省及东北三省；尚待开发之省份即新疆、热河、察哈尔、绥远、宁夏、青海、西康七省。此七省均属地广人稀，经济状况，远不能与其他二十一省相比。所以行政院草拟的缩省计划，仍然是缩小内地 18 省及东北三省。具体的缩省方案如下：

江苏重划为江海、淮扬、徐海三省；安徽重划为皖江、凤阳二省；江西划为鄱湖、赣江二省；湖北重划为武汉、荆南、襄江三省；湖南重划为湘中、衡南、沅澧三省；四川重划为川、嘉陵、岷江、蜀西四省；云南重划为滇中、大理二省（俟经济相当开发后，再将滇中析为滇中普洱两省，将大理析为大理、富良两省）；贵州重划为黔中、贵阳两省；广西重划为桂林、苍梧、邕海三省；广东重划为粤海、潮海、琼海三省；福建重划为闽海、漳海二省；浙江重划为浙海、瓯海二省；山东划为胶海、济南二省；河南划为黄定、汴南、伊洛三省；河北划为津海、保定二省；山西划为恒岳、太原、河东三省；陕西划为关中、汉中二省及榆林特别区（榆林特别区俟相当开发后再行改省）；甘肃划为兰山、安西二省；辽宁划为辽河、洮安、白山三省；吉林划为滨江、延吉、同江三省；黑龙江划为龙江一省及呼伦与黑河二特别区（两特别区开发之后再行改省）。

其他省区，如热河、察哈尔、绥远、宁夏、青海、西康、新疆等七省，蒙古、西藏两地方均不缩划。

综计上述，全国 30 个省区，依本计划共计缩为 64 个省区，除蒙古、西藏二地方外，计为 59 个省 3 个特别区，俟边地相当开发后，可改划数省，则共计缩为 66 个省区，即除蒙藏两地外，计有 64 个省。下图即是行政院内政部方域司绘制的缩省示意图（图略）。

根据行政院案划分原则，中央设计局又拟定出甲案和乙案供国民党决策。甲案设计原则如下：

---

①《田镐编拟缩小省区问题各项有关资料辑要》（1941 年 9 月 11 日），台北"国史馆"藏，档案号：001-051122-00006-001。

1. 省面积过大而富力充足，调整后能自给者则予以调整，例如川滇。

2. 边省面积特大，酌予改小，以利建设，例如新疆。

3. 具有特殊之地理环境及经济资源之区域能划成一新省区者，则划为一新省。例如琼岛雷州半岛及南海诸岛可成为广南省，台湾可成为台湾省。

4. 为促成边省与腹地之联系，拟在甘新两省交界置设安西省。

5. 一省包含数个性质显异之自然区域或经济区域者，亦可酌予调整，例如合并苏皖北部为安淮省，划陕南为汉中省。

6. 具有海军要塞性质之地带，应单独划出，直属中央，例如澎湖群岛、威海卫及旅顺等地。

7. 工商业特别发达或政治地位特别重要之大都市拟设直辖市。

8. 新省区界力求采用与天然界限符合之县界，以免纠纷，其原有省名除有特殊情形者亦力求保存。

下图为甲案分省图（图略）：

从上图及八项缩省原则可知，甲案是所有缩省方案中最为保守的版本。就其内容考查，除将旧省区中之极不合理处，如苏北、皖北拟合置为安淮省、陕西之汉中拟析置为陕南省外，其余只将面积过大、财力雄厚之省份分为二省，且旧有省界，尽力不做大的变更，依此案全国省区重划 42 个省，1 个地方（外因蒙古业已独立故除外），11 个特别市，3 个海军要塞区。此案之优点在于各省省区做了相当程度的缩小，更张不大，纠纷自少。相对于甲案，乙案的划省幅度则大得多：

1. 调整省区应尽可能采用自然及经济区划为准则，必使一省之内之自然环境及经济条件与地方建设相配合，以求省内经济政治建设之平衡发展，而利于一般生活水准、文化程度之提高与地方自治之推行。

2. 中国原有各省区，以至一省之内人口数量及经济开发情形极不整齐划一，调整后可能差别更为显著（例如浙江如分为浙东、浙西，则浙东在人口富力方面均远过于浙西）。

3. 为促进边省与内地之密切联络，在边省与内地之间，拟设置新省。例如青、新、宁、陕间拟设安西省，康藏间拟设金沙省。

4. 边省邻国接境因地势所限，人口稀少，经济落后，为顾及人民负担及统一事权以巩固边疆，省区较内地为大，如新、滇两省均各仅析分为二。

5. 现有省区仍尽量保留，惟各省接壤之突出地带，及不合于自然区界者，则予以归并。

6. 过去道区施行时间甚短，对人民无重大影响，府州区辖境甚小，人力财力有限，亦不足以应今后政治经济建设之需求，故皆不可以为新省划分之标准。本案对于省区划分以自然区域为准则，但不能获得显著之自然境界者，始采用旧日之州府界，合数州府为一省。例如以岳州、长沙、宝庆三府划入湖南省，以衡州、永州、柳州、桂阳四府划入衡岳省。

7. 旧日省名除有特别情形者，仍力求保存。

8. 大都市置直辖市。

9. 海军要塞地带置直辖要塞区。

下图为乙案分省图（图略）：

考察这九项原则及分省图，乙案最大特点是新省区划分依自然区域为准，采用此案之优点在于新省之划分结果最合理化、最科学化。其缺点则为更张既大纠纷自多，非承平时期难以采用。依此案而重新划分全国省区，计为 56 个省，1 个地方，11 个特别市，3 个海军要塞区。其涉及旧有省界之变更者有 22 处（除东北九省已划分外），即东南浙江省系由浙皖两省析置；湖南省系由湘赣两省析置；衡岳省系由湘粤两省析置；沅澧省系由湘黔川鄂四省析置；云南省系由滇黔两省析置；河南省系由豫冀两省析置；三阳省系由豫鄂两省析置等。

四、全面抗战胜利后缩省改革规划

上述缩省方案是国民党官方版本，除此之外另有学术界和政界提出的三套分省方案。分别是洪绂案、张其昀案、傅角今案。洪绂在抗战胜利后发表了《新省区论》[①]与《重划省区方案刍议》[②]。计划将中国划为 57 个省，1 个地方。[③]1946 年 2 月张其昀在《大公报》上发表《缩小省区方案刍议》[④]

① 洪绂：《新省区论》，《大公报》（重庆），1945 年 10 月 28 日，第 2 版。
② 洪绂：《重划省区方案刍议》，《东方杂志》1947 年第 43 卷第 6 期，第 1—23 页。
③ 洪绂：《省区改革刍议续·新省区表》，《新闻报》1946 年 9 月 22 日，第 5 版。
④ 张其昀：《缩小省区方案刍议》，《大公报》（重庆）1946 年 2 月 17 日，第 2—3 版。

与《缩小省区方案刍议（续）》，阐述自己的缩省主张，计划将全国划为59个省，1个地方。对比这两个方案，相差不大。两人皆认为，中国现有省区面积过大，施政不便，需要进行缩省。省区数目不宜过多，过多中央指挥既困难，人民负担亦重，但亦不宜过少，过少区域必大，势将妨碍地方自治，故多少须适中。省辖县市数目，不必求其一律，但须能普遍的照应得到，省县之间不宜再有其他行政机构[1]，亦即废除行政督察专员制度。他们还指出，中国本部与边疆地区应当有区别地进行分省，本部十八省可以一分为二，缩分为36个省。[2]因为内地省份以汉族为主，具有四千年之文化、政治、农业的历史，人口稠密，故省区宜较小。不同之处是，张其昀认为东北业已分为九省，可以不再变更，台湾、海南孤悬海上应当设省，海南省的区域应当是海南全岛加西沙群岛等岛屿。[3]而洪绂则认为，东北九省新划之形势不便于防卫，拟依天然形势及交通情况改划为六省，以适合国防之需要。设京海、平海两直辖省。京海省之设为防卫京沪之安全，其范围包括大江两岸，西起芜湖、广德，东至舟山群岛，南至杭州市，此三角地带为江城要塞，应统一防卫。平海省之设为巩固华北，其范围北至张家口、多伦、赤峰，南至保定、马厂，东至辽东湾，西至晋北高原，此四角地带为北方要塞，故亦应统一防卫。新疆区划保持不变，改名为西疆省。张其昀则认为，南疆面积过大，将新疆缩分为新北、天山、新南三个省。[4]两人分省图如下（图略）：

国民党朝野所提出的分省方案，引起了举国关注，他们的缩省方案提出前后，国共政治协商会议召开，省制问题也成为政治协商中的一个重要问题。在政协会议中，国共各方围绕解放区及省制问题几经交锋，最后达成妥协。通过的宪法改革草案中，关于地方制度规定：确定省为地方自治之最高单位；省与中央权限之划分依照均权主义规定。虽然也写入了中共所主张的"省得制定省宪"[5]，但不得与宪法相抵触，基本上还是以国民党

---

① 《田镐编拟缩小省区问题各项有关资料辑要及附表地图》（1941年9月10日），台北"国史馆"藏，档案号：001-051122-00006-001。

② 张其昀：《缩小省区方案刍议》，《大公报》（天津）1946年4月1日，第3版。

③ 张文范主编：《中国省制》，北京：中国大百科全书出版社，1995年，第34页。

④ 《缩小省区方案刍议》，《大公报》（重庆）1946年2月17日，第2版。

⑤ 叶健青编：《蒋中正总统档案史略稿本》（64），台北："国史馆"，2012年，第542页。

的省县自治为主。在政治协商会议结束之后，蒋介石于 1946 年 2 月 6 日
两次下达指令，要求再次修改制定缩小省区方案。第一次下令，国防最高
委员会秘书长王宠惠参酌各方建议，速拟缩小省区方案，准备在国民大会
中提出 ①，限于 3 月 10 日前将缩省方案呈报国民党中央。② 同日，蒋介石再
次下令，指示王宠惠与国民政府文官长吴鼎昌共同拟定缩小省区方案 ③，要
求四月底以前将方案图表呈报 ④。从蒋介石的命令时间看，此次再定缩省计
划的时间非常紧，王宠惠等人总结前人基础之上拟定了新的缩省方案，计
划将全国缩分为 59 个省，加西藏共 60 个省级行政区。

　　蒋介石之所以如此急迫地想缩分省区，一是因为要执行政协会议达成
的协议，贯彻推行既有的省县两级制。另一个非常重要的目的在于防止
"匪乱"。⑤ 与以前缩省相比，抗战胜利之后缩省的性质悄然发生了变化，
不再只是减少行政层级、裁汰冗员、节约经费、提高行政效率，有了极浓
厚的"反共"色彩，缩省成了"反共"的工具。不过由于国共内战再次爆
发，所拟的缩省方案除东北地区外，在内地并没有得到执行。但是分省可
谓国民党上下的一种执念，在国民党召开的全国性会议中，多次提到要缩
小省区。⑥ 在 1948 年国民党败亡前夕，分省再次被提出，此时分省已经毫
无掩饰成为"剿共"的工具。1948 年 2 月 11 日，国民党陆军总司令顾祝
同电告蒋介石，为实现绥靖区一元化办公，提高行政效率，要求提前实施
缩小省区方案。将现有绥靖区酌予调整，扩大辖境，缩小省区，以省主席
兼任绥靖区司令官，或以资深练达之绥区司令官兼任省主席。"如此则军
政确实统一，职权既专，力量易集，必能增强'剿匪'效能，早定'戡乱'

　　① 《蒋中正指示王宠惠》（1946 年 2 月 6 日），台北"国史馆"藏，档案号：
002-060100-00209-006。
　　② 《蒋中正电王宠惠速拟缩小省区方案》（1946 年 2 月 6 日），台北"国史馆"藏，档案号：
002-080200-00424-026。
　　③ 《军事委员会委员长蒋中正手令》（1946 年 2 月 6 日），台北"国史馆"藏，档案号：
001-051122-00007-001。
　　④ 《蒋中正关于缩小省区等手册》（1946 年 7 月 1 日），台北"国史馆"藏，档案号：
002-080200-00584-001。
　　⑤ 《蒋中正关于缩小省区等手册》（1946 年 7 月 1 日），台北"国史馆"藏，档案号：
002-080200-00584-001。
　　⑥ 《省县自治草案》，《申报》1948 年 2 月 2 日，第 1 版。

大业"。①蒋介石肯定了这一建议，并在 1948 年 3 月 5 日转发给行政院长张群，请张群斟酌是否提前实行缩小省区。②

此时的国民党对解放区的战略进攻已是强弩之末，表面上攻占了解放区大片土地，给了国民党不切实际的幻觉，认为消灭中共指日可待。之后，自然要重新划分省区，削弱地方势力，集权中央。1948 年前后，国民党颁布了宪法，又召开了"行宪国大"，进行了所谓的总统选举。在国民党颁布宪法的记者会上，行政院长张群称缩小省区乃是行宪后第一大事。③所以在 1948 年 5 月，国民政府方域司司长傅角今又提出一套分省方案④，以历史背景、山川形势、经济发展、防卫需要、文化程度、人力财力、直辖市、海军要塞等八个条件作为缩省标准：

1. 历史背景。现行省区已历时甚久，区域观念深入人心，故重划省区必须注意及此，设非必要即不可轻为更张（而实际上更张不少）。

2. 山川形势。行政区域与自然区域宜求尽量吻合，然后人文条件与地理条件亦始能一致对行政管理及经济建设上均多便利。

3. 经济发展。经济建设宜着重发挥区域特性，故重划省区亦必须考虑土壤、气候、资源等多方面之条件配合。

4. 防卫需要。旧省区颇富国内军事互相控制之战略意义，新省区则宜改弦更张，改为能应国防之需要，边疆省份面临邻邦，幅员宜大，以免指挥不灵之弊。

5. 文化程度。中国境域辽阔，由于自然环境，交通状况及历史发展不同，各地文化程度及生活方式亦不一致，重划省区应顾及文化程度之相近，生活方式之相同。俾一区人民之情感易于契合沟通，以利自治工作之推进。

6. 人力财力。省为高级自治单位，划省必须注意其人财两力，可以适应。

7. 工业繁盛，政治重要之大都市，设直辖市。

①《顾祝同电国民政府主席蒋中正》（1948 年 2 月 11 日），台北"国史馆"藏，档案号：001-051122-00007-003。

②《请提前实施缩小省区方案》（1948 年），台北"国史馆"藏，档案号：014-010402-0137。

③《行宪后第一件大事张院长称应为缩小省区》，《中央日报》1947 年 11 月 21 日，第 2 版。

④《田镐编拟缩小省区问题各项有关资料辑要及附表地图》（1941 年 9 月 10 日），台北"国史馆"藏，档案号：001-051122-00006-001。

8. 海军要塞设直辖区。

统观上述 8 条缩省标准，可知傅氏案与设计局乙案及洪绂案比较接近，依傅角今方案划分也是 56 个省，1 个地方（图略）。另有 12 个直辖市，3 个海军要塞区，傅角今案与设计局乙案略有不同者共计有八处：

设计局乙案将湖南分为三省，洞庭湖分属二省，粤北与湖南划为一省，为便于治理水利起见，傅案以为洞庭应属一省，岭南北风土互异，应重视历史传统，仍宜分隶湘粤；设计局乙案将云南划为三省，傅案划为四省，以中缅未定界之茶山（小江流域）里麻（江心坡）孟养（野人山）诸长官土司，建为新省，名曰靖远，以纪念明靖远伯王骥平定丽川思法机之乱，进驻孟养，开疆辟土之功；乙案将大庾岭北数县划归广东省，傅案以为仍归属赣江；乙案大理省包括滇西之地，然滇西南北之气候物产及居民生活方式互异，傅案以为滇西南部应划入安越省；乙案将钦防划入南宁省，自经济观点，历史关系及自然疆界言，钦防仍应划入粤南省；乙案安西省包括甘省西部及新省东部，切断河西走廊，傅案安西省改为东以乌鞘岭为界，借以保持河西走廊之完整；乙案将川西北玛楚河之支流之地，仍留川西省；傅案以该地与青海高原同一自然单位，故将其划入青海；此外两案汉中省之辖区，亦稍有出入，其余则均无不同。[①]

结合图文分析，傅角今案与其他方案相比有一个很不明显又非常不同的特点。傅角今将中缅未定边界的江心坡地区纳入中国版图，成立靖远省，省会设在孟关。辖江心坡、野人山、浪速、俅夷、坎底、户拱、孟养诸地，面积约 12 万平方公里。[②] 不过，江心坡一带在近代逐渐被英属缅甸所侵占，1948 年 1 月 4 日缅甸独立，将该地区纳入克钦邦。[③]

五、国民党缩省之评析

近代以来朝野上下提出的分省方案甚多，以上只是介绍了其中几个有

---

① 《田镐编拟缩小省区问题各项有关资料辑要及附表地图》（1941 年 9 月 10 日），台北"国史馆"藏，档案号：001-051122-00006-001。

② 张文范主编：《中国省制》，北京：中国大百科全书出版社，1995 年，第 702—703 页。

③ 吕一燃主编：《中国近代边界史》下卷，北京：人民出版社，2013 年，第 936 页。

代表性的分省方案，国民党自身也对近代以来的缩省方案进行了一些总结。国民党认为康有为等人是以清朝府区为重划标准，合并若干府、厅、州为一道区，章太炎是以旧日的道区为缩省标准[①]，可以称之为道县两级制，与国民党的省县两级制本质上是相同的。国民党在北伐取得执政地位之后，一直执着于省县两级制，直到败退台湾之后仍然固执地坚持此制度。对比晚清、北洋、国民党的地方政府改革政策，可以得出以下几点：

第一，顺应了世界历史的"均质化"潮流。东亚主要国家中，最早完成地方政府"均质化"进程的是日本。1871年明治政府颁布"废藩置县"令，正式废除了全国三百多个藩国，建立府县制度，完成了中央集权。受此影响，同期中国近代以来的缩省运动，堪称中国版的"废藩置县"。从时间节点来看，中国版的"废藩置县"是以新疆建省为标志，相比日本要晚至少十三年。从推行进程来看，中国对边疆地区的行省化进程推进得相当缓慢。日本用非常短的时间便实现了地方政府的"均质化"，而中国自晚清开始，历经北洋政府、国民政府，直至新中国建立后，用了将近一百年的时间方才基本完成地方政府的"均质化"进程，实现了中央集权。近代日本相比于中国最早实现了中央集权，使得日本能够集中全国的人力、物力侵略中国，给中国造成了深重的灾难。另一方面日本在近代侵华过程中客观上推动了中国近代地方政府模式的转变。如日本侵台之时称"藩地乃贵国化外之地，既已化外，无主之民杀害我人民，所以兴征蕃之义举"。[②]日本的侵华言论虽然是巧言令色，蛮不讲理，但使当时的清政府意识到，传统的宗藩体系已经无法维护中国主权的完整，开始了西方式"均质化"的行省改革。九一八事变后，正是受到了日本侵略的刺激，国民党才一直致力于在全国继续推行"均质化"的行省政策，维护国家领土主权完整。

第二，借鉴了西方国家的地方政府模式。无论是北洋政府还是国民政府，他们在进行省制改革之时都关注到了西方国家地方行政区划。梅公任在1941年提出的缩省方案中指出，美国有48个州、法国有89个州、德

---

① 《王宠惠呈军事委员会委员长蒋中正》（1946年4月4日），台北"国史馆"藏，档案号：001-051122-00007-002。

② 黄道炫、王希亮：《中国抗日战争史（第一卷）·局部抗战》，北京：社会科学文献出版社，2019年，第15页。

国有 22 个邦、日本有 47 个府县、英国有 62 个郡，由此观之外国地方政府之行政区划较中国小得甚多，与中国省区相比，几乎不成比例。[①] 西方列强的地方政府有一个共同特点，都是"均质化"的地方行政模式。比如日本地方政府全部为府县、美国全部是州、英国全部为郡、法国全部为省等，没有所谓的特别区和"地方"。这使得晚清以后的中央政府彻底放弃了"藩部"的概念，全力推行"均质化"的行省政策。所以国民党的缩省模式也具有这种特点，一是全部改为行省，如果一时无法改建为行省，暂设地方，比如蒙古、西藏地方；二是缩小省区面积。近代以来"均质化"的行省改革，"维持了国家对边疆地区的法律管辖，促进了边疆与内地在经济、政治上的共同发展"[②]，维护了国家领土与主权完整。对比上述图文可以直观地看出，凡是实行行省制度的地区，都没有脱离中国独立，没有建省的蒙古与西藏地方，或脱离中国独立，或险些脱离中国，这体现了行省制度的强大向心力。

　　第三，缩省标准遵循翁文灏、胡焕庸线。上文论述，翁、胡两位学者的学术成果对国民政府的缩省改革影响巨大。尽管胡焕庸等人多次强调，不能单纯按照人口数量和财税收入作为分省的标准，然而无论何种缩省方案，他们的分省数量都与翁文灏与胡焕庸所划定的人口分界线高度重合。胡线以西分省数量明显少于胡线以东地区，且胡线以西的省区面积远大于胡线以东省区面积。胡线以东的国土又可以翁文灏线为界划分南北（或者说关内外）两部。翁文灏线以南大致与关内面积重合，是中国人口最密集的地区。故而，这些地区分省的数量最多，省区面积较小。如在洪绂案中，山东省被分为四个部分，胶东省、济海省、徐海省、河北省。四川则依方向一分为四，分别为川东省、川西省、川南省、川北省。这些地区皆是中国人口最稠密的地区，故分省数量最多，省区缩分幅度最高。此外各缩省方案基本上是以北洋时期的道区为基础进行缩省。如胶东省，就是北洋时期的胶东道。所以国民党不断强调，民国初年的废省改道为其后的缩省改革打下了基础，两者"名异实同"。

---

　　① 《梅公任等提划定行政区域确定政府案》（1941 年 9 月 10 日），台北"国史馆"藏，档案号：001-051122-00005-006。

　　② 冯建勇：《辛亥革命与近代中国边疆政治变迁研究》，哈尔滨：黑龙江教育出版社，2012年，第 46 页。

中国近代的缩省运动为其后中共地方政府的行政区划改革留下了深刻的经验教训，奠定了当年中国省区建制的基础，中共执政之后所进行的重划省区改革与民族自治区改革借鉴吸收了国民党的经验教训。

结　语

总体来看，中国地方政府的"均质化"改革始于晚清，发展于民国，基本完成于中共。自晚清以来，历届中央政府都倾向于通过缩小省区来完成地方政府的"均质化"进程。国民党的省制改革为日后中共执政提供了重要的经验教训。中共解放初期建立平原省等省区，平原省即国民党当年计划设立的河中省，"此为华北平原犬牙交错之处，亦为黄河出险之区域，应并归一省，以便统筹治理"。此地解放后，中共吸收国民党的分省方案，设立了平原省。国民党认为新疆省区过于辽阔，需在此地移民屯垦，计划析分为天南、天北两省。中共执政之后在新疆建立新疆生产建设兵团，乃是"省中之省"，事实上拆分了新疆地区，析分新疆的思路基本与国民党一致。[①] 此外直辖市、特别区、军事要塞区等制度皆被中共借鉴吸收，并加以灵活运用，做出了许多制度创新。

国民党虽然在推行"均质化"省制改革过程中取得了一些政治成果，但是缺陷亦非常严重。国民党推行方式过于单一，将"均质化"省制改革等同于缩省。无论是内地还是边疆地区，国民党一刀切全部改为行省，基本不考虑边疆少数民族地区的实际情况。国民党省制改革方式简单粗暴，尤其是在边疆地区强推行省改革，没有处理好边疆少数民族问题。如国民党 1938 年至 1941 年在甘肃回区没有处理好民族问题酿成"海固暴动"，国民党调集大军血腥镇压。在北部蒙古地区强推屯垦与省县制，1943 年酿成伊克昭盟暴动，不到几日被国民党迅速镇压，伊克昭盟盟长沙克都尔扎布亲王逃至中共根据地内避难，并向延安求援。[②] 这暴露出国民党相对于中国共产党而言，理论创新与制度创新能力不足。通观国民党各省制改

---

① 《中央设计局拟缩小省区报告书草案》（1941 年），台北"国史馆"藏，档案号：001-051122-00005-008。

② 刘晓原：《边缘地带的革命》，香港：香港中文大学出版社，2018 年，第 137—143 页。

革方案，基本上是照搬西方模式，国民党中央执行委员梅公任甚至提出要"仿照美国之行政区域以经纬为标准，划成八九十省为最根本之办法，可以革除从前一切旧制，在旧大陆造成一个最新式之行政区域为亚欧非各州所师法"①。完全不符合中国国情。这说明国民党只看到了西方列强"均质化"地方政府模式的表象，没有看到西方行政制度的内在规律。国民党执政能力不强，是一个弱势独裁政党，根本没有完成中国统一，没有实现中央集权，自然无力在全国范围内实施缩省计划。国民党省制改革大部分停留在理论层面上，缺乏实践机会，只在东北地区大规模实施缩省，将东北缩为九省，但时间极短。国民党在关内自始至终没有进行大规模的缩省改革，反而是中共把缩省进程推进至关内，新中国成立后建立平原省，苏南、苏北、皖南、皖北、川东、川西、川南、川北等八个省级行署。相比国民党，中共在执政之后短短三年多的时间便缩分成了十余个省区，其行政力度与效率远超国民党。

（说明：本文原附地图多幅，本书出版时未收录）

---

① 《梅公任等提划定行政区域确定政府系统案》（1941 年 9 月 10 日），台北"国史馆"藏，档案号：001-051122-00005-006

夫余府、老边岗与高句丽千里长城探析

孟庆旭 *

  关于高句丽千里长城，检寻历代传世典籍，最早应始见于《旧唐书·高丽传》："贞观五年（631），诏遣广州都督府司马长孙师往收瘗隋时战亡骸骨，毁高丽所立京观。建武惧伐其国，乃筑长城，东北自夫余城，西南至海，千有余里。"① 《新唐书·高丽传》中重申，"建武惧，乃筑长城千里，东北首夫余，西南属之海。"② 成书年代更晚的《三国史记·高句丽本纪第八》则记载更详："荣留王十四年（631）春二月，王动众筑长城，东北自夫余城，西南至海千余里，凡十六年毕功。"③ 由于相关文献记载不多，受史料方面的限制，关于高句丽千里长城的相关问题，在很长一段时间内学术界并没有确切定论。近年来，随着相关考古工作的不断推进，对高句丽长城的探讨亦随之深入，在研究过程中，对高句丽千里长城的起始、走向、建制等问题方面仍存在阙疑。本文拟在全面梳理分析现有相关文献的基础上，结合相关考古新发现，对扶余（城/府）、老边岗与高句丽千里长城的相关问题展开讨论，以期推动相关研究的进一步深入。

* 孟庆旭，男，1986 年生，硕士，吉林省文物考古研究所馆员。
① 《旧唐书》卷一九九《高丽传》，北京：中华书局，1975 年，第 5321 页。
② 《新唐书》卷二二〇《高丽传》，北京：中华书局，1975 年，第 6187 页。
③ [朝] 金富轼著，杨军校勘：《三国史记》卷二〇《高句丽本纪第八》，长春：吉林大学出版社，2015 年，第 251 页。

一、扶余国、夫余城与夫余府

1. 扶余国

由于现存三例有确切记载的传世文献皆提到高句丽千里长城始于"夫余"或"夫余城"，可知夫余城之位置为探讨高句丽千里长城的重要坐标点。《三国志·夫余传》记载："夫余在长城之北，去玄菟千里，南与高句丽，东与挹娄，西与鲜卑接，北有弱水，方可二千里。"① 自 2001 年起至今，吉林省文物考古研究所对省内夫余时期遗址进行了多次的考古调查和发掘工作，发现吉林市东团山—南城子遗址② 中南城子城内分布有高等级建筑址，并出土有大量夫余时期遗物，明确了该城址始建于西汉时期③。此类遗存向北还见于榆树老河深墓地中层墓葬④、向南见于东丰大架山遗址上层遗存⑤、东辽石驿彩岚墓地⑥ 等。以上考古发现基本明确了夫余文化的分布范围。这些考古发现以今吉林市周边的相关遗存最为丰富，除东团山—南城子遗址外，在周边帽儿山等山岭亦发现有密集分布的同时期墓葬，其中已发掘者多为两汉时期的木椁墓，出土有丝织品等珍贵遗物⑦。此外，在龙潭

---

① 《三国志》卷三〇《夫余传》，北京：中华书局，1959 年，第 841 页。

② 此处所说的东团山—南城子遗址指包括东团山山城、南城子平地城及其外围在内的遗址。

③ 唐音、翟敬源、张寒冰：《吉林市东团山汉魏时期及明代遗址》，《中国考古学年鉴·2002》，北京：文物出版社，2003 年，第 179—180 页；唐音、丁宏毅、刘利：《吉林市东团山汉魏时期遗址》，《中国考古学年鉴·2003》，北京：文物出版社，2004 年，第 148—149 页；王聪：《吉林市丰满区东团山遗址》，《中国考古学年鉴·2018》，北京：中国社会科学出版社，2019 年，第 197—198 页；东北师范大学历史文化学院、吉林省文物考古研究所等：《吉林省吉林市东团山遗址 2015—2017 年发掘收获》，《北方文物》2022 年第 6 期。

④ 吉林省文物考古研究所编：《榆树老河深》，文物出版社，1987 年第 11—39 页；范恩实：《从榆树老河深墓地看夫余邑落人群构成——兼及夫余地方统治体制问题》，《北方文物》2011 年第 1 期。

⑤ 吉林省考古研究所、东丰县文化馆：《1985 年吉林东丰县考古调查》，《考古》1988 年第 7 期。

⑥ 林沄：《西岔沟型铜柄短剑与老河深、彩岚墓地的族属》，《林沄学术文集》，北京：中国大百科全书出版社，1998 年，第 352—367 页。

⑦ 董学增：《帽儿山古墓群——我国汉魏时代最大的墓地》，潘惠民主编：《中国历史文化名城——吉林市》，长春：吉林人民出版社，1999 年，第 58—62 页；吉林省文物考古研究所编：《田野考古集粹：吉林省文物考古研究所成立二十五周年纪念》，北京：文物出版社，2008 年，第 45 页。

山鹿场遗址也发现有夫余文化相关遗存①。从目前的考古学材料看，该区域确为夫余文化分布的核心区域。早在 1982 年，李健才即提出夫余早期王城位于吉林市龙潭山、东团山一带②，后武国勋亦持此说③，对此，目前学界尚无异议。但近年亦有学者对此观点进行延伸，将高句丽夫余府、渤海国夫余府均定位于此，并以此论证高句丽千里长城即为吉林省中部的老边岗④。

2. 高句丽时期扶余城

对于夫余城的沿革，历史文献早有线索。《资治通鉴·晋纪十九》中记载，东晋永和二年（346）"初，夫余居于鹿山，为百济所侵，部落衰散，西徙近燕，而不设备。"⑤ 同年，"（慕容皝）遣其世子俊与恪率骑万七千东袭夫余，克之，虏其王及部众五万余口以还"⑥，夫余遂亡。即东晋年间夫余国已经离散，早期王城也已废弃，其西迁近燕驻地多被认为在今辽宁北部和吉林省中南部区域⑦。

同时，文献中亦有高句丽时期夫余城的记载。《旧唐书·薛仁贵传》中记载，"拔南苏、木底、苍岩三城，遂会男生军。手诏劳勉。仁贵负锐，提卒领二千人进攻夫余城，诸将咸言兵少，仁贵曰：'在主将善用耳，不在多也。'遂先锋而行，贼众来拒，逆击大破之，杀获万余人，遂拔夫余城。"⑧ 高句丽前期统治中心位于今辽宁桓仁、吉林集安一带，后迁至朝鲜半岛北部。唐军此次进攻高句丽，是以灭国为目的，主要进攻目标为其统治中心平壤地区，高句丽之夫余城理应在唐军的进军路线上。自辽河流域

① 吉林省文物考古研究所、吉林市文物处等：《吉林市龙潭山鹿场遗址发掘简报》，《北方文物》2014 年第 1 期。

② 李健才：《夫余的疆域和王城》，《社会科学战线》1982 年第 4 期。

③ 武国勋：《夫余王城新考——前期夫余王城的发现》，《黑龙江文物丛刊》1983 年第 4 期。

④ 冯恩学、赵东海：《扶余府城与黄龙府城的城址变迁》，《中国历史地理论丛》2022 年第 3 期。

⑤ 《资治通鉴》卷九七《晋纪十九》，北京：中华书局，1956 年，第 3069 页。

⑥ 《晋书》卷一〇九《慕容皝载记》，北京：中华书局，1974 年，第 2826 页。

⑦ 金毓黻：《东北通史·上编》，重庆：五十年代出版社，1944 年，第 170—171 页；谭其骧主编：《〈中国历史地图集〉释文汇编·东北卷》，北京：中央民族学院出版社，1988 年，第 32 页；王绵厚：《东北古代夫余部的兴衰及王城变迁》，《辽海文物学刊》1990 年第 2 期；董学增：《夫余研究管见》，《地域文化研究》2018 年第 4 期；董学增：《吉林地区古文化古城古国——以中国历史文化名城吉林市为例》，故宫博物院编：《纪念张忠培先生文集·学术卷》，北京：故宫出版社，2018 年，第 340—352 页。

⑧ 《旧唐书》卷八三《薛仁贵传》，第 2782 页。

通往高句丽统治中心集安乃至平壤地区有两条道路，被称为"高句丽南北道"，对于这两条道路，学界早有讨论，基本认定其位于辽宁省东北、吉林省东南部诸多河谷中①，因此，高句丽之夫余城也应在此附近。结合东晋永和二年夫余西迁近燕随后灭亡来看，高句丽在此附近设置夫余城或用于招徕安置夫余遗民。

由于夫余西迁，此时夫余国早期王城已然废弃，其部民多已迁走并被前燕所虏，吉林市龙潭山及其周边应该已经不具备建立城府的条件。如果该区域仍然存在大量夫余遗民足以建立城府，那么说明夫余在其核心区域仍然有较强的势力和影响力。该区域距离高句丽核心区较远，且由于山川阻隔，高句丽在此区域影响力较小，不易管控，在此设立夫余城，无异于助夫余复国，因此，高句丽不会选择在原夫余国王城基础上再建夫余城。

3. 渤海时期扶余府

《辽史·地理志》记载："（通州）本夫余国王城，渤海号夫余城，圣宗更今名。保宁七年，以黄龙府叛人燕颇馀党千馀户置"②。此夫余城即为夫余后期王城，学界对此讨论颇多，多认为在辽宁省北部及吉林省中南部一带③，其范围大体不误。同时《新唐书·渤海传》有"扶馀故地为扶馀府，常屯劲兵捍契丹"。④说明渤海国时期存在夫余府，学界多认为此夫余府即为《辽史·地理志》通州条中的夫余城，实则不然，其原因从文字记录中即可见一斑。"渤海号夫余城"，用"号"字说明仅在渤海之世或渤海之民对该区域称呼为夫余城，显然与早年夫余西徙近燕有关，但夫余西迁不久

---

① 梁志龙：《高句丽南北道新探》，《社会科学战线》1995 年第 1 期；耿铁华：《高句丽南北道的形成与拓展》，《通化师院学报》1996 年第 1 期；王绵厚：《新城、南苏、木底道与高句丽南北二道的关系》，《社会科学战线》1996 年第 5 期；王绵厚：《西汉时期的玄菟郡"帻沟娄"城与高句丽早期"南北二道"的形成——关于高句丽早期历史文化的若干问题之六》，《东北史地》2008 年第 5 期；魏存成：《高句丽南北道辨析》，《社会科学战线》2012 年第 9 期。

② 《辽史》卷三八《地理志二》，北京：中华书局，1974 年，第 468 页。

③ 金毓黻编：《奉天通志·沿革》认为通州为今昌图四面城。郭毅生：《辽代东京道的通州与安州城址的考察》，《社会科学战线》1978 年第 3 期；（金）王寂著，张博泉注释：《辽东行部志注释》，哈尔滨：黑龙江人民出版社，1984 年；李健才：《夫余的疆域和王城》，《东北史地考略》，长春：吉林人民出版社，1986 年；上述材料认为通州在今四平一面城。周向永、史宇辉：《辽代通州考》，《辽金历史与考古国际学术研讨会论文集（上）》，沈阳：辽宁教育出版社，2012 年，第 264—275 页；认为通州为今昌图黑城城址。

④ 《新唐书》卷二一九《渤海传》，第 6182 页。

旋灭，并未修城设备，该夫余城并非夫余所修建。同样，渤海在此并未建制城府，否则直言渤海夫余城即可，不必称"号"。该夫余城应是将此区域某座荒废的秦汉时期城址整合至夫余的历史记忆之上，故言"渤海号夫余城"。

关于渤海夫余府，有多项明确的文献记录，《新唐书·渤海传》有"扶馀故地为扶馀府，常屯劲兵捍契丹"。《辽史·地理志》有"龙州，黄龙府。本渤海扶馀府。太祖平渤海还，至此崩，有黄龙见，更名。保宁七年，军将燕颇叛，府废。开泰九年，迁城于东北，以宗州、檀州汉户一千复置。"①《辽史·太祖纪下》载："（天显元年七月，926 年）甲戌，次扶馀府，上不豫。是夕，大星陨于幄前。辛巳平旦，子城上见黄龙缭绕"②。《辽史·太祖纪下》卷末曰："太祖所崩行宫在扶馀城西南两河之间，后建升天殿于此，而以扶馀为黄龙府云"。③

关于渤海夫余府的地理位置，目前学界主要有农安古城④、辽源龙首山城⑤、柳河罗通山城⑥、吉林龙潭山城⑦等观点。首先，从文献角度来看，渤海所建之夫余府在夫余故地，而夫余西迁后存在不足一年即已破灭，显然西迁之处不足以称为故地，渤海所建夫余府应该不在此区域，而应在西迁之前的夫余国区域，即上文提到的考古学上的夫余文化分布区。作为渤海国夫余府，城址内应该有典型的渤海国时期遗存。同时，该城址还应该满足两个条件：其一，处于辽进攻渤海上京的路线上，城址防御性较强，满足常屯劲兵捍契丹；其二，城址内有子城，城址平面形态至少有两重城墙，满足文献中关于子城的记录。

2017 年，借助农安古城主街道改造契机，吉林大学考古学院与吉林省文物考古研究所对农安古城进行了考古调查，在贯通古城南北中轴线的大

① 《辽史》卷三八《地理志二》，第 470 页。

② 《辽史》卷二《太祖纪下》，第 23 页。

③ 《辽史》卷二《太祖纪下》，第 24 页。

④ 李健才：《夫余的疆域和王城》，《社会科学战线》1982 年第 4 期。

⑤ 张福有、孙仁杰、迟勇：《夫余后期王城考兼说黄龙府》，《东北史地》2011 年第 2 期。

⑥ 王绵厚：《高句丽"扶余城"与渤海"扶余府"》，《辽宁省博物馆学术论文集第三辑（1999—2008）第 1 册》，沈阳：辽海出版社，2009 年，第 686—691 页。

⑦ 冯恩学、赵东海：《扶余府城与黄龙府城的城址变迁》，《中国历史地理论丛》2022 年第 3 期。

工程沟剖面上，未发现早于辽代的遗物，由此确认了农安古城为辽代中晚期始建。由于该城不在夫余文化分布区，城址内既未见典型渤海国时期遗存，也没有子城或内城的痕迹，因此，农安古城应该与渤海夫余府无关①。辽源龙首山、柳河罗通山城和吉林龙潭山城均处于考古学上的夫余文化分布区内，但辽源龙首山城周长仅 1200 米，面积过小，不符合州府建制。同时在考古调查与发掘中均未发现子城或内城痕迹②，该城址应该亦非渤海夫余府。至于罗通山城，早在 1980 年，即有学者对其进行过考古调查③，2007—2016 年，吉林省文物考古研究所对罗通山城进行了长期的考古工作，未发现明显的子城或内城，同时城址内亦未出土典型的渤海国时期遗物④。因此，罗通山城应该亦非渤海夫余府。

吉林市龙潭山城与南城子构成子城与外城结构，同时该区域具备夫余文化分布区也出土有典型的渤海国时期遗存，有学者据此认为二者即为渤海夫余府，其实不然。汉唐以来中原政权经略东北皆依托辽宁省东北部及吉林省东南部的河谷通道，渤海国都城位于牡丹江畔的宁安盆地，进入该盆地最便捷的地理通道即是由敦化盆地经牡丹江河谷进入，自东南方向进入敦化盆地则需由蛟河盆地沿蛟河上游河谷连接牡丹江上游的珠尔多河谷。而蛟河盆地则可直接向南通过松花江、辉发河河谷连接到吉林省东南部传统汉唐时期交通线。上述河谷两岸多有渤海至清代城堡驿站遗存，系古代长时间沿用的交通线。吉林市所在区域古代交通线为沿松花江南北向分布，为辽代女真族群所使用⑤。而现今由吉林市东西向沟通蛟河、敦化的交通线多穿越山岭，系现代机械化设备大规模使用后所开发，也即辽进攻

　　① 赵里萌、武松等：《农安古城的调查及相关问题研究》，《边疆考古研究》第 31 辑，北京：科学出版社，2022 年，第 81—99 页。

　　② 唐洪源：《吉林辽源市龙首山城内考古调查简报》，《考古》1994 年第 3 期；王晓明、薛紫心等：《辽源市龙首山高句丽城址》，《中国考古学年鉴·2017》，北京：中国社会科学出版社，2018 年，第 217—218 页。

　　③ 徐瀚煊、张志立等：《高句丽罗通山城调查简报》，《文物》1985 年第 2 期。

　　④ 徐坤：《柳河县高句丽罗通山城》，《中国考古学年鉴·2011》，北京：文物出版社，2011 年，第 197—198 页；徐坤：《柳河县罗通山城》，《中国考古学年鉴·2013》，北京：文物出版社，2013 年，第 188—189 页。

　　⑤ 孟庆旭、孙明明：《从考古遗存浅谈吉林省中部辽金时期的交通线》，《南开史学》2021 年第 2 期。

渤海上京无需绕道吉林市,直接沿汉唐故道经辉发河河谷、松花江、蛟河、珠尔多河及牡丹江河谷即可,所以龙潭山城—南城子并不在辽进攻渤海的路线上。且在辽代早期,辽核心区域位于辽西和内蒙古东南部,对于渤海国来说需要在西南方向上防御契丹,吉林市所在位置偏西,无法满足屯劲兵以捍契丹的需要。因此,龙潭山城—南城子亦非渤海夫余府。

古代文献对于城市沿革记载甚详,如果沿用了前代城市甚至是侨置城市都不会略过,对于渤海夫余府确只言"夫余故地为夫余府",几乎已经明言渤海夫余府为新建之城,未沿用更早的城池。近年来,已有学者注意到文献中渤海夫余府应具备的子城等条件并结合考古发掘材料判断桦甸市苏密城应该为渤海夫余府[1]。该城址经过系统的考古发掘[2],城址位于辉发河岸,属于夫余文化的分布区,也处于辽进军渤海上京的交通线上,城址由内外两重城垣构成,符合文献中子城的记载,城址内发现大量渤海国时期遗存,同时也发现有辽代遗存,为渤海国新建城址,辽代沿用,符合文献中关于渤海夫余府的记载,因此,桦甸苏密城作为渤海夫余府的可能性最大。

二、高句丽千里长城

近年来,随着《吉林省长城资源调查报告》的出版,社会各界人士不断通过各种方法论证老边岗为高句丽千里长城[3]。无论是吉林省的长城资源调查,还是张福有等对老边岗的调查,都是基于文献记载,认定了老边岗即为高句丽千里长城,然后才进行按图索骥式的调查。如果单纯地从文献出发,暂时不将老边岗与高句丽千里长城绑定,那么文献中除《旧唐书·高丽传》明确记载外,在《宣和乙巳奉使行程录》中记载有"自和里间寨东行五里,即有溃堰断堑,自北而南,莫知远近,界隔甚明,乃契丹

① 赵里萌:《中国东北地区辽金元城址的考古学研究》,博士学位论文,吉林大学考古学院,2019年,第581—588页。

② 吉林省文物考古研究所、桦甸市文物管理所:《吉林省桦甸市苏密城外城南瓮城考古发掘简报》,《边疆考古研究》第19辑,北京:科学出版社,2016年,第83—100页。

③ 张福有、孙仁杰等:《高句丽千里长城调查要报》,《东北史地》2010年第3期。

昔与女真两国界也"，①《金史·太祖本纪》中亦记载"将至辽界，先使宗干督士卒夷堑"②。两相印证，辽与女真边界亦修建有界壕。

该界壕位置可由文献推定，《宣和乙巳奉使行程录》中和里间寨在古乌舍寨东北 40 里，古乌舍寨枕混同江湄，乌舍即兀惹，《辽史·地理志》宾州条记载"（统合十七年）迁兀惹户，置刺史于鸭子、混同二水间"③。李健才考证辽代宾州即今农安松花江南岸的广元店古城，也即古乌舍寨④。近年对广元店古城及附近的城岗子古城、那拉街古城考古工作显示，该区域确有一批不同于契丹风格的辽代遗存，应该与兀惹等族群有关⑤，也即广元店古城为辽代宾州、金代古乌舍寨应该无误。从广元店古城向北跨过松花江向东北方向 40 里处，分布有扶余市石头城子古城，为金代城址，其周边再无其他金代城址，应该即为和里间寨。石头城子东 5 里即为许亢宗所见的辽与女真分界之界壕，该区域目前尚未进行过专门调查研究。如果在石头城子东 5 里位置将这段南北向的界壕标出并向南延伸，则正好连接松花江南岸的老边岗。按照同样的比附方法，也可以说老边岗是辽与女真界壕。

此外，单纯就老边岗遗存的调查材料来看，亦存在着问题。《吉林省长城资源调查报告》对于老边岗的调查始于松花江南岸，并未对松花江北岸进行调查，因此并未排除松花江北岸存在老边岗遗存的可能。同时，对东辽河南岸老边岗的认定过于牵强，尤其是东辽河至昭苏台河之间部分。该区域地势低平，地表没有明显界壕迹象，查该区域内认定的老边岗往往高度不超过 0.5 米，甚至部分段宽度亦不超过 0.5 米，与农安、怀德境内保存较好的老边岗截然不同，不能等同视之。更遑论将老边岗按文献比附强行划至辽宁境内的做法。

---

① （北宋）许亢宗：《宣和乙巳奉使金国行程录》，赵永春辑注：《奉使辽金行程录》，北京：商务印书馆，2017 年，第 219 页。

②《金史》卷二《太祖本纪》，北京：中华书局，2013 年，第 24 页。

③《辽史》卷三八《地理志》，第 470 页。

④ 李健才、陈相伟：《辽代宾、祥、益、威四州考》，《史学集刊》1984 年第 3 期。

⑤ 赵里萌、孟庆旭：《吉林省伊通河、饮马河下游地区辽金时期城址的调查》，《边疆考古研究》第 29 辑，北京：科学出版，2021 年，第 69—114 页；吉林大学考古学院、吉林省文物考古研究所等：《吉林德惠城岗子城址 2017 ~ 2018 年发掘简报》，《考古与文物》2022 年第 6 期；吉林省文物考古研究所：《吉林省松原市那拉街城址及窑址调查简报》，《草原文物》2021 年第 2 期。

从老边岗遗存实际来看，《吉林省长城资源调查报告》公布了公主岭市边岗屯附近老边岗的解剖情况[①]，该段墙壕保存较好，西侧为堆筑的墙体，东侧为壕沟，显然是向东防御所修建。本人亦于2018年配合哈大高速改扩建工程对德惠市边岗村附近的老边岗进行了解剖，同样发现了西侧墙体、东侧壕沟的向东防御情况。同时考古工作显示，在老边岗沿线并未发现典型的高句丽遗存，相反，在老边岗西侧，分布有大量不同规模的辽代城堡，与老边岗形成了系统的军事防御体系。

综上而言，老边岗北端点并未实际确定，即以目前所定的松花江南岸而言，亦与上文所判断的高句丽夫余城所在区域相去甚远，同时，没有明确的考古遗存证据表明老边岗可向南延伸至海，与文献记载中的高句丽千里长城不符。此外，考古资料亦表明老边岗为向东防御而修建，与高句丽千里长城的防御方向不符，周边未见明确的高句丽时期遗存，反而与辽代城堡形成体系。因此，老边岗不是高句丽所修建的千里长城，而应是文献中的契丹与女真两国国界。

文献中言之凿凿高句丽千里长城始于夫余城，在上文判断的高句丽夫余城所在的区域确实存在着相关遗存。在辽源市境内，分布有龙首山山城、工农古城和城子山古城，三座山城互为掎角之势；在其东西两个方向的东辽河河谷内，还分布有城子沟城堡、寿山城堡、小城沟城堡等关堡；形成了以三座较大的山城为核心，以小型城堡为支点，以河为墙的界防体系，可有效控扼从西、南两个方向河谷通道的进攻。此类的防御体系还见于通化蝲蛄河河谷上游的依木树古城、太平沟古城等。

除了上述用于控扼交通通道依托河流修建城堡、山城构建防御体系外，在集安市周边亦见有大量的城堡和哨卡，如在其东南方向鸭绿江下游西岸见有湾沟关隘、七个顶关隘并修建有关墙，在西偏北方向有望波岭关隘和关墙，在西北方向上有大川哨卡，在北方向上有石湖关隘和关墙，形成了半环绕丸都山城与国内城的防御体系。这些城堡、关墙和哨卡，均修建于河谷通道之上，控扼交通线，而在这些通道之外，均为连绵的山脉，无法通行，因此也没有修建城墙将这些城堡串联起来的必要。

[①] 吉林省文物局编：《吉林省长城资源调查报告》，北京：文物出版社，2015年，第74页。

　　高句丽时期在其控制范围内的交通要道上修建的防御体系非止上文所述，这些城堡、关隘互为掎角，依山凭水，控扼交通线，是高句丽时期修建的大规模、成体系的防御体系，应该即是文献中所记载的"高句丽千里长城"。由于地处山区，除河谷之外的山岭不具备大规模通行条件，因此也没有修建墙体的必要。这种因地制宜的大规模山地防御体系，由于在中原语境内较为鲜见，故在史书内表述为较易理解的"长城"。从其分布来看，亦满足了"东北自夫余城，西南至海，千有余里"的描述。综上所述，高句丽千里长城应该即是这些由城堡、关隘构成的河谷交通线防御体系。

三、结语

　　与中原地区不同，东北地区历史上的城市沿革性较弱，盖因东北地区历代地方政权的建立多具有主导性的族群，城市是历史族群分布和控制的核心区。当另一个族群主导的政权崛起并攻灭上一个政权之时，出于统治的需要，往往会废弃此前政权修建的城市，并大量迁出本地人口，已达到便于统治的目的，故而东北地区历史上的城址往往使用时间较短且沿革较少。

　　由出土材料和文献来看，夫余国早期王城位于吉林东团山一带是符合逻辑的，同时学界亦无争议。高句丽夫余城的设置与夫余西迁及灭国息息相关，其目的是为了招徕控制夫余遗民而非助其复国，故夫余城应该设置于其控制范围之内而非夫余故土的核心，应该在临近夫余西迁位置的高句丽控制范围内。渤海夫余府系在夫余故地新建之城，处于契丹进攻渤海的交通要道之上，故"常屯劲兵以捍契丹"，结合文献和考古资料综合考虑，以桦甸市苏密城为渤海夫余府的可能性最大。《辽史》所记载的渤海号夫余城实际上应该是渺远的历史在社会民间的讹传，故称号曰。

　　高句丽千里长城是耗时十六年之久修建的防御体系，具有较强的防御性，而不是单薄的远离其控制范围的一道土墙。同时考古发掘也证实了老边岗的整体墙壕结构是用于防御东方的，故而老边岗并非高句丽长城。在吉林、辽宁两省的东部，也即高句丽的控制范围内，在重要的河谷通道内有着大量的城堡、关隘，这些城堡、关隘构成了控制整个东部山区交通的防御体系，从其分布、规模体量上看，应该即是文献中记载的高句丽千里长城。

从二龙湖古城 ①、赤柏松古城 ② 的考古发掘来看，中原政权自战国时期至汉代已经沿河谷通道进入到吉林省东部山区控制了今通化县一带，并在此修建了系列的城堡等防御体系，高句丽千里长城应该是受中原政权影响产生并模仿改进形成的，甚至部分直接沿用了汉代城堡，成为具有中国特色的长城体系中的东北部分。

---

① 吉林省文物考古研究所、四平市文物管理委员会办公室：《吉林省四平市二龙湖古城址发掘报告》，《边疆考古研究》第 12 辑，北京：科学出版社，2012 年，第 87—125 页。

② 王义学：《赤柏松古城考古发现及其相关问题研究》，硕士学位论文，吉林大学文学院，2008 年。

关于司马懿平孟达之役的几个地理问题

高正亮 *

魏明帝太和元年（227）十二月，新城太守孟达反叛，太和二年春正月即被司马懿率军平定。孟达伏诛，魏重新调整东三郡政区建置。东三郡再度入魏，深刻影响三国政治地理格局。田余庆先生《蜀史四题·刘封与孟达》[①] 一文，从平衡蜀中新旧势力的角度，对刘封见杀与孟达降魏一事，提出新的见解；其《东三郡与蜀魏历史》[②] 文，系统论述东三郡历史地理、连接荆、益两州的战略地位及其沟通蜀、魏的重要作用。田氏二文，允称精当之论，其后亦有研究者循田氏余绪，从蜀汉内部集团斗争的角度继续讨论孟达事件[③]。陈健梅从政区设置的角度，论述了汉中东三郡政区设置变化与魏整体战略目标调整的关系[④]。诸文所论，各有侧重，但并非无剩义。孟达反时所据何城，司马懿如何于八日抵孟达城下，申仪在此役中负何角色，吴、蜀何以遣军救援孟达等？[⑤] 拙文欲从历史地理角度，重新审视这场战役，不当之处，敬祈方家批评指正。

———————

* 高正亮，历史学博士，宁夏大学民族与历史学院讲师。

① 田余庆：《秦汉魏晋史探微（重订本）》，北京：中华书局，2004 年，第 218—229 页。

② 田余庆：《秦汉魏晋史探微（重订本）》，第 246—263 页。

③ 朱子彦：《孟达败亡之因——蜀汉政权内部的集团斗争》，《探索与争鸣》2009 年第 11 期；白杨：《孟达事件与诸葛亮治蜀》，《中州学刊》2014 年第 9 期。

④ 陈健梅：《从汉中东三郡的政区设置看魏国战略目标的调整与实现》，《浙江大学学报（人文社会科学版）》2011 年第 4 期；王前程、占艳娟：《三国时期上庸地区的战略地位与刘备诸葛亮的失误》，《湖北文理学院学报》2016 年第 1 期。

⑤ 郭秀琦：《〈晋书·宣帝纪〉所载孟达反叛失误二则》，《阴山学刊》2006 年第 2 期；毛元佑：《兵动若神 谋无在计——三国著名将领司马懿》，《国防》2007 年第 4 期。按后文近似通俗之叙述，并非学术论文。其余军事通史类著作，后文涉及时，容再行列举。

一、新城郡治辨析

魏文帝黄初元年[①]（220）七月，孟达降魏，史载："魏文帝善达之姿才容观，以为散骑常侍、建武将军，封平阳亭侯，合房陵、上庸、西城三郡为新城郡，以达领新城太守"[②]。西城、上庸二郡分自汉中郡，乃建安二十年（215）曹操平定张鲁后所置[③]，但房陵置郡时间，历来史家说法不一[④]。

当是时，孟达仅据房陵一郡，上庸、西城为虚领，故云"领新城太守"。吴增仅云："魏文帝合上庸、西城、房陵三郡置新城郡，是时三郡尚属蜀，文帝盖遥置郡名，使达领之耳。至是年冬月，夏侯尚袭破刘封，平三郡九县，于是以申仪为魏兴太守，孟达为新城太守。"[⑤] 吴氏此说，亦有可商榷之处。《夏侯尚传》载："文帝践祚……尚奏刘备别军在上庸……遂勒诸军击破上庸，平三郡九县，迁征南大将军"[⑥]，《徐晃传》载："及践祚，进封杨侯，与夏侯尚讨刘备于上庸，破之"[⑦]。

按建安二十四年（219），刘备遣孟达北攻房陵，达击杀蒯祺后，已完全控制房陵郡。后孟达与刘封屯军上庸，二人不协，封夺达鼓吹。孟达返房陵，愤而降魏，房陵郡应随之入魏；后魏文帝遣孟达与夏侯尚、徐晃南

[①] 是年三月，汉献帝改元延康，十月禅位于魏文帝曹丕，改元黄初。

[②]《三国志》卷四〇《蜀书·刘封传》，北京：中华书局，1982年，第991—992页。

[③]《三国志》卷一《魏书·武帝纪》，第45页；校以《后汉书·郡国志五》益州刺史部注引《袁山松书》："建安二十年复置汉宁郡，汉中之安阳、西城郡，分锡、上庸为上庸郡，置都尉，按是书错谬特甚，惟可拿来校改《魏书·武帝纪》之记载，当为"分锡、上庸置都尉"。卢弼《三国志集解》引潘眉及吴增仅语云，分锡、上庸初置都尉，后置郡，又引沈家本语云，分锡、上庸为上庸郡，置都尉，两说均可，见《三国志集解》卷一《魏书·武帝纪》，北京：中华书局影印版，1982年，第55页下。

[④]（晋）常璩《华阳国志》卷二及《水经·沔水注》云"汉末为房陵郡"；（清）钱大昕《廿二史考异》卷一五"三国志一"认为，建安二十年之前已置有房陵郡；（清）吴增仅《三国郡县表》卷三"魏荆州部·房陵郡"考证认为，房陵郡疑为建安二十年张鲁来降时魏武所置；李晓杰《东汉政区地理》因《魏志·武帝纪》不载房陵郡而否定吴说；田余庆据《蜀书·刘封传》及《资治通鉴》卷六八"汉献帝建安二十四年六月"条下胡注认为，房陵郡为刘表私署，并以蒯祺为太守；陈健梅引吴增仅说，亦认为乃建安二十年魏武所置；按房陵置郡时间及何人所置，史无明文，诸家之说，多推测之辞，仅条列于此，以供参考。

[⑤]（清）吴增仅：《三国郡县表》卷三《魏荆州部·西城郡》考证，《二十五史补编》第3册，第65页；又见卢弼：《三国志集解》卷二《魏书·文帝纪》引吴语，第71页上。

[⑥]《三国志》卷九《魏书·夏侯尚传》，第294页。

[⑦]《三国志》卷一七《魏书·徐晃传》，第530页。

下夺地，其进攻之重心，显为实际把控上庸郡的刘封军队，房陵郡无需再次平定；至于申仪，乃刘备平定汉中后，以其"为建信将军、西城太守"①，署以太守之任。裴注引《魏略》云："申仪兄名耽，字义举。初在西城、上庸间，聚众数千家，后与张鲁通，又遣使诣曹公，曹公加其号为将军，因使领上庸都尉。建安末，为蜀所攻，以其郡西属。"

实际上，申耽、申仪皆西城、上庸地区之土豪势力，聚众自守。曹操平汉中后，授申耽上庸都尉，申仪亦应加官，意在拉拢之。后刘备据汉中，申氏兄弟降蜀，即上文引《魏略》所云"以其郡西属"，申仪被正式署以西城太守一职。申仪凭借地方威势及蜀所署太守之官，名义和实际上完全据有西城郡。在孟达与夏侯尚、徐晃平定上庸郡后，审时度势，选择复归魏国，即"仪复来还"②。

东汉末，汉中郡共辖南郑、成固、褒中、沔阳、西城、安阳、锡、上庸和房陵九县③，夏侯尚与徐晃平定房陵、上庸、西城三郡之九县，应为哪九县？按《魏志·明帝纪》："（太和）二年，分新城之上庸、武陵、巫县为上庸郡，锡县为锡郡"及"景初元年，分魏兴之魏阳，锡郡之安富、上庸为上庸郡，省锡郡，以锡县属魏兴郡"④，则魏明帝太和二年时，新城郡内已有武陵、巫、锡三县；景初元年时，魏兴郡内亦含魏阳县，锡郡之内有安富县。黄初元年之前，三郡属蜀，魏国自没有在蜀国地界析置新县之可能，如四县设置时间果为黄初元年夏侯尚和徐晃讨平三郡之后，则西城、安阳、上庸、锡、房陵、武陵、巫、魏阳、安富，正合九县之数。但陈寿所书，乃是以三郡属魏后，魏所分置县之后来事言之。

至此，孟达由名义上的"领新城太守"转为拥有实土之新城郡地方长官，实际占据房陵、上庸二地。申耽"假怀集将军，徙居南阳"，申仪拜"魏兴太守，封郧乡侯，屯洵口"⑤，仍占据魏兴郡（西城郡

---

①《三国志》卷四〇《蜀书·刘封传》，第991页。

②《三国志》卷四〇《蜀书·刘封传》裴注引《魏略》语，第994页。

③《后汉书·郡国志五》益州汉中郡，北京：中华书局，1965年，第3506页。

④《三国志》卷三《魏书·明帝纪》，第94页、第109页。

⑤《三国志》卷四〇《蜀书·刘封传》，第994页。

改）①。

新城郡治何城，历来史家各有所见，并无定论，须予以辨析。《华阳国志》未明言孟达治何城，仅云："新城郡，本汉中房陵县也……封败走，达据房陵。文帝合三郡为新城郡，以达为太守"，又"上庸郡……文帝拜耽怀集将军，徙居南阳。省上庸，并新城"②，观其行文，认为新城郡最初仅以房陵郡置，治房陵县，后上庸郡乃并入。至郦道元撰《水经注》，则将新城郡治所坐实在房陵县③；《太平寰宇记》更云："《华阳国志》：孟达既降魏，魏文帝合三郡为新城郡，以达为太守，理上庸。达后叛归蜀，司马宣王讨之，仍从新城移理房陵"④，此句，卷后校语云："原校：'按今《记》先所引与《华阳国志》多舛谬，今略从本文校定，然《华阳国志》新城治房陵，今云理上庸，又杂取之他书矣。'按《水经·沔水注》：新城郡故汉中之房陵县也，'汉末以为房陵郡，魏文帝合房陵、上庸、西城立以为新城郡，以孟达为太守，治房陵故县。'《华阳国志·汉中志》载同，新城郡治房陵；同书卷又载：汉末为上庸郡，魏黄初中省，'孟达诛后复为郡'，郡治上庸，皆不载孟达时新城郡曾治上庸"⑤。

这段校语大致意思为：《太平寰宇记》此处所引，多与《华阳国志》不合，其谓新城郡理上庸，可能是引自他书，证以《水经注》及《华阳国志》之记载，新城郡当治房陵县。但其末句所云，实为《华阳国志》述上庸郡之语，上庸郡于魏黄初元年并入新城，故曰"省"。至太和二年孟达被诛，复置上庸郡，仍治上庸县，与孟达时新城郡治何所并无关系。姚范《援鹑

---

①《华阳国志》载："黄初二年，文帝转仪为魏兴太守，封郧乡侯"，则黄初二年时，西城郡已改名曰魏兴郡；《水经·沔水注》谓："建安二十四年，刘备以申仪为西城太守。仅据郡降魏，魏文帝改为魏兴郡治，故西城县之故城也。"

②（晋）常璩著，任乃强校注：《华阳国志校补图注》卷二《汉中志·新城郡》，上海：上海古籍出版社，1987年，第85页、第87页。

③ 王先谦《合校水经注》卷二八《沔水》："汉末以为房陵郡，魏文帝合房陵、上庸、西城，立以为新城郡，以孟达为太守，治房陵故县"，北京：中华书局影印版，2009年，第418页。

④（宋）乐史撰，王文楚等点校：《太平寰宇记》卷一四三《山南东道·房州》，北京：中华书局，2007年，第2783页。

⑤《太平寰宇记》卷一四三《山南东道·房州》后引校者语，第2790—2791页。

堂笔记》云："《魏志·明帝纪》：新城太守孟达反。按治房陵，今房县"①，
亦认为孟达时治房陵县。《中国历代战争年表》及《中国古代战争战例选
编（第二册）》在叙述司马懿平定孟达之战时，均承用此说。

上引诸书所载，新城郡治房陵县之说，清代学者谢钟英对此持反对意
见，其云："《太平寰宇记》：郡初治上庸，孟达破后始移房陵。钟英按，
《水经注》：魏文帝合房陵、上庸、西城立新城郡，以孟达为新城太守，
治房陵故县。《寰宇记》从《华阳国志》云：郡初治上庸。今考《晋书·宣
帝纪》：孟达叛，吴、蜀各遣其将向西城安桥、木阑塞以救达。是孟达为
新城太守，治西城，故吴兵越房陵、上庸而北。郦注谓治房陵，乐史谓治
上庸者，皆误。"②

按谢氏此说，甚为荒谬。《太平寰宇记》引《华阳国志》语云"治上
庸"，可能引自他书，上文已予以说明。又申仪时据西城郡（按即魏兴郡），
孟达仅实际掌控房陵、上庸二郡，如何治得西城？吴增仅未言新城郡时治
何城，仅云"据此推求，其（魏文帝）与西城故地置魏兴，以上庸、房陵
为新城，均黄初元年冬月事也"③。卢弼引马与龙语云："郦注谓治房陵，据
其后言之也"④，乃指魏明帝太和二年正月，司马懿讨平孟达，分新城郡为
上庸、锡、新城三郡后，新城郡治房陵县之事⑤，即钱大昕所云"至是达
诛，复分其地为三也"⑥。

以新城郡析分后之治所，即认定《水经注》乃据此记载，恐有不当。
对这一问题，卢弼仅在此处列举诸家之说，而未作决断，应亦是由于记载
纷乱而难下定论。任乃强据《晋书·宣帝纪》载司马懿率军进攻上庸之事，
认为孟达时新城郡治上庸⑦，《中国古代战争史：先秦、秦汉、三国部分分

①（清）姚范：《援鹑堂笔记》卷三〇《三国志》，《续修四库全书·子部杂家类》第 1148
册，第 680 页上。

②（清）谢钟英：《三国疆域志补注》卷六《魏荆州·新城郡》，《二十五史补编》第 3 册，
第 70 页。

③《三国郡县表》卷三《魏荆州部·西城郡》考证，《二十五史补编》第 3 册，第 65 页。

④《三国志集解》卷二《魏书·文帝纪》引马语，第 71 页上。

⑤《三国志》卷三《魏书·明帝纪》，第 94 页。

⑥（清）钱大昕：《廿二史考异》卷一五《三国志一》，上海：上海古籍出版社，2004 年，
第 280 页。

⑦《华阳国志校补图注》卷二《汉中志·新城郡》注释，第 88 页。

册》介绍司马懿时，沿袭此说。

　　按建安二十四年，孟达受刘备派遣，从秭归向北进攻并占据房陵郡。同年冬，陆逊遣将"攻房陵太守邓辅"①，田余庆先生推测邓辅为孟达所署用。孟达为实现与刘封"会攻上庸"的军事目标，临时署用邓辅任房陵太守一职，自在情理之中，但房陵郡实际上应牢固控制在孟达手中。

　　《魏志·明帝纪》裴注引《魏略》云："达以延康元年率部曲四千余家归魏，文帝时初即王位……逆与达书曰……若卿欲来相见，且当先安部曲，有所保固，然后徐徐轻骑来东"②，部曲四千余家，数量可观，如孟达全数率领投奔魏国，一路浩浩荡荡，既难以做到完全保密，又影响行军速度，故只能暂时将他们安顿在房陵郡，也可起到据境自保的作用。田先生也认为，魏文帝在"易代纷纭之际也宁愿把他们安顿在三郡边地，而不愿调动他们，以免造成事端"③，此说甚为恰当。

　　因此，从黄初元年七月孟达降魏，至其是年末与夏侯尚、徐晃攻取上庸郡之前不到半年时间内，孟达作为"领新城太守"，实际只能，也必须以房陵作为其治所。黄初元年末刘封被逐出上庸后，孟达才占领上庸郡，进一步扩大了其活动的地理空间。孟达被魏国委以"西南之任"，承担起替魏国守护西南边疆的重任，即其后司马懿征讨前，致书孟达所云："国家委将军以疆场之任，任将军以图蜀之事，可谓心贯白日"④。孟达作为"久在疆场"的将领，进占上庸郡后，即对上庸城周围自然地理形势作了相当细致的勘察。《魏志·明帝纪》裴注引东晋干宝《晋纪》语："达初入新城，登白马塞，叹曰：'刘封、申耽据金城千里而失之乎！'"⑤孟达所入为上庸城，此处乃以上庸指代新城郡。据《水经注》，白马山位于上庸城堵水之旁，临水一侧筑有军事防守据点白马塞⑥。孟达占据上庸郡后，在实地考察上庸城周围地理环境的过程中，登上白马塞，感叹其形势险要及在其守护之下，上庸郡城实乃堪称金城千里，易守难攻之地。孟达甚至即兴

---

①《三国志》卷五八《吴书·陆逊传》，第 1345 页。

②《三国志》卷三《魏书·明帝纪》裴注引《魏略》语，第 93 页。

③田余庆：《蜀史四题·刘封与孟达》，《秦汉魏晋史探微（重订本）》，第 221 页。

④《晋书》卷一《宣帝纪》，北京：中华书局，1974 年，第 5 页。

⑤《三国志》卷三《魏书·明帝纪》裴注引《晋纪》语，第 94 页。

⑥《合校水经注》卷二八《沔水》，第 418 页。

作《上堵吟》，以表其志。但孟达亲登白马塞，并不仅为抒怀畅吟，其主要目的，即在于通过实地考察，进一步了解上庸城周遭山川形势，并以此为基础，构筑坚固的军事要塞。《晋书·宣帝纪》载司马懿围攻上庸城时，其城"三面阻水，达于城外为木栅以自固"[1]，应是孟达当初依据白马山及堵水之自然形势，刻意加固上庸城防的结果。

因此，自黄初元年七月至是年末，孟达作为"领新城太守"，新城郡治乃在房陵；至其与夏侯尚、徐晃驱逐刘封，进占上庸郡后，通过实地考察上庸城，已有将上庸城作为军事基地的计划。换句话说，上庸城可以作为房陵的军事纵深而存在，一旦发生事端，孟达可以从容自房陵西撤至上庸城，婴上庸城而自守。从魏文帝语达"先安部曲，有所保固"也可以看出，魏国并不愿鲁莽调动孟达私人军队，宁愿令其固境自保，兼替魏守护西南边境。在孟达与夏侯尚、徐晃平定上庸郡后，面对孟达统领二郡之情况，魏文帝亦没有明确要求其治房陵，还是上庸，因此孟达在此二郡拥有相当大的自主行政权力。田余庆先生更进一步指出，"孟达在上庸、房陵处于半独立状态，魏国朝廷羁縻而已，未能实现完全的统治"[2]。孟达经营二郡，部曲日益繁盛，据《晋书·宣帝纪》载，司马懿攻破上庸城后，"俘获万余人……又徙孟达余众七千余家于幽州"[3]，可以看出，孟达私人军队与家属数量之庞大。在这种情况下，孟达完全有可能平时治房陵，遇战事则退至上庸城，借助堵水和白马塞，迅速建立防线。

综上所述，关于孟达时新城郡治何城，《华阳国志》及《水经注》云治房陵县，其说可从；《太平寰宇记》谓先理上庸，后移房陵，据校者语，有引自他书之可能，应从房陵说；《援鹑堂笔记》亦作房陵，谢钟英之谓西城，则谬说矣；任乃强仅据司马懿与孟达最终战事发生于上庸城外，即认定孟达时治上庸，乃不明其时孟达在二郡之统治状况。

---

① 《晋书》卷一《宣帝纪》，第 5 页。
② 田余庆：《东三郡与蜀魏历史》，《秦汉魏晋史探微（重订本）》，第 262 页。
③ 《晋书》卷一《宣帝纪》，第 6 页。

黄初二年（221）至平定孟达前魏兴、新城二郡形势

　　资料来源：底图采用《中国历史地图集》第3册《三国·西晋时期》之"魏荆州"改绘，第19页。

　　备注：魏兴郡内应有魏阳县，新城郡内有巫县，另有安富县，地望均待考。

二、司马懿军事行动及路线蠡测

黄初七年（226）五月，魏文帝驾崩，同月，明帝即位。八月，吴遣诸葛瑾、张霸等进攻襄阳，为司马懿所讨平[①]。此次司马懿南讨吴军，自洛阳向襄阳进军[②]，使其在下年征讨孟达之前，得以率领军队初步熟悉洛阳至襄阳一带交通道路。至太和元年（227）六月，司马懿复受朝命，屯军于宛，全权负责荆、豫二州军队之调动[③]。

宛县为南阳郡治所，南与荆州刺史治所新野县相距约百里，通过淯水河谷得以沟通。由新野县南下，可直至襄阳。自宛县至襄阳这段道路，称为"南襄隘道"，是连接"河南省南阳盆地与湖北襄樊之间的古代著名道路"[④]。在司马懿大军屯驻宛县这段时间内，时任荆州刺史应为裴潜，《魏志·裴潜传》虽载"文帝践阼……迁荆州刺史，赐爵关内侯。明帝即位，入为尚书"[⑤]云云，并非明帝甫一即位，裴潜即入朝任尚书一职。《魏志·邓艾传》裴注引《世语》云："初，荆州刺史裴潜以（州）泰为从事，司马宣王镇宛，潜数遣诣宣王，由此为宣王所知"[⑥]，可证裴潜当时仍居荆州刺史之任。

裴潜出刺荆州，当对荆州辖下诸郡之民政、风俗及地理情况有所知晓，其南居新野县，司马懿北屯宛县。为加强沟通与联系，裴潜数次派遣下属州泰北上宛城，使司马懿得以及时获知荆州南境诸郡之动态，客观上为司马懿之后南征孟达提供了情报支援，也有助于司马懿进一步熟悉南阳郡境内道路交通。

有关居中联络裴潜与司马懿的州泰其人，《三国志》载其与邓艾乃同为南阳郡人，又其"亦好立功业，善用兵"[⑦]，可见是颇有抱负，志在立功，

---

① 《三国志》卷三《魏书·明帝纪》，第 92 页。

② 按：魏文帝五月驾崩于洛阳宫嘉福殿，司马懿与曹真、陈群、曹休等并受遗诏辅政。至明帝即位，其应一直身在洛阳。

③ 《晋书》卷一《宣帝纪》，第 5 页。

④ 李孝聪：《中国区域历史地理》第四章第二节"南襄隘道与义阳三关"，北京：北京大学出版社，2004 年，第 246 页。

⑤ 《三国志》卷二三《魏书·裴潜传》，第 672—673 页。

⑥ 《三国志》卷二八《魏书·邓艾传》裴注引《世语》文，第 783 页。

⑦ 《三国志》卷二八《魏书·邓艾传》，第 783 页。

又擅长排兵布阵之人。裴潜之所以多次派遣州泰北上宛城，应该也是看中其具有这方面的造诣，正好适合与另一位极善用兵之司马懿进行交流，进而汇报诸如交通道路等详细的军事地理信息。其后的事实证明，州泰的确抓住这次机会，通过数次向司马懿汇报相关信息，逐渐被司马懿所知，其在军事地理方面的特长，也为司马懿所用。

《魏志·邓艾传》裴注引《世语》云"及征孟达，（州）泰又导军，遂辟泰"①，司马懿所看重的，正是州泰在军事方面所具有的特殊造诣，以及其对荆州境内交通道路的熟知，使得司马懿将引导大部队，按照正确道路前进的重任授予州泰。州泰的确不辱使命，圆满地完成此次任务。新近胡以存在考订州泰事迹时，认为州泰已在黄初七年御吴诸葛瑾一役中为司马懿受知，并推测"泰晓荆襄地理，其'数遣诣宣王'正投彼时司马懿之所急需……其间谋划、襄助新城用兵之事，州泰之功甚巨"②。

在司马懿的赏识和栽培下，其后州泰可谓官运亨通，先后担任新城太守，兖、豫二州刺史等重任③，并且"官至征虏将军，假节都督江南诸军事"④，多次负责荆州军事事务。按州泰担任太守之新城郡，当为平定孟达后，新城郡析分为上庸、锡、新城三郡之新城郡，亦即原来之房陵郡。州泰能够出任郡守，一定程度上也是由于其对房陵旧郡地方情况的熟知。

司马懿率大军驻扎宛城，其情当为孟达所知。孟达占据房陵、上庸二郡，凭借其原有军事力量，虽为魏新城太守，实则处于半割据状态，田余庆先生谓"魏国也是有意默认孟达的这种特殊地位，以求保持通向蜀国的渠道，获得蜀国的信息……蜀魏间降人来往，信息传递，导致诸葛亮策反孟达以利北伐之事"⑤。孟达恃才好术，朝秦暮楚，其居蜀魏间降人来往之中转站，完全有可能凭借这种地位，同时向蜀国和魏国传递虚假信息，以求自固。

---

①《三国志》卷二八《魏书·邓艾传》裴注引《世语》文，第 783 页。

② 胡以存：《魏南阳州泰事迹考略》，《湖北理工学院学报（人文社会科学版）》2016 年第 3 期。

③ 同①，其曰："泰频丧考妣祖，九年居丧，宣王留缺待之，至三十六日擢为新城太守"，州泰因长期居丧在家，而司马懿虚官缺以待之，其为司马懿所见重，可见一斑。

④《三国志》卷二八《魏书·邓艾传》，第 783 页。

⑤ 田余庆：《东三郡与蜀魏历史》，《秦汉魏晋史探微（重订本）》，第 262 页。

如果魏国朝廷得以获知孟达之行为，完全有可能采取相应措施。司马懿击退北侵襄阳之吴军后，魏明帝直接命其提前半年屯驻宛城，意在防范西南边疆房陵、上庸二地之异常举动，并趁机彻底解决孟达割据二郡之现实状况。《晋书·宣帝纪》载孟达与诸葛亮书云：

> 初，达与亮书曰："宛去洛八百里，去吾一千二百里，闻吾举事，当表上天子，比相反覆，一月间也，则吾城已固，诸军足办。吾所在深险，司马公必不自来；诸将来，吾无患矣。"[1]

观此书信，孟达已知司马懿驻军宛城之情报，故此书信当作于太和元年六月至十二月之间。"闻吾举事，当表上天子，比相反覆，一月间也"诸语，乃是孟达根据司马懿得知其反叛之情报后，首先应该向魏国朝廷奏明相关情况，等待来自洛阳的最高指示到达宛城后，司马懿才可以率领军队南下的正常表奏程序所作之合理推测。又孟达所云"宛去洛八百里，去吾一千二百里"之语，究竟该作何理解？

历史时期不同地区间的交通道路，往往具有很大的延续性，从南阳盆地北出的道路，必须穿越伏牛山脉。严耕望先生谓"汝州、邓州间交通，自古有鲁阳关路与宛叶路两道"[2]，其中宛叶道即自宛县东北出方城山，经叶县到达洛阳，应为东汉时期之官道。《后汉书·安帝纪》载："（延光）四年三月庚申，幸宛，帝不豫……乙丑，自宛还。丁卯，辛叶，帝崩于乘舆……庚午，还宫"[3]，仅二至三日，即从叶县至洛阳，可见此条交通道路之顺畅。至汉末三国时期，自洛阳南下南阳郡，还是继续沿用这条通道。

孟达所说"宛去洛八百里"，所指应为此条官道里程[4]。另外一条鲁阳关路，自宛县取道鲁阳，北至洛阳。据严耕望先生考证唐代洛阳南通汉东淮上诸道之里程，自洛阳取道伊阙南，经鲁阳县至邓州宛县，里程约五百

①《晋书》卷一《宣帝纪》，第 5 页。

② 严耕望：《唐代交通图考》第六卷《河南淮南区》之"洛阳郑汴南通汉东淮上诸道"，上海：上海古籍出版社，2007 年，第 1863 页。

③《后汉书》卷五《安帝纪》，第 241 页。

④ 按宛县（今南阳市）距叶县约 115 公里，叶县至洛阳约 220 公里，则宛县经叶县至洛阳约 335 公里。按汉代一里约等于 415.8 米，则宛县距洛阳约 805 里。

五十里①。东晋常璩撰《华阳国志》，其云："上庸郡……去洛一千七百里；新城郡……去洛一千六百里"②，以唐代之宛县—鲁阳道里程计，则宛县距上庸约一千一百五十里，距房陵约一千零五十里，约与孟达云"（宛）去吾一千二百里"之数相合，但前提必须是孟达写这封信时，身居上庸。关于此点，后文会予以讨论。

有关常璩《华阳国志》撰述过程及材料来源，任乃强云"常氏于撰述《蜀记》同时，亦撰《巴记》一书，所据为谯周《三巴记》及荆湘招还流民之传述。后复采祝龟《汉中志》与郑廑、陈术之书，合东三郡与梓潼、阴平旧事与《巴记》为一目，曰《巴汉记》，至李寿时流传于北方。永和中，收入《华阳国志》，始分为《巴志》与《汉中志》二卷"③，可见常氏乃杂集诸家著作，更有荆州本地流民传述掺杂其间，成书时代较三国初相去一个世纪之久。但其所记上庸、房陵二地至洛阳里距，当是依据宛县—鲁阳关路北至洛阳里程所记。

此道在东汉末魏晋时期多见于军事活动，东汉末袁术"屯鲁阳，尽有南阳之众"④，可见鲁阳已是沟通南阳盆地之重要节点；《吴志·孙坚传》亦载："坚亦举兵……比至南阳，众数万人……前到鲁阳，与袁术相见……遂治兵于鲁阳城……复进军大谷，据雒九十里……坚乃前入至雒，修诸陵，平塞（董）卓所发掘"⑤，是证南阳盆地可北经鲁阳入洛。同时期洛阳及周边地区民众南下荆州避乱，亦多行经鲁阳，《魏志·司马芝传》云其"少为书生，避乱荆州，于鲁阳山遇贼"⑥；而南阳堵阳人韩暨，亦"变名姓，隐居避乱鲁阳山中"⑦，北拒袁术命召，南绝刘表礼辟，也可从侧面证明鲁阳关路沟通南北的重要作用。

随着鲁阳关路多次使用，其道路状况应趋于改善，又因其里程较宛叶

①《唐代交通图考》第六卷《河南淮南区》之"洛阳郑汴南通汉东淮上诸道"，第1854—1869页。

②《华阳国志校补图注》卷二《汉中志·上庸郡、新城郡》，第85—87页。

③《华阳国志校补图注》之《前言》，第4—5页。

④《三国志》卷六《魏书·刘表传》裴注引司马彪《战略》文，第211页。

⑤《三国志》卷四六《吴书·孙坚传》，第1096—1097页。

⑥《三国志》卷一二《魏书·司马芝传》，第386页。

⑦《三国志》卷二四《魏书·韩暨传》，第677页。

道为短，故至东晋时，其可能已逐渐取代宛叶道，成为自南阳盆地北上洛阳的首选道路，故而常璩所记上庸至洛阳道路，当为经鲁阳关路之总里程。

按《魏志·王昶传》载："令屯宛，去襄阳三百余里"[1]，则宛县至襄阳里距三百余里。又"襄阳郡，西至房陵郡四百九十里"[2]，则宛县至房陵约八百里。不过上庸、房陵二地"坤舆奥区也，山谷阻深"[3]，也即我们现在所知之陕、豫、鄂三省交界神农架山区，至三国初，其地很可能还没有开通官道。

魏文帝黄初年间，夏侯尚担任荆州牧，鉴于荆州残荒，外接蛮夷，地处边境之状况，"自上庸通道，西行七百余里"[4]，意在打通其地与外界交通道路，缓解艰难闭塞的局面。上文结合《华阳国志》之记载，知宛县至上庸约一千一百五十里，而上庸、房陵地区又多为山高谷深之原始林区，东汉末至三国初未开通官道的情况下，欲进入此地，河水自然流经的谷道是首要选择，当自襄阳溯汉水河谷通道而上，再分别沿筑水、堵水河谷前往房陵、上庸二地。因此《华阳国志》所记上庸至洛阳之道路里程，应即经堵水、汉水河谷到达襄阳，再北上宛城，取道鲁阳关路抵达洛阳之里程。

在此前提下，重新审视孟达"宛去洛八百里，去吾一千二百里"之语，其想要传达给诸葛亮的信息，很可能是司马懿会通过八百里宛叶官道，向洛阳上报其反叛活动。而房陵、上庸与外界沟通不便，司马懿想要自襄阳向西进军，在没有路况较好官道保障的情况下，恐怕还是要取道汉水河谷，才能实施攻击行动。这样一来，司马懿大军经过长途跋涉，行军距离已约一千二百里。

但孟达没有料到，太和元年六月司马懿自洛阳南驻宛城，而宛城北取鲁阳关路至洛阳，较取道宛叶官道为短，汉末魏晋时期鲁阳关路多见于军事行动，孟达反叛之情报入洛及司马懿受命出征之诏书，可能都行经鲁阳关路输送。孟达推测司马懿"表上天子，比相反覆，一月间矣"，殊不知

① 《三国志》卷二七《魏书·王昶传》，第 749 页。
② 《通典》卷一七七《州郡七·襄阳郡》，北京：中华书局，1988 年，第 4675 页。
③ （清）严如熤：《三省边防备览》引，《续修四库全书》第 732 册，上海：上海古籍出版社，1995 年，第 155 页。
④ 《三国志》卷九《魏书·夏侯尚传》，第 294 页。

司马懿因取道鲁阳关路向洛阳传递情报，已节省大量时间，得以先于孟达率大军南下，可谓兵贵神速，这完全出乎孟达意料之外。

司马懿又拥有荆州刺史裴潜下属州泰的协助，行军道路困难之虞得以解决，其后军事行动中，州泰更是负责"导军"重任。因此在情报方面，孟达已远远落后于司马懿。孟达认为宛县距离其大本营相当遥远，以表奏之程序及司马懿行军之里程，已有足够时间巩固城防，采办军队补给；亦可凭恃深山险阻，固守并阻击来袭魏军。事实证明，孟达对敌我双方的形势出现严重误判。

《晋书·宣帝纪》还收载孟达写给诸葛亮的另一封信，其云：

> 及兵到，达又告亮曰："吾举事八日而兵至城下，何其神速也！"①

这句话应是截取部分信中之语，有关书信全部内容，现已无从知晓。但认真审视此语，还是可以对孟达当时所处之情境窥知一二。孟达面临司马懿大军兵临城下的紧急状况，在写给诸葛亮的信中，不是迫切要求诸葛亮派遣援军，而是感叹司马懿进军之迅速，这不免令人费解。如果孟达所处之城已被司马懿大军团团包围，这封信如何还能够以此种口气写就呢？相对合理的解释，只能是司马懿所围之城与孟达所处之城，并非同一座城。孟达在获知司马懿屯军宛城的情报后，已经提前向上庸城西撤，加固城防，囤积粮草，这也是孟达云"吾城已固，诸军足办"的另外一层涵义。

按上文所考，孟达"宛去洛八百里，去吾一千二百里"之语，当时循宛叶官道至洛阳，约为八百里；而自宛取道鲁阳关路抵洛阳，则仅需五百五十里。那么可以初步断定，孟达当时身在上庸城，并与诸葛亮多次通信。据田余庆先生研究，鉴于当时申仪占据魏兴郡，孟达与蜀国之间的书信来往，"不便频繁地使用自汉中东来的通道，所以还要靠自长江北上房陵或上庸，中转之地是秭归城"②。但秭归之归属，频繁易于蜀、吴之手。待刘备东伐吴国失败，吴国始稳定占有秭归，因而孟达要传送信息给蜀国，也不会经常使用此道。田先生接着推测，其后永安—上庸道取代秭归—房陵

---

① 《晋书》卷一《宣帝纪》，第5页。
② 田余庆：《东三郡与蜀魏历史》，《秦汉魏晋史探微（重订本）》，第257页。

道，成为蜀魏双方降人沟通来往所经之路。孟达既身处上庸，必然会利用此条通道，向蜀国传送信息。上文所引孟达写给诸葛亮的两封信，极有可能就是通过这条道路传送至蜀国的。

按孟达之推测，由于房陵、上庸二地官道未开，司马懿大军只能在深山河谷间摸索前行，这样的长距离行军，只会严重减缓军队到达前线战场的时间。但司马懿大军却在州泰的引导下，自襄阳向西进军，首先兵临房陵城下。州泰作为荆州刺史裴潜的下属，对荆州辖下诸郡山川形势，风土民情亦当有所了解，又身负"导军"之责，他会向司马懿推荐何条进军路线呢？兹据相关资料，作一推测。

司马懿此次进军之重心，全在襄阳以西地区。襄阳与房陵、上庸之间沟通联系，主要通过汉水及其支流筑水和堵水，水路兼具运量和时效的优势，是冷兵器时代补给运输的首要选择，但要逆汉水而上行船，输送大批军队和补给也并非易事。不过襄阳以西陆路，并不是窒碍难通。《元和郡县图志》载："襄阳县……万山，一名汉皋山，在县西十一里。与南阳郡邓县分界处，古谚云'襄阳无西'，言其界促近"①，由于万山逼近襄阳西界，故有"襄阳无西"之谚语。要向房陵进军，须首先穿越这一片山地。

清代严如熤在《三省边防备览》里，详细记载湖北郧阳府内诸县道路："竹山县，东四十里大树垭塘，二十里陈家铺，交房县界，平原坦途，舆马均可行走；房县，南三十里房山庙……西自房山庙分路，三十里马尾塘，三十里陈家铺，二十里界山塘，交竹山县界，平原坦途。东三十里马栏塘，三十里斗口塘，三十里青峰塘，三十里珠藏洞，交保康县界，系往保康县大路，平原坦途，间有山坡，不甚陡险，舆马俱通；保康县，东十五里土门塘，四十里黄保坪，五十里观音堂，交南漳县界，漫坡平路，舆马俱通"②，可知竹山县至房县约一百五十里大路，多"平原坦途"，山区内部路况较好。而房县东至保康县及南漳县之道路，虽"间有山坡，不甚陡险"，但总归可以"舆马俱通"。总体来说，这条道路路况良好，马匹车辆通行无阻，今湖北省麻竹高速（麻城—竹溪）即大体沿这一路线修建。

---

① 《元和郡县图志》卷二一《山南道二·襄州》，北京：中华书局，1983 年，第 529 页。

② （清）严如熤：《三省边防备览》卷三《道路考下·湖北郧阳府》，《续修四库全书》第 732 册，第 188 页。

太和元年（227）至太和二年平定孟达战役形势

资料来源：底图采用《中国历史地图集》第 3 册《三国·西晋时期》之"魏荆州"及 SRTM Data 网站（http://srtm.csi.cgiar.org/srtmdata/）下载地形数据改绘。

建安二十四年时，孟达从秭归北攻房陵，当沿香溪河谷北上①。文章第一部分已辨析清楚，自黄初元年七月孟达降魏至是年底将近半年时间内，孟达实际上仅据有房陵郡一地。但孟达控制房陵郡的这段时间，当对郡内道路情况有所探知，只是这些情报并没有得到孟达足够的重视。从其黄初元年底增领上庸郡后的一系列举动看，孟达显然没有将房陵郡作为其重点经营的基地，相反在其对上庸城周围进行细致考察后，已有在上庸构筑军事基地的计划。按上引《三省边防备览》记载，房县西至竹山县道路乃"平原坦途"，即使孟达平时居理房陵，逢战则完全可以从容沿此道路撤退至纵深地带的上庸城，凭山阻河，组织防御。

房县以东至南漳县道路，亦是"舆马可通"，只在房陵东部与襄阳接界之处，有山地阻挡。只要突破这道自然障碍，便可长途直入号称"坤舆奥区"，与外界缺乏沟通的房陵、上庸二地，这一情况应为荆州刺史下属州泰所知。在孟达还幻想司马懿会率军逆汉水而上，入堵水河谷围攻上庸时，其已在州泰的导引下，麾军直指房陵。这次行军，究竟取道何路，因无记载，已无法确知。但襄阳西至房陵陆路距离约七百里②，考虑到沿途路况及行军速度，司马懿能够率军于八日到达房陵城下，的确堪称军事史上快速反应的典范战役。

三、吴蜀遣军救孟达辨析及申仪部之作用

《晋书·宣帝纪》载孟达反叛后，司马懿率军进讨，吴国和蜀国分别派遣军队前往救援，语曰：

> 乃背道兼行，八日到其城下，吴、蜀各遣其将向西城安桥、木阑塞以救达，帝分诸将以拒之。③

①《唐代交通图考》第四卷《山剑滇黔区》之《山南境内巴山诸谷道》，第1027页。
②按宛距襄阳300余里，据《三省边防备览》，房县至南漳县285里，又襄阳至南漳约100余里，则宛去房县约700里。
③《晋书》卷一《宣帝纪》，第5页。

上文已经论述，司马懿大军此时所到之处为房陵城下，而《晋书》将吴国和蜀国遣军援救的行动系于其后，说明《晋书》的编纂者认为，吴、蜀是在得到司马懿大军已攻入房陵的情报后，才分别遣军救援孟达，以理度之，应符合当时的形势。但吴、蜀两国救援的地点，却十分蹊跷，既非房陵，亦非上庸，反而是在申仪实际控制下的魏兴郡境内安桥和木阑塞二处。《水经注》载："汉水又左会文水，水，即门水也，出胡城北山石穴中……门水右注汉水，谓之高桥溪口"①，按此句所述，为汉水行经南郑县至成固县一段，位于汉中郡境内。至后方述"又东过成固县南，又东过魏兴安阳县南"云云，才移笔魏兴郡境内。明此则知，此高桥溪口并非西城安桥所在。

胡三省注《资治通鉴》云："《水经注》：魏兴安阳县西北，有高桥溪口，文水入汉之口也。汉水又迳西城县故城南，又东迳木阑塞南，右岸有城，名陵城，周回数里；左岸垒石数十行，重垒数十里，中谓之木阑塞。盖吴兵向安桥而蜀兵向木阑塞也。晏《类要》云：伎陵城，在金州洵阳县。庾雍《汉水记》：即木阑塞，蜀军救孟达之所。"②胡氏在没有对安桥进行定位的前提下，即云"盖吴兵向安桥而蜀兵向木阑塞也"，复引庾雍《汉水记》来佐证其观点，甚为武断。此点已为清代学者顾祖禹所指出，顾氏谓"安桥应在县（按即安阳县）东南。胡氏引《水经注》云安阳西北有高桥溪口，文水入汉之口也，安桥当在其下。恐误。"③其后谢钟英亦云："安桥在今安康县西汉水，北近蜀汉中郡，木阑塞近吴建平，两国舍近图远，兵势不合，胡氏吴、蜀二字应互易"④，谢氏认为实际情况应是"蜀兵向安桥而吴兵向木阑塞"。西城之安桥既非位于高桥溪口下，则应按照顾祖禹及谢钟英所云，将其定位在魏兴郡西城县西，今《中国历史地图集》即是如此标注⑤。又"汉水又东迳西城县故城南……洵水东南注汉，谓之洵口。

①《合校水经注》卷二七《沔水》，第412页。

②《资治通鉴》卷七○"魏明帝太和元年十二月"条下胡注，第2238页。

③（清）顾祖禹：《读史方舆纪要》卷五六《陕西五》，北京：中华书局，2005年，第2712页。

④《三国疆域志补注》卷六《魏荆州·魏兴郡》，《二十五史补编》第3册，第70页。

⑤《中国历史地图集》第3册《三国·西晋时期》之"魏荆州"，北京：中国地图出版社，1982年，第19页。

汉水又东迳木阑寨南”①，则木阑寨位于洵水入汉之口以东。

申仪降魏后，西城郡改名魏兴郡，郡治暂由西城县移至洵口，即《三国志》云"仪魏兴太守，封郧乡侯，屯洵口"②。《华阳国志》云"蜀平，遂还治西城"③，则申仪移军屯驻洵口，应为临时性行动，待其后魏国灭蜀后，郡治仍还西城县。与西城县相比，洵口靠近魏兴郡腹地，可同时控制沿汉水和洵水顺流而下的通道，又其东临军事要塞木阑，一旦发生战事，可凭借木阑塞阻挡沿汉水而来的威胁。自郦道元《水经注》始，至胡三省注《资治通鉴》，至清代学者谢钟英撰《三国疆域志补注》，至当代田余庆先生，均认定吴、蜀二国曾遣军救援孟达。郦氏谓木阑塞，"吴朝遣军救孟达于此矣"④；胡三省之说，上文已引，但其误以为安桥即高桥溪口，故其说并不可信从；谢钟英在明确安桥、木阑塞位置的前提下，根据当时出兵之形势，认为蜀向安桥而吴向木阑塞；但胡、谢二人之结论，却源于其对《晋书·宣帝纪》的错误理解，以及没有全面考虑当时司马懿、孟达、申仪三方的军事形势；田余庆先生认为军事方面有可议之处，但并没有深入展开讨论⑤。

认真审视《晋书·宣帝纪》"吴、蜀各遣其将向西城安桥、木阑塞以救达"的记载，既然可以将其拆分为"吴遣其将向西城安桥，蜀遣其将向西城木阑塞"来理解，这也正是上引诸位学者推出其结论的逻辑基础。那么可否将其理解为"吴遣其将向西城安桥、木阑塞，蜀遣其将向西城安桥、木阑塞"呢，结合当时的军事形势，这种理解恐怕更为稳妥一些。

安桥、木阑塞均位于魏兴郡境内，申仪移治洵口，郡内大部分兵士随屯其地，安桥及西城县就成为边徼之地，防备比较薄弱，暴露在来援蜀军

---

① 《合校水经注》卷二七《沔水》，第416页。
② 《三国志》卷四〇《蜀书·刘封传》，第994页。
③ 《华阳国志校补图注》卷二《汉中志·魏兴郡》，第83页。
④ 《合校水经注》卷二七《沔水》，第416页。
⑤ 按田余庆先生在《蜀史四题·刘封与孟达》文下脚注云："据《读史方舆纪要》卷五六，木阑寨在今安康以东，洵阳以西。安桥亦在附近。但是魏兴郡治安康在申仪之手，申仪断蜀道以防蜀军，蜀军何得越魏兴郡治而至木阑寨？又，上庸城是孟达所守，吴军又何得越此地而救孟达于其西北数百里之安桥？这是不解的问题。"根据《水经注》，木阑寨应在洵口以东，即今洵阳之东。又魏兴郡此时暂理洵口，郡治并不在西城（即今之安康）。田先生也认为吴军救孟达于安桥，恐是引自胡三省之观点。

面前，并成为抵抗蜀军的第一道防线。蜀军突破安桥、西城一线后，自然循汉水向洵口前进，但申仪凭借木阑塞，应成功将蜀军阻挡在这一带，并击败之，颇疑郦氏所注应正为蜀遣军救孟达于木阑塞。吴国在获知司马懿大军攻入孟达辖地后，应有遣军救援的计划，吴国所遣之军，要抵达上庸，当沿香溪河谷北上进入房陵①，再西进至上庸，但却为司马懿"分诸将以拒"，很可能没有成功进入房陵。

《说文解字》释"向"字云："向，北出牖也"②，即朝向北方，吴所遣援军，进军方向自然向北。《晋书·宣帝纪》还记载，在司马懿攻破上庸城后不久，"蜀将姚静、郑他等帅其属七千余人来降"③，这件事是与申仪前往宛城面见司马懿同时发生的，推测姚静、郑他二将即为蜀国所遣救援孟达之人，却被申仪军阻挡在木阑塞一带，其军队应来源于蜀汉中郡。申仪复又"绝蜀道，使救不到"④，严耕望先生在论述唐代"山南境内巴山诸谷道"时云："由房州取堵水西行入蜀之道，其开通盖甚早。汉末，孟达为新城太守，叛魏，申仪为魏兴太守，'绝蜀道，使救不到'。盖上庸赖堵水谷道以取蜀援耳。"⑤此道溯堵水而上，越大巴山后入蜀，申仪阻绝这条道路，自蜀中所遣援军自然无法北上救援孟达。加上自汉中郡出发的援军，被申仪阻挡并击败在木阑塞一带，蜀国此次救援孟达的计划完全归于失败。

但《蜀志·费诗传》却谓"亮亦以达无款诚之心，故不救助也"⑥，《华阳国志》亦云"亮以其数反覆，亦不救"⑦，其记载应循《蜀志·费诗传》。清代学者赵一清已怀疑这一记载："《晋书·宣帝纪》：吴、蜀各遣其将向西城安桥、木阑塞以救达。又克达之后，蜀将姚静、郑他等帅其属七千余人来降。《水经·沔水注》：木阑塞，吴朝遣军救孟达于此，则蜀、吴皆有救孟达之事，此云不救，何也？"⑧但并未做出进一步解释。陈寿撰著《三

---

① 吴军亦可能溯汉水河谷北上，经襄阳西援孟达，但此路行军距离远超香溪河谷，且襄阳防守严密，救援计划难以实现。吴军欲迅速支援孟达，则香溪河谷路为最佳选择。

② （清）段玉裁：《说文解字注》，上海：上海古籍出版社，1988年，第338页上。

③ 《晋书》卷一《宣帝纪》，第6页。

④ 《三国志》卷四〇《蜀书·刘封传》裴注引《魏略》语，第994页。

⑤ 《唐代交通图考》第四卷《山剑滇黔区》之《山南境内巴山诸谷道》，第1026页。

⑥ 《三国志》卷四一《蜀书·费诗传》，第1016页。

⑦ 《华阳国志校补图注》卷二《汉中志·新城郡》，第87页。

⑧ 《三国志集解》卷四一《蜀书·费诗传》引赵一清语，第828页。

国志》，所凭借之材料多来自魏、吴两国，如王沈《魏书》、鱼豢《魏略》、韦昭《吴书》等，而蜀国由于未置史官，相关历史事件记载匮乏，陈寿只能自行采集、搜佚补缺，难以确载此役。幸好这一记载留存于魏国官私史书，使我们得以从一个侧面，发覆千年之前此次战役的来龙去脉。

更为重要的是，作为司马懿相当突出的军事功绩，平定孟达一役在魏书及晋朝官史中得以记载，自在情理之中。清代学者王懋竑评述司马懿代曹魏之过程，云其"受文帝遗诏辅政，已有不臣之心。东禽孟达，西拒诸葛，威名甚盛，迨辽东之役，大肆诛杀，藉以服众"①，新城郡与长安，分居东西，故云"东禽孟达"。姑且按此不论，仅就军事而言，司马懿传奇的军事生涯，正是肇始于南征孟达一役。

平定房陵、上庸二地后，仍旧占据魏兴郡的申仪，成为魏国西南边疆的最大隐患。申仪本就是当地土豪，拥有众多部曲，此次击败蜀国援军，进一步巩固其军事地位。如何妥善安置申仪，成为魏国当务之急，《晋书·宣帝纪》载："初，申仪久在魏兴，专威疆场，辄承制刻印，多所假授，达既诛，有自疑心。时诸郡守以帝新克捷，奉礼求贺，皆听之。帝使人讽仪，仪至，问乘制状，执之，归于京师"②；《魏略》云："达死后，仪诣宛见司马宣王，宣王劝使来朝，仪至京师，诏转拜仪楼船将军"③，魏国意图惩罚申仪"专威假授"之逆行，但鉴于其在平定孟达一役中所发挥的重要作用，最终还是决定封拜其为楼船将军。这一事件也标志着自孟达反叛以来，魏国力图整顿西南边疆三郡的行动，取得完满成功。

---

① （清）王懋竑：《白田杂著》卷五《魏志余论》，《景印文渊阁四库全书》子部杂家类0859，台湾商务印书馆，1986年，第723页上。

② 《晋书》卷一《宣帝纪》，第6页。

③ 《三国志》卷四○《蜀书·刘封传》裴注引《魏略》语，第994页。

《契丹国志》附刊地图辨说

辛德勇

　　旧题南宋孝宗淳熙七年叶隆礼撰《契丹国志》，经刘浦江考订，知其书应出自元朝坊贾之手，具体成书时间，则可以推定在元成宗大德十年（1306）之前[①]。由于辽朝历史的研究，史料有限，《契丹国志》在其中占有重要地位，所以，这项研究具有很高学术价值，为相关研究廓清了史料基础，功德匪浅。

《中华再造善本》丛书影印国家图书馆藏元刻本《契丹国志》

---

　　① 刘浦江：《关于〈契丹国志〉的若干问题》，原刊《史学史研究》1992 年第 2 期，又刘浦江：《〈契丹国志〉与〈大金国志〉关系试探》，原刊《中国典籍与文化论丛》第 1 辑（1993 年），此并据作者文集《辽金史论》，沈阳：辽宁大学出版社，1999 年，第 323—334 页，第 357—372 页。

继此之后，刘浦江又撰写了《〈契丹地理之图〉考略》一文，具体考辨《契丹国志》书中附刊《契丹地理之图》的来源等问题，可以说是对《契丹国志》所做的更加深入细致的研究。

浦江这篇研究《契丹地理之图》的文章，最初是在 2007 年举行的"邓广铭教授百年诞辰国际学术研讨会"上宣读的。这次国际学术研讨会，由北京大学中国古代史研究中心主办。主事者安排，让我在刘浦江宣讲论文这一场做评议。这样，我就有机会先于其他与会学者，早早仔细阅读了这篇文稿。浦江治学，首重文献考辨。在这一点上，我和他情趣颇为相同。另外，这篇文章研究的对象，又涉及古代地理的内容，和我的专业，关系比较密切，从而也就更有兴趣，一一斟酌了文稿论述的各项问题。

反复看了几遍之后，一方面，对浦江切入问题的深入、具体，深为钦佩；另一方面，也产生了一些不同的想法。由于评议时间有严格限制，我这些不同想法，在会场中未能做出详尽说明，但浦江要去了我准备的评议稿，很认真地看了我的全部意见。在将此文正式刊入这次会议的文集时，刘浦江说明了对我意见的感谢，也对其中个别问题，简要地做出了解释，但实际上并没有采纳愚见①。

刘浦江对学术的真挚，熟悉的朋友都很清楚。我知道，一定是他觉得我的意见尚不足以令其改变既有的观点。本来我想以后在准备讲授研究生目录学课程的相关内容时，对自己的想法，再做出更加周详的说明，那时再和浦江进一步讨论。想不到还没等我做出论证，浦江就身患重病，并很快离世而去，使我失去了和他交流磋商的机会。

学术是永恒的，学术研究是不息的。在学术研究的程途上，我们每一个研究者都是过客。在当今这个混沌昏暗的学术界中，像浦江这样真诚对待学术的人，并不很多。浦江匆匆地走了，但我想，他在天之灵，会理解我希望能够像他一样真诚地对待学术，会很高兴地看到，我仍在继续研究

———————————
① 刘浦江：《〈契丹地理之图〉考略》，北京大学中国古代史研究中心编：《邓广铭教授百年诞辰纪念论文集》，北京：中华书局，2008 年，第 788—793 页。

他提出并切实探索过的这一问题，试图对此有所推进。

下面，就以 2007 年国际学术研讨会上的评议稿为基础，正式刊布我对相关问题的看法。深感遗憾的是，已经无法听到浦江的意见了。

需要说明的是，《契丹国志》实际附刊有两幅地图，除了这幅《契丹地理之图》以外，还有一幅《晋献契丹全燕之图》，反映长城以南原属中原王朝统属的区域。在有些问题上，这里也会一并论述这幅《晋献契丹全燕之图》。

一、《契丹地理之图》的编绘时间

在论证《契丹地理之图》的编绘时间时，刘浦江根据图中既有辽上京，复有金"新上京"的情况，梳理金人定都会宁府（今黑龙江阿城市白城子）后建号"上京"的经过，指出：

> 自天眷元年建号上京后，海陵朝曾一度废去上京名号……削上京之号，是正隆二年（1157）的事情……世宗即位后……于大定十三年恢复上京之号……根据金上京名号之沿革，可以大致推定《契丹地理之图》的撰制时代。因作者以"新上京"指称金朝之上京，可见此图之创作当在天眷元年（1138）之后，其下限不应晚于正隆二年（1157）；若是在大定十三年恢复上京名号以后，则为时太晚，恐不宜称作"新"上京。[①]

由于《契丹国志》出于书坊编刻，各个方面的内容，都很不严谨，卷首附刊的地图，也是如此。因此，要想准确判断其编制时间，是一件很困难的时间。浦江的分析，固然很有道理，不失为一种可能的情况。但在目前情况下，要想确实认证这一点，在逻辑上，似乎还很不充分。

这是因为分析这一问题，还要考虑这个"新上京"的"新"字，或许更多的只是相对于契丹原有的"上京"而言，即编绘这幅地图的时代是南

---

① 刘浦江：《〈契丹地理之图〉考略》，见北京大学中国古代史研究中心编：《邓广铭教授百年诞辰纪念论文集》，第 789—790 页。

宋与金对峙时期，因而这很可能是编绘者相对于辽国曾经有过的"上京"而做出的标识。

当金熙宗天眷元年（1138）建号上京之时①，辽朝已经亡国十几年了。既然是绘制《契丹地理之图》，本来就绝不应该有金人新建的"上京"存在，而现在既然标识出"新上京"来，就说明编绘者只是列出作为"今地"之金国"上京"，以此作为地理坐标，让读图者明白，已经过去了的辽国相应的地理建置与金国现实存在的设置这两者之间的方位关系。

若是仔细揣摩这幅图上惟一标示的里至即此"新上京"旁附注的"西至黄龙府四百里"，或许可以更为具体地理解这一点。盖"黄龙府"本来是辽朝的建置，即所谓"龙州、黄龙府"，其地本"渤海扶余府。（辽）太祖平渤海，至此崩，有黄龙见，更名"②，故金国自然不会沿承这样的建置，因于天眷三年，"改为济州"③。因而这里的"黄龙府"表示的仍是辽国的地理建置④。

假若不能排除上面这样一种可能，那么，我想，似乎可以更为慎重一些，仅仅把"不应晚于正隆二年"列为《契丹地理之图》可能的编制时间之一；而若是更为严谨地来做推论，似应将其编绘时间拟定在金熙宗天眷元年建号上京以后直至金亡期间，再剔除其间从海陵王正隆二年（1157）至世宗大定十三年（1173）削除上京名号这十七年时间。当然，如刘浦江所云，这幅地图应是南宋人所绘，而不会出自金人之手。

刘浦江在论述这一问题时，提到了南宋光宗绍熙元年至二年间（1190—1191）绘制的一幅《墜理图》（《地理图》），此图今有苏州博物馆藏南宋理宗淳祐七年（1247）的石刻摹本，惟上石时对原图已经有所增改。

---

① 《金史》卷二四《地理志》上，北京：中华书局，1975 年，第 550 页。
② 《辽史》卷三八《地理志》二，北京：中华书局，1974 年，第 470 页。
③ 《金史》卷二四《地理志》上，第 552 页。
④ 案宋金时一些非正式的记述，仍沿用"黄龙府"来称谓这里，但《契丹地理之图》是反映辽国地理面貌的地图，理应绘入辽国正式的建置名称。

苏州博物馆藏南宋理宗淳祐七年上石《墬理图》之墨线摹本[1]

———————
[1] 曹婉如等编:《中国古代地图集（战国—元）》，文物出版社，1990年，图版72。

有意思的是，在这幅《墬理图》上，在《契丹地理之图》"今上京"的地方，标记为"御寨新京"。所谓"御寨"，是当时称谓此地亦即上京会宁府常用的说法①，而"新京"自与"新上京"语义相当。此图既然是绘制于光宗绍熙元年至二年期间（1190—1191），就显示出在浦江所推定的《契丹地理之图》编绘年代下限——金海陵王正隆二年（1157）之后，宋人仍然会用诸如"新京"（"新上京"）之类的说法，来指称金上京会宁府地。

浦江对这一情况的解释是，《墬理图》与《契丹地理之图》的情况不同，不宜简单类比：

> 前者（德勇案：指《墬理图》）基本上是一幅宋朝的地图，长城以北地图主要取材于宋人所绘辽金地图，其"御寨新京"的标记应当是照抄底图的文字；而后者是专门绘制的契丹地图，其"新上京"的标记应当更注重时效性。就辽金地理而言，两幅地图的一个重要区别在于，前者为因袭，后者为创作，故尽管都称为"新上京"或"新京"，但他们所传达的信息却是不一样的。②

用现实的"时效性"来解释《契丹地理之图》上的"新上京"，显然缺乏足够的说服力。这就是如上所述，当"新上京"设置之时，契丹早已覆灭无存，按照所谓"时效性"，在《契丹地理之图》上根本就不应该有"新上京"存在。

若是转换一个思路，不再固持《契丹地理之图》必定绘制于正隆二年（1157）之前的看法，那么，参照《墬理图》上标示的"御寨新京"，恰好说明即使是在南宋光宗绍熙元年至二年间（1190—1191），甚至是在《墬理图》上石的宋理宗淳祐七年（1247），南宋方面仍然会在《契丹地理之图》上标记出金国"上京"的位置。因为对于南宋人来说，这是他们最为关切、同时也印象最为具体的东北塞外重要地点，是一处非常有效的地理坐标。

---

① （宋）徐梦莘：《三朝北盟会编》卷九八，上海：上海古籍出版社，1987年，影印清光绪三十四年许涵度校刻本，第726页。

② 刘浦江：《〈契丹地理之图〉考略》，见北京大学中国古代史研究中心编：《邓广铭教授百年诞辰纪念论文集》，第793页。

二、《契丹地理之图》的来源

关于《契丹地理之图》的来源，由于缺乏明确记载，现在实际很难做出比较清楚的判断。

刘浦江在研究这一问题时，是先爬梳有关五代至两宋时期的史料，知悉在这一阶段，可能与《契丹地理之图》发生关联的契丹地图，共有四种，即：

（1）五代时耶律倍献与后唐之契丹地图。

（2）宋仁宗嘉祐二年（1057）赵至忠所上《契丹地图》。

（3）佚名《契丹疆宇图》。

（4）佚名《契丹地里图》。

浦江分析相关记载后提出，《契丹国志》中的《契丹地理之图》，是本自上列"佚名《契丹疆宇图》"。这当然可以姑备一说，但与此同时，对这一结论，似乎也还可以进一步加以斟酌。

首先，《契丹疆宇图》的绘制时代，与《契丹地理之图》的内容基本吻合，这显示浦江的说法固有其合理的一面。

在上述四种契丹地图中，前两种一出于五代，一种出于北宋，而第四种《契丹地里图》因为是见于《通志》著录，而《通志》之《艺文略》《图谱略》皆系钞撮前朝书目而成，其中几乎没有南宋时期的著述，所以这种地图也应出自北宋或是更早。这样，就只剩有《契丹疆宇图》，其绘制时代不早不晚，属于南宋时期。

在南宋前期的各种官私书目中，《契丹疆宇图》仅见于尤袤的《遂初堂书目》。尤袤为南宋前中期人，故浦江以为"由此看来，《契丹疆宇图》很可能问世于南宋初"，而这与浦江推定的《契丹地理之图》的成图时代约略相当[1]。

但是，刘浦江以其始见于《遂初堂书目》，即推断《契丹疆宇图》出自南宋初年，理由似乎还不够十分充分。因为诸如《郡斋读书志》《秘书省续编到四库阙书目》《中兴馆阁书目》等书目，都不是当世所有书籍的总目，而像《契丹疆宇图》这样的佚名著述，其实际性质，往往与像赵至

---

[1] 刘浦江：《〈契丹地理之图〉考略》，见北京大学中国古代史研究中心编：《邓广铭教授百年诞辰纪念论文集》，第790—791页。

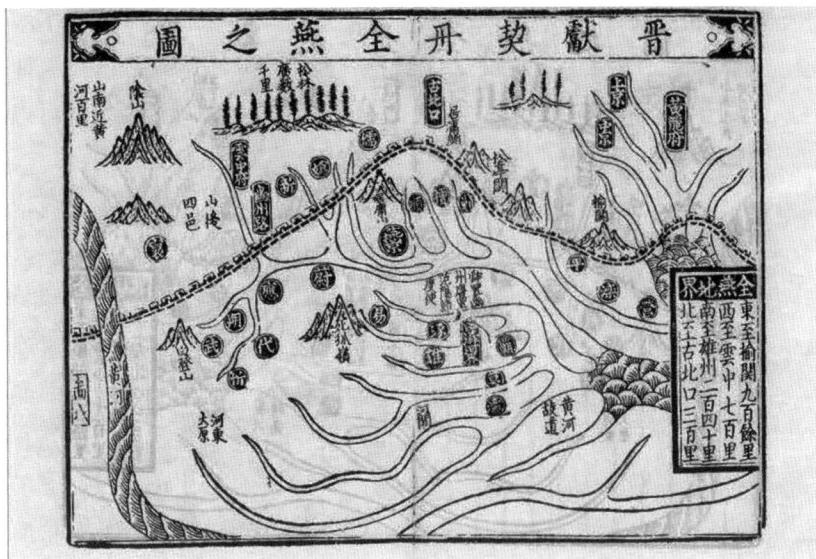

《中华再造善本》丛书影印国家图书馆藏
元刻本《契丹国志》

忠《契丹地图》这样来路清晰的舆图会有很大区别，或许属于不甚入流的图籍，从而被其他书目所忽视；又如浦江所论，《契丹疆宇图》在很大程度上，就是对赵至忠《契丹地图》的转绘，这样一来，二者本来是同一回事，从而也就更不容易以《契丹疆宇图》的名目而被这些书目著录了。更准确地说，就是在这当中还存在着很多不确定性。

在论证这一问题时，浦江还指出，与《契丹国志》中附刊的另一幅《晋献契丹全燕之图》相比较，可以看出，《契丹地理之图》和《晋献契丹全燕之图》这两幅地图，在内容上还存在着某些共同点。譬如两者都没有标注辽西京，仍将其地绘为"云中府"，仅《契丹地理之图》以小字注附记曰："山后四邑，契丹改名西京。"

浦江由此推论，以为《契丹地理之图》和《晋献契丹全燕之图》两图出自同一种底图——这就是《契丹疆宇图》。浦江还进一步指出，《契丹疆宇图》的作者在绘制这两幅图时，是以赵至忠《契丹地图》为蓝本的。盖赵至忠由辽入宋是兴宗重熙十年（1041），而云中府重熙十三年才升改为西京，因此，在他制作的《契丹地图》上，自然没有标注"西京"的道理。

　　浦江提出的这一见解，非常重要。首先在研究方法上，他看到了《契丹国志》中不同地图之间的联系，而不是将其相互隔绝开来，孤立地分析每一幅地图。不过若是遵循这一视角，更进一步加以分析，或许可以对《契丹国志》这几幅地图的来源和性质，做出一些不同的判断。

　　其一，在宋辽或宋金对立时期，在宋朝一方，无论是谁，无所凭依地独立从头做起编制一份契丹或女真的地理图，似乎都不大可能做到。这一点，我们从宋朝入辽、入金使节在行程录中对沿途地理情况的高度关注中，可以得到证明：即宋人只能依赖使臣得到沿途地带的第一手地理情况，而对入辽、入宋使节往返路程以外的其他地区，则所知甚少。即如在宋朝广泛误传的刘敞入辽被契丹人导引绕行"回曲千余里"事，谓乃有意不走"自松亭趋柳河"的近路，系契丹方面"不欲使人出夷路，又以示疆域之远险"①，实则途经"松亭"和"柳河"的是两条完全不同的跨越燕山的道路，前者为汉魏卢龙道，后者为古北道，绝不存在"自松亭趋柳河"的通道②。这一说法，纯属误传③，显示出宋人对契丹的地理状况存在严重隔阂。

　　在这一背景下，辽国进士、仕职至中书舍人的赵至忠，在归附宋朝后献上的《契丹地图》，对于宋朝一方来说，将显得极为难得，在较大范围内传写流传，恐怕是势所必然的事情。而随着时代的演进，后人传写转绘时在图上增添新近获得的一些有关契丹或女真地理建置的重要地理知识，也是自然而然的事情。譬如上述关于辽"西京"的注记、譬如所谓"新上京"、又譬如刘氏文中所说南宋人广泛误传的"黄龙府"，都可以从这一角度做出解释。

　　其二，更为重要的是，不仅被浦江指实为《契丹国志》所附地图底本的佚名著《契丹疆宇图》会是这样一种编绘过程，浦江文中所述现今所知

---

　　① （宋）王称：《东都事略》卷七六《刘敞传》，台北：央图，1991 年，《央图善本丛刊》影印宋光宗时眉山程舍人宅刊本，第 1155 页。（宋）沈括：《熙宁使契丹图抄》，据贾敬颜《五代宋金元人边疆行记十三种疏证稿》，北京：中华书局，2004 年，第 152 页。

　　② 辛德勇：《论宋金以前东北与中原之间的交通》，原刊《陕西师大学报（哲学社会科学版）》1984 年第 2 期，后收入《古代交通与地理文献研究》，北京：中华书局，1996 年，第 1—16 页。

　　③ 傅乐焕：《宋人使辽语录行程考》，见作者文集《辽史丛考》，北京：中华书局，1984 年，第 17—20 页。

四种相关的契丹地图中那另外一幅不知谁何人绘制的《契丹地里图》，完全有可能与这幅《契丹疆宇图》相同，也是直接由赵至忠的《契丹地图》增改而成。

在宋朝高度关注契丹地理的社会背景下，出现像《契丹疆宇图》和《契丹地里图》这样两幅地图而却没有标注作者姓名，这也从一个侧面表明，这两幅图很可能是辗转传录而来。从这一意义上来讲，清人王仁俊在《辽史艺文志补正》中推测佚名《契丹疆宇图》或即赵至忠进上的《契丹地图》（王氏并推测佚名《契丹地理图》（即《契丹地里图》）和《大辽对境图》，也有可能与赵至忠的图有关）①，应该说是有一定道理的，符合这类文献演化的一般规律，似乎不宜像浦江那样断然指斥"其说颇不足信"②；特别是浦江本人已经明确推断《契丹地理之图》和《晋献契丹全燕之图》是以赵至忠图为蓝本而制作的，这与王仁俊的看法似乎并没有实质性差异，只不过《契丹疆宇图》等是完全转绘赵图、还是对赵图有所添改的不同，而二者之间这种出入，对于手绘的地图来说，应该随时都会发生，是很自然的事情。

这样一来，《契丹国志》所附地图，就既有可能出自佚名《契丹疆宇图》，也有可能出自佚名《契丹地里图》，也有可能出自某一同类的其他地图，还有可能是直接改绘赵至忠《契丹地图》而成，这就如同《契丹国志》的文字部分系改写编录北宋文献记载一样，而究竟属于哪一种情况，现在恐怕还很难做出明确的判断。当然，《契丹疆宇图》也是其中可能性比较大的一种，只是其他两种可能性恐怕也不容轻易排除。这几种地图之间的关系，可图示如下：

① （清）王仁俊：《辽史艺文志补正》，北京：中华书局，1955年，重印《二十五史补编》本，第3页。

② 刘浦江：《〈契丹地理之图〉考略》，见北京大学中国古代史研究中心编：《邓广铭教授百年诞辰纪念论文集》，第791页。

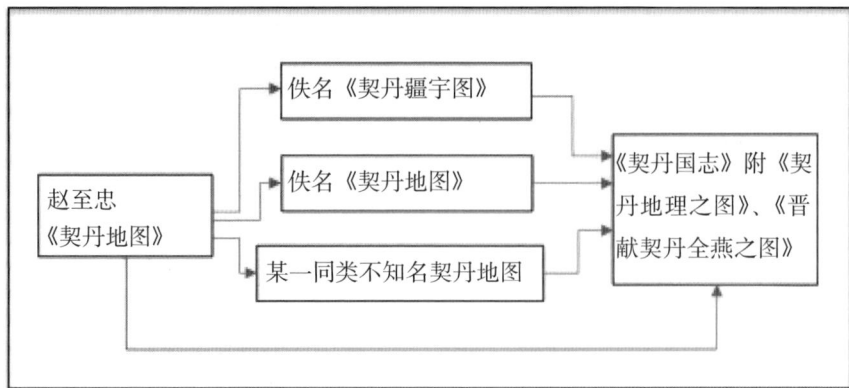

特别是浦江在过去关于《契丹国志》的研究中曾经明确指出，编纂此书的书贾应当利用了赵至忠与《契丹地图》一同进呈的《虏廷杂记》[①]。由此看来，坊贾若是直接利用赵氏的《契丹地图》，也是完全合乎逻辑的，至少我们可以找到比较清楚的间接证据。

基于这样的认识，我们再来看刘浦江试图从《契丹疆宇图》是惟一保存至元朝以后的契丹地图这一角度，来论证元朝书坊的商人编纂《契丹国志》时在客观条件方面实际能采录《契丹疆宇图》而无法利用诸如赵至忠《契丹地图》等其他几种契丹地图，就不一定具有很大意义。即这不仅是因为除《契丹疆宇图》之外的其他三种契丹地图是否未能流传到南宋时代尚无法予以证实，更为重要的是，所谓《契丹疆宇图》完全有可能是赵至忠《契丹地图》的一种改绘本（另外两种契丹地图，同样如此），甚至也可以说是赵至忠《契丹地图》流传到南宋时期的某一绘本所标示的地图名称，《契丹地图》和《契丹疆宇图》本来就是同一种地图。

其三，本着上述思考，还可以尝试对其他一些现象，做出另外的解释。

譬如与《契丹地理之图》一同附在《契丹国志》卷首的《契丹世系之图》，虽然如刘氏所指出那样，其下限晚至辽朝末代君主天祚帝，应属南宋人所作，但这与地图上有金人之"新上京"属同样的道理，完全可以依据旧本增改，而浦江文中引述的《仁宗实录》，正记载赵至忠所上地图，

① 刘浦江:《〈契丹国志〉与〈大金国志〉关系试探》，据作者文集《辽金史论》，第 371 页。

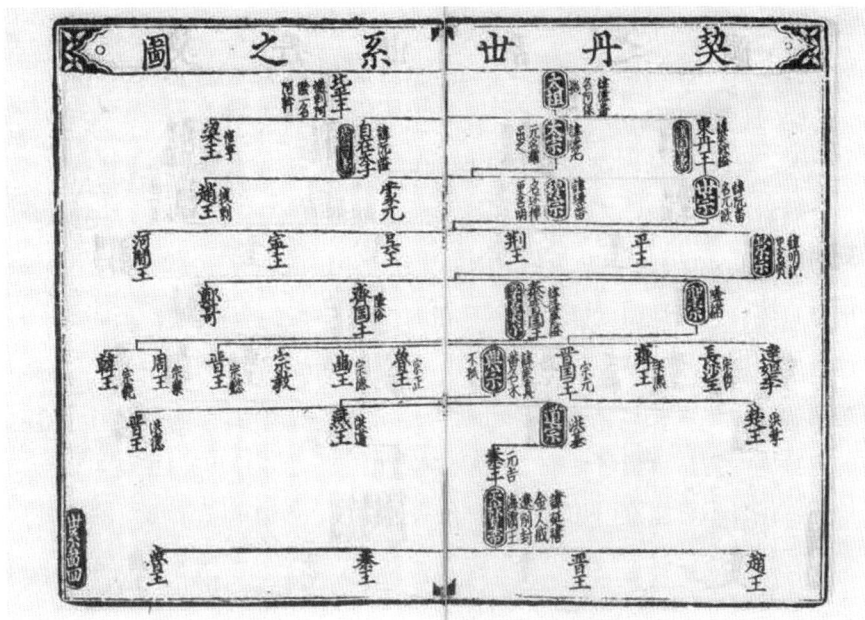

《中华再造善本》丛书影印国家图书馆藏
元刻本《契丹国志》

在进呈之初，本是称作"《契丹建国子孙图》及《纂录事》三册"（《国史·契丹传》称作"契丹地图"，应是后来确定的名称），所谓"子孙图"很可能就是此等世系之图。检欧阳脩《归田录》记述赵至忠事，特别称道其"能述虏中君臣世次、山川风物甚详"①。所以，此《契丹世系之图》最初出于赵至忠之手，本是非常合乎情理的。

又如《契丹国志》中附刊的另外一幅《晋献契丹全燕之图》，其内容完全符合前文对《契丹疆宇图》的分析。因为依据南宋时人陈振孙的著录，《契丹疆宇图》一书不仅"录契丹诸夷地"，而且也包括"中国所失地"②，这句话不啻向我们暗示了《晋献契丹全燕之图》的出处。——如浦江所说，在这幅《晋献契丹全燕之图》上，同样能够清楚看到其源出于赵至忠《契

---

① （宋）欧阳脩：《归田录》卷二，北京：中华书局，1981年，第21—22页。
② （宋）陈振孙：《直斋书录解题》卷八《地理类》，清乾隆末年苏州重刻《武英殿聚珍版书》本，第41页b。

丹地图》的痕迹，这就是云中府同样没有被称作"西京"。这样一来，追溯它的来源，实际上并不是非要经过《契丹疆宇图》这样一个中间环节不可。

《契丹疆宇图》虽然在《宋史·艺文志》和《玉海》当中，都著录为"二卷"，但对于地图来说，一幅图即可单独成为一卷，所谓"二卷"，很可能只有两幅地图。如上所述，南宋时人陈振孙著录《契丹疆宇图》时曾经说道，其中包含有"录契丹诸夷地"和"中国所失地"这两方面的内容，也是只要有两幅地图就能将其囊括在内。假若今《契丹国志》所附《契丹地理之图》和《晋献契丹全燕之图》就是直接出自《契丹疆宇图》，那么，这两幅图也已经足以体现陈振孙所谓"录契丹诸夷地"和"中国所失地"的内容。因为从《契丹地理之图》这幅"主图"的内容，似乎就可以做出推测：作者不可能再用几幅图来详细表述党项、女真等"诸夷"的情况。

三、《契丹国志》附刊地图的原貌

刘浦江在阐释《契丹地理之图》出自《契丹疆宇图》这一看法时，同时还对比分析了《契丹国志》卷首附刊的其他两幅"图"与《契丹地理之图》的关系。这两幅图，一幅是前面谈过的《晋献契丹全燕之图》，另一幅实际上不是地图，而是上一节提到的《契丹世系之图》。浦江以为这三图之间的关系，暗示它们可能出自《契丹疆宇图》。

在论述这一观点时，浦江比较了元刻本《契丹国志》卷首的这三幅"图"，发现这三幅图的版式和绘图手法一模一样，即顶头是地图名称，两边都有类似鱼尾的边框；更有意思的是，《契丹地理之图》的左下角标记有"图七"二字，《晋献契丹全燕之图》左下角标记为"图八"，而《契丹世系之图》则在同一位置注明为"世系图四"。

浦江以为这些标记文字在不经意间露出了《契丹国志》一书作伪的马脚。他认为，事实很明显——这三幅图必定是取自同一部书，而这部书就是《契丹疆宇图》。如前所述，由于陈振孙《直斋书录解题》著录说，《契丹疆宇图》系"录契丹诸夷地"，浦江据此便以为不难想见，所谓"世系

图四”“图七”“图八”都应当是《契丹国志》所截取的那部著作中原来的标记，伪撰《契丹国志》者做事疏忽，忘记了对其加以处理，而除了图四、图七和图八的契丹地图及世系图之外，该书的其他部分可能还包括党项、女真等“诸夷”的地图，不过现在都已经逸传不存而已。

关于这一点，我想浦江对古籍的版刻形式，似乎还缺乏足够的了解。传统古籍在同一部书上，鱼尾边框等版式一致，是理应如此，似乎不宜由此发掘出什么特别的意义。

中国古代版刻书籍，凡遇绘制大幅地图、图画或是篇幅较大的表格，需要通贯占用一整个版面的时候，在省除版心不刻之后，其页码的标注形式，大致有如下几种情况。

第一种，有些类似现代出版物的插页，并不标记页码，其前后页码，也是跳过这一页图表，连续编排，亦即忽略不计插入的图表。如清康熙内府铜活字本《律吕正义》，其中插入很多幅图表，都是采用这样的形式。

第二种，图表放置在全书正文的前面，且往往只有一种图表，这样可以省略不标记页码，也不大容易与前后页码产生次序混淆的问题。如宋刻本《六甲天元气运钤》，卷首有一幅《天元四时五运六步气指微图》，就是这样列置于卷首正文之前一页。

第三种，图表与其他文字部分同样标记页码，亦即每一页图表，与其前后的文字版面连续数算先后次序，记为一个页码。只是由于版面的特殊性，页码的位置，与普通文字版面会有所不同。或仍标记在版心或接近版心的空白处。为求醒目，有时会采用比较特殊的形式，如阴文；有时甚至会把页码标记在版心的上方。这都是与普通文字版面的差别。

其他如书页正面的右下角、书页反面的左下角、左上角，都有可能被用来标记页码。标记的文字，除了页码之外，有时还一并标记卷次。需要说明的是，目前我们见到的印本，或由于属后印本，原标记页码已有阙泐；或原刻即有简省，这种页码标记或有或无，序列往往并不完整。

知悉上述版刻知识，再来覆案元刻本《契丹国志》，其卷首各个叶面，相关内容与所标记的页码如下：

台北故宫博物院影印馆藏宋刻本

《纂图互注毛诗》

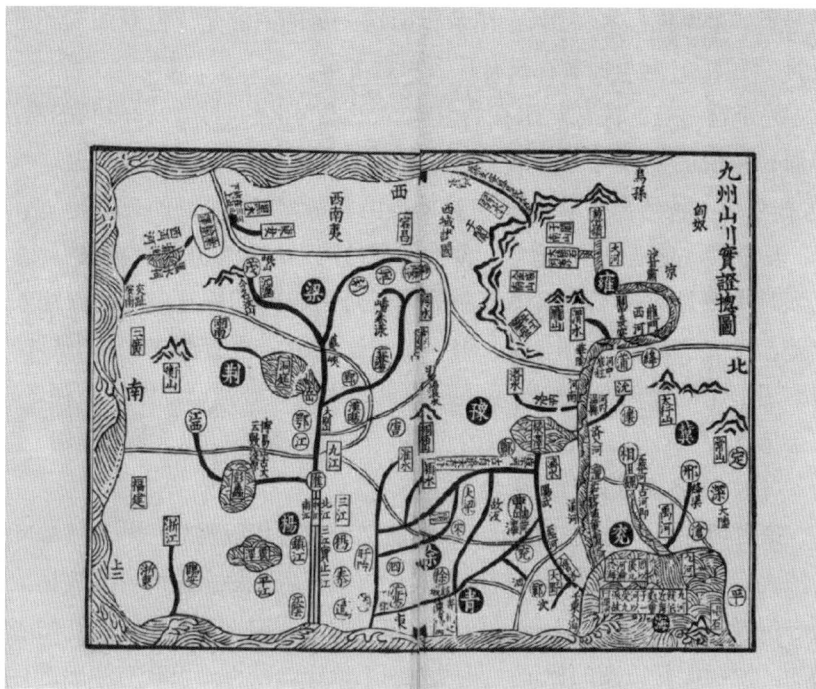

《古逸丛书三编》影印北京图书馆藏
宋刻本《禹贡山川地理图》

第1页：进书表

第2页：契丹国初兴本末

第3页：契丹国初兴本末

第4页：契丹世系之图——"世系图四"

第5页：契丹国九主年谱

第6页：契丹国九主年谱

第7页：契丹地理之图——"图七"

第8页：晋献契丹全燕之图——"图八"

由此可以清清楚楚地看到，"世系图四""图七""图八"这些序数，其实只是《契丹国志》这部书本身的页码；也就是说，所谓"世系图四""图七""图八"，等于说这几个页面分别为第"四""七""八"页。与通常所见标示形式稍有差别的，不过是在表示页码的序数前面，还分别刻上了"世系图"和"图"，用来标明这一页的内容是"世系图"还是普通的"地图"。这里面实在没有什么深意可求。

关于这一点，浦江后来在将其文稿正式刊出的时候，针对我的看法，附加一条说明，认为"世系图四""图七""图八"正值第四、七、八页"大概只是一种巧合罢了"，所陈述的理由有二。

其中第一项理由，乃谓"元刻本《契丹国志》卷首并没有页码"①。浦江当时大概是去国家图书馆核对的《契丹国志》的胶片。应是胶片效果较差，没有清晰显示刻本的原貌。今覆案《中华再造善本》丛书影印的国家图书馆藏元刻本，知除第一页的页码因书口破损已经毁失不存之外，其余第二、三、五、六这几页的页码，都非常清晰，而"世系图四""图七""图八"各图表正与之密合无间。

第二项理由，是浦江由于不了解前文所述古代版刻对一些占整幅叶面的图表标记页码时所采取的特殊方式，以为"若是该书页码，理应标记于版心位置才对，而'图七'、'图八'和'世系图四'却都是标识在图表之内的，说明应是原图的标记，只因为刻工依样画葫芦，没有对原图进行任何加工处理，所以才留下了这些文字"②。只要稍微看一看具有类似图表的古代版刻书籍，就可以知道，这种说法是完全不能成立的。

前文已经谈到，浦江是把"世系图四""图七""图八"这几页的页码标识，与这几页图表都是顶头开列地图名称、地图名称的前后两边都有类似鱼尾的边框等，一同列为这三页图表同出一书的证据。其实除了同一部书大多都需要镌刻统一的行款格式之外，这部《契丹国志》的字体和版式等，都呈典型的福建建阳书坊刻书特征。浦江在写作这篇文章的过程中，曾向我询问过国家图书馆藏元刻本《契丹国志》的版刻性质，我当时就向

---

① 刘浦江：《〈契丹地理之图〉考略》，见北京大学中国古代史研究中心编：《邓广铭教授百年诞辰纪念论文集》，第792页。案浦江这一说法，系同时针对拙见与曾跟随他读博士学位的日本留学生毛利英介两人。盖毛利英介博士在我之前，就向浦江提出过"世系图四""图七""图八"为页码标识的看法。

② 刘浦江：《〈契丹地理之图〉考略》，见北京大学中国古代史研究中心编：《邓广铭教授百年诞辰纪念论文集》，第792页。案浦江实际上是提出三点理由，表示不能认同愚见，但其第三点只是说"如将'图七'、'图八'和'世系图四'理解为页七、页八、页四，似乎也很难令人信服"，这更像是基于前两点反驳理由而表示的认识态度，而不能构成一项独立的理由。

名餘無足稱焉哉邊中枯骨化形治重載
豬服豕闥測所終當其隱入穹廬之時不知其
孰爲之主也孰爲之副貳也荒唐怪誕訛以傳
訛遂爲口實其詳亦不可得而詰也自時厥後
牛馬死摃詞訟庬淹復遭風雨雪霜之害中遂
衰微八部大人後稍整兵三年一會於各部內
選雄勇有謀畧者立之爲王舊主退位例以爲
常至阿保機爲衆所立後併七部而滅之契丹
始大原其立國興自阿保機至耶律德光而復
張遼五季之衰天末厭亂石卽胎禍蒉産禍諸華
毒痛四海飛跋扈貪殘僭儗中國帝王名數
盡盜有之冠攘倒植薰蕕共染干戈之慘極矣
迨宋真宗嵒巳和戎不復以一矢相加遺含容
覆護百有餘年聖興道二主（聖宗遖宗）以來天誘

《中华再造善本》丛书影印国家图书馆藏

元刻本《契丹国志》卷首第三页

他讲了这一点。遗憾的是，我和浦江手头都有很多事情在忙。后来若是稍得闲暇，多和他交流一些元代建阳书坊刻书的情况，多看一些同类的书影，浦江对此，或许就会有不同的理解。

不过浦江推定《契丹国志》刊印于元成宗大德十年（1306）之前，这一点非常重要。元官修《辽史》，完成于顺帝至正四年（1344）三月①。建阳书坊差相同时先后伪撰《契丹国志》和《大金国志》，是基于有关宋史的著述市面上流传很多，但对辽、金两国，却殊少记载，世人自有比较强烈的兴趣，需要了解其基本情况。正是在这种情况下，坊贾才应社会需求，编撰了这两部书籍，用以牟利。待官修《辽史》《金史》颁行于世之后，自然会很快取代《契丹国志》和《大金国志》这两部著述。这种书籍，本来就不像科举考试用书一样读者众多，所以，基本上不会再有重刻。

这样，我们也就不妨推论，目前存世的元刻本《契丹国志》，应该就是建阳书坊编刻这部书籍的坊贾原刻的版本。

四、《契丹国志》附刊地图的学术史价值

我在这里讨论《契丹地理之图》等《契丹国志》附刊地图，并不仅仅是想进一步落实或是辨明一些细节，为契丹历史和契丹地理的研究，解决一些基本的文献学问题，在很大程度上，还因为《契丹国志》附刊的这两幅地图，在中国古代文献发展史和中国地理学史上，都具有重要意义。

中国古代载录一个王朝全面历史面貌的典籍，应以班固《汉书》为最早，而《汉书》当中的《地理志》，也可以说是中国最早的一部历史地理著述。说它是历史地理著述，首先是因为在这篇《地理志》中，载录的是已经过去、成为历史的西汉王朝的地理状况，是一部历史书中的一个篇章。同时，《汉书》中还有对西汉以前上古以来各个时期地理建置的表述，这

---

① 《辽史》卷末附《进辽史表》，第 1555—1556 页。

就愈为加重了它的历史地理性质①。后世同样纪传体裁的断代史书，多效法《汉书》，列有载录一朝政区设置的志书，或名"地理志"，或名"郡国志"等，但从来都是徒有文字，没有配置地图。

其实不仅是纪传体断代史书，即使是像《史记》这样的通史性纪传体史书，像《资治通鉴》这样的编年体史书，编著者也一直没有用地图来反映所记述时代的地理情况。

若是追溯后人给前代著述配置相关的地图，则应以经学著作为先。这种局面，是由经学著述无与伦比的重要地位所决定的。盖地图的绘制和流传都很困难，经学在中国古代文化中的重要地位，驱使人们首先在经书的注释中不得不突破这种技术障碍，率先应用地图来做辅助说明。

如《尚书》中的《禹贡》，《诗经》涉及的周天子都邑状况与十五国方位，《春秋》涉及的列国盟会地点和路径，这些都是阅读经书时必不可少的地理知识。于是，至迟在东汉明帝时期，就有了《禹贡图》②。杜预在西晋时期注释《左传》，还一并编著有一部《盟会图》，用以反映春秋时期列国之间与盟会相关的地理问题③。同时人裴秀，则另行编绘有一部由十八篇篇幅组成的《禹贡地域图》，堪称"解经地图集"，其中也包含有反映《春秋》以及《左传》所记盟会地点的图幅，所涉及经书的范围，已不仅局限在《尚书·禹贡》这一经之内④。待宋代雕版印刷日益普及之后，建阳书坊等刻书坊贾，为便利读者理解经书，特别是适应科举考试的需求，往往会在《尚书》中附刻《禹迹图》，在《诗经》中附刻《十五国风地理图》《文武丰镐之图》等地图。除此之外，还有单独石刻的《禹迹图》等，自北宋时期以来，就在社会各地广泛流传⑤。

在史学著述方面，在王安石改革科举考试的内容之后，出于应付策论

① 别详拙文《〈后汉书〉对研究西汉以前政区地理的史料价值及相关文献学问题》，原刊《史念海先生百年诞辰纪念学术论文集》（2012 年），此据辛德勇：《旧史舆地文编》，上海：中西书局，2015 年，第 210—211 页。

② 《后汉书》卷七六《循吏列传·王景》，北京：中华书局，1965 年，第 2465 页。

③ 《晋书》卷三四《杜预传》，北京：中华书局，1974 年，第 1031 页。

④ 《晋书》卷三五《裴秀传》，第 1039 页。

⑤ 别详拙文《说阜昌石刻〈禹迹图〉与〈华夷图〉》，原刊《燕京学报》新二十八期（2010 年），此据辛德勇：《石室腾言》，北京：中华书局，2014 年，第 326—407 页。

考试的需要，北宋时期书坊就已经编刻有像《历代地理指掌图》这样的"读史地图集"，而建阳书坊刊刻南宋初年学者吕祖谦的《十七史详节》，也为其配置了一些与宋代地理相互对照的各个时期的简明历史地图。

就是在这样的背景之下，元代建阳书坊编刻的记录辽朝历史的纪传体断代史书《契丹国志》，从一开始，就编绘了《契丹地理之图》和《晋献契丹全燕之图》这样两幅地图，刻入书中，实际上是一件具有开创性意义的重要事件。——这是在中国古代的历史著述中，首次直接以地图的形式来反映一个王朝的地理状况。同时，也反映出绘制某一著述所载录时代的地图，在社会公众中有着强烈的需求。

就历史地理学科史而言，这是一项历史性的进步，它一目了然，给读者以更为直观的空间方位关系。类似的情况，虽然在此前的同类著述中也出现一些端倪，例如南宋程大昌的《雍录》，主要是考订汉唐长安城的地理建置，就随文附有一些地图，说明他所论述的空间方位关系。至于研究《禹贡》的著作，更往往配有河渠水道地图，甚至程大昌还专门撰著有《禹贡山川地理图》，地图在书中已经反宾为主，占据了核心的地位。但这些都是地理考据性著述，在记述性的著述当中，绘制地图来表示一个大区域内一个王朝时期的总体地理状况，在《契丹国志》问世之前，我还没有看到。

当然，我读书很少，见闻相当有限。所以，在这里只是初步提出一个看法，这还有待在日后进一步予以检查验证，或是修正改进。不管这一看法，究竟是否能够成立，我都希望学术界能够关注这一点，从这一角度，来探索《契丹国志》这两幅地图的学术史意义，深化我们对中国历史地理学史、中国古代地理学史和古地图学史的认识。

刘浦江研究《契丹国志》一书，取得了很多超越前人的重要认识。其中很有特色的一点，就是他把《契丹国志》与《大金国志》两书紧密联系在一起，来审视其编纂特点，指出两书应是同一坊贾差相同时编纂，而《契丹国志》成书在先[1]。这是一项很精辟的见解，体现出通达的历史文献学视野。对比《契丹国志》与《大金国志》两书，浦江推论，在元代坊贾

---

[1] 刘浦江：《〈契丹国志〉与〈大金国志〉关系试探》，据作者文集《辽金史论》，第357—372页。

最初刻印的《大金国志》原本当中，应与《契丹国志》一样，带有类似的金国地图 ①。

关于这一点，我想说，虽然并不能断然排除这样的可能，但可能性却不一定很大。因为我们看不到宋人掌握有类似赵至忠《契丹地图》那样的金人统治区域的地图，因而在南宋时期尚缺乏足够的资料编绘出北方金国的全图。正因为如此，在辽朝早已灭亡不存的情况下，苏州市博物馆藏南宋石刻《墜理图》绘出的北方边缘地带金人统治区域，只是在大量辽国旧有地理建置的基础上，添加少许女真人的地名而已。尽管明清时期流行有所谓路振著"金人疆域图" ②，但在南宋时期，显然还很不容易得到像这样的地图。不然的话，就会系统地标绘金国的地理建置，而不是画上已经不再存在的辽国政区设置和地名。

元朝编刻书籍的坊贾是否能够获取合用的地图作为依据既然还很难确定，《大金国志》是否像《契丹国志》一样附刊有金国政区建置的地图，也就很难做出明确的推论，而对于刊刻《契丹国志》和《大金国志》两书的书坊商人来说，通常也不必过分认真统一两书的内容和体例。能找到什么，就编印什么，这正是书坊刻书的重要特点。

2016 年 7 月 23 日记

---

① 刘浦江：《〈契丹国志〉与〈大金国志〉关系试探》，据作者文集《辽金史论》，第 361—362 页。

② 如（清）张穆：《蒙古游牧记》卷二，太原：山西人民出版社，1991 年，第 51 页。

中国国家图书馆藏《汉江以南三省边舆图》 《汉江以北四省边舆图》考述

彭绍骏

中国国家图书馆藏《汉江以南三省边舆图》《汉江以北四省边舆图》[①]是由清代嘉道时期陕西地方官员严如熤主绘，其佐幕郑炳然承担具体画图任务而绘成的两幅反映嘉庆年间秦巴山区的舆图，又被统称为《汉江南北二地图》或《三省边境山川道路图》[②]（以下分别简称《汉江南图》《汉江北图》，并称时简称为《边舆图》）。所谓"汉江南北"，按照严如熤的记载和《边舆图》呈现的区域，指嘉庆年间的陕西汉中府、兴安府、商州府，四川保宁府、绥定府、夔州府，湖北郧阳府、宜昌府等地。《边舆图》打破了行政区划的认知框架，以自然地缘与人文地理相近为基本依据绘制，详细呈现了嘉庆年间秦巴山区的道里交通、山川险要、地方治理等情况。

一、《边舆图》的绘者

严如熤，字炳文，号乐园，湖南溆浦人，生于乾隆二十四年八月二十

---

* 彭绍骏，硕士毕业，学习出版社编辑。

① 两图馆藏索书号分别为：227.001/1810；210.01/1820。

② 大学士汤金钊撰严如熤墓神道碑称之为"汉江南北二地图、三省山内总图"，参见（清）汤金钊：《布政史衔陕西按察使乐园严公神道碑》，据严如熤《乐园文钞》卷首，道光二十四年刻本，第 9 页 b；严如熤称之为"三省边境山川道路图"，见严如熤：《汉南续修府志》卷之一《严序》，嘉庆十八年刻本，第 4 页 b；《清史稿》记载为"汉江南北、三省山内各图"，见《清史稿》卷三百六十一《列传一百四十八·严如熤》，北京：中华书局，1977 年，第 11393 页。

四日①，卒于道光六年三月初二日辰时，享年 68 岁。他为官陕南二十余年，政绩卓著，"百余年父老传述为循吏之巨擘"②，颇为留心当地山川形势、风俗物产、历史治道，留下了丰富的著述，其著作多有区域特色，长于地方舆地之学，被后世学者称为"道咸经世派先驱"③。目录学家往往把严氏著述列为舆地类或地理类，"实不如视为政论较善"④。严如熤之所以能产生这些"政论"著作，与其仕宦经历紧密相关⑤。

清代乾嘉之际，社会矛盾不断爆发，湘西发生苗民起义、川陕楚一带发生白莲教起义，清廷急需延揽人才进行地方整顿，在这个时代背景下，严如熤走上了经世致用的仕途。中国第一历史档案馆藏清代档案中，由严如熤进呈的两份奏折清晰地说明了他的为官经历，陕西巡抚鄂山进呈的一份奏折详细记载了严如熤去世前后的情形。

第一份奏折为嘉庆二十一年闰六月十六日，严如熤在汉中府知府任内七年俸满，由吏部带领引见嘉庆帝，皇帝着其留任汉中府知府，严如熤于六月十八日进呈"谢恩折"：

　　……由优贡生保举孝廉方正，于嘉庆五年五月考试，后蒙特旨在军机处复试，带领引见。奉旨发往陕西以知县用，是年八月调赴军营，委办南郑、褒城、城固、西乡结寨团勇事宜。六年二月，题补洵阳县知县。嗣因擒拿获首逆陈朝官、李训安等，奉旨赏加知州衔，又因在蜀河口神仙洞等处打获胜仗，并运送军粮无误，经经略额勒登保保奏，奉旨赏戴花翎。又因拿获首逆方孝德，歼灭王祥等股匪，奉旨以同知直隶州即行升用，旋补定远厅同知。又经巡抚方维甸以搜捕零匪出力保奏，奉旨赏加知府衔。又因捐修定远厅城

---

　　①（清）陶澍：《诰授通议大夫陕西按察使司按察使晋赠通奉大夫布政使衔严公如熤墓志铭》，据钱仪吉《碑传集》卷末下《集外文》，北京：中华书局，1993 年，第 4707 页。

　　②（清）《洵阳县志》卷之八《宦绩》，光绪三十年刻本，第 32 页 a。

　　③鲁西奇、罗杜芳：《道咸经世派的先驱——严如熤》，《武汉大学学报（人文科学版）》2002 年第 6 期。

　　④来新夏：《邃谷文录：来新夏自选文集（下册）》，天津：南开大学出版社，2002 年，第 1307 页。

　　⑤关于严如熤入仕及著作的产生，参见辛德勇：《〈三省山内道路考〉的发现及其价值——并论严如熤之入仕与相关著述产生的因缘》，《版本目录学研究》第五辑，北京：大学出版社，2014 年。

堡等工，奉旨赏军功加一级。十二年正月，因服阕引见，奉旨交军机处记名。十三年八月，补潼关厅同知。十四年正月，奉旨补授汉中府知府。十四年九月，兼护陕安道。十八年十二月，遵旨查拿传教首犯陈恒义、陈金声、陈文清等解京审办。十九年二月，剿办木厢滋事匪徒，团勇防堵，并运送军粮无误，奉旨赏加道衔……[①]

第二份奏折为道光五年十一月，严如熤调任贵州按察使，于道光六年正月进京途中接上谕改任陕西按察使，见道光帝后于正月二十日进呈"谢恩折"，在这份奏折上道光帝朱批评价严氏"朴实老练"：

臣于上年十一月内，恭奉恩命升授贵州按察使，当经缮折陈谢，吁请陛见，仰蒙允准。遵即束装北上，兹于新正行抵保阳途次，接阅邸抄：道光六年正月初二日，内阁奉上谕严如熤着调补陕西按察使，钦此。伏念臣湘南下士，才识庸愚，由陕西南山知县洊升汉中府知府。嘉庆二十五年十二月内，蒙恩升补陕安道。道光三年，赏加按察使衔。五年，升授贵州按察使……[②]

第三份奏折为严如熤到任陕西按察使后不久辞世，陕西巡抚鄂山于道光六年三月初三日进呈一份奏折，详细记述了严如熤去世前后的情形：

新任臬司严如熤上年由陕安道升任贵州臬司，钦奉谕旨调任陕西。自京陛见来陕，于二月二十四日到省，臣接见之下，精神尚属健旺，即于二十五日接印任事。嗣经禀谒据称胸次觉有痰热，医者以为感冒等语。臣当嘱其加意调理连日，犹能力疾办公。讵三月初二日寅刻，陡发痰涌之症。臣闻信后，即亲往看视，该司气喘不止，即于辰时出缺……其长子教习期满知县严芝（严正基）、次子监生严正坊均未随任署中，仅止家丁数名，身后一切事

① （清）严如熤：《奏为吏部带领引见奉旨回任谢恩事》嘉庆二十一年闰六月十八日，中国第一历史档案馆藏清代宫中全宗朱批奏折档案，档号：04-01-13-0208-035。

② （清）严如熤：《奏为奉旨调补陕西按察使谢恩事》道光六年正月二十日，中国第一历史档案馆藏清代宫中全宗朱批奏折档案，档号：04-01-30-0055-045。

宜，臣现与司道妥为料理……①

根据上述奏折内容，结合有关宫中档案《清实录》《嘉庆道光两朝上谕档》等官方文档，及个人著述和地方志记载，对严如熤之仕宦经历勾勒如下：

1. 讲学沅州，协治苗疆。乾隆五十四年，在岳麓书院读书②。乾隆五十七年至乾隆六十年春，为沅州（今湖南芷江）明山书院讲席③。乾隆六十年八月，正值湘西苗民起义，入湖南巡抚姜晟幕府，参与平苗事宜④。嘉庆初年，白莲教起义席卷川陕楚交界地方。嘉庆元年，由优贡生保举孝廉方正⑤。嘉庆五年五月，在京考试，后在军机处复试，见嘉庆帝，奉旨发往陕西以知县用。

2. 承乏洵定，声名鹊起。嘉庆五年八月，调赴军营，委办南郑、褒城、城固、西乡结寨团勇事宜。嘉庆六年二月，题补洵阳县知县。五月，因镇抚地方成效显著，赏加知州衔⑥，后赏五品顶戴花翎⑦，又赏军功加一级。嘉庆八年八月，以同知直隶州即行升用，旋补定远厅同知，十月到任⑧。因镇抚地方，赏加知府衔。又因捐修定远厅城堡等工，赏军功加一级。嘉庆九年十二月，丁生母忧离任⑨。嘉庆十二年正月，服阕，交军机处记名候补。

---

① （清）陕西巡抚鄂山：《奏为新任臬司严如熤因病出缺请旨简放事》道光六年三月初三日，中国第一历史档案馆藏清代宫中全宗朱批奏折档案，档号：04-01-12-0390-021。

② （清）严如熤：《乐园文钞》卷三《还石轩记》，道光二十四年刻本，第 8 页 b。

③ （清）严如熤：《乐园文钞》卷三《还石轩记》，第 8 页 b；《苗防备览》卷一《引》，道光二十三年刻本，第 1 页 a。

④ （清）严如熤：《苗防备览》卷一《引》，第 1 页 a。

⑤ （清）陕西巡抚卢坤：《奏为代陕安道严如熤（煜）谢加赏按察使衔事》道光四年二月二十三日，中国第一历史档案馆藏清代军机处全宗录副奏折档案，档号：03-2546-021。

⑥ （清）吏部：《吏部为庆成等交部议叙由》嘉庆六年五月三十日，台湾中研院历史语言研究所藏内阁大库文档，登录号：109626。

⑦ （清）经略大臣额勒登保：《奏为知县严如熤（煜）任职出力请赏五品顶戴事》嘉庆六年六月初八日，中国第一历史档案馆藏清代军机处全宗录副奏折档案，档号：03-1701-027。

⑧ （清）陕西巡抚祖之望：《奏请以严如熤（煜）升补定远抚民同知事》嘉庆八年八月十九日，中国第一历史档案馆藏清代宫中全宗朱批奏折档案，档号：04-01-12-0266-050；（清）严如熤：《乐园诗稿·汉南集》卷一《蠲修定远厅石城铭》，道光年间刻本，第 8 页 a。

⑨ （清）吏部尚书德瑛：《题为议准狄稔升补陕西汉中府定远厅同知李枢焕调补西乡县知县事》嘉庆九年十二月十八日，中国第一历史档案馆藏清代内阁全宗题本吏科档案，档号：02-01-03-08620-020；（清）严如熤：《乐园文钞》卷四《恳方抚军止夺情禀》，道光二十四年刻本，第 28 页 b。

回乡守制期间完成《三省山内风土杂识》。

3. 知府汉中，政绩卓著。嘉庆十三年八月，补潼关厅同知，未到任[①]。嘉庆十四年正月，又奉嘉庆帝之命调汉中府，补授汉中府知府[②]，自此守郡十二载。嘉庆十四年九月，兼护陕安道[③]。嘉庆十九年二月，赏加道衔。嘉庆二十一年六月，汉中府知府任内七年俸满，见嘉庆帝，奉旨继续任汉中府知府。在知府任内绘制《汉江以南三省边舆图》《汉江以北四省边舆图》，并著《三省山内道路考》一书，编撰《汉中续修府志》《洋防辑要》。

4. 升任臬台，抱憾离世。嘉庆二十五年十二月，补授陕安道。道光元年奉旨查勘川陕楚边境，在《三省山内风土杂识》《三省山内道路考》的基础上，于道光二年完成《三省边防备览》。任内还辑录了《山南诗选》。道光三年，赏加陕西按察使衔。道光五年十一月初四日，内阁奉上谕，调严如煜补授贵州按察使，进京见道光帝[④]。道光六年正月初二日，进京途中于保定接到上谕邸抄，由贵州按察使调补陕西按察使[⑤]。正当大用之时，于道光六年三月初二日辰时，因病卒于陕西官署，九月，"赠故陕西按察使严如煜布政使衔，入祀名宦祠"[⑥]。

需要特别说明的是，在一些资料档案和论著论文中，严氏名字有"如煜""如煜""如熠"等多种写法，现有文献已证明"如煜"为正确写法，名字之误主要有两个原因。一是，编纂之误。《清史稿》列传作严如熠，艺文志除《三省山内风土杂记》将作者写为严如煜外，其余《汉中府志》

①（清）大学士庆桂：《题覆应如陕西巡抚方维甸所请同州府潼关同知庄逵吉缘事所遗冲繁难最要缺准以勤明干练素着循声之候补同知严如煜（煜）补授》嘉庆十三年十一月一日，台湾中研院历史语言研究所藏内阁大库文档，登录号：115361。嘉庆二十二年《续潼关厅志》卷中"职官志抚民同知"条并未记载"严如煜"，该志成书时严如煜在汉中府知府任上，若他到任潼关厅同知，应当有所记载，但志书并未载其名，因此推断未到任。

②（清）《奉上谕陕西汉中府知府员缺着严如煜（煜）补授》嘉庆十四年正月二十二日，台北故宫博物院清代宫中档奏折 - 嘉庆朝，统一编号：故宫 099040。

③（清）护理陕西巡抚朱勋：《奏为方载豫兼护潼商道并严如煜兼护陕安道事》嘉庆十四年九月二十六日，中国第一历史档案馆藏清代军机处全宗录副奏折档案，档号：03-1526-043。

④《章池严氏族谱》记载有道光帝与严如煜的"奏对语"，参见（清）严正基主修：《章池严氏族谱》卷十一《杂录》，道光二十三年刻本，第 1 页 a 至第 3 页 a。

⑤中国第一历史档案馆编：《道光朝上谕档》卷六，桂林：广西师范大学出版社，2009 年，第 1 页。

⑥《宣宗成皇帝实录》卷一〇六，道光六年九月辛丑条，据《清实录》第 34 册，北京：中华书局，1986 年，第 759 页。

《苗防备览》《三省边防备览》《洋防辑要》条目下皆为"严如煜"①。嘉庆十七年《续兴安府志》、道光二十六年《重修略阳县志》、民国二十四年《续修陕西通志稿》等县志、府志、省志官修志书误为"严如煜"②。光绪三十四年胡思敬刊刻"问影楼舆地丛书",其中《三省山内风土杂识》将"煜"写作"煜"③。民国时期陕西通志馆排印乡邦文献"关中丛书"、商务印书馆王云五编印"丛书集成初编"收录《三省山内风土杂识》都以问影楼本为底本。1966年台湾艺文印书馆"百部丛书集成"又重印"问影楼舆地丛书"。问影楼本《三省山内风土杂识》传播比较广泛,经多次翻刻翻印致使以讹传讹。二是,官书之误。最具代表性的官方文书是嘉庆十四年正月二十二日调严如煜补授汉中府知府的上谕错写为"严如煜"④。另有其他奏折内文写为"严如煜",或原奏无误但军机处录副时写为"严如煜"。综上而言,"严

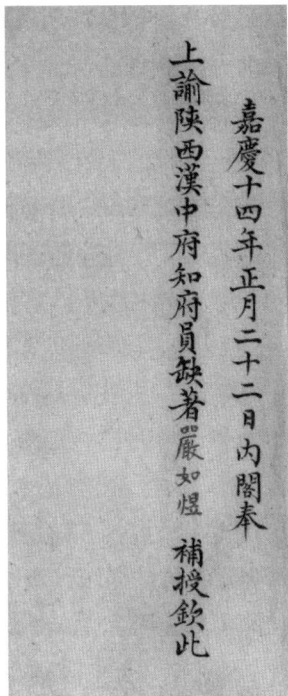

嘉庆十四年正月二十二日,着严如煜(煜)补授汉中府知府的上谕。

煜"名字之误主要由编纂、官书之误引起。道光二十三年由严氏之子严正基主修的《章池严氏族谱》明确记载为"严如煜",而"严如煜"另有其人,如煜、如煜同为章池严氏第十八世,两人为同族兄弟,如煜是兄、如

①《清史稿》卷一百四十六《艺文二》,北京:中华书局,1977年,第4292页、第4299—4300页、第4303页;卷三六一《列传一百四十八》,第11390—11394页。

②(清)叶世倬修,王履亨重刊:《续兴安府志》卷三,咸丰三年刻本,第6页a;(清)谭瑑等纂:《重修略阳县志》卷之四《艺文部》,道光二十六年刻本,第67页b;宋伯鲁等纂:《续修陕西通志稿》卷六十七《名宦四》第10—12页、卷二百十四《文征十四》第20页,1934年排印本。

③(清)胡思敬编:"问影楼舆地丛书"之《三省山内风土杂识》,光绪三十四年刻本,第1页a。

④(清)《奉上谕陕西汉中府知府员缺着严如煜(煜)补授》嘉庆十四年正月二十二日,台北故宫博物院清代宫中档奏折-嘉庆朝,统一编号:故宫099040。

煃是弟①。因此，"严如煃"并非只是"严如煜"名字的错讹，而是同族兄弟两人的姓名。

诸多研究引用陶澍撰严如煜墓志："生平慕范希文为人，取先忧后乐意，自号乐园。"②以及大学士汤金钊撰严公神道碑文："慕范希文先忧后乐，自号乐园。"③认为严如煜号"乐园"取意范仲淹"先天下之忧而忧，后天下之乐而乐"。据严氏自撰《乐园记》载：

> 家于望乡山之麓，有栎数十章，古干砢礴，为数百年物。暇则摩挲其下，因自号曰"栎园"。既友人李白桥语余曰："昔周亮工先生尝有此号，而子仍之，无乃亵乎？"乃去其偏旁而为"乐"。④

下文进一步提到，整理废圃，徜徉自适，"爰移余号以名之"。由此可知，严如煜自号"乐园"本意非仰慕范仲淹，而是取材于家乡景物，以表享乐田园之意。

关于另一绘图人郑炳然的身份，严如煜在其主编的《汉中续修府志》序言中写道："余友广安郑君炳然，秀才从军，驰驱边徼十数年，山川向背，道路险夷，不啻画沙聚米。余入老林抚绥暨督修堰渠，郑君必策马偕，又精绘事、工远势，能具千里于尺幅。"⑤依据上述信息，郑炳然应是严如煜的幕友或汉中府的杂职官，协助严氏处理相关事务。除《边舆图》外，《汉中续修府志》《三省边防备览》所附之舆图也由郑炳然具体负责绘制。

二、《边舆图》的版本与流传

严如煜于嘉庆十年至十一年回乡守制期间完成的《三省山内风土杂识》

---

① （清）严正基主修：《章池严氏族谱》卷九《祠田志》，道光二十三年刻本，第 13 页。

② （清）陶澍：《诰授通议大夫陕西按察使司按察使晋赠通奉大夫布政使衔严公如煜墓志铭》，第 4707 页。

③ （清）汤金钊：《布政史衔陕西按察使乐园严公神道碑》，第 8 页 a。

④ （清）严如煜：《乐园文钞》卷三《乐园记》，道光二十四年刻本，第 7 页 a 至第 8 页 a。

⑤ （清）严如煜：《汉中续修府志》卷之一《严序》，嘉庆十八年刻本，第 3 页 b 至第 4 页 a。

一书，正文之前"书配图"刻有一幅《三省山内简明地图》，虽是"简图"，但绘者在图中撰写了多处图注，详细勾画了长江以北、渭河以南、嘉陵江以东、郧阳府以西秦巴山区这一广袤地域的城池、交通、河流、地貌等情况。之后，严如熤在《三省山内简明地图》基础上扩充增补，绘制了《汉江以南三省边舆图》《汉江以北四省边舆图》。正如绘者所言，两图主要反映的是"三省山川道路"情况，图中详细标注了交通道路和城池营汛，且"图配书"有"严如熤、郑炳然全辑"《三省山内道路考》一卷①，"地名著名者备载程途里数，另刊一册。如查某处，按册看图可得其概"，此书作为辅助资料以供地图使用者查阅。道光元年，刚刚登基的道光帝敕令川陕楚三省督抚就交界地方"确堪情形"，查勘边境的任务由新任陕安兵备道严如熤具体执行汇总。事毕后三省会勘官员齐聚陕南兴安府，"会绘全图，酌定章程"，"将查勘情形绘图贴说"，"并将三省交界地方绘具舆图，恭呈御览"②，但此次所绘舆图至今未见。道光二年，严如熤基于上年边界会勘调查情况，撰成他的经世代表作《三省边防备览》，正文之前"书配图"绘有《陕西四川湖北三省边境总图》《三省边境各州县交界相连险要图》以及详细的区域局部舆图③。书中的舆图或与"恭呈御览"的舆图相似程度较高，最突出的特点是采用了"计里画方"的绘制方式，使城池、山川等的相对位置更加准确。以上各图构成了清代嘉道年间汉江南北舆图的谱系，其中《汉江以南三省边舆图》《汉江以北四省边舆图》发挥了承前启后的作用。

---

① 《三省山内道路考》传世极为稀少，目前仅见北京大学辛德勇教授个人藏书，他在2014年刊发的论文中公布了此书的内封、正文首页、正文末页书影，其中内封及正文首页书影收入2022年出版的著作。参见辛德勇：《〈三省山内道路考〉的发现及其价值——并论严如熤之入仕与相关著述产生的因缘》；辛德勇：《学人书影二集》，北京：九州出版社，2022年，第304—307页。

② （清）四川总督蒋攸铦等：《奏为遵旨查勘川陕楚老林情形并酌议添设文员事》道光元年八月二十一日，中国第一历史档案馆藏清代军机处全宗录副奏折档案，档号：03-2502-014。

③ 包括《汉属宁羌沔县南郑褒城西乡定远舆图》《兴安府属安康平利紫阳洵阳白河舆图》《兴山房县竹山竹溪舆图》《汉江以北郧县郧西舆图》《通江南江巴州广元舆图》《太平城口厅舆图》《奉节巫山云阳大宁开县舆图》《洋县华阳教场坝毗连盩厔形势图》《陕甘毗连黑河舆图》《商州商南洛南山阳镇安蓝田各属舆图》《孝义宁陕眉县盩厔各属交界舆图》《眉县岐山宝鸡凤县舆图》，参见（清）严如熤：《三省边防备览》卷一《舆图》，道光二年刻本，第1页a至第20页b。

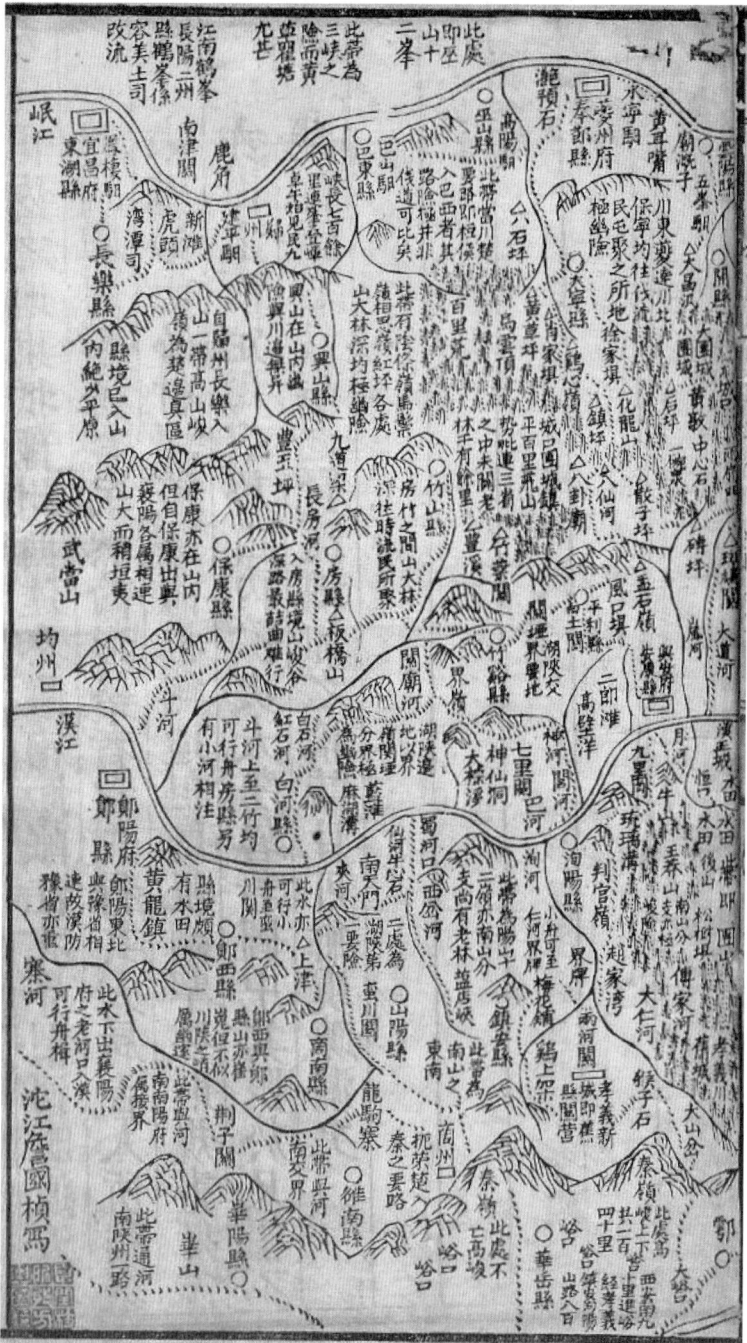

《三省山内简明地图》，出自嘉庆年间刻本《三省山内风土杂识》。

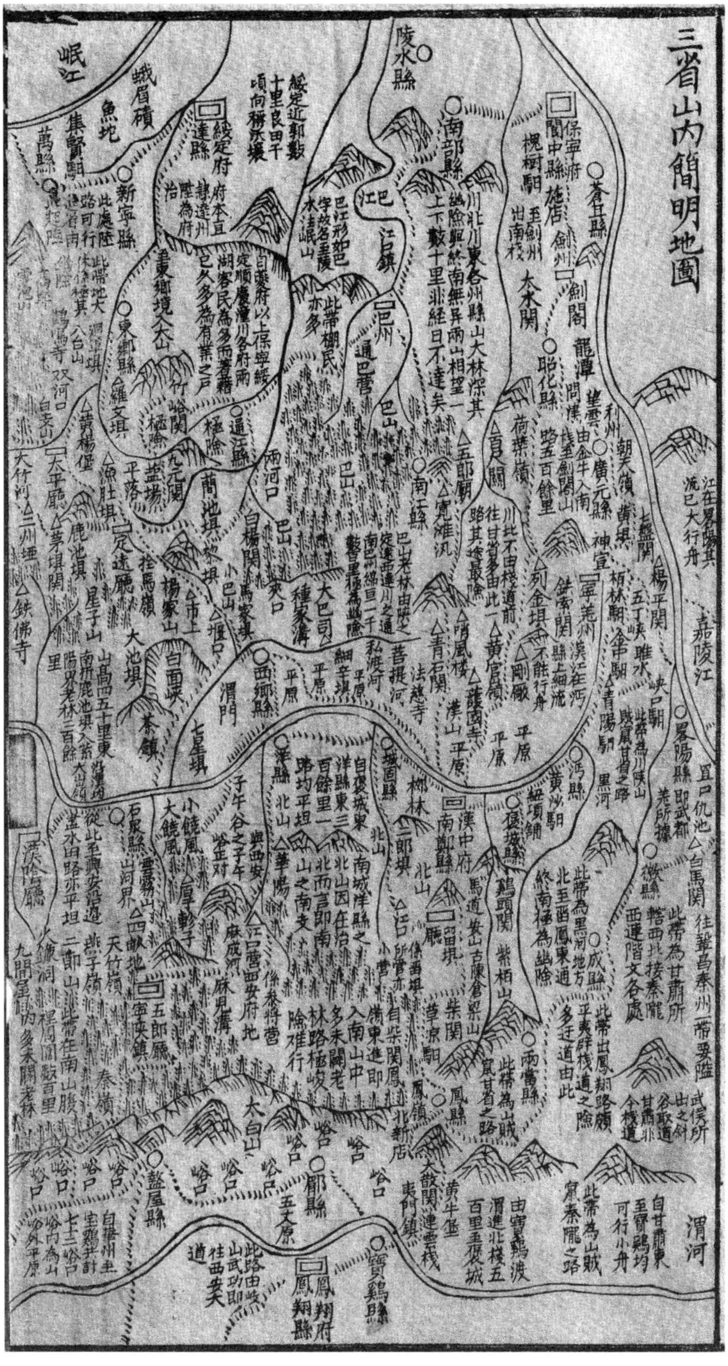

《陕西四川湖北三省边境总图》，出自道光二年刻本《三省边防备览》。

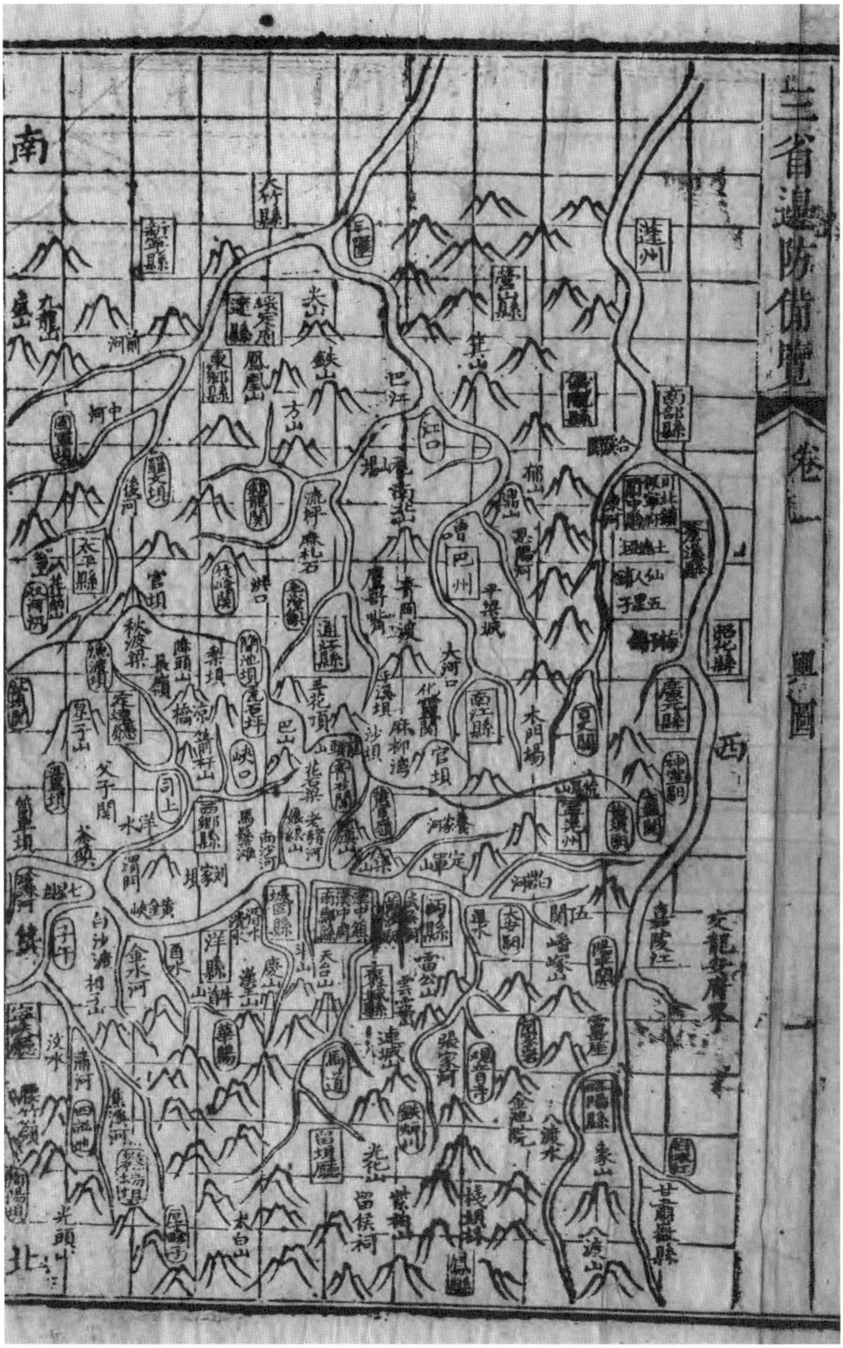
三省邊防備覽
卷一
圖
南
西
北
蓬州
營山縣
大竹縣
南部縣
巴州
南江縣
昭化縣
廣元縣
嘉陵江
巴江
江口
西鄉縣
洋縣
沔縣
略陽縣

台北故宫藏《汉江以北四省边舆图》

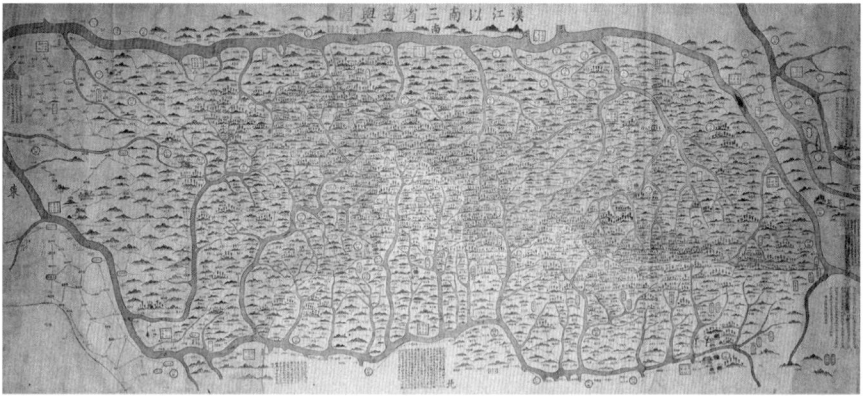

台北故宫藏《汉江以南三省边舆图》

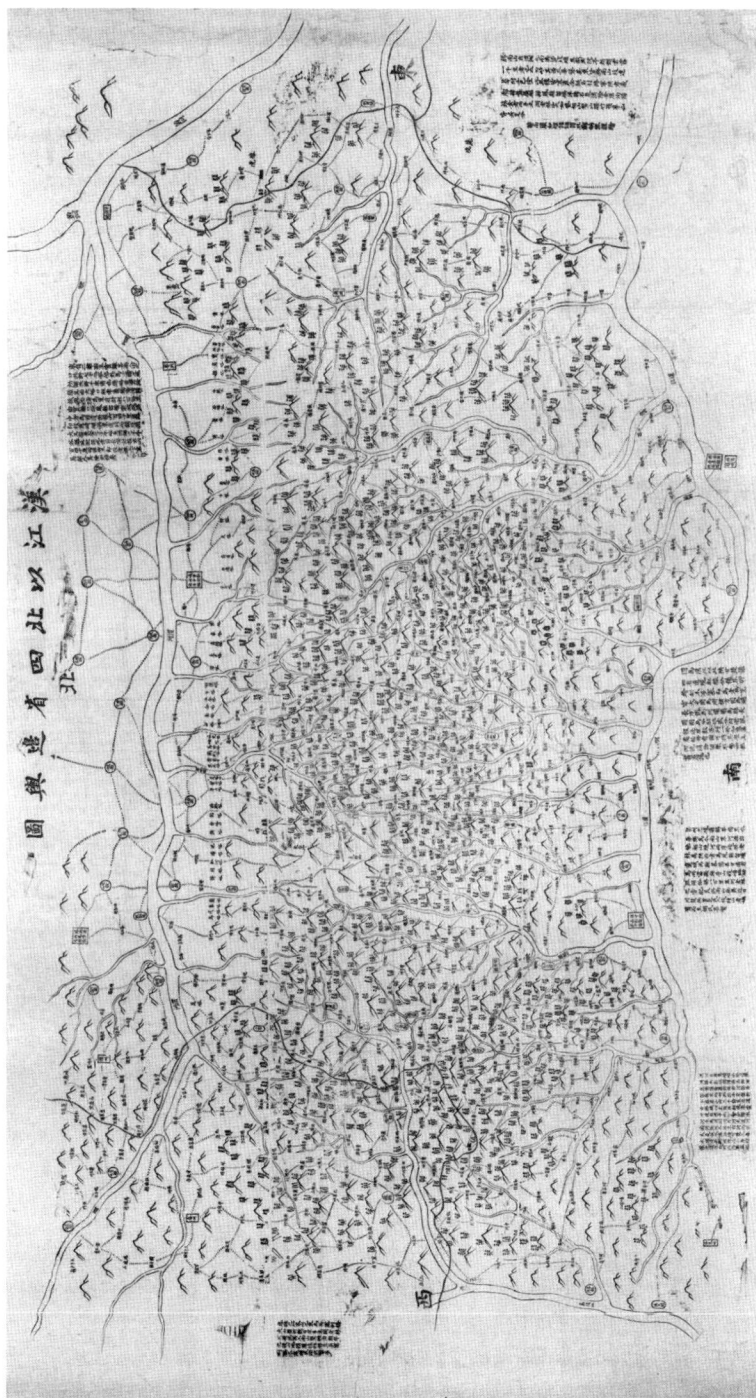

美国国会图书馆藏《汉江以北四省边舆图》

　　《汉江以南三省边舆图》《汉江以北四省边舆图》自刊行问世至今传播两百余年，已知有三个版本存世：一是美国国会图书馆藏本，严如煜、郑炳然绘，仅有《汉江以北四省边舆图》，木刻墨印；二是中国国家图书馆藏本，严如煜、郑炳然绘《汉江以南三省边舆图》《汉江以北四省边舆图》，木刻墨印，上色彩绘，但两图的装帧形式、画纸尺寸、上色标准都不同；三是台北故宫博物院藏本《汉江以南三省边舆图》《汉江以北四省边舆图》，纸本彩绘，图注题有"东鲁济阳闫俊烈谨识"[①]。美国藏本和国图藏本之《汉江北图》是同一雕版印刷，差异点是图纸尺寸和色彩不同：美国藏本除省界在印制墨线基础上描红外，其余皆为墨线或墨字，展示了刻印本原貌；国图藏本属于彩绘图，墨色印制后又进行了上色处理。台北藏本是在美国藏本和国图藏本的基础上改进彩绘，严、郑所绘的湖北地域相较陕西与四川简略，台北藏本详细补充了湖北地域的道路、城池、山川等地理信息，同时各省地域的人文景观亦有补充[②]。

　　《边舆图》三个版本今已分散三地，为了更全面论述舆图的内容，将舆图之聚散流传情况作一说明[③]。1933年出版的《国立北平图书馆中文舆图目录》一书收录截至1932年北平图书馆的旧藏与近年来新购入的地图，书中"本国地图之本国各省合图"条目下，列有三幅舆图信息：

1. 汉江以北（陕西，甘肃，湖北，河南）四省边舆图
色印。闫俊烈制。旧刻本。一幅。

2. 汉江以南（陕西，四川，湖北）三省边舆图

---

　　① 关于台北藏本的绘者有两种不同的说法：林天人认为是严如煜、郑炳然绘；冯岁平认为是闫俊烈绘。本文主要论述国图藏本，对台北藏本在此不做结论。参见林天人主编：《河岳海疆——院藏古舆图特展》，台北：台北故宫博物院，2012年，第70—72页；林天人编：《皇舆搜览——美国国会图书馆所藏明清舆图》，台北：中研院数位研究中心，2013年，第106页；冯岁平：《台北故宫博物院藏〈汉江以北四省边舆图〉小议》，《陕西理工大学学报（社会科学版）》2015年第2期；冯岁平：《台北故宫博物院藏汉江二图综论》，《安康学院学报》2022年第1期。

　　② 关于美国藏本的研究，参见冯岁平：《美国国会图书馆〈汉江以北四省边舆图〉述考》，《陕西理工大学学报（社会科学版）》2015年第1期。关于台北藏本的研究，参见冯岁平：《台北故宫博物院藏〈汉江以北四省边舆图〉小议》与《台北故宫博物院藏汉江二图综论》。

　　③ 本文作者向国家图书馆善本特藏阅览室工作人员请教两幅图的入藏时间，对方告知此类信息现已无法查证，因此有必要在文中梳理两幅图的入藏及流传情况。

色印。闫俊烈制。旧刻本。一幅。

3. 又一图

郑炳然同制。一幅。①

北平图书馆所藏舆图来源主要有：明清内府旧藏，以内阁大库红本检出档案为主；政府移拨，依法收储出版物缴送；接受捐赠或寄存，访书采购交换②。1929 年平馆成立舆图部，集中整理馆藏舆图，主要分为三类：一是特藏地图，包括清内阁大库舆图和采访收购的精美罕见珍品；二是中文普通地图，包括世界各国总图、中国总图及连省合图、各省地图、地形地质图、经济交通图、边界国防图、行政图、名胜古迹图等，皆为清代官府刊印或私人制刻，各地方政府及书坊测制之图；三是模型及工程图、接受捐赠或寄存的图稿等③。

为防时局不测，平馆自 1935 年 12 月起将包括舆图在内的馆藏文献陆续南运，其中内阁大库舆图 15 箱运往南京存放，南运的内阁大库舆图后因南京沦陷而落入敌手，平馆未及转运的资料在北平沦陷后被日伪侵占，未移出的文献中就有普通地图④。抗战胜利后，1946 年初至 1947 年初平馆派员依照 1934 年编著的《国立北平图书馆特藏清内阁大库舆图目录（附新购特藏）》清点存于南京的舆图，发现目录未记载舆图 15 种，其中有"《汉江以北四省边舆图》一幅；《汉江以南三省边舆图》一幅"。这些没有记录在案的舆图"其作风、笔法、画意完全与其他各图同，确认为本馆所藏者"⑤，但清点人员没有在工作报告中注明舆图的详细信息。时逢内战，国民党大势已去，国民政府教育部指令存于南京的"馆藏内阁舆图，遵令运往台湾保存"，于是 277 种舆图计 18 箱于 1948 年 12 月 21 日被运走⑥，

---

① 王庸、茅乃文：《国立北平图书馆中文舆图目录》，北平：国立北平图书馆出版，1933年，第 20 页。

② 《中国国家图书馆馆史资料长编：1909—2008（上）》，北京：国家图书馆出版社，2009年，第 27 页、第 146—177 页。

③ 《国立北平图书馆舆图部概况》，《近代图书馆史料汇编》第 7 册，南京：凤凰出版社，2009 年，第 472—477 页。

④ 《中国国家图书馆馆史资料长编：1909—2008（上）》，第 273 页、第 302 页。

⑤ 《中国国家图书馆馆史资料长编：1909—2008（上）》，第 375—379 页。

⑥ 《中国国家图书馆馆史资料长编：1909—2008（上）》，第 382—384 页。

翌年 1 月抵台湾，运台后也历经辗转最终收藏在台北故宫博物院。南运存沪文献的命运亦多动荡，1941 年为应对局势从存沪文献中挑出善本秘密送往美国国会图书馆保存。1943 年日伪把部分文献带至北平，其余文献在抗战胜利后自 1947 年起陆续运回北平，直至新中国成立后的 1950 年全部运回北京。运往美国国会图书馆的文献资料于 1965 年 11 月被转运至台湾①。

综上可知，台北藏《边舆图》和国图藏《汉江南图》于 1933 年前就已入藏国立北平图书馆。抗战胜利后清点出没有目录记载的"《汉江以北四省边舆图》一幅；《汉江以南三省边舆图》一幅"即是台北藏《边舆图》②，从内容上看台北藏本与国图藏本有紧密关联。1933 年《国立北平图书馆中文舆图目录》把台北藏本归为"本国地图之本国各省合图"与国图藏《汉江南图》列在一起，按平馆舆图部的分类应归入"中文普通地图"，但它们又在南运的内阁大库舆图中被发现且无特藏记录，可能是分装内阁大库舆图时误装了普通地图。即使台北藏本来源于内阁大库，并不能判定台北藏本与前文所述的进呈舆图有较大关联或者台北藏本就是随折舆图。这是因为：第一，道光元年八月二十一日，三省会勘结束后四川总督蒋攸铦等人联名进呈的奏折附有随折清单和舆图，道光帝于九月初六日朱批。中国第一历史档案馆现存录副奏折的折面写有"交单一，图一不交"，清单交由内阁发抄、舆图留存，可知随折清单一份、舆图一幅③。而台北藏本是两幅图，与随折图数量不符，且进呈的舆图由朝廷非重要官员个人署名的可能性微乎其微，清代公文处理进呈奏折的附件会与抄录的副本合并为"军机处奏折录副"，进呈的舆图最有可能保存在中国第一历史档案馆尚未

---

① 魏训田：《抗战前后国立北平图书馆藏书聚散考略》，《德州学院学报（哲学社会科学版）》2004 年第 1 期。

② 台北故宫博物院藏《汉江以南三省边舆图》《汉江以北四省边舆图》馆藏编号分别为：平图 021473、平图 021472。从编号上也可看出，台北藏本来源于北平图书馆。

③（清）四川总督蒋攸铦等：《奏为遵旨查勘川陕楚老林情形并酌议添设文员事》道光元年八月二十一日，中国第一历史档案馆藏清代军机处全宗录副奏折档案，档号：03-2502-014；（清）四川总督蒋攸铦等：《呈查勘川陕楚三省边境情形会同酌议添改厅治营汛各事宜清单》道光元年八月二十一日，中国第一历史档案馆藏清代宫中全宗朱批奏折档案，档号：04-01-01-0613-048。

公开①。第二，奏折明确写有三省会勘的参与者，四川总督蒋攸铦、陕西巡抚朱勋、湖北巡抚毓岱奉旨办理，以陕安道严如熤前往"督同各委员"，"楚省委员郧阳府知府倪汝炜、竹山县知县范继昌并川省委员保宁府知府徐双桂、忠州知州李绍祖等"，将查勘情形"绘图贴说，酌议章程"，再由藩臬两司详细核议后三省督抚联名上奏②。严如熤在《三省边防备览》中也记载了共事官员："蜀则述轩李君、古山陆君，楚则郎轩倪君，汧谷范君，秦则六琴方君、梦禅陈君。"③除奏折中提到的人员外，还有四川叙州府富顺县知县陆光宗、陕西汉中府代理西乡县知县方传恩、汉中府照磨陈明申（道光元年升转为略阳县县丞），均未提到闫俊烈，他应没有直接参与这项工作。第三，严如熤在嘉庆十八年就用"计里画方"的方式绘具汉中府志的舆图，道光二年《三省边防备览》所绘舆图也使用了这一方法。作为三省会勘的主要参与者，严如熤与其他官员共同绘具进呈的舆图为确保准确更可能采用"计里画方"。而台北藏本并未使用这一方法，加之台北藏本在川陕区域的地理信息错讹不少。深谙山南情形的严如熤不可能发现不了其中的问题，查勘结果又经过核议再行进呈，也不可能将错就错上报舆图交差。

美国藏《汉江北图》属于1941年运至美国的文献资料的可能性极小，当时存沪文献主要是善本书目，未见记载运至美国的文献中有中文古舆图④。美国国会图书馆的藏书主要来源于中国政府的赠品和那些长期对中国文化感兴趣的研究者或地图收藏家的捐赠⑤，美国藏《汉江北图》应为国会图书馆自行收购或接受的捐赠。国图藏《汉江南图》未见钤印，《汉江北

---

①　据中国第一历史档案馆答复，奏折的随折附图交军机处留存，这种情况，图归在舆图类，尚未数字化，暂不提供查阅。

②　（清）四川总督蒋攸铦：《奏为遵旨筹办川陕楚老林情形事》道光元年二月初一日，中国第一历史档案馆藏清代宫中全宗朱批奏折档案，档号：04-01-22-0043-066；（清）四川总督蒋攸铦等：《奏为遵旨查勘川陕楚老林情形并酌议添设文员事》道光元年八月二十一日，中国第一历史档案馆藏清代军机处全宗录副奏折档案，档号：03-2502-014；（清）军机大臣曹振镛等：《奏为遵旨核议川陕楚老林添改厅治营汛事》道光元年十月十一日，中国第一历史档案馆清代军机处全宗录副奏折档案，档号：03-2502-020。

③　（清）严如熤：《三省边防备览》卷一《序》，道光二年刻本，第1页a至第1页b。

④　林世田、刘波：《关于国立北平图书馆运美迁台善本古籍的几个问题》，《文献》2013年第4期。

⑤　李孝聪：《美国国会图书馆藏中文古地图叙录》，北京：文物出版社，2004年，第6页。

图》右侧中段印有"北京图书馆藏"之章。新中国成立后,国立北平图书馆于 1949 年 10 月更名为国立北京图书馆,又于 1951 年 6 月更名为北京图书馆,依据钤印信息推知《汉江北图》在 1951 年 6 月后入藏北京图书馆。而《汉江南图》于 1933 年前入藏北平图书馆后,历经抗战及内战之动荡一直保存在北京,与新中国成立后入藏的《汉江北图》凑对而成《三省边境山川道路图》,国家图书馆将这两幅图列入"总图普通地图之跨区连省普通地图"①。国图藏《边舆图》大概率不是内阁所出,其来源应是移拨或采购。

三、国家图书馆藏《汉江以南三省边舆图》《汉江以北四省边舆图》的形制

国图藏《边舆图》在刻印本的基础上彩绘上色,两图均有后期修复痕迹,未注比例。

(一)《边舆图》尺寸

国家图书馆馆藏目录检索系统及《舆图要录——北京图书馆藏 6827 种中外文古旧地图目录》载《汉江南图》图纸尺寸为 105 厘米 ×173 厘米、《汉江北图》图纸尺寸为 113.5(114)厘米 ×179 厘米,本文作者通过图书馆工作人员提供的卷尺现场测量,实际测量结果与上述尺寸相差无几。

两图馆藏保存时是经折装图册。《汉江南图》图纸画面内折,长边三折页,短边再一正一反折 9 次,合上后形成图册,测量尺寸约为 35.5 厘米 ×17.3 厘米,纹路清晰的深褐色木质夹板构成封面与封底,直观辨别材质为核桃木,整体保存完好,有少许虫蛀痕迹,题有"汉江以南三省边舆图"的签条贴于封面右侧。《汉江北图》图纸画面内折,长边对折两次后,短边再折 11 次,合上后形成图册,测量尺寸约为 28.6 厘米 ×14.8 厘米,红色纸质夹板构成封面与封底,纸板表面由红绢装帧,部分已磨损,题有"汉江以北四省边舆图"的签条贴于封面正中。

---

① 北京图书馆善本特藏部舆图组编:《舆图要录——北京图书馆藏 6827 种中外文古旧地图目录》,北京:北京图书馆出版社,1997 年,第 59 页。

（二）《边舆图》方位

两图以绘者居于汉江边"南望""北视"为视角。于汉江边"南望"，《汉江南图》标示的方位为上南、下北、左东、右西，汉江在地图的最下方、为最北方，长江在地图最上方、为最南方，该图主要描绘汉江以南、嘉陵江以东、长江以北、鄂西之间的大巴山地区形势，兼及嘉陵江以西部分地区，画纸上方有图题"汉江以南三省边舆图"。于汉江边"北视"，《汉江北图》标示的方位为上北、下南、左西、右东，汉江在地图的最下方、为最南方，该图主要描绘汉江以北秦岭山区形势，兼及关中平原、豫西、鄂西、甘肃东南地区，画纸上方有图题"汉江以北四省边舆图"。《边舆图》构成完整的北至关中平原、南抵长江的清代川、陕、甘、鄂、豫交界边舆图，充分呈现了秦巴山区、汉水与嘉陵江流域的历史地理面貌。

（三）《边舆图》版刻特征

《汉江南图》《汉江北图》各有两条较为清晰的长边版线，可知由三块雕版拼版印制而成。《汉江南图》上部版线在图中"绵州—南部县—江口镇—东乡县—鸡心岭"一线，下部版线在图中"七盘关—简池汛—定远厅—斑鸠关—砖坪—七里关"一线；《汉江北图》上部版线在图中"洛南县—蓝田县—三岔"一线，下部版线在图中"镇安县—宁陕厅—华阳"一线。《汉江北图》有一处错印更正的明显痕迹，关于"秦岭峪口及山南山北道路交通"的图注误印在汉江以南的"兴安府"右侧空白处，刻印者用白纸粘贴覆盖修正，将图注重新印在更为准确的秦岭以北位置。《汉江北图》已有美国藏本可供公开查看，美国藏本图纸尺寸为 107 厘米 × 182 厘米①，与国图藏本图纸尺寸明显不同，但属于同一雕版印制。惟网络流传的美国藏本短边左侧还有一条竖线，而国图藏本及《皇舆搜览——美国国会图书馆所藏明清舆图》所载此图都无此竖线，仔细辨认美国藏本网络图像左侧所示之竖线为影印舆图未完全拼合而留下的技术失误痕迹。

与两幅边舆图关联的《三省山内道路考》一书结尾写有"江西吉安府徐天爵所刻"，两图的雕刻者是徐天爵的可能性最大。据学者考证《三省

---

① 该图已有网络公开影印图像。图纸尺寸见李孝聪：《美国国会图书馆藏中文古地图叙录》，第 50 页；林天人编：《皇舆搜览——美国国会图书馆所藏明清舆图》，第 106 页。

山内道路考》的行款字体、版框字数及装帧设计与《三省山内风土杂识》
完全相同①。广陵书社 2003 年影印出版了《三省山内风土杂识》，南开大
学、贵州省图书馆亦藏此书。通过比较，广陵书社、南开大学、贵州省图
书馆版本与辛德勇藏本相同②，皆为嘉庆年间同一刻本，且广陵书社影印
本、南开大学藏本、贵州省图书馆藏本在书名页左下方都刻有"板存长沙
城八角亭马丰裕店"。徐天爵长期受雇于严如熤，嘉庆十八年还雕刻了严
氏主编的《汉中续修府志》。依据图书的版刻信息，推知徐天爵是湖南长
沙八角亭马丰裕书店的刻工或负责人，古人常将籍贯冠于姓名之前，因而
徐天爵是祖籍江西、先祖迁至长沙的"江西填湖广"移民后代。

（四）《边舆图》图例及色彩

《汉江南图》《汉江北图》的图例相同，用不同形状的方圈分别表示府、
厅、州、县和佐贰营汛等，其中大方圈（正方形）为府，横方圈（横长方
形）为厅，长方圈（竖长方形）为州，圆圈（圆形）为县，长圆圈（椭圆
形）为分驻佐贰、分防营汛等，其余地名未有图形标示。用三角山形符号
表示山脉；在大巴山、终南山走向范围内绘有树木符号，平原、河谷等地
带未绘；河道的粗细代表河流的大小；点虚线表示道路。这些不同符号在
绘图中的应用，增加了舆图的信息量、绘制信息的易读性和辨别力③。

《汉江南图》省界用红色；所有河流河道用灰绿色标示；陕西地界的
山用灰蓝色标示，四川地界的山用藕粉色标示，湖北地界的山用灰绿色标
示；所有树木未着色。《汉江北图》省界用红色；渭河、黄河河道用黄色
标示，其他河流河道用草绿色标示；所有山用天蓝色填充，所有树木涂了
草绿色。美国藏本与国图藏本的图注仅写明"红线分疆界"，未提及上色
之语，国图藏本彩绘当为后期上色，无法判定上色处理是何人所为，或是
作者后期改进，或是他人补绘。

---

① 辛德勇：《〈三省山内道路考〉的发现及其价值——并论严如熤之入仕与相关著述产生的
因缘》。

② 辛德勇在 2014 年刊发的论文中公布了此书卷首严如熤序、卷首《三省山内简明地图》
书影，并收入 2022 年出版的个人著作中。参见辛德勇：《〈三省山内道路考〉的发现及其价
值——并论严如熤之入仕与相关著述产生的因缘》；辛德勇：《学人书影二集》，第 288—291 页。

③ 王瑾：《中国古舆图对旅游地图设计之启示》，《艺术设计研究》2016 年第 1 期。

《汉江南图》将印制的墨色地名方圈圈框描红，《汉江北图》地名圈框仅为印制墨色。两图虽画纸尺寸不同，但呈现的山川、树木、城池比例一致。两图图题直观来看字体字号一致；表示"府"的大方圈，边长都为2厘米；表示"县"的圆圈，直径都为1.4厘米；表示"厅"的横方圈，尺寸都为1.9厘米×0.8厘米；表示"州"的长方圈有两种尺寸，州名为三个字的（比如宁羌州、广安州）长方圈尺寸为0.9厘米×1.5厘米，州名为两个字的（比如忠州、归州）长方圈尺寸都为0.8厘米×1.8厘米①。

综上而言，国图藏本与美国藏本都是基于同一雕刻者的雕版印行，由于装帧、图纸、彩绘的差异，三幅图并非同时绘成。美国藏本展示了刻印本的原始面貌，国图藏本是"凑成"的一对"姊妹图"。

府	厅	州	县	分驻佐贰、分防营汛

图例来源：美国国会图书馆藏《汉江以北四省边舆图》。

四、国家图书馆藏《汉江以南三省边舆图》主要内容

（一）《汉江南图》之地名

《汉江北图》可公开查看美国藏本图像且已有较为详细的研究介绍，本文不再赘述。因文献保护，国家图书馆藏《汉江南图》局部细节无法复制影像资料，本文以文字叙述图像的情况。根据《边舆图》绘制的地名信息，有以下几个特点。

第一，《汉江南图》并非只著录汉江以南的地理信息，《汉江北图》也并非只著录汉江以北的地理信息。《汉江南图》标示了汉江以北的汉阴厅

---

① 以上数据为本文作者利用国家图书馆工作人员提供的直尺现场测量而得，无法做到十分精确，但总体可以呈现舆图的实际情况。

辖境，其中汉阴厅至石泉县的道路标示为：汉阴厅至高粱铺、池河、马岭、石泉县，但《汉江北图》未绘马岭。《汉江北图》标示了汉江以南的白河县、兰滩、大中溪、兴安府等地，以及渭门、环珠寺、真福镇之间的道路。两图于汉江上游都标示了宁羌州与阳平关之间的辖境，《汉江南图》在宁羌州与阳平关之间标示了沙沟，又在阳平关旁标示了阳平营，这两处《汉江北图》未绘。

第二，地名误写。一是方言的原因，比如堵河写为斗河，是因为至今当地方言把"堵"读音为"斗"，大棕溪写为大中溪推断也是因方言而误写。二是音同字错，比如中江县写为忠江县、权河口写为全河口、真符镇写为真福镇。三是实质性错误，比如汉江支流月河误写为南河，嶓冢山误写为番嵝山，在重庆府以下流域将长江（或大江）仍标为岷江。

第三，《边舆图》标示的地名通过代表道路的点虚线全部连接，充分呈现了汉江南北秦巴山区的道路交通状况，为探究这一地域的历史交通地理提供了十分重要的素材。比如，本文作者在田野调查采访中得知：被调查人口述 1968 年 9 月从陕西省紫阳县绕溪乡（桃园公社）关庙村（今紫阳县高滩镇绕溪河关庙村）徒步到宁陕县四亩地从事木材工作，当年农历腊月二十八日又走原路返回。所走的道路与《边舆图》中的一条道路高度一致：高滩→权河口→瓦房店→紫阳县→焕古滩→汉王坪，沿大竹河（任河）和汉江边道路徒步需一天时间，在汉王坪（今汉王城）留宿过夜；第二天出发，汉王坪→石泉→两河→汶水河→陈家坝→四亩地，穿行老林，需走一天，晚宿陈家坝[①]。

第四，《边舆图》详细记载了绿营建置，突出了作者重"边防"的经世致用理念，同时图中记载了大量的小地名显示这一区域的移民特点。这些小地名命名大多数为"姓氏＋地貌"的形式（见表1），时至今日亦是如此。比如，查阅 1987 年《陕西省紫阳县地名志》及田野调查，仅"绕溪乡"一地就有多处这样的自然村落：陈家院子、甘家坡、柳家湾、马家湾、刘家厂、吉家院子、张家山、邓家湾、唐家沟、毛家湾、阮家梁上、程家湾、龚家院子、刘家花房子、彭家老房子、彭家坎上、段家沟、李家

---

① 被调查人姓名彭新乐，现年 79 岁，职业医生，已退休。采访时间为 2022 年 8 月 4 日。

河坝、吴家河坝、张家店子、潘家湾、金家湾、鲁家坪①。其中，段家沟已无段姓，皆为清代移民至此的吴姓家族；彭家老房子原名梁子树坝，早年为梁姓居住地，此地在清嘉庆年间由梁姓卖给彭姓家族；彭家坎上原名纪家庄，已无纪姓，清光绪初年始成为彭姓聚居地；龚家院子以刘氏家族为主。类似情况遍布川陕楚地区。从小地名特征及聚居家族动态变迁可以看出，这一地区具有典型的移民社会特征。

表1：中国国家图书馆藏《汉江以南三省边舆图》地名摘录

省	府（附廓县、营制）、直隶州、直隶厅	县、散州、散厅（含附廓县）	分驻佐贰、分防营汛等	河流	小地名（不完全统计）
陕西	汉中府【南郑县；汉中镇】	南郑县、沔县、城固县、西乡县，宁羌州，定远厅	阳平关、阳平□（营）①、大安汛②、青羊驿、黄坝驿、七盘关、铜厂营、黄官岭、青石关、简池汛、大巴关、司上汛、瓦石坪、黎坝、渔渡坝	汉江，黑河、大□（竹）河③、洞河、大道河、吕河	胡家坝、罗家营、周家营、梁家营、周家坪、牟家坝、高家岭、罗家坝、钟家沟、安家渡、孙家坪、徐家沟、高家河、王家河、向家河、鲁家坝、杨家坝、康家坝、田家坝、尚家坝、麦家沟、杨家镇、姚家岭、杜家坝、谢家坝、毛家沟、贺家垭、董家梁、包家河、马家坝、陈家坡、杨家河
	兴安府【安康县；陕安镇、陕安镇城】	安康县、石泉县、紫阳县、平利县、洵阳县、白河县、汉阴厅	五里坝、二州垭、茅坝关、斑鸠关、砖坪、镇坪、七里关		

---

① 紫阳县地名志编纂委员会编：《陕西省紫阳县地名志》（内部资料），1987年，第129—130页。

① 原图不清晰难以辨认字用□代替，（ ）中的文字为本文作者推测或修正的文字。

② 《汉江北图》标示为"大安驲"。

③ 图中标示的这条河流为今陕西省紫阳县境内的汉江支流任河，又名仁河。

四川	保宁府【阆中县、川北镇】	阆中县、广元县、昭化县、苍溪县、南部县、南江县、通江县，巴州、剑州	神宣驿、朝天驿、百丈关、江口镇、毛峪镇、镇龙关	岷江（长江或大江）、嘉陵江，潼河、巴江、前河、中河、后河、渠河	曾家河、赵家垭、罗家营、罗家坝、董家河、陈家峡、田家湾、赵家湾、刘家坪、曹家沟、袁家庙、艾家营、马家营、周家槽、冉家坝、胡家场、张家观、杨家山、向家坟、富家坝、肖家坝、汤家坝、赵家场、邱家渡、马家梁、董家坪、徐家场、米家场、何家岩、赵家坪、王家场
	绥定府【达县、达州营】	达县、东乡县、新宁县			
	太平厅		城口营、大竹河、竹峪关		
	夔州府【奉节县、夔州协】	奉节县、万县、开县、云阳县、大宁县、巫山县	大昌		
	潼川府【三台县、潼绵营】	三台县、蓬溪县、遂宁县、安岳县、忠（中）江县、□□（乐至）县①			
	顺庆府【南充县、顺庆营】	南充县、西充县、仪陇县、营山县、渠县、岳池县、大竹县、邻水县，广安州、蓬州	石桥铺、三汇场		
	重庆府【巴县、重庆镇】	巴县、长寿县			
	绵州	梓潼县			
	忠州	垫江县、梁山县			

---

① 图中该县标示在绵州以南、中江县以西，字迹十分模糊。

湖北	竹山县、竹溪县、房县	斗（堵）河	鲍家山、廖家河、王家河、郭家滩、王家山、张家垭、田家坝、陈家铺、秦家坪、钱家堡、鲜家阳坡、简家沟、陈家坡、伍家坪、唐家坪、向家坝
	兴山县、巴东县，归州		

（二）《汉江南图》之图注

《汉江南图》共有 5 处图注，画纸右侧自南向北（自上而下）依次有图注 1、图注 2，画纸下方自西向东（自右至左）依次有图注 3、图注 4、图注 5①。《汉江北图》共有 6 处图注，其主旨与《汉江南图》一致。

第一，主要河流。《汉江南图》图注 1 介绍了嘉陵江，《汉江北图》一处图注介绍了汉江。汉江与嘉陵江是《边舆图》所绘地域的两条主要河流，图注介绍了两条河的起源、流域、支流及河流特征、水路交通等情况。

第二，主要山脉。《汉江南图》图注 4 介绍了大巴山，《汉江北图》一处图注介绍了终南山（秦岭）。大巴山与终南山是汉江南北秦巴山区的两条主要山脉，图注介绍了两条山脉的地理位置、分布区域、主支脉走向及山峦风貌、气象特征、物产资源、人口居住等情况。

第三，地域人口特征。《汉江南图》图注 3 介绍了"汉江之南、岷江之北"川陕楚毗连交界区域，《汉江北图》两处图注介绍了"凤县之北、秦州之东""梁州之境、华阳黑水"陕甘交界区域。这些地方主要特征是高陵广谷、深山老林，且"棚民甚繁"，为秦巴山区流民的主要聚居地。

第四，道路交通。《汉江南图》图注 2 介绍了北栈、南栈的川陕栈道，由陕入川之夔州的东小路、入川之绥定中小道等道路；《汉江北图》一处图注介绍了秦岭峪口，关中至兴安的东道，至宝鸡、汉中的西道等道路里程和路况。两幅舆图完整地呈现了秦巴山区道路交通的基本情形。

第五，图例说明。两幅图的图例一致，详细说明了图中的绘制符号及

---

① 图注编号为本文作者加，便于下文叙述。

含义，图注中所指"另刊一册"之书即为《三省山内道路考》。总体判断，图中绘制和书中记载的程途里数，为道路距离，并非实际测量的直线距离，这些数据应是依据当时的地方性经验和知识而来。

表 2：中国国家图书馆藏《汉江以南三省边舆图》图注

图注编号	内 容
1	嘉陵江即西汉水，西源□（出）成县来，东源出太白山，经凤县、略阳、宁羌、广元、昭化、苍□（溪）、保宁、南部、蓬州、顺庆、定远，至合州而□（会）潼河、巴江。嘉陵□（江）滩高水激，在略阳上已可行舟。巴江则源出巴山，至巴州江□（巴）字形，为古阆中之地。
2	自宝鸡口至襄城为北栈，自沔县青羊驿入宁羌之金牛峡，历七盘、朝天至广元、昭化为南栈，川陕驲路也。其由兴安经平利、镇坪、大宁而至夔州者为东小路，由西乡、定远历太平、东乡而至绥定者为中小道。其自甘肃文县入龙安则古阴平道。承平日久，边境相连，到处皆有相通路径，蚕丛鸟道，不待五丁开山矣。
3	汉江之南，岷江之北，其中川楚秦三省毗连，边界高陵广谷，古称江汉之间是也。明初荆襄流民麋聚之地，在今夔、郧、兴安各郡，故原杰议设郧抚。天崇后流民滋蔓，在上游为今川北保宁，汉南之西乡、定远、宁羌、南郑各郡县。汉江以北，南山为巨，其地专在陕省。汉江以南，巴山界岭为巨，其地跨秦蜀两省，而楚之郧阳、宜昌犬牙相错。 楚南严如熤谨识，蜀北郑炳然谨绘。
4	巴山跨秦蜀两省，秦则西乡、定远、紫阳、南郑、宁羌，蜀则南江、通江、巴州、太平，绵亘数郡，俗称八百里巴山。古木丛篁，多太古时物。春夏积雪未化，望之莹然。离天五尺，与秦之太白相对。铜炮、番嶂（嶓冢）、星子、连城、九元各山皆其支分。巴山东下为大界岭，北则秦之兴安诸邑，南为蜀之太平、东乡、大宁、开县、奉节、巫山，东为楚之竹山、竹溪、房县、兴山、巴东，旁连八台山、五朵云、化龙山、雪雹（泡）山，大小团城、老木园、百里荒。到处密林深篝，棚民虽多，而未开老林尚有十之五六，为坤舆奥区也。
5	图为汉江以南、岷江之北川陕楚三省边境，红线分疆界，所绘树木多寡，即是老林宽窄。大方圈为府，横方圈为厅，长方圈为州，圆圈为县，长圆圈分驻佐贰、分防营汛。地名著名者备载程途里数，另刊一册。如查某处，按册看图可得其概。至河流沟岔，虽举形势，亦无甚差讹也。

五、《边舆图》的表现年代与绘制年代

国家图书馆依据陕西政区设置考证，认为馆藏《边舆图》约绘于嘉庆五年至道光元年（1800—1821）间[①]。李孝聪依据行政建置及地名避讳信息，"嘉庆五年（1800）设置的宁陕厅已标，佛坪厅未见，'宁'字不因避讳而改写"，判定美国藏本编绘于嘉庆朝的1800—1820年间[②]。林天人认为李孝聪的结论可商榷，依据行政建置和严如熤的著述，"严如熤同时绘制了《汉江以南三省边舆图》，可对应参照；图中已见嘉庆七年（1802）新置的定远厅；道光三年（1823）析安康、紫阳、平利三县地所置砖坪厅尚未标示。两图既为同时，图绘时代资讯可互参"，判断两图绘制或为严如熤在道光二年刊行《三省边防备览》同一段时间的作品[③]。以上推断方法可行，但结论并不十分精确。

在关于《边舆图》"年代"既有的讨论中，没有严格区分舆图的表现时间与绘制时间，"根据图中绘制内容判断出的地图的绘制年代，并不一定就是地图的绘制时间"[④]，依据《边舆图》行政区划的设置和变动推论的时间是舆图所绘地理空间的表现年代，而非绘制年代。由于严、郑绘图注重"边防"，在图中标示出了大量清兵营汛建置，为推断年代提供了有价值的线索。

（一）依据《汉江北图》标示信息推断表现年代

第一，《汉江北图》没有"宁陕镇"，而标示出"宁陕厅"，在"宁陕厅"（老关口）之北标有"宁陕老城"，且《汉江南图》《汉江北图》都已在"汉中府"同一大方圈内清晰标示出"汉中镇"。

嘉庆十一年七月，宁陕发生兵变，厅署被毁，城内被洗劫一空，影响

[①] 北京图书馆善本特藏部舆图组编：《舆图要录——北京图书馆藏6827种中外文旧地图目录》，第59页。

[②] 李孝聪：《美国国会图书馆藏中文古地图叙录》，第50页。

[③] 林天人编：《皇舆搜览——美国国会图书馆所藏明清舆图》，第106页。

[④] 成一农：《"非科学"的中国传统舆图：中国传统舆图绘制研究》，北京：中国社会科学出版社，2016年，第21页。

甚大，朝野震动①。之后，宁陕厅署多次迁移。

　　（嘉庆）十一年七月，老关口兵燹，毁厅署及城内民房一空，土堡坍塌。十六年同知胡晋康请帑建修。十七年兴工，十九年报竣。

　　厅署乾隆四十八年通判叶潞请建，嘉庆十一年遭兵燹焚毁，暂寓焦家堡。十三年设同知，移驻宁陕营总兵署。十七年同知胡晋康奉文移镇署于厅城为厅署。②

嘉庆十一年，因宁陕镇冗兵过多引发兵变，西安将军德楞泰等奉旨筹议酌裁宁陕镇兵员，两年后完成裁兵。嘉庆十三年二月，西安将军德楞泰、陕甘总督长龄、陕西巡抚方维甸、陕西提督薛大烈联名上奏，因应形势变化，提出裁移宁陕镇移驻汉中事宜：

　　宁陕一镇竟应裁移，所属之将备弁兵均可裁减。查汉中、兴安两府皆系南联川界、北控终南，兴安旧设总兵，距汉中七百二十里，汉中只设副将归陕西提督管辖，兵数既少，提督又远驻固原，难于兼顾……拟请将宁陕镇总兵移驻汉中，将附近营分改隶该镇……汉中为秦蜀门户，该处移驻总兵，与兴安镇东西并列控制边陲，较为扼要……③

　　今宁陕已经移改，即令宁陕同知移驻镇城，旧时厅治酌留巡检驻劄，毋庸另建厅城。所有同知衙署以总兵衙署拨给，添建仓厫、监狱，参将衙署以游击衙署拨给。④

就此事宜，嘉庆十三年三月，军机大臣会同兵部议奏，由于宁陕地广人稀，并非冲途扼要，无须安设重镇，而汉中与兴安为扼要之地，宁陕镇移驻汉

---

　　①《仁宗睿皇帝实录》卷一六四，嘉庆十一年七月庚午条，据《清实录》第30册，第137—138页。

　　②《宁陕厅志》卷二《城廓》，道光九年刻本，第1页b至第2页a。

　　③（清）西安将军德楞泰、陕甘总督长龄、陕西巡抚方维甸、陕西提督薛大烈：《奏为宁陕守兵裁竣山境宁谧会议再裁兵额并酌将备弁各缺总兵移驻汉中各事宜》嘉庆十三年二月初八日，台北故宫博物院清代宫中档奏折-嘉庆朝，统一编号：故宫095735。

　　④（清）大学士庆桂等：《奏为将宁陕镇裁减兵弁移驻汉中事》嘉庆十三年三月初九日，中国第一历史档案馆藏清代军机处全宗录副奏折档案，档号：03-1648-031。

中作为汉中镇总兵，宁陕镇改设宁陕营归汉中镇管辖，同时"应如所请宁陕同知准其移驻镇城，旧时厅治准其酌留巡检驻劄，同知衙署准其将总兵衙署拨给"，嘉庆帝依议①。

　　嘉庆十三年三月汉中设镇，宁陕厅治由北边的老城迁至南边的老关口原宁陕镇城。嘉庆十七年，因老城地势平坦、民居稠密，"俯顺舆情"，应民所请，在老城故地重建被毁的厅城②。嘉庆十九年三月，老城的厅署城垣修筑工程告竣验收，此后宁陕厅治又从老关口移回老城③，宁陕营仍驻老关口。通过"汉中镇"和"宁陕厅""宁陕老城"的标示信息推断，《边舆图》表现年代为嘉庆十三年三月至嘉庆十九年三月。而台北藏本已在国图藏本"宁陕老城"的位置标示"宁陕厅"，在老关口标示"宁陕营"，可知台北藏本的表现年代和绘制年代晚于国图藏本，当在嘉庆十九年三月以后。

　　第二，按照《边舆图》地名标示规律，绘者在标示府名的同时，也标示附廓县及兵营建置，但"西安府"大方圈内仅写有附廓"长安县"和"咸宁县"，未标示出"西安镇"。

　　嘉庆十五年二月，署理陕甘总督勒保奏改西安营制，之后勒保调离，新任陕甘总督那彦成与陕西提督杨遇春奉旨研议咨商，于嘉庆十五年八月上奏酌改营制：

　　西安省会重地，必须重兵防卫，未便擅拟裁撤……谨拟仍照乾隆四十六年前任大学士臣阿桂原奏，将西安军标中军副将改为西安镇总兵……况南山平靖未久，镇抚均关紧要，今西南有汉中镇，东南有陕安镇，正北又有西安镇，三镇相为掎角，声威益壮，气势互相连络，与通省亦大有裨益。④

　　①（清）大学士庆桂等：《奏为将宁陕镇裁减兵弁移驻汉中事》嘉庆十三年三月初九日，中国第一历史档案馆藏清代军机处全宗录副奏折档案，档号：03-1648-031。
　　②（清）陕西巡抚董教增：《奏为勘明宁陕厅城应行改建事》嘉庆十七年三月初六日，中国第一历史档案馆藏清代宫中全宗朱批奏折档案，档号：04-01-37-0064-008。
　　③（清）陕西巡抚朱勋：《奏为验收汉中府及宁陕厅城工事》嘉庆十九年三月二十八日，中国第一历史档案馆藏清代宫中全宗朱批奏折档案，档号：04-01-37-0068-013。
　　④（清）那彦成、杨遇春：《奏为遵旨筹议西安军标绿营官兵改隶事宜事》嘉庆十五年八月十八日，中国第一历史档案馆藏清代宫中全宗朱批奏折档案，档号：04-01-01-0518-036。

就此事宜，嘉庆帝于当年九月十一日朱批"兵部议奏"，由于兹事体大，需详晰妥议，直至嘉庆十六年五月十八日，嘉庆帝依兵部核议覆准[①]。可知，"西安镇"设立是嘉庆十六年五月之后的事，绘图时"西安镇"尚未建立，两图表现年代的下限由嘉庆十九年三月提前至嘉庆十六年五月。

综上而言，依据《汉江北图》标示的信息推断，《边舆图》表现年代限定在嘉庆十三年三月至嘉庆十六年五月之间。

（二）依据《汉江南图》标示信息推断表现年代

《汉江南图》已标示嘉庆六年十一月设置的"绥定府""太平厅"，在"平利县"之北标示了"平利旧城"，平利县治迁移之事于嘉庆七年七月议准，嘉庆十年迁县治于白土关[②]，因此《汉江南图》呈现的是嘉庆十年以后的地理空间，与上一小节结论相吻合。进一步观察，在"绥定府"同一大方圈内标示有"达州营"，分防营汛长圆圈标示有"城口营"。下文通过"达州营""城口营"的建置变动来推断。

嘉庆十二年七月初二日，西安将军德楞泰、四川总督勒保奏川省营制调剂移改之事，提请将太平协标左营城口改为太平协属分营，达州已改为绥定府，所有达州营亦应改为绥定营[③]。七月十七日，嘉庆帝"均应如所请从之"[④]，八月十一日，兵部议覆"应如所奏新设城口都司，准其改为协属分营，作为城口营都司"[⑤]。嘉庆十三年四月，四川总督勒保题报太平绥定各等协营官兵调拨增减情形事宜[⑥]。嘉庆十三年七月，嘉庆帝依兵部议准：

①（清）兵部尚书明亮等：《为核议陕甘总督奏请西安军标改为西安镇标添设总兵兼辖潼关等协营等事宜事》嘉庆十六年五月十六日，中国第一历史档案馆藏清代内阁全宗题本兵科档案，档号：02-01-006-003884-0007。

②《仁宗睿皇帝实录》卷一〇〇，嘉庆七年七月辛巳条，据《清实录》第29册，第344页；（清）李联芳编：《续修平利县志》卷二《地理志》，光绪二十三年刻本，第1页b、第6页a。

③（清）西安将军德楞泰：《奏为酌筹川省营制应移改营分员缺及添设兵额并考验未经拔缺蓝翎兵勇各事宜事》嘉庆十二年七月初二日，中国第一历史档案馆藏清代宫中全宗朱批奏折档案，档号：04-01-01-0503-024。

④《仁宗睿皇帝实录》卷一八三，嘉庆十二年七月戊午条，据《清实录》第30册，第416页。

⑤（清）兵部：《兵部为川省移改营制事》嘉庆十二年八月十一日，台湾中研院历史语言研究所藏内阁大库文档，登录号：210312。

⑥（清）四川巡抚勒保：《题报太平绥定各等协营官兵调拨增减情形事》嘉庆十三年四月十八日，中国第一历史档案馆藏清代内阁全宗满文题本档案，档号：02-02-022-001521-0022。

"应如所请……其城口营都司应准其颁给四川太平城口营都司关防……达州营游击准其改铸四川绥定营游击关防。"①《汉江南图》标示的"城口营"虽然嘉庆十二年八月议准设置，但建置调整涉及事务繁杂耗费多时，直至嘉庆十三年七月朝廷方才同意颁发城口营都司关防印信，并由礼部铸给。因此，依据"城口营"这一信息，《边舆图》表现年代的上限时间由嘉庆十三年三月推至嘉庆十三年七月。

嘉庆十四年二月二十四日，四川总督勒保再次提请，因绥定地方紧要酌改营制，太平协改为太平营，绥定营改为绥定协，城口营归绥定协统辖：

> 川省绥定一府为达州旧治，系川北川东之枢纽，界连保宁、顺庆、忠州、重庆、夔州等处，四通八达……因念太平厅僻处边隅……今边防久经宁谧，民气倍觉安恬……现在控驭地方，则绥定实为着重……悉心筹议，自应量为改移以收因地制宜之效。拟请将太平协标副将都司移驻绥定，改为绥定协，则中权坐镇控制最属得宜。即以绥定营游击守备移驻太平，改为太平营，与绥定协联为唇齿，互相捍卫，轻重庶得其平。其分驻城口之太平协左营都司……归绥定协统辖。②

嘉庆帝于三月二十日朱批"兵部议奏"，此后兵部奏准在案，至十月二十二日新改营协的人事安排总体上才由嘉庆帝依兵部议准，还有细节安排尚需四川再报③。

"绥定营"与"城口营"于嘉庆十三年七月同时改制，但《汉江南图》"绥定府"大方圈内仍标为"达州营"，有以下几种情况：第一，绘者或者刻工误写；第二，由于绥定新设，绘图者习惯使用旧名，《三省山内风土

---

① （清）兵部尚书明亮：《为核议四川总督题请太平达州通巴等协营酌改官员营制增添官兵事宜事》嘉庆十三年七月十九日，中国第一历史档案馆藏清代内阁全宗题本兵科档案，档号：02-01-006-003736-0002。

② （清）四川总督勒保：《奏为绥定地方紧要酌改营制以重巡防恭折奏请圣鉴事》嘉庆十四年二月二十四日，台北故宫博物院清代宫中档奏折-嘉庆朝，统一编号：故宫099267。

③ （清）兵部尚书庆桂：《为核议谢成贵补授四川太平营游击并涂陞补授绥定协属城口营都司事》嘉庆十四年十月二十日，中国第一历史档案馆藏清代内阁全宗题本兵科档案，档号：02-01-006-003774-0013。

杂识》中严如熤把宁陕厅称为五郎厅亦是这个缘故；第三，"绥定营"存在时间并不长，甫一议准四川又在嘉庆十四年二月提出再改营制为"绥定协"，嘉庆十四年十月议定，其名称在绘图时尚未最终确定。无论上述哪种情况，图中显示绥定的兵制建置仍然是"营"而不是"协"，驰骋疆场多年、熟识此地政情的严如熤和郑炳然把"营"误写为"协"的可能性并不大。因此，《汉江南图》描绘的是早于嘉庆十四年十月的地理空间，《边舆图》表现年代的下限从嘉庆十六年五月提前至嘉庆十四年十月。

从公文流程来看，行政建置从提议到批准的过程包含地方官员上奏时间、皇帝朱批时间、军机处及六部的议奏时间、皇帝朱批依议时间，这四个时间之间的时间差或长或短，对《边舆图》表现年代的判定有直接影响。皇帝议定同意后实际执行时，地方完成奏请事项和任务还需一定时日，但完成时间多数情况下没有明确的记录，因此本文所述表现年代上下限的时间以嘉庆帝朱批议定的时间为准。通过对《汉江南图》《汉江北图》所绘兵营建置的分析，《边舆图》的表现年代在嘉庆十三年七月至嘉庆十四年十月之间。

（三）依据严如熤著述提供的信息推断绘制年代

与《边舆图》配套的《三省山内道路考》将"汉中府"放在全书内容之首，"汉中府"之下有双行注文：

南郑县，嘉庆十三年奏将宁陕总兵移驻汉中，与兵备道同城。[①]

注文中出现了"嘉庆十三年"，那么《三省山内道路考》最早在嘉庆十三年之后的嘉庆十四年撰著，《边舆图》最早也于嘉庆十四年着手绘制。由于严如熤在嘉庆十四年正月调补汉中府知府，据此《边舆图》绘制年代的上限为嘉庆十四年正月。

嘉庆十八年十月，严如熤在其主修的《汉中续修府志》序言中写道：

---

① 辛德勇：《学人书影二集》，第 307 页。

余与郑君先尝作三省边境山川道路图，适少司徒卢南石先生使蜀归，因就正，先生曰：此图甚费苦心，若将里数用开方法则，远近更了如指掌。①

根据严如熤的记述，如果能确定"少司徒卢南石先生使蜀归"的时间，就能确定严如熤所说"余与郑君先尝作三省边境山川道路图"的绘制年代下限。少司徒卢南石即时任光禄寺少卿的卢荫溥，嘉庆十五年二月，卢荫溥跟随钦差大臣托津到四川办案，在川省调查处置案件三个月，于五月初六日自成都启程回京。在回京的陕西路途中接上谕，托津向嘉庆帝再次报告了四川办案的情况，奏折中有语："五月十六日在陕西襃城县途次接准廷寄。"② 可知，卢荫溥自成都返京途经汉中襃城的时间为嘉庆十五年五月十六日，停留汉中时卢荫溥阅看了严如熤、郑炳然绘制的《三省边境山川道路图》，提出"将里数用开方法则"的建议。依此推断，《边舆图》在嘉庆十五年五月就已绘制完成，其绘制年代的下限为嘉庆十五年五月。

综上所述，依据《汉江南图》《汉江北图》地理信息推断《边舆图》表现年代的上下限为嘉庆十三年七月至嘉庆十四年十月，依据严如熤著述信息推断《边舆图》绘制年代的上下限为嘉庆十四年正月至嘉庆十五年五月。严如熤绘图的目的在于以图辅治，了解任内"此时此地"的最新情况，因而《边舆图》的表现年代与绘制年代是高度重合的，上述表现年代、绘制年代的推断结论交集为嘉庆十四年正月至嘉庆十四年十月。由此可知，严如熤于嘉庆十四年正月调任汉中府知府后一年内就完成《边舆图》的绘制，《边舆图》的表现年代和绘制年代限定在嘉庆十四年正月至嘉庆十四年十月。

① （清）严如熤：《汉中续修府志》卷之一《严序》，嘉庆十八年刻本，第4页b。
② （清）钦差大臣托津：《奏为遵旨移交办理匿名对联一案事》嘉庆十五年五月十七日，中国第一历史档案馆藏清代军机处全宗录副奏折档案，档号：03-2461-009。

六、余论:《边舆图》的史料价值

严如熤专注时务,倾心地方治理,"在南山既久,亭障要隘村砦,径路曲折,无不口讲指画而心萦绕之"①,他对川陕楚边防的总体看法是:"讲义安之策必合三省通筹之也。"以此形成了他的政见,明文提出"山南开府"的构想:

> 三省边事之难筹,患在各固其围,人自为政,即有守令办理妥善,而犬牙相错,一隅不靖,则全局扰动,必得易散为整……设山南抚治,开府兴安,隶以汉中、陕安两镇。割川东北山内州县来隶,而于川东北山内移设一镇。割楚之郧郡并割宜郡近房、竹州县来隶,移设一镇。陕安移商州,辖宁陕各营,而旧设各营归入标中。②

严如熤认为"设山南抚治"是"百年之规",但最终"以更张重大,未竟其议"③。他的这一设想后世亦有所响应,1948 年民国行政院内政部方域司司长傅角金在筹划重新设置中国省区时,就依据陕南、川北、鄂西自然地理、人文风俗相近,提出了设置"汉中省"的构想④,其行政区域与严如熤提出的山南府治区域大体相当。严如熤的这些经世思想和毕生之功业主要体现在道光二年刊印的《三省边防备览》一书中,然而此书"行之未远",在道光九年就"不能不重锓之以广其传也"⑤。今人看来具有重要文献价值的《三省边防备览》在出版不久就面临如此境况,遑论深埋故纸堆里的《汉江以南三省边舆图》《汉江以北四省边舆图》。作为严如熤经世著述之

---

① (清) 陶澍:《诰授通议大夫陕西按察使司按察使晋赠通奉大夫布政使衔严公如熤墓志铭》,据钱仪吉《碑传集》卷末下《集外文》,第 4706 页。

② (清) 严如熤:《乐园文钞》卷四《上那制府书》,道光二十四年刻本,第 32 页 a 至第 32 页 b。

③ (清) 陶澍:《诰授通议大夫陕西按察使司按察使晋赠通奉大夫布政使衔严公如熤墓志铭》,据钱仪吉《碑传集》卷末下《集外文》,第 4707 页。

④ 傅角金:《重划中国省区论》(内政部方域丛书),上海:商务印书馆,1948 年,第 222 页。

⑤ (清) 张鹏翂:《重刻三省边防备览序》,据严如熤《三省边防备览》,道光十年来鹿堂刻本,第 1 页 a。

一的《边舆图》，是他"论形势者当先得其大局"的表现，具有十分珍贵的史料价值。

第一，《边舆图》作为自然地理的空间，呈现了秦巴山区的历史地理情况。这一区域被清代官方定义为"联界""奥区"，今有学者称之为"内地的边缘"①。结合严如熤《三省山内风土杂识》《三省边防备览》等著作，为研究清代该区域的地理特征、资源环境提供了详实资料。

第二，《边舆图》作为人际流动的空间，表现了秦巴山区的人口与开发情况。绘者详细记载了这一区域的小地名，丰富地呈现出这一区域典型的移民特征，以及道路交通、山区开发与改造情况。山上山下、河谷山湾，星罗棋布，处处有人烟、有道路，从中可以感知清代中叶以后秦巴山区人地关系紧张的现实困境。

第三，《边舆图》作为政治权力的空间，体现了国家权力在秦巴山区的统治情况。嘉庆初年以前，这一区域属于典型的"三不管"内地的边缘地带，白莲教起义后，清廷在此进一步开府设县、设置营汛，从行政和军事层面联结起了一张巨大的权力网络。经过不断的建制强化，这张权力网络越织越密，直至清末该地未再发生大规模群体性动荡。

总体而言，《汉江以南三省边舆图》《汉江以北四省边舆图》不仅是清代一位中层官员经世实践的具体体现，而且是研究清代中叶秦巴山区道路交通地理、政治与经济、人口与资源开发不可或缺的资料，真实反映了清代中后期这一区域的社会变迁，具有较高的文献价值。本文作者不揣浅陋，略加考述，以待大方之家进一步挖掘研究。

---

① 鲁西奇：《内地的边缘：传统中国内部的"化外之区"》，《学术月刊》2010 年第 5 期。

高山景行，无问西东

——记著名历史地理学家钮仲勋先生

钮海燕 *

　　钮仲勋（1928 年 12 月 25 日—2022 年 5 月 16 日），别名钮先镗，江西省九江市人。1953 年于复旦大学历史系本科毕业，被分配到天津大学任助教，数月后到清华大学工农速成中学任教。1955 年，调入北京市第三十四中学，教授历史以及古典文学课程。1957 年考入中国科学院地理研究所攻读研究生，1962 年获硕士学位，毕业后留所工作，长期任中国科学院地理科学与资源研究所研究员，1988 年退休。

　　钮仲勋先生长期从事历史地理、地理学史、水利史、边疆地理、地图学史等方向研究。著有《我国古代对中亚的地理考察和认识》《中国边疆地理》《地理学史研究》《黄河变迁与水利开发》等专著，在历史地理、地理学史、水利史、地图学史、边疆地理、天文大地测量史，以及历史地理学科普等专业领域发表了大量学术论文。从 1985 年起，担任中国地理学会历史地理专业委员会副主任，长期担任《地理学报》《历史地理》编委。钮仲勋先生作为新中国培养的第一批历史地理学研究生，是继谭其骧、侯仁之、史念海三位中国历史地理学开创者之后，我国第二代历史地理学家中的翘楚。

　　钮仲勋先生谦谦君子、温文儒雅，学术底蕴深厚、学风严谨。他一生致力于自己喜爱的研究工作，心无旁骛；他喜欢把自己的学识和心得与人

* 钮海燕，女，1962 年生，1988 年中国人民大学历史系硕士毕业。科学技术部国外人才研究中心《专家工作通讯》编辑部主任，编审。

分享，对学生诲人不倦；他的科研工作紧密结合国家大政方针，为历史地理学学术团队建设和学风建设积极建言献策，为沟通历史地理学与地理学史、水利史学、地图学史等不同领域的研究工作，起到了联络左右、承上启下、重要而独特的协调作用。他从事的边疆史地研究，特别是南海诸岛、清代中外边界研究等工作，为我国的边疆历史研究提供了重要的历史地理依据；他积极拓展学术研究的深度和广度，特别是通过野外考察（田野调查），开展区域开发与环境变迁研究，较早地对人类活动与环境变迁问题进行历史地理学科的重点关注；他不断拓展历史地理学与相关领域的跨界研究视野，丰富了历史地理学的研究方法，为中国历史地理学的学科发展做出了突出贡献。

一、家学渊源

钮仲勋先生祖上为九江钮氏，郡望为浙江绍兴，明末清初移民至江西省九江市。据族谱记载，明朝时期钮氏在江浙一带生息繁衍，以诗书传家、科举登第为入世之道。明末，钮氏族人中的一支迁到江西九江，从书吏起步，后跻身地方官场，直到清朝后期掌管九江海关，成为当地的大户望族。1858 年第二次鸦片战争中，英国强迫清政府签订《中英天津条约》，增开南京、汉口、九江等九个通商口岸。1861 年中英签订《九江租地约》，九江英租界成为近代中国七个在华英租界之一，九江海关也是清朝后期长江中游通商的重要海关。当年九江市与西方国家交往密切，钮仲勋祖父治下的九江海关中甚至还有德国雇员。在清末，九江受到西方文化的影响日渐显现，使得这里读"四书五经"之风有所衰落，钮家像许多开明的家族一样，不再重视科考，代之而起的是让儿孙们较早地接受了近现代西方文化知识。

清朝末年，受西方文化的启蒙影响，许多青年人去西洋或东洋（日本）留学，希望找到救国图强之路。钮仲勋的父亲钮传锜想跟着兄长钮传善一起去日本留学，但家里的长辈担心孩子吃苦，坚决不让他出国。钮仲勋的母亲范传谦女士悄悄拿出自己陪嫁的珠宝首饰，让丈夫连夜乘船离开九江，等家里长辈发现后，钮传锜已经到了上海。钮传锜变卖掉首饰，办理好手续和兄长一起乘船负笈东洋，开始了在日本的留学生活。后考入日本帝国大学法律系，获得法学学士学位，并在日本加入了孙中山先生的同盟会。

　　钮仲勋的母亲范传谦是一位富于传奇色彩的女性，据说是范仲淹的后裔。她天资聪颖，秀外慧中，自幼接受中国传统教育，对《易经》格外感兴趣，会使用罗盘堪舆推卦。她的私塾老师曾参与过庐山第一条索道的测量，这位老师也传授了她一些近代西方数学知识。中国家庭男主外、女主内的社会风俗，让母亲成为三个女儿和两个儿子的第一任老师。母亲既有良好的中国古文基础，又有一些西学知识，她对孩子们的教育非常重视。她对长子钮先钟①的要求格外严苛，上小学中学时不仅要求他背诵《古文观止》，还对他的数学和外语特别重视，因此他大学读的南京金陵大学数学系。在钮仲勋的记忆里，哥哥是只有春节正月初一的当天才能放一天假，其余时间都是在读书。钮仲勋清楚地记得在他六七岁时，曾和哥哥一起登上家里的藏书楼，见到里面有大量的书籍，包括二十四史、《资治通鉴》等史书。因为楼梯有些松动，奶奶怕他摔倒不再让他上楼，而经常上藏书楼读书的只有哥哥钮先钟。哥哥告诉他，家里最大的一部藏书就是《丛书集成》，这套书总共80箱，但他家的缺了一箱。钮仲勋认为哥哥应是阅读过家里藏书阁中大部分书籍的，而家中藏书在抗战时期日本人占领九江后全部遗落。笔者在20世纪90年代得知，钮家的藏书可能被武汉籍的一位学者收藏，若是如此，这批书在战乱中能得以保存下来也是一大幸事。在经历了抗日战争的磨难之后，钮先钟去台湾任职，担任《新生报》主笔兼总编辑。之后，钮先钟曾担任过"中央广播公司"广播评论员、"国防计划局"编译室主任、军事译粹社发行人、淡江大学欧洲研究所教授等职务，主持过国际最新政治动态以及战略理论的翻译工作。钮先钟著译作品近90种，其中《第二次世界大战史》《西方战略思想史》《西洋世界军事史》等译著在海峡两岸获得极高评价。他晚年被淡江大学国际事务与战略所聘为荣誉教授，是著名的战略学家。

---

　　① 钮先钟（1913—2004），江西九江人，毕业于南京金陵大学，曾任台湾《新生报》总编辑，"国防计划局"编译室主任等职，后任淡江大学教授。

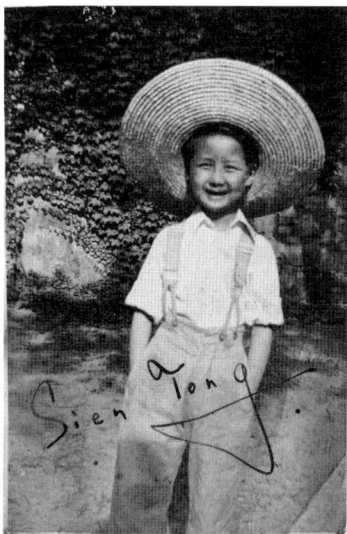

钮仲勋 10 岁时拍摄于江西九江

　　钮仲勋先生是他母亲在 40 岁时所生，属于"老来得子"，因此备受宠爱。与长子相比，母亲对于小儿子的教育则比较宽容，甚至以体弱为理由，让他放弃了上小学，由她自己辅导教学，几年后钮仲勋顺利考上了九江的同文中学。钮仲勋先生自认为在学术上，哥哥的成就远远高过自己，晚年时他经常回忆起哥哥在抗战前后求学求生的经历，感叹知识分子在艰难岁月时的精神坚守。20 世纪 90 年代，海峡两岸关系缓和，这两位几十年未曾联系的亲兄弟终于可以书信往来，诉说别离之情，但因种种原因，两位老人最终没能再见一面，这成了钮仲勋先生心中永久的遗憾。

二、坎坷求学

　　1949 年，钮仲勋先生考入复旦大学化学系。那个年代大学可以跨系选修，在旁听了其他系的课程，特别是历史系谭其骧[①]先生的课之后，钮仲勋对中国历史特别是历史地理产生浓厚的兴趣。那时候复旦大学一年级新

　　① 谭其骧（1911—1992），字季龙，浙江嘉善人，著名历史地理学家。1932 年获燕京大学研究院硕士学位。1980 年当选为中国科学院学部委员（院士）。曾任复旦大学教授、历史系主任，中国历史地理研究所所长。是中国历史地理学科主要奠基人和开拓者。

生可以转系，但要通过考试，如果考试失败，则取消学生资格。转系的机会只有一次，钮仲勋先生向化学系提出转系申请，顺利地通过了历史系的考试，如愿进入了历史系，并遇到了他学术上的重要引领者、恩师谭其骧先生。在谭先生为人处世、治学精神与研究方法的影响下，钮仲勋坚定了对历史地理学科深入学习和研究的信心。上海五角场四年多的光景，对钮仲勋先生来说是既充实又艰难。充实是他在历史系的众多老师的指导下，如鱼得水般地在知识的海洋里畅游，与此同时他也收获了同学之间真挚的友谊；艰难则是指他的父母在 1949 年和 1950 年相继离世，在失去亲人的同时也失去了重要经济来源，使得从小就家境优渥的他陷入了前所未有的生活窘境。那几年他经常光着双脚穿一双旧鞋，在寒冷的冬天，他甚至是靠从学校租借来的棉衣度过……

1953 年从复旦大学毕业后，钮仲勋先生被分配到天津大学，当了几个月助教，由于没有分派给他具体工作，使得他无所适从。后来他得知清华大学在招聘教师，于是就调入了清华，当年他任职的单位名称很特别，叫"工农速成中学"，有点像大学的预科。所谓速成，就是把初中到高中六年的课程在三年内修完。工农速成中学的学生也很特别，主要来自工厂和农村，这些学生岁数较大、基础薄弱，但刻苦好学，对老师格外尊敬，这给钮仲勋先生留下了深刻的印象。他耐心地给他们讲授文学和历史课程，他的教学得到了学生的认可，也获得了他们的好评。

由于在清华工农速成中学受到一位妇女教导主任政治上的歧视，1955年，钮仲勋申请离开清华大学，调入位于鲍家街的北京市第三十四中学（以下简称"三十四中"）教书，成了一名中学老师，讲授历史课。三十四中的校址有一部分是醇亲王府南府（民间称"潜龙邸"），民国时期曾为民国学院，新中国成立后为北京市第三十四中学。后来，王府的北侧成为金融街少年宫，南侧为中央音乐学院。在三十四中教书，钮仲勋先生认识了较为真实的老北京，感受到了北京文化的深厚底蕴，并爱上了这座城市。到了休息日，他可以去西单、前门、王府井一带的剧场或戏园子听京剧，去附近的琉璃厂旧书店看旧书、买旧书，可以徜徉在春风里的长安街头，可以倚立在北海白塔边上看夕阳。可以说，在三十四中的这两年是他年轻时代最为轻松的岁月。

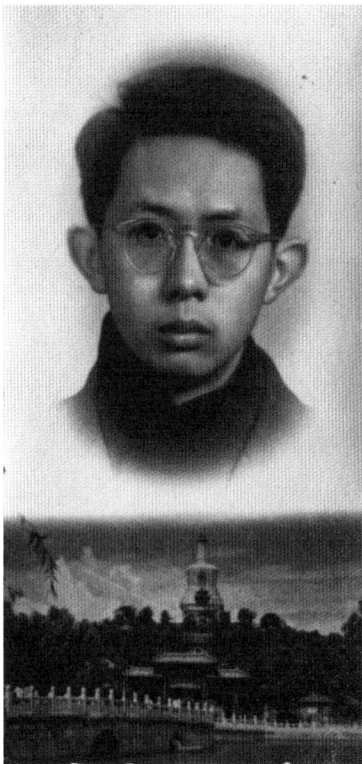

20多岁时在北京三十四中
当中学老师

1957 年，钮仲勋先生考上中国科学院地理研究所的研究生，他不仅是该所招收的第一位研究生，也是复旦大学教授谭其骧先生 1949 年后指导的首位研究生。因钮仲勋的指导老师远在上海，中国科学院决定他的学业可以由北京大学的教授侯仁之 ① 先生代管。就这样，钮仲勋得到了历史地理学界两位顶级大师的精心培养。当年他所在的学生宿舍在中关村北区（现在为科源社区）的一栋 20 世纪 50 年代落成的筒子楼里，穿过楼区外的小胡同，便是北京大学东门，于是北大图书馆便成了他那些年最喜欢的去处。这个时期，他阅读了北大图书馆许多馆藏的古籍和善本，在增长学问的同时也开阔了眼界。他的研究生一读就是五年，直到 1962 年才毕业，获得硕士学位。

在刚开始读研究生课程时，侯仁之与谭其骧两位先生共同给钮仲勋开了一个书单。这份书单把书目分成精读、浏览两个部分，两位先生对书籍版本有严格的要求。例如，谭先生要求《读史方舆纪要》先浏览前九卷，之后要求精读到每一个省，对这部书的版本不做要求，一般的平装书也可以；而读《山海经》则要求用郝懿行的笺疏本。侯先生也要求他读《水经注》，要求精读书中的每一条水道。钮仲勋先生晚年回忆起他第一次去拜见侯仁之先生的情景，侯先生问他有没有《水经注》，是什么版本？钮仲勋说有一部"戴震本"。侯先生说这个本子不好，要读"王先谦合校本"。钮仲勋从侯先生家里出来后，立即坐车

---

① 侯仁之（1911—2013），生于河北枣强，籍贯山东恩县，历史地理学家，中国科学院学部委员（院士），北京大学教授。是中国历史地理学科主要奠基人和开拓者。

去隆福寺旧书店，花了五块钱买了一部王先谦合校本《水经注》。北魏郦
道元的《水经注》是我国古代历史地理名著，在中国科学文化发展史上的
影响巨大，历代许多学者专门对它进行研究，形成一门"郦学"。关于《水
经注》的版本有许多种，钮仲勋先生都有过研究，他认为各种本子因水道
而异，不好说哪个版本是最完善的。把几个版本的《水经注》做比较研究，
是很有趣的一件事。而当年谭先生和侯先生对版本的严格要求，奠定了钮
仲勋在版本学和文献学等方面的坚实基础。

在中国科学院地理所读研究生期间，经人介绍，钮仲勋先生认识了在
北京市电信局工作的刘素贤女士，刘女士是北京人，有着京城女孩的开朗
率真，深得钮仲勋的喜爱。1960 年，两个"家庭出身不好"的人在同事
们的簇拥下举行了简单而喜庆的婚礼。父母去世十年后，钮仲勋先生在北
京终于有了他梦寐以求的温暖之家。当年，他们的新房在崇文门花市北河
漕胡同的一处四合院里，这个院子分为前院、中院和后院，是岳母程桂生
的房产。岳母生于 1898 年，虽然是个缠过小脚的老太太，但却知书达礼，
慈祥厚道，她对钮仲勋这个姑爷格外关照，把他当成亲生儿子一般。1962
年，钮仲勋夫妇的大女儿出生；1964 年，因单位分房他们搬到了中关村
居住；1965 年，二女儿出生。这几年是钮仲勋先生最幸福的时期，既有
初为人夫、为人父的欣慰，也有学术文章大量发表的成就感。从 1959 年
到 1965 年，钮仲勋先生在报纸杂志上发表了 30 多篇文章，这一期时他的
代表作品有:《东汉末年及三国时代人口的迁徙》[1]《历史时期山西西部的农
牧开发》[2]《芍陂水利的历史研究》[3] 等。他在历史地理研究的希望田野上努
力地耕耘着，也全力守护着他视为珍宝的小家庭，而这幸福的家庭就像一只
小小的船，将不可避免地融入时代大潮的惊涛骇浪之中。

---

① 钮仲勋:《东汉末年及三国时代人口的迁徙》,《地理学资料》第 6 期，北京：科学出版
社，1959 年，第 108—118 页。
② 钮仲勋:《历史时期山西西部的农牧开发》,《地理集刊》第 7 号，北京：科学出版社，
1964 年，第 59—72 页。
③ 钮仲勋:《芍陂水利的历史研究》,《史学月刊》1965 年第 4 期，第 32—36 页。

钮仲勋先生与刘素贤女士一见钟情，喜结连理。

三、治学境界

多年来，钮仲勋先生以锲而不舍的精神，在继承禹贡学派长于考证方法的同时，又不局限于已有的研究成果和名家见解，并不断地吸收最新的科研理念，为历史地理学赋予了新的科学内涵。他认为要成为一个好的历史地理研究工作者，尤需具备两个素质：一是要有足够的历史学知识准备，学会在浩如烟海的考古资料、文献资料中系统地收集、整理，能够去粗取精、去伪存真，找到有用的历史资料和文献；二是要重视野外考察（田野调查），要多走多看。对野外考察工作的要求，与他在中国科学院地理所的工作环境有关，地理所的研究人员都非常重视野外考察，这是地理工作者必做的基础功课。因此钮仲勋先生认为从事历史地理学研究在收集文献的同时，要对所研究的区域进行田野观察，将古籍文献的记载与地理环境进行比对，并通过对当地学者甚至原住民的走访，掌握相对翔实的材料。

钮仲勋认为历史地理的学术研究继承固然非常重要，但更重要的是如何站在巨人的肩膀上找到新的前行道路。他博览群书，广采众长，但不迷信权威，不人云亦云。他认为每个时代的人都有一定的局限性，而突破局限性需要有解决问题的新观点和新视角；他认为有独特的想法是在研究上取得突破的第一步，而让这个想法通过史料与考察得出自洽的结论，就在通往寻求真理的道路上前进了一步，哪怕多年以后这个结论并不正确或并不准确。他晚年时，曾说过应该允许年轻人试错，应该允许年轻人做一些异想天开"无用的研究"。科学研究就是不断地发现问题、解决问题，基础科学更是要允许试错，这既是科学研究的核心方法，也是推动科学进步的根本动力。

20 世纪 60 年代到 80 年代，钮仲勋先生的很多时间是在图书馆中度过的。他是北京图书馆第二阅览部（柏林寺分馆）、北京图书馆善本部、中国科学院图书馆等几个地方的常客，以至于图书管理员都对他格外友好。有时，他把要看的书提前列出书目，请管理员提前准备好，这样可以减少提书的等待时间。在没有网络、没有电脑、没有搜索引擎的时代，大量阅读和用卡片记载资料是必备的工作，而占有资料的多少则与阅读古籍的多少成正比。钮仲勋先生在那些年记录了数千张写满各种资料的小卡片，并将它们分门别类，再加上他博闻强记，过目不忘，这为他后来研究领域的广泛和论文的高产打下了坚实基础。

钮仲勋先生认为，区别中国旧式传统的沿革地理与现代历史地理学的标志之一是进行野外考察（田野调查）。指导老师侯仁之先生就曾经对学生说："历史地理工作者也应该到野外去，到现场去，不能怕艰苦，搞历史地理工作不能只是坐在书房里翻阅文件资料……我是极力主张要重视野外考察的。过去我正是通过野外考察才解决了一些单凭文献资料所不能解决的问题的。"①

从 60 年代中期起，钮仲勋先生的历史地理研究工作便增加了野外考察的内容，他的足迹遍及山西、河南、安徽、甘肃、陕西、山东、广东、广西、湖南、湖北、河北、北京周边以及新疆等省区市。在交通不便的年代，去野外考察时大多没有专门车辆，交通全靠自己想办法解决。他经

---

① 丁超：《侯仁之学谱》，北京：文津出版社，2019 年，第 269—270 页。

常是先从北京坐火车、再乘坐长途汽车到达县城，找个县里的招待所住下，没有汽车时会搭上运输的卡车或老乡的驴车，运气不好的时候则靠徒步前往。他常常是早上在县招待所买两个馒头，背上书包和军用水壶，便去进行野外考察，直到晚上才返回招待所。多年以后，钮仲勋先生回忆起1964年那个寒冷的冬天在豫北地区进行的一次考察，仍然感慨万千，那次他从新乡西行至济源，后又转赴辉县、安阳等地，其中重点考察了五龙口、九道堰、百泉等处的水利工程。时值岁末，天寒地冻，当时交通条件很差，不少路途全赖步行，尽管备尝艰苦，却为研究豫北水利开发收获到了难得的野外考察第一手资料，并写出了《豫北沁河水利灌溉的历史研究》[①] 等几篇论文。

王国维曾提出做学问者必经过三种境界，第一级为"昨夜西风凋碧树，独上高楼，望尽天涯路"；第二级为"衣带渐宽终不悔，为伊消得人憔悴"；第三级为"众里寻他千百度，蓦然回首，那人却在灯火阑珊处"。这三种境界恰似钮仲勋先生治学精神的写照：年轻时他经受各种人生苦难，备感西风凋碧树之萧瑟，而他依然对学术孜孜以求；中年之时，为把多年政治运动中失去的时间补回来，他全部身心都投入到科学研究之中；到了晚年，他隐身于京城西北隅的老旧居所，远离繁华与喧嚣，安静地和夫人一起安度晚年。不仅如此，钮仲勋先生的体质也是经历了三个阶段：三年困难时期，因营养不良患上了严重的贫血症，有时会突然晕倒；后来，随着食品供应正常，他的贫血症也随之痊愈。日后的奔波劳累，他又患上了严重的胃病，野外考察的艰辛，又加重了胃病的症状。到了70年代，钮仲勋和许多中国科学院的研究工作者一样，被下放到湖北省潜江县的"五七干校"，开始别种人生体验。在干校里，他种过棉花、养过肥猪，繁重的体力劳动和粗糙的饮食，居然治好了他的胃病，也让他清瘦的身体壮实了不少。到了晚年，随着整个社会的进步，经济发展，物质繁荣，他的身体越来越好。他在内脏器官没有大病的情况下活到94岁，从突发心梗到去世，前后也就三个小时……

钮仲勋天性乐观，率性自然，在衣食住行上从不挑剔，只要有书读、

---

① 钮仲勋：《豫北沁河水利灌溉的历史研究》，《史学月刊》1965年第8期，第47—50页。

有文章写、有朋友一起讨论学术问题，就是他最大的安慰，所谓"一箪食，一瓢饮，在陋巷"，人不堪其忧，他不改其乐。在复旦上大学读书时有同学就给他起了个"老夫子"的外号，到了晚年，他的一些朋友依然这样称呼。他就像那些旧时的知识分子，在经历了"四清""反右""文革"等运动后，在经历了抄家、"集中教育"、长达数年的繁重的体力劳动后，在经历了数十年无力对抗的蹉跎岁月后，在精神世界中依然保持着"老夫子"一般读书人的体面与尊严。

四、厚积薄发

钮仲勋先生正式恢复研究工作是在 1974 年。在 1973 年中国发生了一件大事：当年 9 月，南越当局非法宣布将南沙群岛的南威岛、太平岛等 10 多个岛屿划入其版图。1974 年 1 月 11 日，中华人民共和国外交部发言人发表声明，谴责南越当局对中国领土主权的肆意侵犯。1974 年 1 月 19 日，中国人民解放军海军舰艇与陆军、民兵同心协力，对南越入侵者进行反击，一举击退了自 1956 年起南越对西沙岛屿的侵占。西沙自卫反击战前后，我国开始对包括西沙群岛在内的南海诸岛进行各方面研究，其中也包括历史地理研究。钮仲勋先生被有关部门直接从位于湖北省潜江县的"五七干校"召回北京，承担了南海诸岛历史地理研究这一国家重点科研工作。他奔赴广东省，在中国科学院南海海洋研究所同事的协助下，查看当地图书资料和打捞上来的唐宋文物，并走访当地的学者和渔民，通过大量翔实的历史资料，完成了国家重点科研项目，并撰写了《南海诸岛自古就是我国领土》[①]，在 1975 年 11 月 24 日《光明日报》上发表。由于当时政策要求，该文章署名为"史棣祖"。

此后，钮仲勋先生结束了"五七干校"生活，回到北京转入正规的研究工作。他承担了我国边疆历史地理的重点研究项目，包括中俄边界、中缅边界、中老边界、中越边界等。由于时代原因，那些年钮仲勋先生所著论文大多是以集体名义在内参、内刊上发表。

---

① 史棣祖：《南海诸岛自古就是我国领土》，《光明日报》1975 年 11 月 24 日。

中国科学院是我国面向世界科技前沿、国家重大需求的重要研究机构，地理所承担着国家的科研项目和重大需求工作，因此钮仲勋先生的学术研究与此紧密相关。1978 年 3 月，中共中央、国务院在北京隆重召开了全国科学大会，这是我国科学史上的空前盛会，标志着我国科技工作经过"十年动乱"后终于迎来了"科学的春天"。从 1978 年开始，钮仲勋先生和当时的所有科研工作者一样，充满朝气、积极进取、刻苦攻关，在"科学的春天"里耕耘播种，克服艰难险阻，勇攀科技高峰。1978 年，钮仲勋先生参加的边界历史地理研究得到了有关部门的高度肯定，他也以主要研究者的身份获得了中国科学院的重大成果奖。1986 年，他参加中国自然地理系列专著项目，并获得科技进步奖一等奖。同年，他因在中国自然地理、历史自然地理方面的贡献获得上海市颁发的社会科学成果二等奖。

1978 年改革开放后，科技的发展给中国社会带来了欣欣向荣、地覆天翻的巨大变化。此后的 20 多年时间，是钮仲勋先生学术生涯最为重要的阶段，他的主要研究方向涉及历史地理、边疆历史地理、地理学史、地图学史、区域开发、中西交通史、水利史等方面，并在前人研究的基础上不断开拓新的领域。可以说，当年在"科学的春天"播下的种子早已生根发芽，并不断地开花结果。

作为中国科学院的研究院单位，地理所会接到各种五花八门的任务，甚至包括处理人民群众来信来访。比如，有群众来信问一些有关历史地理的问题，上级领导也会转给他们这个院里少有偏重历史的学科，在回复"人民来信"的同时，钮仲勋先生还经常会在《地理知识》或其他报刊上发表一些科普文章。这些工作会打乱他原来的工作计划，但也为他的学术研究开拓了新的领域，当然所有新的工作都与他之前的知识准备有关，如果没有多年的积累，许多工作可能就是个难以完成的任务。

有一次，中国历史博物馆的两位同志到访地理所，他们希望地理所历史地理研究室帮忙绘制一幅唐代天文学家张遂（僧一行）的天文大地测量示意图。在唐代开元十二年（724）僧一行组织发起了一次大规模的天文大地测量工作，用实测数据提供了地球子午线（经线）一度弧的长度，虽然不十分精确，却是世界上大规模测量子午线的开端。国际著名的生物化学和科学史学家、美国国家科学院外籍院士、中国科学院外籍院士李约瑟，把僧一行等人的测算称之为"科学史上划时代的创举"。在 20 世纪 80 年代初，国家开始重视科学技术史研究，僧一行主持的划时代意义的天文大地测量是科技史的重要组成部分，地理所把这个任务交给钮仲勋先生来做。由于之前博览群书时接触过这类古籍，他很爽快地接受了任务。在经过查阅大量的图书资料，克服了诸多困难后，钮仲勋先生如期完成了任务，并得到了历史博物馆的高度肯定。此次对天文学史和古代测量技术的涉猎，为他后来在地图学史等方面的研究突破产生了积极的影响。

不久后，中国科学院自然科学史所需要对中国古代天文史资料进行整理研究，由于他们在这方面没有合适的研究人员，于是就找到了地理所，希望能派人来完成这项工作。地理所业务处一调查，发现钮仲勋先生做过僧一行天文大地测量的研究，算是接触过天文史，于是就把任务交给了他。功夫不负有心人，正因为有之前天文史和测量史的知识准备，他又顺利地完成了这项工作。在接下来的几年时间里，钮仲勋先生围绕着天文大地测量，或是单独创作，或是和其他研究单位的人合作，在较短的时间内写出了十篇文章。其中《我国古代天文大地测量发展及取得成就的原因初探》[①]、《郭守敬南海测量考》[②]和《北京古代的纬度测量》[③]就是其中重要的研究成果。

20 世纪 70 年代后期，中国科学院接到上级布置的任务，要进行有关《郑和航海图》研究，结果这个"抓差"的任务又派给了钮仲勋先生。这项工作让他在古地图学方面有了更深的认识。90 年代初期，在《中国古代地图集》项目中，钮仲勋承担了第一册《中国古代地图集（战国—元）》的绘制编辑工作，此册地图集于 1990 年由文物出版社出版，他也因此荣获了 1992 年中国科学院自然科学奖二等奖。之后，他又在 1995 年和 1997 年参加了《中国古代地图集（明代）》和《中国古代地图集（清代）》的编辑和论文撰写工作。2010 年中央电视台为郑和下西洋 600 周年纪念活动筹拍《郑和下西洋》专题片，派记者专门来采访钮仲勋先生，并作为

---

① 钮仲勋:《我国古代天文大地测量发展及取得成就的原因初探》,《科学史集刊》第 10 集,北京：地质出版社,1982 年,第 47—52 页。

② 厉国青、钮仲勋:《郭守敬南海测量考》,《地理研究》1982 年第 1 期,第 79—85 页。

③ 《北京古代的纬度测量》,《史苑》第一辑,文化艺术出版社,1983 年,第 58—61 页。

钮仲勋年近 60 岁时做田野调查

郑和下西洋研究的专家参与了这部专题片的录制，该片于 2011 年在中央电视台正式播出。

除了历史地理研究之外，钮仲勋先生在地理学史领域也取得了相当大的成就。地理学史与历史地理是相邻学科，两者之间有相互交叉与渗透的关系，我国许多著名历史地理学者在研究历史地理的同时，往往也从事地理学史研究。钮仲勋先生研究地理学史的契机深受这一传统的影响，他研究的地理学史主要可概括为三个维度：古代天文大地测量、古代地图、古代地理考察和认识。

钮仲勋先生对古代天文大地测量领域研究比较早，在 20 世纪 50 年代末期已有所涉猎，到 70 年代中期开始进行较为系统的研究。他不仅研究天文大地测量取得成就的历史原因，而且对唐代僧一行、元代郭守敬、明代徐光启、清代康熙与乾隆等诸次测量的代表人物和事件都进行过深入的探讨。他对明清之际西方测量技术对中国测量技术的影响，以及我国各民族在康熙乾隆年间测量中所做出的贡献等问题，均做了专题研究。

在地理学史的研究中，钮仲勋先生认为古代测量与制图两者之间有相当的关联，由于前人的研究很少，因此他在这方面的研究是开创性的。他的《我国古代地图的发展及其成就》①一文，系统地分析了我国古代地图发展的三个阶段；除了发展分期，还分析了几种主要地图的系统与渊源，用丰富史料展示了我国古代地图学史的辉煌成就。此外，他还着重研究了一些著名的古地图，写作了《〈郑和航海图〉的初步研究》②等。

钮仲勋开始对古代地理考察和认识的研究起步于 80 年代初期，在参与编著《中国古代地理学史》一书时，他负责撰写该书第十章"边疆和域外地理的考察研究"，从这时起他开始触及古代地理认识领域的研究。他觉得这个问题与边疆历史地理、古代丝绸之路等一系列问题可以通过与古代地理考察和认识进行整合，从而在地理学史方面进行深入的研究。此后，他陆续对历史时期中亚、南海、黄河源的地理考察和认识等问题进行探讨，对中国古代航海家们的地理考察和认识也提出独到的见解，并取得了阶段性成果。

钮仲勋先生在地理学史方面的论文主要收录在他的《地理学史研究》③一书中。他的《我国古代对中亚的地理考察和认识》④一书，则较为全面和系统地论述了我国古代地理学家如张骞、法显、宋云、玄奘、耶律楚材等人在中亚的活动，以及古籍中不同历史时期人们对中亚的地理认识。他探讨了历史时期中亚的地理学史问题，并在此基础上与历史地理和中西交通史做比较交叉研究，极大地丰富了地理学史这一学科不同的研究视角和研究方法。

---

① 钮仲勋：《我国古代地图的发展及其成就》，《天津师范学院学报》1980 年第 3 期，第 70—76 页。

② 钮仲勋：《〈郑和航海图〉的初步研究》，纪念伟大航海家郑和下西洋 580 周年筹备委员会、中国航海史研究会编《郑和下西洋论文集》第一集，北京：人民交通出版社，1985 年，第 238—247 页。

③ 钮仲勋等：《地理学史研究》，北京：地质出版社，1996 年。

④ 钮仲勋：《我国古代对中亚的地理考察和认识》，北京：测绘出版社，1990 年。

五、黄河青山

早在大学时期，谭其骧先生曾对钮仲勋说，黄河变迁、黄河与淮河的关系很值得研究，希望他在这方面有所建树。后来钮仲勋研究水系演变，也是受到谭先生的启发。1961 年，在谭其骧先生的指导下，钮仲勋对历史时期山西西部的农牧开发进行研究，这是他研究地区开发的初心。1964 年他的《历史时期山西西部的农牧开发》在《地理集刊》第 7 号发表，这篇文章对山西西部的区域研究具有开拓性和首创性的意义，被引次数相当高，其观点至今还影响着这一地区的历史地理研究。1984 年他发表的《历史地理怎样研究地区开发》[①]一文，对区域研究提出了科学而独特的世界观和方法论，对历史地理学学科建设产生了积极的影响。

关于黄河变迁和区域开发方面的研究论文，主要收录在钮仲勋先生所著的《黄河变迁与水利开发》[②]，此书于 2009 年由中国水利水电出版社出版。这本文集收录了钮仲勋先生在历史地理方面所发表的部分论文，按照内容可分为黄河变迁与黄运关系、地区开发、水利开发、地理形势与地望考证等类别，虽不足概括他研究历史地理的全貌，但大致可以反映出钮仲勋先生在黄河变迁和区域开发研究方面的重要成果。

黄河变迁是研究黄河历史的重要问题，长期以来，深受历史地理、水利史等学科的关注。钮仲勋先生自认为他对黄河变迁的研究起步较晚，虽然早在 1965 年他在考察河南封丘时就接触到黄河故道，但并未做进一步的研究。1983 年秋，他在河南郑州参加黄河水利史学术讨论会，提交《金代黄河决徙的原因初探》[③]一文参加讨论，可以说这是他研究黄河变迁的开始。此后，他在黄河中下游的区域研究中做了大量工作，取得了一些成果。钮仲勋先生研究黄河变迁，主要是从人地关系的角度出发，研究人类活动对黄河下游变迁的影响，对战争中的人为决堤，治河中的人工挽堵、筑堤以及中游地区的农垦等方面都进行了探讨，涉及范围较广。此外，他

[①] 钮仲勋：《历史地理怎样研究地区开发》，《扬州大学学报》1984 年第 3 期，第 70—74 页。

[②] 钮仲勋：《黄河变迁与水利开发》，北京：中国水利水电出版社，2009 年。

[③] 钮仲勋：《金代黄河决徙的原因初探》，《人民黄河》1984 年第 3 期，第 59—62 页。

还从历史地理的角度，分析了历史上某些朝代的治河策略对黄河变迁的影响。

黄河流域是中华文明的重要发祥地，其环境变迁直接影响着历史时期社会经济、政治、文化的各个领域的发展，尤其是历史上黄河几次大的决口改道，对下游的自然环境和社会经济产生了巨大的影响。1986年钮仲勋先生在《地理研究》期刊上发表了《历史时期人类活动对黄河下游河道变迁的影响》[①]一文，较早地提出了历史时期黄河下游的决溢改道虽然有其自然因素，但人类活动所造成的影响不容忽视；黄河下游频繁变迁的根源在中游，黄土高原因大规模开垦荒地、植被破坏引起严重的水土流失、洪水和泥沙俱下是造成下游决溢改道的症结所在。对黄河变迁的历史地理研究不乏其人，积累的成果也不少，有人偏重于史料，有人偏重于实测，钮仲勋先生的研究更多的是倾向于前者。他的研究优势在于博览群书，掌握的史料比较丰富，又善于在诸多史料中去粗取精、去伪存真。他对黄河变迁、黄河与运河的关系、卫河与海河流域的开发等研究，开创了黄河研究的新视野，对黄河中下游流域环境变迁研究做出了卓越贡献。

在黄河与运河的历史研究中，两者的关系是一个备受关注的问题，也是研究黄河变迁不得不涉及的问题。钮仲勋先生对黄河与运河的关系的研究从卫河开始，这个研究角度较前人有所突破，深得历史地理学界同行的高度肯定。1964年冬，他在河南新乡附近考察时对卫河有所接触，由于卫河的前身白沟、永济渠等都是利用了黄河故道，因此这一实践可视为他研究黄河与运河关系的发端。他研究卫河，最初是对卫河的水源以及历史上"引黄济卫""引沁济卫""引丹济卫"等问题进行探讨，其后又陆续做了大量研究工作。终于在80年代前期，钮仲勋先生对卫河的历史以及卫河与黄河的关系进行较为系统的研究，形成了令人信服的历史结论，为卫河流域的综合治理与开发提供了重要的历史借鉴。之后，钮仲勋先生在黄河与运河关系方面的研究工作又进一步深入，如"引黄济运""遏黄保运""避黄保运"等问题都有所涉及。他研究黄运关系不局限于研究元、明、清三代，而是上溯到唐、宋，甚至两汉，这既与他重视史料有关，也

[①] 钮仲勋：《历史时期人类活动对黄河下游河道变迁的影响》，《地理研究》1986年第1期，第58—63页。

钮仲勋先生 70 多岁时在香山樱桃沟

与他善于使用考据方法密切相关。

　　在长期从事历史地理的研究中，地区开发是钮仲勋先生涉及最多的研究领域。80 年代之前，他对地区开发领域的研究还较为薄弱，尚未形成系统的方法论。从 80 年代开始，随着时代的发展与认知的进步，钮仲勋先生认为地区开发既涉及人文，又涉及自然；既带有综合性，又带有区域性，是历史地理学科与社会经济发展联系最为密切的领域，因此是非常值得重视的。

　　此后，他发表了大量研究论文，探索黄河、淮河、运河等流域变迁的历史地理因素，揭示其演变的客观规律，并总结出前人改造自然的成败经验，提出规律性的结论，为区域开发提供科学而专业的历史借鉴。钮仲勋先生很谦逊地说，他在区域开发方面的研究工作，只是对地区开发研究方法提出了一些初步的看法。然而，在当时的历史条件下，他在这方面的研究，为开拓历史地理学科的新领域起到了承上启下的推动作用。钮仲勋先生不仅研究地区开发的历史，而且关注在开发过程中人类活动对环境带来的影响，以及环境变迁对人类历史的影响，等等。他认为，人类作为地球上唯一的智慧生命，在被地球养育的同时，也对地球的生态环境进行了改造，特别是为了适合文明生长，人类有意识地对自然环境进行开发，使得这些区域更有利于人类的生息繁衍；当然，对自然环境的破坏以及区域自然环境的变化也与人类的活动密切相关，人类活动与区域开发也就成为了历史地理研究的重要内容。《黄淮海平原区域开发历史及其对环境的影响》[①]，便是这一时期钮仲勋先生的重要研究成果。他在历史时期区域开发、植被变迁、人口地理、农业开发、水系变迁、环境变迁等方面的研究也有诸多重要的开拓和建树，并把区域研究提高到了一个新水平，这在历史地理学发展进程中具有十分重要的意义。

1992 年，钮仲勋先生参加的国家"七五"计划重点科研项目"黄土高原地区综合治理开发重大问题研究及总体方案"荣获中国科学院 1992 年度科技进步奖一等奖，他因在此项目中做出的贡献受到了表彰。

在地区开发的研究中，水利开发占有重要的地位，因此水利史的研究也是备受历史地理学界的关注。钮仲勋先生研究水利开发的主要地区是豫北和新疆。正是因为有 20 世纪 60 年代对豫北地区历史地理的初步研究，到了 80 年代，钮仲勋先生对豫北水利开发的研究则更为系统和深入，发表了《百泉水利的历史研究——兼论卫河的水源》[②]等研究成果。

1993 年，钮仲勋先生主编的《黄河流域环境演变与水沙运行规律研究文集》第四集由地质出版社出版。"黄河流域环境演变与水沙运行规律"是国家自然科学基金委员会资助的重大项目，由中国科学院地理所几位课题负责人牵头完成各自的二级课题，钮仲勋则是几个二级课题负责人之一。前三集都是所长任主编，而钮仲勋以一个普通研究员的身份负责主编第四集。在他的学术生涯中，没有什么领导头衔和称谓，他是用学术成果来证明研究水平与组织能力，而这样的科学家在整个学术环境中是凤毛麟角。

钮仲勋先生对新疆地区水利开发的研究也是起步于 60 年代前期，但

---

① 钮仲勋：《黄淮海平原区域开发历史及其对环境的影响》，《黄淮海平原农业自然条件和区域环境研究》（第二集），北京：科学出版社，1987 年，第 160—167 页。
② 钮仲勋：《百泉水利的历史研究——兼论卫河的水源》，《历史地理》创刊号，上海：上海人民出版社，1981 年 11 月，第 117—125 页。

钮仲勋先生 80 多岁时在香山植物园

由于交通不便没有进行野外考察，仅限于历史资料的搜集和整理。从 70
年代后期，他才开始了对新疆水利开发进行较为系统的考察和研究。他的
研究方法可以用"合纵连横"来形容，所谓纵向——是从两汉至清代新疆
水利的历史，所谓横向——是从不同地区诸如哈密、吐鲁番等地区水利开
发的情况，系统地进行研究。其成果有《历史时期新疆地区的水利开发》[①]
《历史时期新疆地区的农牧开发》[②]等论文。此外，他在《吐鲁番地区水利
开发的历史研究》[③]一文中对历史上新疆水利技术中的"坎儿井"亦有所
涉及。

　　钮仲勋先生对于地理形势与战争的关系等军事地理也颇感兴趣，虽然

　　[①] 黄盛璋、钮仲勋：《历史时期新疆地区的水利开发》，《新疆历史论文集》，新疆：新疆人
民出版社，1977 年，第 187—210 页。

　　[②] 钮仲勋：《历史时期新疆地区的农牧开发》，《中国历史地理论丛》1987 年第 1 期，第
59—76 页。

　　[③] 钮仲勋：《吐鲁番地区水利开发的历史研究》，中国水利学会水利史研究会编《水利史
研究论文集（第一辑）——纪念姚汉源先生八十华诞》，南京：河海大学出版社，1994 年，第
86—91 页。

在 70 年代后期和 80 年代前期做过一些研究工作，但因众所周知的原因都是以集体署名。钮仲勋先生最喜欢的两部古代地理书是顾炎武的《天下郡国利病书》和顾祖禹的《读史方舆纪要》，这两部书的影响体现在他的研究理念之中。他的文章经常会将地理形势融合了自然、历史、政治、军事、经济、社会等诸多方面的因素来共同探讨，从而扩大了地理形势研究的内容。有关地理形势的研究，在他的许多文章里都有涉及，特别是在《两汉时期新疆的水利开发》①和《评〈长平之战——中国古代最大战役之研究〉》②等文章里集中体现了他的地理形势思维的认识。

钮仲勋先生研究兴趣广泛，他凭着爱好，也会写一些较为轻松有趣的论文，比如，对某个地名进行地望考证。写作《六胡州初探》③这篇文章是因"六胡州"这一地名在唐代史籍以及诗文中屡见不鲜而引起了他的兴趣，他认为考证"六胡州"地望是很有意义的。唐代文献有关这个地名的记载较多，甚至有诗歌描写六州的风土民情，比如，唐代诗人李益所写的诗《登夏州城观送行人赋得六州胡儿歌》中提到"六州胡儿六蕃语，十岁骑羊逐沙鼠。沙头牧马孤雁飞，汉军游骑貂锦衣"，就从诗中反映出唐代时"六胡州"的自然环境与人文景观。从一个地名考证历史时期环境变迁，这是钮仲勋先生探讨地名历史地理的文章中的代表作。他喜欢唐诗，自幼在母亲的教育下熟读《唐诗三百首》，这种背诵唐诗的"童子功"一直陪伴他到去世的前一天。在他晚年时，还想着把唐诗中的地名和典故一起研究，他说这样的文章写出来一定很有诗情画意。作为一个历史地理学家，年过 90 岁的他尽管已经不能出行，但闲情逸趣依然不少，在生命倒计时的前半年，每天背诵唐诗是他最喜欢做的事情之一。正所谓"九曲黄河万里沙，浪淘风簸自天涯。如今直上银河去，同到牵牛织女家"。

---

① 钮仲勋：《两汉时期新疆的水利开发》，《西域研究》1998 年第 2 期，第 22—28 页。

② 钮仲勋：《评〈长平之战——中国古代最大战役之研究〉》，《山西大学学报（哲学社会科学版）》1999 年第 1 期，第 52—53 页。

③ 钮仲勋：《六胡州初探》，《西北史地》1984 年第 4 期，第 69—72 页。

六、触类旁通

在治学方法上，钮仲勋先生强调"触类旁通"。他曾说过："这一点，是当年上学时谭其骧先生帮着打下的底子。"他的兴趣广泛自然与他博览群书、广采众长、不断提高学术素养有关，也与他大胆"跨界"选题立项、积极创新的研究风格有关。

在科研领域许多项目都是以课题组的形式完成，钮仲勋先生的研究成果有许多也是合作项目，需要团队通力完成。因此，在整理钮仲勋先生研究成果时，有大量论文是联合署名的；还有一部分关于边疆史地研究的文章因时代局限不能署个人名字，也是以集体署名发表。钮仲勋先生与其他人合作发表的研究成果也值得提及，比如，1972 年中国考古界有一件大事发生，就是马王堆汉墓出土，对中国的历史、考古等研究均有巨大价值。钮仲勋与黄盛璋先生合作，撰写了《有关长沙马王堆汉墓的历史地理问题》，在 1972 年第 9 期《文物》上发表[①]。黄盛璋先生不仅是钮仲勋先生同一办公室的同事，也是地理所共同发表历史地理文章最多的合作者之一。他们两还一直是《自然科学年鉴》（自然杂志编辑部主编）的撰稿人，从1981 年至 1991 年每年都出现在"历史地理学"版块。

国家"六五"和"七五"计划期间（1981—1990），黄河流域环境与水沙运行规律研究是国家自然科学基金会资助的重大项目联合研究课题。该课题由中国科学院地理研究所、黄河水利委员会、中国科学院海洋所、清华大学等单位共同参加，集中了我国地学、水利水力学、海洋学等方面研究黄河的优势力量。项目下设 4 个二级课题，近 30 个三级课题，均属于治理黄河的应用基础研究。钮仲勋先生参与了其中的"历史气候组"，对历史时期黄河流域气候波动、黄土高原植被变迁、人类活动及其对环境的影响、黄河下游河道的变迁与水沙变化、历史上黄河中游土壤侵蚀自然背景值的推估等进行研究。1994 年在气象出版社出版的由地理所吴祥定、

---

① 黄盛璋、钮仲勋：《有关长沙马王堆汉墓的历史地理问题》，《文物》1972 年第 9 期，第22—29 页。

钮仲勋、王守春主编的《历史时期黄河流域环境演变与水沙变化》一书，概括了项目组所有参加者的多年研究成果，内容包括前述几大方面，从历史自然与人文地理的学术角度回答了总课题提出的问题。

由国家自然科学基金委资助的重点科研项目《历史时期黄河下游河道变迁图》以及《历史时期黄河下游河道变迁图说》①，是这一时期钮仲勋先生负责完成的另一项重要工作。这张图是由钮仲勋负责策划和统编，并撰写图说中之总说，邹宝山编撰先秦至西汉部分，杨国顺编撰东汉至隋唐五代、金元部分，何凡能编撰北宋部分，徐海亮编撰明清部分，李元芳编撰河口及海岸线部分。这幅地图以及图说不仅是集体智慧的结晶，也成为研究历史时期黄河下游河道变迁的重要依据。历史时期黄河在其下游曾发生过大小规模不等的决溢改道，据不完全统计，从公元前206年历史上有记载的黄河第一次大改道到1938年郑州花园口决口的2000多年中，历史上黄河决口1593次，河道重大迁徙有六次，是为"六大徙"。在西起郑州、北至天津、南抵淮河的黄淮海大平原上都留下了其变迁的历史痕迹。无论是研究黄河变迁的历史，还是为治理黄河提供历史依据，编制《历史时期黄河下游河道变迁图》都是一项基础性的研究工作。钮仲勋和他的团队在编绘该图时采用了文献资料与实地考察相结合的方法，运用了在当时比较先进的沉积分析和遥感技术等手段，对上自先秦、下至明清各时段的黄河下游故道进行研判，并在此基础上对该图进行编绘，这张图对后来人们研究黄河变迁产生了较为广泛的影响。

钮仲勋先生进行历史时期环境变迁研究，与中国科学院地理研究所的一位同事兼好友浦汉昕先生有关。浦汉昕先生在20世纪60年代毕业于北京大学地理系，他的研究领域主要在自然地理、植物地理等方面，他曾多年考察内蒙古、东北等地的植被资源及其开发利用和环境变迁等问题。正因为他们的学术背景不同，在人类活动和环境变迁历史地理研究领域的相互合作，取得了一系列新成果。80年代初，钮仲勋和浦汉昕通过对河北

---

① 钮仲勋主编：《历史时期黄河下游河道变迁图》以及《历史时期黄河下游河道变迁图说》，北京：测绘出版社，1994年。

省承德市木兰围场坝上草原（塞罕坝）的实地野外考察，并在研究大量史料和各种数据的基础上，合著了一篇《清代狩猎区木兰围场的兴衰和自然资源的保护与破坏》[①]，这篇文章在学术界获得较高的评价。后来，他们又合作发表了《历史时期承德、围场一带的农业开发与植被变迁》[②]，将此项研究引向深入。几年后，钮仲勋又与浦汉昕合作研究北京地区的植被变迁，在搜集文献和野外考察的基础上，撰写了《历史时期北京城市发展对植被的影响》[③]一文。钮仲勋与浦汉昕两位学者对植被变迁的合作研究，使得历史与地理两个学科珠联璧合，同时也开拓了历史地理研究的新视野、新方法，他们俩也成为忘年之交。后来浦汉昕先生去美国工作定居，他每次回国，必来看望钮先生，他说钮先生是回北京最想见到的朋友。

尺有所短，寸有所长。钮仲勋先生知道，他作为一个历史地理学者，偏重于文科，接触最多的是历史文献，而对于水文、地貌、水工、泥沙、环境科学、天文测量等学科并不专业。为了将交叉学科的研究得以深入展开，他主动联络相关专业志同道合的同事或朋友共同完成研究项目、撰写论文，经常是历史地理部分由他来完成，其他数据部分由别的作者完成。因此，他的不少文章都是联合署名，但大多都是以他为第一作者。为了能让年轻作者在职称评定时更为有利，有些文章他也署名第二作者或第三作者。这种实事求是、博采众长、海纳百川的作风与学风，也让他在合作研究中取得更多成就的同时，扩大了自己的朋友圈，他也成为学生或同行的良师益友。

从 80 年代开始，钮仲勋先生先后担任中国科学院地理所历史地理研究室副主任，1985 年任中国地理学会历史地理专业委员会副主任，此外他还长期兼任《地理学报》《历史地理》等学术期刊的编委。他培养出 5 位硕士研究生，出版专著 3 部、合作专著 7 部、论文 150 篇左右，主持参

---

① 钮仲勋、浦汉昕：《清代狩猎区木兰围场的兴衰和自然资源的保护与破坏》，《自然资源》1983 年第 1 期，第 51—57 页。

② 钮仲勋、浦汉昕：《历史时期承德、围场一带的农业开发与植被变迁》，《地理研究》1984 年第 1 期，第 102—108 页。

③ 钮仲勋、浦汉昕：《历史时期北京城市发展对植被的影响》，中国科学院地理研究所编《地理集刊》第 18 号（古地理与历史地理），北京：科学出版社，1987 年，第 182—189 页。

钮仲勋先生 90 岁时在家中读书

与编著《中国古代地图集》《历史时期黄河下游河道变迁图》等国家重点
科研项目。

　　钮仲勋先生在我国历史地理学领域耕耘了半个多世纪，为我国的历史
地理学科发展做出突出贡献。他博学多才、勤勉创新、治学严谨；他正直
善良、为人谦和、温润如玉。他为历史地理学学术团队的建设、为历史地
理学和地理学界跨专业的沟通与交流起到了不可或缺的促进作用。他在历
史地理研究方法上，强调实地考察与文献资料相结合，特别是在文献和版
本方面精益求精，实为后辈学者的楷模。他为人师表，立德树人，培养和
扶植了一批中青年学者，或为他们指导论文，或为他们答疑解惑，或与他
们共同探讨，或为他们撰写书评，后来的历史地理学者们对他赞誉有加。
他为历史地理学科后继有人、英才辈出起到了承上启下的历史作用。

2022 年 12 月 25 日初稿

2023 年 2 月 1 日改稿

2023 年 6 月 18 日定稿

编后记

《中国历史地理》是中国史学会历史地理研究会同仁为推进中国历史地理研究而编集的一部专题文集。

历史地理学是一门研究历史时期地理空间状况的学科，兼具历史性和地理性，但总的来说，其历史性体现得更为强烈，也更为全面；同时在研究方法和手段上同历史学的联系也更多，更密切。

编集出版《中国历史地理》，就是基于这一客观情况，期望推动历史地理学研究更深、更好地结合相关历史要素，同时也希望能有更多的历史学者积极关注历史进程中的空间要素。除了刊布专业历史地理学者的论文之外，我们也热切希望各方面学者结合各自的学科内容，撰写触及空间要素的论文，同专业的历史地理学者相互交流。

衷心希望《中国历史地理》系列文集能够得到更多文史学者的关注，恳切请求大家赐稿支持。

《中国历史地理》征稿启事

（1）《中国历史地理》是刊发中国历史地理学研究论文的系列文集，举凡一切与人类活动地理空间环境的研究，均属本书用稿范畴之内。

（2）刊用文章长短不拘，一般要求在 3 万字以内，但特殊情况，也可以更长，不加限制。

（3）作者投稿，即意味着默认所投文章系原创首发，并无著作权纠纷。

（4）文章采用脚注，格式参考《历史研究》杂志。

（5）文章请附 300 字以内的内容摘要，并附三个关键词。

（6）文章刊发后，每篇向作者赠送样书一册。

（7）本书出版单位九州出版社有权选用文章，出版选集。原作者的文章今后收入本人文集或专著出版，不必征求九州出版社同意。

（8）来稿请发至辛德勇的电子邮箱：xindy@pku.edu.cn。请同时发送 word 文本与 pdf 文本。一般自收到稿件之日起两个月内告知是否采用；特殊情况，会与作者另行协商。